# 壶关村村欢

刘德宝 著

中国书籍出版社
China Book Press

壶关县行政区划图
龙泉镇
壶关县
集店乡
晋庄镇
五龙山乡
黄山乡
店上镇
百尺镇
东井岭乡
石坡乡
树掌镇
桥上乡
鹅屋乡
龙溪镇
杏城镇
西沟
东寺头
平城镇
西火镇
贾掌镇
老顶山镇
苗庄镇
郊区
长治
城区
平
顺
县
河南省
河南
省
陵
川
高平市
杨村
秦家庄
常行民兵
石洞保卫战遗址
太行山大峡谷
京郊山
1576
风子岭
1876.3
板山
1791
大峡山
1557

太行山上一明珠——壶关城鸟瞰图

# 壶关五元素：雄古红绿新

——《壶关村村咏》图序

## 雄

太行脊上扪星斗，冲浪浙河驾扁舟。
壮美雄奇加陡险，天人合作写春秋。

壮山秀水甲太行　　八泉峡

山路曲似九回肠　　黄崖底

桂林乎，太行乎　　桥后沟

千山托起万佛寺　　万佛山

【链接】壶关版土面积1013平方公里。太行山分水岭北从平顺磅礴而来，南入陵川逶迤而去，于县域中部崛起成脊，为千岭之祖，万壑之源；致域内山峻谷幽，形胜景佳，适赏宜游。东部太行山大峡谷陡险深邃，淅水长流，形成酷若黔滇山川之壮、宛如江南水乡之秀的壮秀兼备之景观。现正在由AAAA景区向AAAAA景区报批与全域旅游县建设的过程中。

# 古

文明启蒙即开篇，置县汉初岁两千。

乡里有贤朝有相，人文印痕遍山川。

亿万斯年岩作志　青龙峡

聆听古道蹄叮叮　大河关

至尊国宝三峻庙　　南阳护

承晋接豫仙人桥　　盘　底

欲知春秋读古柳　　石　盆

【链接】远在新石器时代，壶关境内已有人烟。告别洪荒、开启文明后，于汉初置县，迄今2222年，古老县名一呼而未易，县治中心区域经久而未变。史上朝有良臣，县有乡贤，乡有百工及与之共同创造地域文明的世代万千黎民。广袤的山川大地上古建处处，胜迹多多，故事篇篇。现有国、省、市、县在保等级文化遗产121处，堪为千载古县的历史印踪。

# 红

太行抗战旗高擎，朱彭元戎次第行。

抗大分校育贤杰，万千英烈矗碑铭。

丰碑入云矗神山　　壶关城神山东麓

抗日堡垒屹太南　　常　行

朱总划界定乾坤

大　井

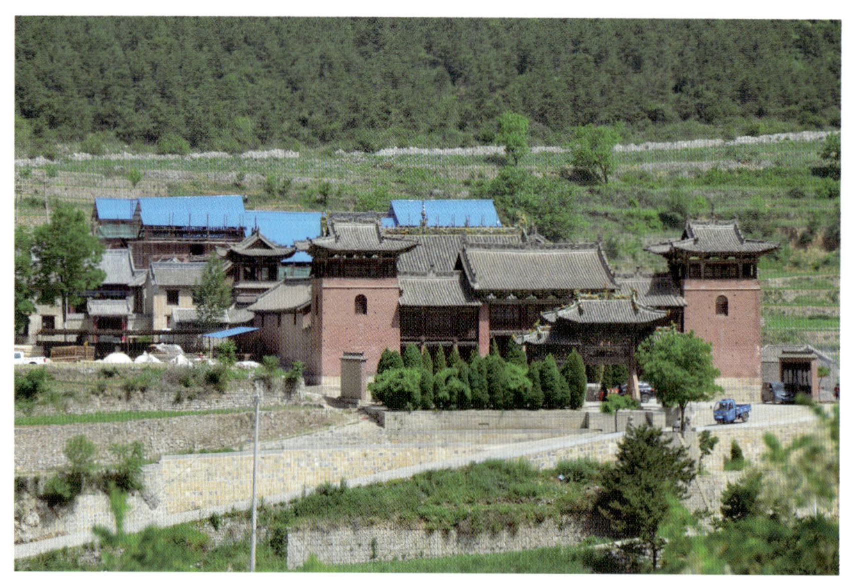

抗大精神代代传　　　　真泽宫（抗大一分校校址）

【链接】壶关系革命老区。1938年建党，1939年建县委，1940年建抗日民主政府。毛主席从延安发出的布署太南抗日电报4处涉壶；朱总、彭总先后临壶指导“国共合作，共同抗日”大事。东长井首战告捷、抗大一分校开办、洪底沟奔袭成功、常行窑洞保卫战胜利、壶关城八月十五解放等勋绩彪炳史册；张绍良、吴树修、冯广居、申斗金、王海水等英烈芳名千秋。

# 绿

卅年树木添风采，山满松柏沟满槐。
举县氧吧林作主，万千百姓上山栽。

太行屋脊涌碧澜　　十里岭

黄土沟壑披绿装　　西川底

邑北湿地水草丰　　杜家河水库

部长盛赞“五全法”(前排左起徐有芳 王五全)　盖家川底

【链接】新中国成立后，特别是改革开放以来，壶关县开展绿化“接力赛”，举县动员，在万分之一国土上搞绿化，强力推广阳坡植树“五全法”，涌现出一批批造林功臣，绿化旗手。全县人工林面积达103万亩，森林覆盖率达50.6%。域内千山泼绿，万壑凝碧，百村涂翠，一派生机盎然。荣获“绿化太行山先锋县”称号及我国向联合国环保署报送的“全球500佳提名奖”。

# 新

物质精神两锦章，城乡一体共荣昌。
依凭改革回天力，二零二零享小康。

琴弦待弹丰收曲　　宋　堡

火车笛鸣奔小康　　北三家村

鹅屋山上双英模　　赵月芳（右）与申飞飞

家长里短花荫下　　盘马池

【链接】进入改革开放新时代，壶关经济发展，社会进步，文化繁荣，民生改善，城乡巨变。广大农村山绿、路畅、水引、电来、网通、房更、衣丰、食足、教普、医保、民乐。县城扩至13平方公里，常住人口6万余。“国”字型总体规划业已落地成型，四围山绿，一湖水蓝，街巷如枰，车水马龙，生态宜居，人面春风，新华社记者赞作“太行山上一明珠”。

# 昔履及，今歌及

## ——《壶关村村咏》自序

自1962年至1990年，我在家乡壶关工作满28个春秋。其间，下乡走遍了全县390个建制村中的389个，还到过若干个自然村。这些村村庄庄，不论在川在山，不论村大村小，不论是富是穷，不论位先位后，在我心里都铭刻下了不灭印象，与我结下了不解之缘。离开壶关20多年，昼思夜想，魂牵梦萦，时或映演于怀，时或热聊于友，时或落笔于笺，几近成了我日当礼拜的宗教。年近古稀，愈是“人在并，心在壶”[①]。以至萌发了“昔曾履及，今当歌及”的心志。于是，拟著一本名曰《壶关村村咏》（以下简称《村村咏》）的书。

《村村咏》中筹谋以建制村为单位，给每个村吟咏一首诗词，附记一篇短文，配印一帧相关照片。考虑到村庄数量众多，书册页码有限，每个村不宜面面俱到，立体反映，只选写某一特点或亮点。譬如：一位名贤，一个事件，一处胜迹，一项特产，一株古树，一门技艺，一种风俗，一项娱乐，一则传说，一支民谣，一句谚语等。还要掌控村与村的选题内容不相重复。我至信德国哲学家莱布尼茨关于“世界上没有两片完全相同的树叶”这条哲理，由此相信“壶关县不会有完全相同的两个村庄”这个现实，继而自信只要诚之毕至，心力两劳，不吝寻觅，纵横比较，村与村之间的个体差异总会找到的，“一村一题”这个既定目标该是可望可即的。

心志既定，资料尚缺，动手不易。何以有缺？因缘有三：其一，当年下乡进村，或是宣传贯彻党的农村政策，搞调查研究；或是围绕中心工作，作督查落实；或是协调解决群众反映的某个具体问题……尽管进村入户，见了干部群众，但也仅是“履及”，未曾想到以后还要“歌及”。因之，昔日所见所闻，不足以供应今日所咏所叙之用。其二，古希腊哲学家赫拉克利名言“人不能两次踏进同一条河流”，是言世间事物无时无刻不在发展变化、不在除旧布新。离开壶关20余年，且是时处改革开放新时代，中华大地“苟日新，日日新，又日新”②，壶关村村庄庄、年年岁岁都会涌现许多新人物、新故事、新气象。这多“新”则需要重去了解、再作认知。其三，即使记忆中有某某村的相关资讯，但按纪实文学应循新闻报道“六要素”，即“六个W”——英文单词中何人、何事、何时、何地、何因、何果的新闻“六要素”字母中都有个W——的要求，仍有不少缺漏、差错与疑虑，需待认真补充、修正和释疑。

问题既存，即忙应对，施以三策。一策：回县重访乡村。五年间回壶下乡21次，重走了13个乡镇（区）、189个建制村，察看现场，恭询百姓，笔、影两记，不厌其多，以供选材定题、成咏成文。二策：查阅相关志书。包括《壶关县志》《壶关人物志》《壶关地名志》及10余本村志等，作为案头必备，随用随查。三策：高频联系诸位乡友。打求助电话、发咨询短信，两项分别累以数千过万计。给几十位老友呈送其籍贯乡村或曾任职过乡村的初拟稿页，恳请助校助改。县领导还为我确定了13个乡镇

（区）各有一名年轻同志工作之余帮忙搜集、补充资料；我先后给这13位年轻同志寄上所在乡镇（区）《村村咏》的纸质底稿五轮、电子版底稿三番，以供审校、补充及修正。如此忙乱下来，各村资料得以汇集，纰漏得以补正，选题得以酌定。

边搜集、梳理，边吟咏、修改，谓之曰“风搅雪”。轮及一村，搜集一村；搜集一村，确定一题；确定一题，吟咏一诗；吟咏一诗，配拟一文；拟一短文，再考虑配印一照……凡五年，这般轮番挨村搜集、定题、草拟、增删、修改、润色、配照，反复多遍。略计易题翻工179个村，大改16稿，从头至尾前后过稿回数、局部修改次数难计其数，全稿打印达27遍之多。

《村村咏》书稿杀青之日，回眸摞盈数尺之高的弃旧稿页，回忆晨昏不论的千日笔耕，重翻往来联系的繁纷复杂的压柜资料、积案书信，胸臆阵热，双目欲湿，感慨万端。深感家乡壶关村村是讲不了、听不完、写不尽的“故事大王”，是奔涌不息、永不干涸的创作源泉，是仰天当呼、伏地应吻的情感世界；深感乡情是一种源源不断的原动力，友情是一种借用不竭的正能量。正是在这种浓烈的乡情驱动、淳厚的友情助推下，我一面秉承着老乡们、朋友们的鼓励与支持，日有所进，月有所长，年有所成；一面应付着“古稀搁笔当是时”一类的归劝好言及“老不晓事强著书”一类的个别讥语，或充耳不闻，或移题言它。用了本当赋闲的岁月，耗尽原本不多的怀才，霜尽已经衰落的鬓发，终于完成了这件时感繁杂而生难，却又乐此不疲直忙乎的事情。终稿计有诗词454首，短文390篇，照片433帧，合计50余万字。

此时此刻，手捧杀青书稿，稍有释负之感。继而阖卷思想：如若这本《村村咏》能为家乡壶关村村存下点滴史料，留住些许乡愁，续上丝缕根脉；能恭引乡亲父老进行一次家乡旅程的心路回归、家门叩问、乡音热聊；特别是能给青少年乡友们提供点爱乡爱国的乡土教材；进而能表达些我这位游子对壶关这块故土的一腔眷恋之情，体现对衣食父母老乡们的一点回报之意，则满足矣，则快乐矣，则幸福矣！正是：

村村故事昔连今，位位乡亲可咏吟。
春色十分壶邑占，五年权咏一分春。

2016年中秋·省城家中

① 太原别称并州，简称“并”；壶关简称“壶”。

② “苟日新，日日新，又日新”，出自儒家经典《礼记·大学》。

# 目录

**壶关五元素：雄古红绿新**

——《壶关村村咏》图序……001

**昔履及，今歌及**

——《壶关村村咏》自序……001

**龙泉镇**……001

北　街　**满江红**·壶关抗日烈士陵园初址……003

南　关　**一剪梅**·南关版的《百家姓》……004

西　街　**古风**·古邑中央……006

东　街　**竹枝词二首**·“菜园子”与“准市民”……008

龙潭河　**七古二首**·栲栳山易貌……009

韩　村　**沁园春**·登临高望阁……011

清　流　**蝶恋花**·陶村与瓷厂……012

程　村　**七绝**·佛坛岭阴五龙井……013

骞　堡　**念奴娇**·国之大器牛憨笨……014

盘驼底　**四字谣**·干板秧歌传承村……016

南　园　**五律**·龙溪书画社……018

修　善　**采桑子**·管理行家马福录……019

马　驹　**七律**·村徽“姊妹杨”……020

杨家社　**三字谣**·好人王米贵……021

北　河　**浪淘沙**·包干头年庆……022

小北庄　**七律**·“走彭城”一族……023

龙泉河　**杂句谣**·小车糕 …… 025
董家坡　**七律**·建公墓 …… 026
老东河　**忆江南**·抓阄承包地 …… 027
沟西坡　**采桑子**·印象龙丽湖 …… 028
龙丽庄　**江城子**·兴学办“南洋” …… 029
小东河　**七律**·邑东湿地 …… 031
四家池　**三字谣**·八里川 …… 032
秦　庄　**清平乐**·药王庙 …… 034
三家村　**杂句谣**·大包干——老百姓的选择 …… 035
小山南　**摊破浣溪沙**·公司加农户 …… 036
大山南　**七律**·栲栳山前“小晋庄” …… 037
西川底　**五字谣**·农民俱乐部 …… 038
西归善　**七律**·史上城堡村 …… 039
下内村　**古风**·打吃平伙小记 …… 040
宋　堡　**七律**·锦涛同志到咱村 …… 042
河　南　**过龙门**·交售爱国粮 …… 043
紫岩掌　**三字谣**·土铁路的终点站 …… 044
谷　驼　**五律**·郭氏羊汤 …… 045
下　川　**七律**·下川易“上川” …… 046
寨　上　**五律**·“面袋子”谷驼川 …… 047
西　堡　**七律**·西堡水库大会战 …… 048
石岩头　**竹枝词**·无碑秦公桥 …… 049
禾　登　**浣溪沙**·头块黑板报 …… 050

**店上镇** …… 051
店　上　**浪淘沙**·七月会，盖壶关 …… 053
林青庄　**五古·五绝**·林青峡上转体桥 …… 055
王桥凹　**三字谣**·玉米凹 …… 056
龙郡池　**七律**·九庄通衢 …… 057
崔家掌　**五律**·石匠兴村 …… 058
西　峰　**菩萨蛮**·太行山中杏花村 …… 059
井则口　**七律**·谷果双宜向阳凹 …… 060

寨　里　七律·进庙上书房　……………………………… 061
关　帝　五律·村庙三教堂　……………………………… 062
南　沟　七律·双雉雪行图　……………………………… 064
角脚底　江城子·百马跃山庄　…………………………… 065
东方上　西江月·巾帼护林队　…………………………… 066
南　梭　南乡子·省城“编外清洁工”　………………… 067
北　梭　七绝二首·泉滋仁里　…………………………… 068
小南清　七律·独臂护林员郭喜松　……………………… 069
牛　居　渔家傲·抗日高小颂　…………………………… 070
淙　上　五古二首·《康熙字典》正村名　……………… 072
井掌底　七律·“积代会”开到小山庄　………………… 073
长　林　江城子·柔风约农民抗重赋　…………………… 074
中　桥　七古二首·文武双星　…………………………… 075
瓜　掌　采桑子·古民居村　……………………………… 077
罗东掌　五律·九掌十八凹　……………………………… 078
琚家庄　五绝二首·关岭松　……………………………… 079
土头寨　五律·“村亲亲”　……………………………… 080
梁家碣　临江仙·元宵串灯　……………………………… 081
靳家掌　七律·左家三代中兽医　………………………… 082
石　峪　七律·梯田宜谷　………………………………… 083
郊界底　七律·巨杨见证　………………………………… 084
麻　巷　定风波·杜阁老还乡　…………………………… 085
鳌　街　六言诗·一场龙卷风　…………………………… 086
刁　掌　竹枝词二首·不让须眉女支书　………………… 087
西　坪　四言诗·百里陶清第一湾　……………………… 088
小岭上　七律·煤通道　…………………………………… 089
明自掌　五律·德化桥　…………………………………… 090
北　岭　七古二首·入市叫卖糖葫芦　…………………… 091
谓　里　摊破浣溪沙·古商道　…………………………… 092
石井会　七绝·活水井　…………………………………… 093
固　村　菩萨蛮·星星之火先燎处　……………………… 094
南大安　江城子·管总襄乡办群聊　……………………… 095

北大安　七律·经典碑书 …… 096
郭　堡　醉太平·梦圆康庄路 …… 097
桥　头　七律·忠与孝的追寻 …… 098
西　韩　现代诗·北京干部住咱村 …… 099
南　寨　七绝·古寺晨钟 …… 100
绍　良　五律·英烈铭村名 …… 101
洪　掌　三字谣·八路军修枪所驻村 …… 102
麻　要　五律·区划造林样本村 …… 103
掌　后　六言诗·格节话——老乡们的幽默 …… 104
山　后　清平乐·李公桥 …… 105
南岭上　五律·白杨沟 …… 106
北岭上　杂句谣·鸡窝矿 …… 107
山后河　七绝·督学山庄 …… 108

**百尺镇** …… 109
百　尺　浣溪沙·曾冠名"钢铁公社" …… 111
五　集　沁园春·孔子像前吟 …… 113
寨　河　七律·文人扎堆现象 …… 114
录　池　排律·百工村之变 …… 116
赵　村　七字谣·童话诓皇帝 …… 117
百佛图　五绝二首·百佛图村与百佛图碑 …… 118
闲阳河　六言诗·文化照壁 …… 119
葫芦沟　现代诗·村祭 …… 120
川　河　五律·夜织 …… 122
岭南底　阮郎归·古稀村长 …… 123
贾家南底　五绝二首·出过一位"神算子" …… 124
紫　水　七绝·祥瑞村名缘溪来 …… 125
水台底　天净沙·富水·缺水·引水 …… 126
大南山　西江月·羊工企业家 …… 127
柴家沟　谒金门·村口小超市 …… 128
炭场坪　杂句谣·小别墅与新农民 …… 129
赵　屋　七律·独座香煤矿 …… 130

岭　西　**五律**·省级园林村 …… 131
小南山　**七古**·陵川的飞地——桥将 …… 132
方　善　**七律**·亦稼亦陶之乡 …… 133
西　牢　**七绝二首**·毡毯博弈 …… 134
东　牢　**六言诗**·秦家投犁 …… 135
河　西　**三字谣**·板话王王雪山 …… 136
韩　庄　**七字谣**·三次创业 …… 137
石南底　**一剪梅**·尚武之乡 …… 138
流　泽　**四字谣**·县南古镇 …… 139
沙　堰　**山歌**·车筐编造 …… 141
西岭底　**五律**·焦家朱门 …… 143
东王宅　**七绝**·槐香卅里 …… 145
西王宅　**玉楼春**·银饰·银匠 …… 146
东柏林　**七绝**·炎帝稼穑五谷山 …… 147
西柏林　**一剪梅**·原浆豆腐 …… 148
山　上　**七律**·山上裁缝 …… 149
高崖头　**渔歌子**·壶商初萌 …… 150
寨　沟　**霜天晓角**·土寨记忆 …… 151
圪　坨　**五绝二首**·骡帮与村名 …… 152
魏家岭　**七律**·助兴亚运的唢呐主奏 …… 153
魏家湾　**五字谣**·纺绳兴衰 …… 154
后　河　**忆王孙**·魏家模具 …… 156
鸦　村　**醉太平**·迓鼓申遗 …… 157
卫家庄　**七绝二首**·卫魏一庄 …… 158
南　村　**忆王孙**·记起小方炉 …… 159
曹家沟　**鹧鸪天**·订单铁业 …… 160
地南头　**七律**·清代禁赌碑 …… 161
东　坡　**五绝二首**·“村村通”复“户户通” …… 162
宋家河　**打油诗**·韭菜一绝 …… 163
星耀头　**浪淘沙**·山庄洁为美 …… 164
南崖上　**打油诗**·砂锅甲上党 …… 165
河西庄　**五律**·三十年河西 …… 166

**晋庄镇**……………………………………………………………… 167
晋　庄　**江城子**·千斤谷 ……………………………………………… 169
十　里　**三字谣**·仨劳模 ……………………………………………… 171
北　庄　**杂句谣**·小流域治理北庄样本 ……………………………… 173
东　郊　**竹枝词二首**·戏班子转办锣鼓队 …………………………… 175
西七里　**七律**·极品皮胶 ……………………………………………… 176
东七里　**七绝二首**·城堡庄园 ………………………………………… 177
秦　村　**六字谣**·坩锅一业 …………………………………………… 178
东　沟　**七律**·农谚有理 ……………………………………………… 179
西　川　**七律**·“白皮红心村” ……………………………………… 180
东　川　**生查子**·刺槐叶喂兔 ………………………………………… 181
常家池　**七古**·点赞《常氏家训》 …………………………………… 182
徐家后　**五律**·诗表厚道之乡 ………………………………………… 183
范家后　**五律**·乔迁新村 ……………………………………………… 184
山　仓　**五绝二首**·村名两说 ………………………………………… 185
料　阳　**民谣二首**·今昔料阳 ………………………………………… 186
固　店　**四字谣**·农车行 ……………………………………………… 187
泉则河　**现代诗**·踩高跷 ……………………………………………… 188
北　头　**五律**·建大桥 ………………………………………………… 190
秦家庄　**竹枝词**·足不出村上工忙 …………………………………… 191
郊　里　**古风**·良医良相秦祥云 ……………………………………… 192
河　底　**四字谣**·村教师兼作“村文书” …………………………… 193
畅　村　**七律**·红火八音会 …………………………………………… 194
寺　沟　**三字谣**·“南八村”之歌 …………………………………… 195
东崇贤　**七古·七绝**·汉代乡贤令狐茂 ……………………………… 196
北　掌　**杂句谣**·马富姣互助组 ……………………………………… 197
池则掌　**一剪梅**·走出弟兄俩将军 …………………………………… 198
洪　掌　**五字谣**·遵章易村名 ………………………………………… 199
东山后　**鹧鸪天**·庭院果硕羊肥 ……………………………………… 200
西山后　**七律**·取草于树，取肥于牧 ………………………………… 201
王　岭　**七绝**·风穴秋音报丰年 ……………………………………… 202
黎　岭　**杂句谣**·书香黎岭 …………………………………………… 203

赵　掌　五律·钉马掌兄弟闯关东 …… 204
泽　井　七律·清代名士马天叙 …… 205
庄　头　玉楼春·石子河上建二库 …… 206
前西掌　忆王孙·牛聚良叫板龙王 …… 208
西崇贤　七绝二首·纯山小学与壶关五高 …… 209
东河南　七律·村企领头雁 …… 210

**树掌镇** …… 211
树　掌　江城子·惠泉井——老井之最 …… 213
河　东　七律·彭总驻河东 …… 215
翠　谷　竹枝词·首家农业合作社 …… 217
南坡垴　七律·壶关的“锡崖沟” …… 218
森　掌　七绝二首·降豹 …… 219
磨　掌　七律·竹马 …… 220
大　会　七律·移植大油松 …… 221
碣则上　古风·朱总夜宿碾棚 …… 222
教　掌　古风·教掌古名校场 …… 223
大坪上　竹枝词·“牛改”示范村 …… 224
神　北　四字谣·咏唱抗大一分校 …… 225
神　南　采桑子·三位“太行奶娘” …… 227
后　沟　七律·节地铭 …… 228
上　河　浪淘沙·抗洪图 …… 229
南　郊　五律·开仓济邻篇 …… 230
汪流水　排律·国民高小正名 …… 231
赵和池　长相思·编戏救兄的故事 …… 233
梁　家　五律·五绝二首·双松枯荣记 …… 234
李家河　过龙门·清风口奏凯 …… 236
南双泉　五律·义修梯路志 …… 237
福　头　竹枝词二首·首家用电灯 …… 238
马家庄　七绝·七古·夫妇双英烈 …… 239
芳　岱　四字谣·黄河日报社驻村 …… 240
回　车　竹枝词·回车核桃甲壶关 …… 241
青松岭　渔家傲·天人合作好景观 …… 242

集店乡……243
集　店　**清平乐**·绝版戏楼……245
西关壁　**五古二首**·白土记忆……246
东关壁　**七律**·昔日梨乡……247
北三家村　**七绝二首**·永远的村名……248
回龙庄　**竹枝词二首**·侯天乐：第一个万元户……249
东长井　**渔家傲**·壶关抗日首战告捷……250
西　庄　**七律**·吴半坡裸捐……251
辛　村　**古风**·麦豆两熟制……252
南　凰　**杂句谣**·舞之村……254
北　凰　**六字谣**·北凰麻糖香邑北……255
逢　善　**浪淘沙**·举村忠，一人奸……256
岭　东　**七律**·岭东三迁始安居……257
土　河　**七古**·妇科济世六百秋……259
北　桥　**五绝二首**·鸭殇·菜丰……260
东旺庄　**七律**·铜匠走京华……261
西旺庄　**七古**·诗咏老红军秦占彪……262
天　池　**七律**·沈毓珂与十堰车城……263
乌集头　**渔歌子二首**·品牌葱……264
桥　西　**杂句谣**·“钱币庄”……265

黄山乡……267
黄　山　**五绝二首**·古槐荫下火烧铺……269
下好牢　**竹枝诗**·悔失国奖……270
上好牢　**七律**·五朝古墓群……271
薛家园　**七律**·柳编之年……272
牛　盆　**七律**·小煤矿转型……273
南　河　**七古二首**·谋安再谋富……274
冯　坡　**现代诗**·冯坡村走出了伙80后……275
牛王岭　**五古·五绝**·商代陶窑遗址……277
西　底　**七律**·涸泉复涌……278

长井头　**五律**·商活村兴 …… 279
沙　窟　**七律**·乐户逢时 …… 280
神　后　**江城子**·钢铁战士张三保 …… 281
斛　市　**五律**·“耕三余一”村 …… 282
神　东　**七律**·神东红提 …… 283
北兑川　**七律**·农贷英模韩玉金 …… 284
油坊河　**绕口令**·油坊河说油 …… 285
杜家掌　**三字谣**·有座虫蝗庙 …… 286
王家掌　**竹枝词**·庙柏同庚 …… 287
郑家掌　**诉衷情**·圆梦自来水 …… 288
小山沟　**五言诗**·百年鞭炮 …… 289
申家岭　**现代诗**·移民新村 …… 290
黄家川　**三字谣**·拥军英模李奶奶 …… 292
北阳护　**七律**·抗日模范村 …… 293
南阳护　**七律**·国级宝刹三嵕庙 …… 294
簸箕掌　**五古**·宜谷宜居向阳庄 …… 295
沟　洞　**如梦令**·蚕妇 …… 296
山则后　**五律**·舞狮 …… 297
向　掌　**五律**·迎宾白皮松 …… 298
东　脚　**七古**·农民健体赞 …… 299
南　头　**七字谣**·三八水库颂 …… 300
辛　寨　**满江红**·醋香千秋 …… 301
南宋壁　**打油诗二首**·太阳迟出两分钟 …… 303
河南庄　**民谣二首**·安纱罗 …… 304
辛　庄　**五绝二首**·窑改楼 …… 305
靳　庄　**五言诗**·给扎灯笼巧妇进言 …… 306

**东井岭乡** …… 307
东井岭　**七律**·分水岭上“旱码头” …… 309
郭堡庄　**竹枝词**·教育扶贫典型村 …… 311
口　头　**七律**·上党名师贾治安 …… 312
高岸上　**七古**·连理松榆 …… 313

三郊口　**五律**·文化山门 …… 314
东垴后　**七绝二首**·笑话·智慧·信息 …… 315
石　盆　**江城子**·牛保才英名入《辞海》 …… 316
大　井　**七律**·朱总划界处 …… 317
东　掌　**三字谣**·单身汉的春联 …… 318
南岸上　**七律**·山庄棋牌热 …… 319
碾谷驼　**五律**·半盏油灯的故事 …… 320
南　湖　**七绝二首**·祈雨何若掘井 …… 321
牛家掌　**七律**·旱地番茄咏 …… 322
塔　店　**竹枝词二首**·八朵向阳花 …… 323
上　庄　**五绝**·村小庙宇多 …… 324
南行头　**七律**·神山岭上四望 …… 325
北行头　**七绝二首**·山庄享凉伏如秋 …… 326
贾　庄　**五律**·年终兑现早 …… 327
崔家庄　**五古**·侯家大宅院 …… 328
罗　掌　**五绝二首**·罗掌古树·罗掌响石 …… 330
岭　后　**七律**·小炭窑记忆 …… 331
常　行　**破阵子**·窑洞保卫战 …… 332
城　寨　**七律**·铸锅 …… 333
合　观　**竹枝词二首**·炼磺 …… 334
东马安　**七律**·矿停待新谋 …… 335
西马安　**七绝**·赵长城遗迹 …… 336
西河沟　**五古二首**·禁采矿石古碑示 …… 337
西　坡　**摊破浣溪沙**·产粮售粮“双状元” …… 338
南　凹　**五古二首**·“狼凹”易南凹 …… 339
盖家川底　**七律**·阳坡绿化“五全法” …… 340

石坡乡 …… 343
石　坡　**七绝二首**·马如龙解散公共食堂 …… 345
东黄花水　**五律**·李金和与“东水三条” …… 347
西黄花水　**五律**·大贾徐秋盛 …… 348
盘马池　**卜算子**·大虎岭前老先进 …… 349

安　口　**四字谣**·人造小平原 …… 350
郭家驼　**七律**·护林墙 …… 352
西　河　**七律**·割蒿记 …… 353
北平头坞　**清平乐**·壶关首届党代会会址 …… 354
南平头坞　**七律**·苏绣进太行 …… 355
寺尾沟　**五绝**·黄花黄，种地忙 …… 356
杜家岩　**七绝**·红色标语六十秋 …… 357
城　会　**民谣**·紫皮山药蛋 …… 358
双　井　**浣溪沙**·衣着时尚的“双井现象” …… 359
申家庵　**童谣**·咩咩羊，豆豆羊 …… 360
石河沐　**古风**·掘隧出山 …… 361
孤山沟　**七律**·上民校 …… 362
安　居　**竹枝词**·香椿庄 …… 363
苇则水　**五字谣**·包产到庄不姓“资” …… 364
板安窑　**三字谣**·核桃专业合作社 …… 366
子良庄　**五律**·膜盖玉米始自此 …… 368
前山庄　**七律**·攀崖·喊山 …… 369
辘轳城　**浣溪沙**·李其兴双匾耀门庭 …… 370
南石窑　**五绝二首**·仁医王进成 …… 372
仙　居　**七律**·林涛依旧 …… 373
东沐浴　**竹枝词二首**·野生大豆是个宝 …… 374
龙尾头　**临江仙**·红豆焖饭尖饥 …… 375
西沐浴　**六字诗**·李晋王沐浴处 …… 376
西　掌　**七律**·坚壁清野，安藏山洞 …… 377
庙　郊　**破阵子**·庄户剧团演大戏 …… 378
沙　驼　**竹枝词**·城乡两栖沙驼人 …… 379

**五龙山乡** …… 381

五龙头　**太常引**·两战五龙山 …… 383
杨家堆　**七绝二首**·向阳柿树凹 …… 384
水　池　**浪淘沙**·车轮滚滚运输忙 …… 385
石　门　**七绝二首**·饲养奶牛第一村 …… 386

上内村　浣溪沙·文化大院乐 …… 387
东归善　汉俳四首·户养生猪好 …… 388
三王头　捣练子二首·村殇：“四·八”惨案 …… 389
西黄野池　七律·回汉子弟希望小学 …… 391
东黄野池　古风·回族古村落 …… 392
程　庄　五律·规约仁里 …… 394
朝　阳　七律·驴驮苹果酬老秦 …… 395
南塔底　七绝二首·采松蘑 …… 396
北塔底　五字谣·刺槐沟 …… 397
池　后　五律·靳瑞萱义修乡池 …… 399
刘家庄　五古·刘兴旺助村修池 …… 400
南　庄　七绝二首·“大学生村” …… 401
道　安　竹枝词二首·育种佳地 …… 402
向　庄　五古·松柏同株 …… 403
欢掌底　七律·山村新颜 …… 404
大　端　四字谣·工头范儿侯林民 …… 405
迎　乐　七律·理财巨擘阎元锁 …… 406
刘　寨　四字谣·“晋杂五号”戒 …… 407
西河南　五绝·赶会饮食业 …… 409
西　沟　竹枝词二首·机械采石场 …… 410

**鹅屋乡** …… 411
鹅　屋　七律二首·鹅屋山上双英模 …… 413
恶石掌　七律·“愚公”凿山 …… 415
柳　泉　鹧鸪天·草根专家路山松 …… 416
石圪礤　清平乐·织苇席 …… 417
阴山坝　七律·蜡烛山 …… 418
牛洞上　五绝二首·金牛洞 …… 419
红垴上　七字谣·“一亩两个羊屁股” …… 420
西壶陵水　古风·姊妹庄 …… 421
东壶陵水　七律·牛返圪筒“过黄河” …… 422
师家背　采桑子·万佛寺密码解 …… 423

黄崖底　七律·七十二个庄出大山 …… 424
东土池　竹枝词·日出最早土蜂沟 …… 426
西土池　浣溪沙·长寿山庄刘家凹 …… 427
南倒寺　打油诗·“倒蛋部队”下太行 …… 428
五里沟　七古·九龙洞览胜 …… 429
或岭西　古风·村名待正 …… 430
沙岗沟　七律·晚秋行 …… 431
黄崖头　五律·晒秋图 …… 432

桥上乡 …… 433
桥　上　三字谣·“小江南” …… 435
盘　底　现代诗·仙人桥 …… 437
王家庄　浣溪沙·“伐一栽三”规约好 …… 439
沙　滩　忆王孙·“航空邮件”飞猫喽 …… 440
桥后沟　太常引·八泉汇湖呈大观 …… 441
丁家岩　杂句谣·沿河十二盘水打磨 …… 442
大　河　一剪梅·太南锁钥大河关 …… 443
杨家池　浣溪沙·“小江南”中“沙家浜” …… 444
东川底　采桑子·春华秋实山楂林 …… 445
南　岭　七律·李明江捐肾救弟 …… 446
前　垴　七古·“小红旗渠” …… 447
后　垴　七绝·飞瀑敲潭 …… 448
梯垴山　七律·名正脱皮榆 …… 449
西坡沟　五律·二良师坚守大山 …… 450
洪　底　满江红·红豆峡蝶变 …… 451
紫　团　七律·紫团山——壶关地标 …… 452
东　垴　西江月·紫团参 …… 453
庄则上　七律·源泉村 …… 454
东柏坡　七绝·不为地小而不耘 …… 455
西柏坡　小重山·二仙下凡的传说 …… 456
下石坡　七律·阁老岭的山名 …… 457
马安驼　虞美人·五株迎客松 …… 458

**常平开发区** …… 459

常　平　**沁园春**·诗记钢城正盛时 …… 461

王家河　**三字谣**·数字电视第一村 …… 462

阎家河　**七绝**·门槐 …… 463

王　章　**七绝二首**·《新壶月刊》的进步意义 …… 464

黄角头　**五律**·县北绿化一帜 …… 465

杜家河　**民谣**·喜开"驴吉普" …… 466

小逢善　**竹枝词**·借力建新村 …… 467

李　掌　**南乡子**·枣乡嬗变 …… 468

河　口　**七绝二首**·王大旦进京献戏 …… 469

坛　上　**五律**·壶邑北郭觅坛上 …… 470

**功夫活——功夫文——功夫书**

《壶关村村咏》读后感（代跋） …… 翟翠明　米厚民　471

**后　记** …… 480

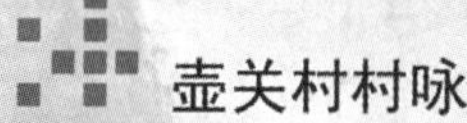

壶关村村咏

# 龙泉镇

小北庄
盘驼底
骞堡
南园
程村
马驹
北街
北河
杨家社
清流
西街
龙泉河
修善
韩村
南关
东街
沟西坡
龙泉镇
小东河
老东河
龙丽庄
董家坡
龙潭河
秦庄
大山南
小山南
四家池
下内村
三家村
西归善
西川底
宋堡
紫岩掌
下川
河南
谷驼
禾登
寨上
石岩头
西堡

# 北　街

## 满 江 红
## 壶关抗日烈士陵园初址

烽火壶关，党领导、军民踊跃。太行望、大刀红刃，壮怀刚烈。艰苦八年持久战，精忠万士英雄血。恰中秋，古邑插旗忙，红城阙。

承遗愿，怀英烈；人一块[①]，丰碑烨。继光荣传统，齐心创业。古邑天天新讯出，北街户户春风掠。望明朝，圆梦小康时，歌新诀。

北街村,位于壶关城北城区，北寺山东南面，龙丽湖公园西北侧。北寺山为神山山系北延支脉边峰，海拔1122.5米，略高出主峰神山5.8米。

在中国共产党的坚强领导下，经过八年浴血抗战，壶关城与全国其他地区几近同步，于1945年9月18日（乙酉农历中秋节前夕）解放。11月14日，中共壶关县委决定：农历八月十五为“壶关解放纪念日”，并部署全县开展“每人捐献一块钱”，修建抗日烈士陵园的募捐活动。号召一出，举县响应，工农商学，踊跃捐资。时年壶关总人口近15万，除老弱病残者外，计收98 686元。陵园于1946年10月在县城北街竣工。从此，北街村民围陵园而居，时常能瞻仰陵园，接受革命传统的熏染，缅怀先烈，铭记历史，珍爱和平。

1992年，壶关县抗日烈士陵园移神山东麓凭高处。

今逢改革之秋，北街楼宇林立，街巷枰布，商市兴隆，面貌幡然。诸位英烈若在天有知，悉古城新貌，感未竟已竟，定欣慰于九霄。

民族英雄，气壮山河——原陵园大门两侧镌词（仿书）

① 《现代汉语词典》注：〔块〕量词，用于银币或纸币，等于“圆”。

# 南关

## 一剪梅
## 南关版的《百家姓》

李赵张王百姓齐，主客安居，贫富安居。盛时仁里沐新曦，文化相宜，经济相宜。

快自稳来不失机，改造东区，拓展南区。干群协力泰山移，重在夯基，谋上新梯。

南关村，位于壶关城南城区，神山东麓之侧，壶关盆地①城南八里川北缘。神山为神山山系主峰，海拔1116.7米。神山与南侧栲栳山，北侧猪嘴山、北寺山并峙，共筑县城西翼屏障。

南关是个移民村。全村居民只有少数属祖籍，绝大多数系客籍，由东西南北、五湖四海迁徙而来，全村姓氏登记起来，即是一册南关版的《百家姓》。堪称姓氏逭百，壶关为最。

据2012年山西人民出版社出版的《南关村志》记载，南关村居民100姓氏计有：王、陈、马、雷、连、李、刘、杨、张、平、郭、秦、栗、赵、牛、任、韩、徐、申、魏、戴、尤、付、关、耿、吴、宋、冯、黄、向、程、仇、杜、侯、阎、胡、管、贾、吕、孟、梁、盖、高、郝、靳、苗、常、原、姜、琚、郎、孙、万、丁、鲍、朱、毕、崔、皇甫、庾、武、裴、路、谷、毛、司、倪、宣、董、翟、袁、史、尚、何、蒋、葛、晋、白、苏、范、于、芦、谢、赖、智、林、焦、彭、弓、岳、段、康、许、刑、曾、贺、文、阮、睢、熊。

团结兴村

南关村居民原籍不同、姓氏有异、主客杂居、先后参差，但历来村风和谐、厚道包容、邻里相安，罕有倚仗家族势力以主压客、欺邻霸道、胡作非为者。尤其是改革开放以来，在省劳模、党支部书记魏永平的带领下，党支部、村委会干部团结一致，组织带领群众抓改革、谋民生、讲和谐、求共富，使全村经济与社会诸多方面得到平稳发展，经社共进，表里一新，村中老少无不欣欣然。

前页图为南关村支、村两委班子成员照，左起马建青、王黑旦、栗峰录、魏永平、付奇、陈永祥、马书科、任东方。

今日南关

① “壶关盆地”，见本书龙泉镇四家池村《八里川》。

# 西　街

## 古　风

### 古邑中央

本乃县城中心区，历朝古建计成批。
衙门坐北面朝南，壶邑正堂衙中居。
固若金汤砖城墙，甲兵十万堪抵挡。
仓后廪盈源自田，民纳皇粮官衙享。
方正古城向不斜，南北中轴一条街。
商号两列无空挡，马龙车水人相偕。
留养局设西门外，民办官助济乞丐[①]。
高墙牢狱县衙旁，屈打成招常不怪。
文庙敬奉孔先师，兴学重教不宜迟。
壶林书院明清盛，实小前身文脉滋[②]。
祈雨错拜龙王庙，西池解渴堪依靠。
城隍庙敬城隍神，祈盼城郭永不倒。
盛唐县邑史悠悠，古建一诗难尽周。
博采细编入乡志，传承文化续春秋。

西街村，位于壶关城西城区，神山山系北延支脉、猪嘴山东麓，神山北麓之侧的小平川上，古称清流川。道光版《壶关县志》载：唐代贞观十七年（643），壶关县治从高望堡（今韩村）移清流川。距今已有1373年。

西街村原址坐落于古县城中心位置。县署、官仓、公馆、监狱、文庙、龙王庙、城隍庙、壶林书院、魁星阁、三官庙、留养局、西池、衙前南北一条商业主街等，历代主要古建筑均在旧西街村域内。这些古建筑，构成了旧县治的完整功能，体现了古县邑的时代文化。

新中国成立后，特别是改革开放以来，千年古邑壶关城日新月异，老西街旧貌换新颜。举村村民乔迁城西新区。新区居民住宅一式二层封顶，一户一院，皆是向阳人家；街巷纵横有序，齐如棋盘，往来车水马龙；旧区置换为机关单位、商贸门店，呈现楼宇林立、店铺比邻、一派繁华昌盛的景象。近年来，壶关县城实施“国”字型总体规划，如今业已落地成型，其中西街村域占位仍在县城中心“国”字型框架内的“玉”字左半部分上。

道光版《壶关县志》中的《县城之图》（见图），对坐北朝南、方方正正、四墙四门的古壶关城框架与林林总总、事涉县治、民生的古建筑，作了翔实图记，极具存史价值。如今，西街域内的诸多古建筑已拆除无存，仅留小西街一条旧民居小巷了。壶关城内另有南关王家巷、马家巷、陈家圪圈，东街盐店巷等数处旧民居遗存，留着这座古邑的些微记忆。

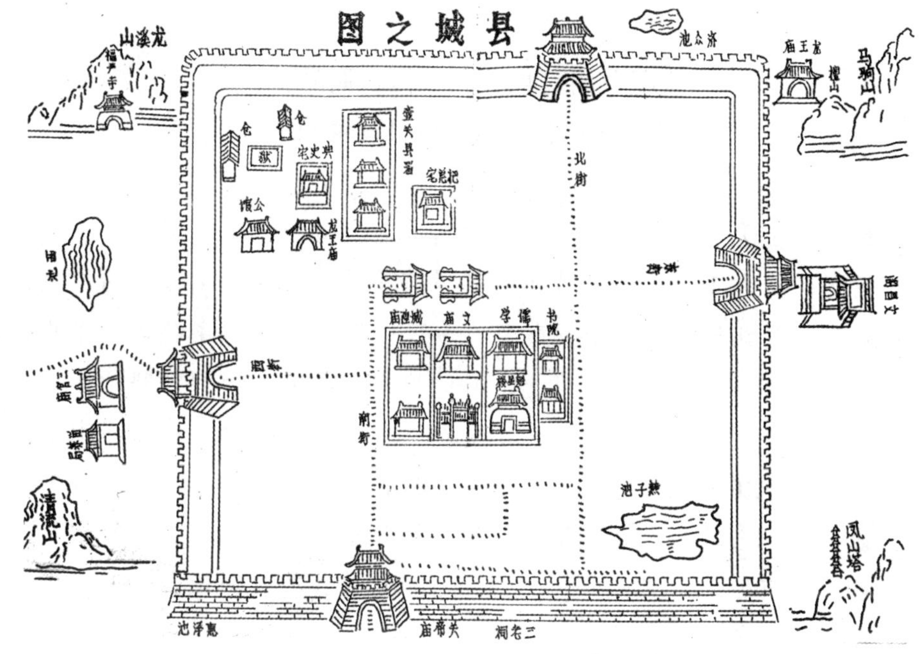


清代壶关县邑布局图

① 留养局，又称养济院。为明清时，由开明乡绅募捐、主办，县署协办的收养饥民的机构，有收容、救助、治安意义。

② “实小”，为“壶关县实验小学”简称。“实小”前身为壶关县第一高级小学，是时简称“一高”。

# 东　街

## 竹枝词二首
## “菜园子”与“准市民”

今朝东郭百楼高，昔种菜园成地标。
茄紫瓜圆茴子白，菜筐背负累弯腰。

只收蔬菜不打场，补领国家商品粮。
非市非农名不正，低头只顾菜园忙。

东街村，位于壶关城东城区，龙丽湖水上公园西畔。

20世纪六七十年代，壶关城乡蔬菜供应紧缺，且逆向倒流问题严重，即县城蔬菜公司要到长治市里批发蔬菜，乡下人常到县城蔬菜公司买菜吃，时谓“县吃市菜，乡吃城菜”。为此，县政府规划县城四街部分耕地由种粮转为种菜，共约500余亩。其中以东街为最多，全村种粮地只剩北寺山南麓的四五十余亩旱作梯田。考虑到县里城镇人口供应粮、财力、户籍“农转非”等“三紧张”，当时县上规定只给东街村民供应部分商品粮，不转户口，村民自谐是“准市民”“副市民”，他们不争名分，为国分忧，为县负重，为县城居民篮中有菜，为缓解当年蔬菜供应“一紧缺、二倒流”的问题出过力、流过汗、做出过重要贡献，理当以诗表之，志记之。

时逢改革之岁，推进“城乡一体”，实施户籍新政，东街遂生巨变。无论就业门径、生活方式，还是日常行为、名分尊严，东街居民几与市民无二。如今，东街菜农“准市民”“副市民”的故事，已成为当年城乡户籍二元结构的一种典型记忆。

茄紫瓜圆

# 龙潭河

## 七古二首

### 栲栳山易貌

昔　貌

有水快流强力推，山凹点火烧石灰。
囊中赚得人民币，容毁岭坡难复归。

今　貌

连年植树绿披山，高望阁端手够天。
壶邑春秋装一处，风光史志两观览。

龙潭河村，位于壶关盆地城南八里川西北沿，现与县城连为一体，为城南新区部分。栲栳山位于龙潭河、南关、韩村、大山南四村交界处，属神山山系南延侧峰①，海拔1108.4米，与神山连脉并峙，合成县城西南屏障。民间古有谚称“上了栲栳山，伸手够着天。要是够不着，再踩块半头砖”，言其高屹、隆凸状。

栲栳山石质优良，挨县城、近长治，有区位优势，石料易采、易运、易销。20世纪80年代初，上面主张“有水快流”，栲栳山周围村庄即应声高喊：“靠八里川吃粮，靠栲栳山花钱！”于是，人们争相上山采矿、起石、烧石灰，曾一度不分正面、背面，放炮起石，人机联动，无序开采，致正面山坡上多处巨坑凹嵌，草木不存。山坡毁容，有碍观瞻，影响县城形象。自20世纪80年代中后期开始，壶关举县动员，启动“绿化太行山示范县”工程，龙潭河、南关、韩村、大山南诸村村民与县、乡机关干部一起坚持多年义务植树，使栲栳山大面积造林绿化得以成功。同时，开展专项整治，终使山上炮息人散，开采停业，整个生态逐年得以恢复、提升。

2012年初，壶关县在栲栳山顶修建高望阁。2014年末，工程告竣。阁内布展，将壶关县历史沿革、乡土地理、人文气象、改革成果等内容，以图文形式纳入其中。2015年秋，建在高望阁东侧的“李才旺美术馆·壶关县美术馆”开馆，内展著名书画家李才旺赠予的65幅书画作品。于是，登栲栳山，上高望阁，既可俯瞰壶关城全景，又可登山健体益寿，还可入阁阅览壶关今古春秋，进馆鉴赏名家书画作品。由此，栲栳山成了景观山、文化山、健体益寿山，堪称“一山多功能，登临收获丰”。

图为栲栳山人工林截面相。

县邑之“肺”

① 壶关境内山脉均属太行山山系。太行山分水岭由北向南从县中横贯，沿分水岭向东西两边支延，形成20个小山系，或称子山系，乡土史志中皆简称山系。分别为：大虎岭山系、高山寨山系、十里岭山系、箭豁岭山系、行头岭山系、巍巍池岭山系、紫团山山系、沙陀岭山系、梯堖山山系、隐银山（老阴山）山系、肖火山山系、洪掌岭山系、（肖军岭）山系、老洪岭山系、五龙山山系、老顶山山系、楼峰山山系、开花山山系、乌泉寺山山系、神山山系。

# 韩　村

## 沁园春
## 登临高望阁

古邑新徽，梼杌峰巅，登阁入霄。览城郊景致，森林楼宇，棋枰街巷，人海车潮。一水呈蓝，四山屏绿，欲与苏杭试比娇。新县博[①]，纳春秋入阁，千载迢迢。

风流最数今朝，喜卅万人民胆气豪。望东西南北，山青禾壮，市兴路畅，文化生涛。一体城乡，工农融合，人面春风岁富饶。齐奋勉，建小康新邑，圆梦明朝。

韩村及所属南垛自然村，位于神山山系的主峰神山西侧、南延边峰梼杌山北侧岭头上，壶关城西南近郊，堪称壶关城的一座“卫星村”。

韩村历史悠久，文化积淀深厚，为壶关一古村落，史上曾三易村名：村址所处高地古称高望山，村名随山，即取称高望堡，继改称高村，后改称韩村。道光版《壶关县志》载：“唐代武德四年(621)，置壶关县衙于高望堡。”又载：唐代贞观十七年（643）壶关县衙从高望堡移清流川（今县城）。县衙驻高望堡计22年。

2012—2014年，壶关县在梼杌山南巅建成一座共七层、83米的高阁，续历史文脉，合登高地利，尊文字内涵，纳广大民意，则名取高望阁。五里之外，远望即见，堪称“壶关首处新地标”。

关于水面为对称

甲午中秋，阳艳天蓝，风轻气爽，笔者相携数友登阁至顶，凭栏纵目四望，实实令人驰怀忘机，击掌称快，掬口长呼，诚如一伙不愁之童子。

① 国家博物馆简称“国博”，省博物馆简称“省博”，县博物馆即简称“县博”。

## 蝶恋花
## 陶村与瓷厂

山野蕴藏高岭土，自古宜陶，匠与民同数。点土成金陶艺绝，碗盆销进千家户。

厂系子嗣村系祖，陶改新瓷，师法唐山术[①]。欧美亚非多买主，往时精彩能重否？

清流村，俗称“井流”。位于壶关城西近郊，神山山系西北延、猪嘴山西南山凹里。因古时村西山壑有清泉四时长流，则得这般诗画村名。

陶瓷文化的发展过程，伴随着整个中华民族的文明史演进过程。外国人把陶瓷作为中国的第一文化标识，英语称呼中国国名为“China”，意译为“瓷器”。于是，在众多老外眼里“中国”即“瓷”，“瓷”即“中国”。清流系史上著名制陶村，所产陶瓷称“清陶”，所谓“壶关陶业自清流”。据考古研究证实，清流村发现的彩陶片为史前时期遗存。1988年，该村发掘出一件汉代陶瓮。清代清陶为贡品。清陶工艺当是源远流长的中华陶瓷文化的一个支脉。

1954年，在举国农业、手工业、资本主义工商业的社会主义改造高潮中，在清流村家庭手工业制陶基础上，壶关县组建起国营清流陶瓷厂，产品实现由陶至瓷的跨越，称“清瓷”。1986年有26种产品、共325万件销往30多个国家。清流陶瓷厂一度为“山西五大陶瓷厂”[②]中的先进典型，时谓“山西五瓷数清流”。1996年因故停产。

五囱静矗

① 系指清流瓷厂曾请著名唐山陶瓷厂工匠师傅驻厂传艺。

② 时谓“山西五大陶瓷厂”：清流、怀仁、介休、闻喜、阳城等陶瓷厂。

# 程　村

## 七　绝
## 佛坛岭阴五龙井

佛坛岭北碧泉佳，昔供衙中好泡茶。
只惜源头流渐细，调来沾水润千家[①]。

程村，位于壶关城西北近郊，神山山系北延支脉、佛坛岭西南向阳凹里。含苗家凹自然村。

五龙井，为壶关15处名泉之一[②]。道光版《壶关县志》载："五龙井，在县西五里程村山顶。五井相连，深不及丈，水清味甘，大旱不竭。每逢祷雨，取水于此辄应。"20世纪50年代后期，壶关县政府曾组织实施五龙井引水工程，因水量有变，至县城西门外而中辍。如今，五龙井水量不若当年，县城居民用水靠七里栈调水与修善、北关两眼深井提水供给，称"三龙兴水济县城"。

往昔，壶关县城居民饮水靠南关惠泽池、西街池、东街章公堰三座旱池供给，时谚："章公堰，李公池，铜帮铁底燕子池。"只惜三座旱池皆以雨季地表径流为源，污染严重，水质不良。1989年冬，壶关县政府发函征集史料，时居北京的耄耋老人荣嗣媛复函写道：1932—1934年，她随伴时任壶关民国政府县长的丈夫原屏篱，在壶关生活两年余，时靠三个旱池供给饮水，"水质很差，洗衣服也洗不净，人用久了就长癣，面皮都变成紫色"。还写道：县衙待客，要赶马车载木桶到佛坛岭五龙井拉泉水泡茶喝。

蓄泉为池

① 七里栈泉，古称"沾水"，北魏地理学家郦道元名著《水经注》有记。

② 壶关15处名泉：佛坛岭五龙井、南凰泉、辛寨（宋壁）泉、大旋掌黑虎泉、北梭井沟泉、北庄泉、水台底泉、福水泉、七里栈沾水泉、牛洞上老河沟泉、黄崖底泉、后堖拐龙沟（青龙峡）泉、南岭黑窑泉、桥后沟八道水（八泉峡）泉群和洪底沟（红豆峡）泉群。其中，以八道水泉群水量为最丰，洪底沟泉群次之。

# 骞　堡

## 念奴娇
## 国之大器牛憨笨

吉星高照，古陶乡，幸诞人间贤杰。祖母育孤家脉续，憨笨守名笃学。国助邻援，清华读毕，翘楚工程界。潜心光电，科坛频获褒掖。

老外厚禄挖才，忠诚从不动，报国心如铁。深圳求贤盈七顾，率队南兴宏业。夜视激光，CT新术，军地双关切。终霜两鬓，唯图中国高崛。

骞堡村，位于神山山系西北支脉、狮子岭西麓，西与长治市郊区接壤。据《新华词典》注：骞为“高举”“飞腾”之意。“骞堡”原意即为“高举、飞腾起来的村庄”。右下图为骞堡村关帝庙山门上部照。

骞堡古来村里多缸窑，村民多缸匠。在这世代相承的陶乡陶家，出了位名叫牛憨笨的山娃。1966年牛憨笨毕业于清华大学，先任西安光电子研究所所长，1997年被遴选为中国工程院信息与电子工程学部院士[①]，是我国著名物理电子学专家，有多项重大发明获国家级重要奖项，为我国的国防建设和高科技发展做出了重大贡献。1999年张高丽时任广东省委副书记兼深圳市委书记期间，为让牛院士落户深圳，领军特区科技创新、发展，曾派市里有关领导七赴西安登门作邀，被传为“七顾茅庐”的佳话。牛憨笨赴深后任深圳大学光电子学研究所所长。

一次，记者问牛憨笨名字的来历，牛憨笨复：“我因出生前3个月丧父，两岁时母亲改嫁，祖母怕我这唯一的血脉有所闪失，所以给我起了个‘小鬼不看，阎王不要’的‘丑’名，祈望我一生平安。长大后，好些人劝我改名，但我说：它告诫我不学习就会变‘憨’，不勤奋就会变‘笨’。现在，‘牛憨笨’倒成了我的警句名言。”这段答问应是他大名由来之义的确切解读，也是他大器成就之路的精辟概括。

无能名——山门禅语

2013年11月29日，得悉牛院士住院治病。笔者忙发一则短信问安：“牛院士乃国之大器、陶乡骄子。予祝牛院士马年康健吉祥！”牛院士即复：“我们都是为国家做点事儿。认识你这个老乡很高兴。”字里行间透露出朴实、谦谨、国家至上的品格与风范，堪称“高人接地气”“大家无大架”。

牛憨笨院士于2016年7月4日病逝。讣告发来，令人十分震惊与悲痛。咏填《壶关村村咏》中此篇《念奴娇》词期间，笔者还数次发短信、打电话跟牛院士与他的助手咨询有关情况，时想这本书出版后，定寄呈他一本供指导、阅存。今日，他竟驾鹤西去……追忆至此，心悲目湿，赶忙发唁电沉痛悼念这位学问、精神、品格与境界堪称后辈风范的著名科学家。

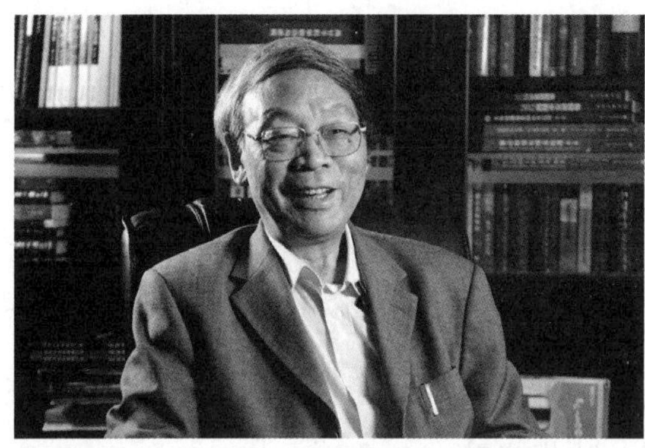

牛憨笨院士遗像

① “工程院院士”为我国设立的工程科学技术界的最高学术称号，为终身荣誉。

# 盘驼底[1]

## 四字谣
## 干板秧歌传承村

干板秧歌，乡土小戏，
家长里短，就在村里。
干板秧歌，乡曲是父，
婉转韵调，山歌是母。
干板秧歌，只配鼓锣，
人一圪圈，就地红火。
干板秧歌，农民喜爱，
随口能唱，俩人一台。
干板秧歌，小村有根，
文化春来，叶茂花馨。

纯真、恢谐——《打酸枣》剧照

盘驼底村，位于壶关城西北近郊，神山山系西北支脉、佛坛岭之阴，石子河南岸小平川上。因古时村周路径曲折迷离，来客踌躇不定，时或误入歧途，走了弯路，村名缘此取之。《水浒传》里写道：祝家庄修有盘陀路，使得宋江亲率兵马出征，经三番攻打，破了盘陀路阵法，方克之。如今曲坛评书说唱节目称为《三打祝家庄》[2]。往时路经盘驼底，常让人想及《水浒传》中的这个引人入胜的故事。

壶关秧歌是壶关的一个重要文化符号，被称为壶关“县戏”，又被誉为“太行山上小黄梅”。《打酸枣》为壶关秧歌中流行最广的代表性保留剧目。人言“壶关三大宝：谷子、羊汤、打酸枣”。1972年秋，前来壶关主持全国旱作谷子现场会的中国农科院领导陈杰如是说：“看了晋庄谷子，喝了壶关羊汤，瞧了壶关秧歌《打酸枣》，才算是真到过壶关了。”

壶关秧歌的前身是壶关“干板”秧歌；干板秧歌是壶关秧歌的母质。干板秧歌没有管弦乐伴奏，只配有鼓钹等打击乐器，所以称作“干板”。旧时，在壶关流传广远，几乎两三个村就有一个干板秧歌戏班子，其中，盘驼底村是干板秧歌的正宗传承地之一。村里有位老艺人任月庆，年近古稀，戏商高，记忆力强，精神矍铄，生性快乐，肚子里装着《打酸枣》《苏姐姐梦梦》等15本秧歌剧，是位能教、能导、能演唱的全把式，乡人送称“秧歌王”。

上门问戏

2008年，壶关秧歌被列入“国家级非物质文化遗产”代表性名录。

图为任月庆在家中给笔者介绍壶关秧歌剧脚本。

---

① 壶关数处村名中有“驼”字。例如：此处盘驼底及后文中的谷驼、碾谷驼、郭家驼、沙驼、马安驼等。这些带“驼”字的村庄，有一个共同点，即都坐落在山侧或山上。《辞海》注释“陀”为山岗。因此，这些村名与“驼”无关，与“陀”相关，“驼”字当为“陀”字之误，应按照法定程序改正之。

② “三打祝家庄”为《水浒传》第四十七回至五十四回。

# 南　园

## 五　律
## 龙溪书画社

古邑一枝春，龙溪墨艺新。
草真行篆秀，工笔彩油芬。
条幅悬千户，匾牌饰百门。
书香人去后，赞语屡听闻。

南园村，位于壶关城西北近郊，北寺山北麓下、龙溪山东麓下小平川上。北寺山、龙溪山为神山山系北延余脉中的两座连脉山峰。

南园村农民书法家阎郁冰，少有悟性，且极勤勉，自习古今书帖、中西画轴，技艺终入佳境。所事书体多，画式繁，尤以楷书见长。改革开放之初的1984年，阎郁冰办起龙溪书画社，堪称“壶邑文化产业头一店”。开张之始，人们思想僵化未解，遇到消极议论不少，说他是做“笔墨生意”，想“写字发财”。其实龙溪书画作品少部分开始上市，大部分仍归义写，所得甚薄；而社铺内文人墨客时常满座，一时间成了壶关城中一处切磋书画技艺、普及书画常识之独家所在，彰显了其社会效益。同时，按照马克思主义政治经济学的基本观点来看，由于投入了一定的物化劳动与活劳动，书画作品作为一种文化产品则具有了商品的属性，应当准许上市买卖，实现其价值，即经济效益。改革开放时至今日，壶关城中书画门店日益兴盛，文化产业发展渐具规模。议及此情此景，人们时或感叹曰：“今日壶邑之书香，应含昔日龙溪之推功。”

阎郁冰于2010年3月29日不幸病逝。人生一世，艺术千秋，龙溪书艺永留人间。

图为阎郁冰生前书写的正楷《识县爱乡字帖》开卷照。

周正阁体

# 修　善

## 采桑子
## 管理行家马福录

中央调整方针好，管理为基。定额为基。五队年年庆有余。
中央改革方针好，以农为基。以户为基。修善家家庆有余。

修善村，位于壶关城东近郊，五龙山山系西北余脉边缘、大道界山西麓下，龙丽湖公园东岸小平川上。村名取教化乡人修身向善义。

1962年，中央制定调整方针，农村贯彻党的八届十中全会通过的《农村人民公社工作条例（修正草案）》，又称《人民公社六十条》，明确规定"人民公社的基本核算单位是生产队"，即"三级所有，队为基础"体制，并强调30年不变。于是，"三农"工作欣逢转机，农村元气渐复，农业生产得到恢复发展，举国饥饿难耐的"三年困难时期"始告结束。这段调整时期，实质可称作中国农村改革的一次初步尝试。当时，急需要有与之相配套的生产队经营管理办法。壶关县委农工部时任部长常友好、副部长周海清、王好德，干事张福岐、秦海龙、张仁吉等人组成工作组，常驻修善大队，认真总结第五生产队队长马福录摸索出的一套经营管理办法，称之为"马福录劳动定额管理法"，引起了地区、省里农村工作部门的重视，在全区、全省推广。1981年农村改革启动不久，老队长马福录与时俱进，思想解放，带领第五生产队又率先实行了家庭联产承包责任制，即"大包干"。

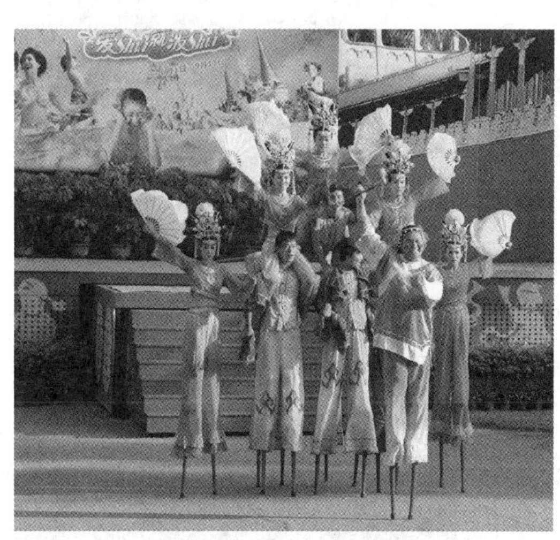

欢庆改革新纪元

1982年，马福录60大寿，笔者时以城关公社党委书记名义呈上贺词："老马识途，福禄添寿。"马福录于1994年病逝，终年72岁。闻耗悔晚，权补祭词："老马卸鞍，业绩永年。"

# 马　驹

## 七　律
## 村徽“姊妹杨”

远瞭村北并株杨，来者何劳问路忙。
通干朝天争向日，深根入土共寻墒。
风吹叶响迎宾客，雨洗枝鲜送瑞祥。
特护双杨风尚好，泽荫后嗣福留长。

马驹村，位于石子河中游之左，五龙山山系主脉北延终端、黄池岭之阴沟壑岸上，壶关城东北3公里处，龙泉镇域北至，由西岸、东岸、小马驹、黄池岭等4个自然村组成。

马驹村东岸北侧长着两株高大毛白杨，株干平行通直、竞相赛长、齐入云天，人称“姊妹杨”。1982年初冬一日，笔者任职城关公社党委书记时，到马驹大队下乡，听群众反映说：“树是好树，就说不定哪天会被大队干部砍掉！”为此，忙召集队干部、群众代表共商村规民约，其中专列一款规定为：将“姊妹杨”作为马驹“村徽、村宝、村地标”，不准动它“一枝一叶一根须”，实行特护。还特别交待大队党支部书记宋和顺，驻队干部、城关公社革委常务副主任程天保二位，要“一任接一任保护毛白杨，哪一任支书任内也不准砍伐。要立下‘杀杨树，撤支书’这个规矩。要上高音喇叭广播，让全体村民周知这条村规，以监督执行”。

2013年3月30日，笔者赴马驹，约新、老党支部书记平全有、宋和顺二位共瞻蓬勃生长着的“姊妹杨”，重温那条村规，心中甚慰。时谓平、宋二位：“见树则喜，见大树则大喜。”遂在树下摄影留念。

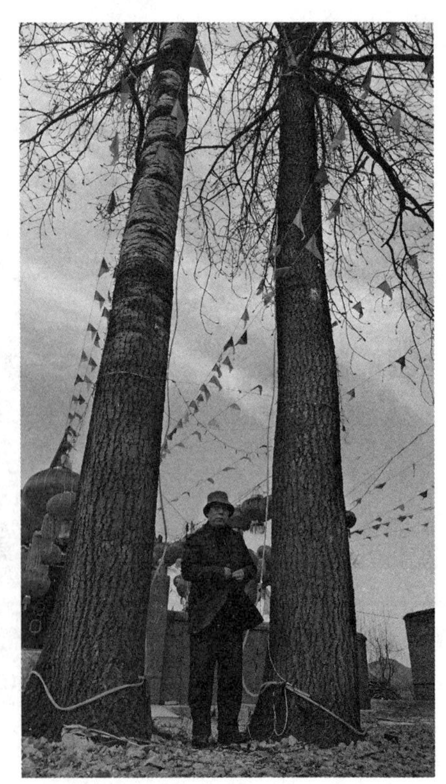
竞相入霄

# 杨家社

## 三字谣
## 好人王米贵

米贵好，好米贵，腿稍残，骑车飞。
米贵好，好米贵，善公关，账不亏。
米贵好，好米贵，和邻里，助弱辈。
米贵好，好米贵，常埋单，友成堆。
米贵好，好米贵，庆古稀，望百岁。

杨家社村，位于壶关城东北近郊，距县城中心约1.5公里。

杨家社村民王米贵，青壮时在队办铁匠铺上班，负责购销工作。是时，常见他骑一辆被人们称作“除了车铃不响，整车浑身都响”的破旧自行车来回跑腾。米贵重义轻利，与人和谐相处。不论老少生熟，见面都愿与他搭话说笑。凡提及他，人们都说“米贵，好人！”1990年前后，壶关城南有座青峰炉面馆生意很火，有一年年终记下王米贵赊账3300元，除他自己参与的少数几次外，其余全是其他人吃了炉面，记在他名下的。米贵看了账单，摇头说“没跟这些人来吃过炉面，还有一多半人不熟识”，但他没有二话，全部结了账。这个故事一时间热传于壶关城中街巷市井，笔者听后不疑。1982年笔者任职城关公社时，在修善大队蹲点，跟着大队支部书记马双根与米贵进城吃过顿炒面，还饮了潞酒，都是米贵慷慨解囊、主动埋单的。

2013年3月31日，笔者给杨家社支部书记王元根去电话，问询米贵近况，元根相告：“米贵今年76岁，身板硬朗，常在村里村外骑车转悠。”听后即感心慰，忙嘱元根代问米贵安好，祝他“好人平安，身体康健，长命百岁”。

快乐老人王米贵

# 北　河

## 浪淘沙
## 包干头年庆

包产劲冲天，追二耘三，粮丰囤满尽开颜。回报三中全会好，交售争先。[①]

县长莅门前，恭贺丰年，龙腾狮跃劲歌喧。兑现售粮钱袋饱，喜庆新元。

北河村，位于壶关城北新区，龙丽湖公园大坝西北侧畔。旧址坐落于龙丽河北畔土崖前，缘当时所处地理实体与方位，即取村名北河。

1982年，正值壶关县农村实行“大包干”生产责任制头年，百姓劲头高，伏天雨水足，用当年的时尚说法是“政策对，人努力，天帮忙”，农业生产“三要素”具备，北河大队乃至整个城关公社[②]粮食获得大丰收。秋后，遵照“大包干”责任制的核心精神——“交够国家的，留足集体的，剩下都是自己的”，家家户户踊跃交售余粮，时称“爱国粮”。种粮大户郑高德一户交售余粮两万斤，为全县“售粮状元”，县政府奖给自行车一辆，以资鼓励。时任县长聂庆保亲临北河大队，到种粮大户门上，拱手祝贺，欢言丰收。全村百姓敲锣打鼓，舞龙耍狮，兴高采烈，狂欢相庆，如同要正月、闹元宵那般红火热闹。种粮大户门上贴出“翻身不忘毛主席，致富记住邓小平”的对联，表达对毛泽东、邓小平两位时代伟人、人民领袖的深厚感戴之情。

狮舞庆丰年

① “追二耘三”，指追肥两次、耘锄三遍，泛指精耕细作。

② 1958–1983年的25年间，壶关设置20个人民公社，即城关、辛村、集店、晋庄、东崇贤、五龙山、川底、固村、店上、黄家川、黄山、东柏林、百尺、常行、东井岭、石坡、树掌、鹅屋、桥上、石河沐。

# 小北庄

## 七　律
## “走彭城”一族

壶关缸匠九州名，晋冀陶都展技能。
把总金睛观火色，帮工铁手捏缸型。
大劳腊月才回往，小逸元宵复出征。
姓社姓资当不论，高酬高技实公平。

小北庄村，原名“北庄”，因较同名的晋庄镇北庄村户数少、村型小，为区别即改称小北庄。位于神山山系西北支脉、磨不池山西北麓，长壶一级公路南侧，壶关城西北4公里处，与长治市郊区接壤。

往时，陶缸为百姓家庭盛水、储粮、存菜必备，不可一户无，不可一日无，以至户有陶缸多少、大小成了家景好坏的一个象征。有需求则有产业，需求旺则产业兴。自古以来，壶关城周一带，包括“两村、两北、两山南，四街、十河、一清流[①]”等相邻村庄，陶土丰、缸匠多、陶业兴。缸匠们除在本地开办缸窑外，更多的是自愿组成作业组，远走外埠承包缸窑。作业组常见组合是由两个小作业组配对，即各由一位大把总与一位小把总带领，分别搭配端修、杀晒、揉泥、搅轮等工种缸匠各一位，如此组合则不会窝工、冷窑。河北彭城、山西洪山两处古镇，旧为陶业兴盛之地，人称“晋冀两陶都”。小北庄等城周村庄长年远走“晋冀两陶都”捏缸、烧窑的缸匠很多，年有一两千之众。“晋冀两陶都”的陶缸产业实际是由壶关缸匠支撑的，无怪人言“先有骞堡程村，后有洪山彭城”。缸匠师傅们全年在外，终岁作苦，年底腊月方才回家小住，过罢正月十五元宵节便会再走，人们称他们是“上洪山的”“走彭城的”。

端修缸坯

壶关民间有“开店卖汤，赶不上彭城捏缸”的俗话，是言缸匠活重、技高，收入自然不菲。的确，当年家中若有位“上洪山的”“走彭城的”缸匠把总，生活一定很富裕，则会是村中有数的住得起砖瓦房、盖得起三表新被褥、买得起飞鸽自行车、戴得起上海手表、不愁给孩子娶上媳妇成家的阔绰户。在集体经营时期，曾经把缸匠当成“资本主义”“暴发户”加以批判，又以“车马务农，劳力归田”为由，强制缸匠回队种田，这种“左”的倾向直到党的十一届三中全会以后，方得以彻底纠正。

陶乡一景——陶墙

① “两村”指程村、韩村；“两北”指骞堡（乡言称“堡”为“北”，音bè）、小北庄；“两山南”指大山南、小山南；“四街”指东街、南关、西街、北街；“十河”指北河、杜家河、龙潭河、南河、老东河、小东河、龙泉河、王家河、闫家河、河口；“一清流”指清流村。

# 龙泉河

## 杂句谣
## 小车糕

小车糕，味道好，拔水河名吃都知晓。
糜子软，黍子黏，掺上红枣味更甜。
粽叶衬，慢火蒸，小车推上进了城。
高叫卖，低交待：小心把牙粘下来。

龙泉河村，原名“拔水河”。位于壶关城东新区，龙丽湖公园东北岸上。1983年地名普查时改现称。

壶关名吃“小车糕”，用上好黍米面掺红枣蒸制而成。因怕冷却后失软、失黏，故放置在平板独轮小车上，用厚布蒙严，趁热推车流动叫卖，故而得名。往时，又以拔水河蒸制为正宗。蒸制小车糕时要衬粽叶，以使糕体经蒸薰后能带有粽子的味道。壶关城乡的老年人最爱吃小车糕，往时赶会、赶集时日，在街头常见上年纪的人逛罢街、看罢戏，再买块小车糕解解嘴淡；也多有年轻人买一块取回家中，孝敬不能出门赶会的家中老人；取回家中的小车糕还要馏热发软，再让老人飧用。正合《红楼梦》第二十二回中所讲：年老人“喜热闹戏文，爱吃甜烂之食”。

当年，壶关城镇集市上的卖糕把式多是“一刀切，一秤准”——但见那把式掀开一面小车糕上的布罩，手持翘而薄的特制长刀，朝黄生生、热腾腾的糕体上只一切，片状软糕切下，随卷成卷，放入秤盘一称，不多不少，可钱卖糕。时有长者让再加点，又薄薄切下一小片，约有两把，贴在糕卷上，交给买糕者。买糕者多会趁热趁黏尝用。实乃睹，享眼福；尝，享口福。

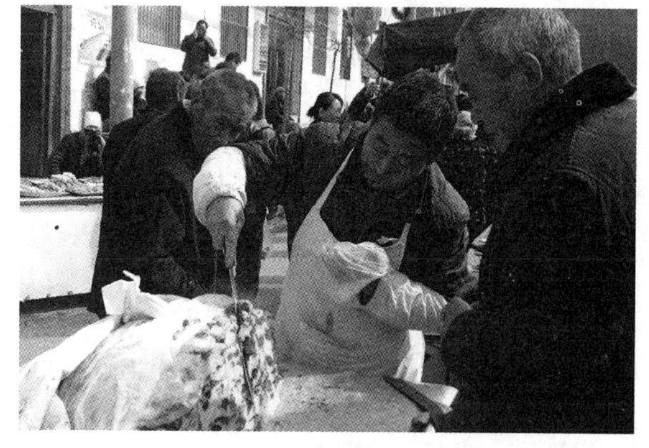
甜·软·黏

右图摄于店上“七月会”街头。

# 董家坡

## 七　律
## 建 公 墓

殡改新风首处推，城东公墓竖群碑。
向阳凹岭高高屹，掠树轻风缓缓吹，
节地多多从国策，孝心点点合宗规。
德人称作和平地，不计生前是与非[①]。

董家坡村，位于架凹山西南山坳，壶关城东两公里处。含上董家坡、卷席口两个自然村。架凹山属五龙山山系西侧余脉边沿的一座山岭。

为节约耕地，移风易俗，在壶关县民政部门主导下，董家坡党支部、村委会主要干部思想解放，观念更新，认识到位，宣传教育村民积极协同进行殡葬改革。从2009年开始，协助县民政局作出在村东侧东垴山下角凹向阳山坡上建设公墓的规划，现已顺利完成整理、绿化、通路等配套工程。

轻风拂岭

① 德语中“公墓”一词意译为“和平村”，即言人亡后入葬公墓，则“平安相处，不计生前恩仇”。

## 忆 江 南
## 抓阄承包地

抓阄好，机制保公平。地块好差先搭配，干群均等堵私情。齐送老包名[1]。

老东河村，位于壶关城东新区。壶关城坐落在壶关盆地底部中心，地处沙河、清流河、龙潭河、龙丽河、程村河、修善河、老东河这七条季节性小河下稍，同属石子河流域。城周沿河村庄多是缘河而取村名。老东河、小东河两村即是以河流方位、立村先后、村型大小区别称谓的。

1981—1982年，农村实行家庭联产承包责任制时，农民——时称“社员”——普遍担心队干部们暗箱操作，将好地留给自己，差地分给社员。其间，城关公社党委在老东河等28个大队推广盘驼底大队经验，即事先由社员代表参与并监督，按照年产量级差、参考过去三等九级[2]，加权折合，拼零成趸，搭配好地块，尽量达到一户一块地，或两块，最多不超三块，以利机械作业与生产经营。然后召开社员大会，由各户户主抓阄（抓纸蛋），平稳地解决了土地到户的问题，实行了家庭联产承包责任制，即“大包干”。此间，农民群众喜称抓阄分地为抓“老包”，意在言其公开、公平、公正。

抓阄，其实是事物随机性的应用与体现。正如球赛挑前场后场场地、打扑克起牌牌好牌坏、下棋开局挑红挑黑一样，结果不可预见。又如干部公选、升学考试、股市炒股、农产品市场价格调整相似，都是有一只“看不见的手”在起着作用，保证机会均等、实现公平竞争。

新农民，新生活

① 壶关民间惯称北宋大清官、开封府尹包文正为“老包”。

② 往时，壶关农村耕地分为“三等九级”，即上、中、下，共三等；再分为上上、上中、上下，中上、中中、中下，下上、下中、下下，共九级。

# 沟西坡

## 采桑子
## 印象龙丽湖

昔时摆渡轻舟荡，来亦悠悠。往亦悠悠，下地乘舟且小休。
今朝龙丽新风荡，女亦穿绸。男亦穿绸，人约黄昏携侣游。

沟西坡村，为壶关城东新区，分居龙丽湖公园东、西两岸上。旧址座落在龙丽河沟西畔坡头，故取此村名。新中国成立后，特别是改革开放以来，河沟东畔居民户数年有增加，住宅区面积岁有拓展，街巷纵横相接，渐成社区规模。2005年，龙丽湖上龙丽桥筑成通行后，沟西坡东半部村落即与县城连体，为城东新区。

20世纪50年代末，时任团县委书记王天福任总指挥，以千名共青团员为主力军，在县城东侧龙丽河滩筑起“青年水库”，既作县城水源工程，又呈一大景观。是年，多洪雨，库常满；波光粼粼，鱼翔鹈凫，苇荡环绕，舟楫往复，酷若水乡一般景致。分别居于龙丽湖东西两岸的沟西坡村民日常则乘小船，或下地往复，或相互走串，或进城去来。

如今，壶关城巨变。为修复县城生态圈，环城山岭皆造林绿化，四围看似竖起高大绿色屏障；青年水库周围已开辟环湖甬道，外镶绿化带，建成“龙丽湖水上公园”，有称“壶邑东湖”。于是，壶关城北有北寺山，西有猪嘴山，南有神山、栲栳山，东有龙丽湖，隔湖东有大道界山、小名山、药王山，可谓“满城山色半城湖”“四山披绿一湖蓝”。每逢假日工余，游人纷至沓来，信步湖周，乐享闲暇。

荡舟龙丽湖

# 龙丽庄

## 江城子
### 兴学办“南洋”

老牛办学近痴狂，盖楼堂，请贤良。龙丽湖南，育栋计批量。教育兴村新路展，师济济，校煌煌。

南洋政绩渐昭彰，惠村庄，益邻乡。幼小初高，普教一龙长。奔向小康程锦绣，齐协力，谱新章。

龙丽庄村，位于壶关城东南新区，壶关盆地城南八里川东北沿。因坐落于龙丽河[①]东南畔，即原名“南河”。为避与黄山乡南河村重名，1983年地名普查时改称现名。龙丽庄为壶关县仅有的10数个村域内没有山岭的纯平川村庄之一。

1998年，龙丽庄村时任党支部书记牛长青秉持“兴学育人，重教兴村”理念，十八年如一日，劳心劳力，夜谋昼践，领衔创办民办壶关南洋育栋学校。该校实施幼儿园、小学、初中、高中一条龙教学体制，面向全县招生。先后聘请高仰昆、杨道如、凌爱鸿、王福顺及杨华君等名师任校长兼教师，教育专家缑国禧、赵和贵任顾问。至2015年办学17年，业已毕业高中生4000余名，初中生9000余名，大学本科、专科、中专录取5500余名；共筹集800余万元奖学金和助学金，帮助3300多名困难家庭的学生完成了学业，龙丽庄村实现了“一户培养一名大、中专生”的教育兴村富民工作目标。据估算，这所民办南洋育栋学校较之相同规模的公办学校，已为县财政节约教育经费上千万元之多。

兴教育人

中国共产党第十六次全国代表大会指出，基本普及高中阶段教育，为我国2020年全面建设小康社会的四大目标之一。2015年，党的十八届五中全会通过的《十三五规划建议》中重申“十三五”期间“普及高中阶段教育”的目标，并对“家庭困难学生实施普通高中免除学杂费”的政策。现在，南洋育栋学校正在为壶关县实现这个宏伟目标积聚正能量，做出新贡献。

上页图为一帧南洋育栋学校高二班毕业照。前排左起就坐的教师、校领导为：高贵菊、侯双珍、陈金贵、秦礼堂、牛长青、高仰昆、杨道如、王福顺、李林、李来福、牛逢蔚、闫五保、贾树伟、徐文学、卫素芳。

亮丽的教学主楼

① 龙丽河，原名南河，为县城东南一条季节性小河。发源于四家池石龙山西北麓，经秦庄、龙丽庄、沟西坡、龙泉河、北河、南园、河口等村，汇入季节性石子河干流。

# 小东河

## 七 律
### 邑东湿地

河滩湿地绕东郊，古邑兴披彩锦袍。
春暖碧波红鲤跃，秋凉黄荻白穰摇。
妪翁晨步携童稚，鸟雀晚归啼树梢。
增氧减污环境美，宜居古邑自妖娆。

小东河村，位于壶关城东新区，龙丽河、老东河两条季节性河流汇合处，龙丽湖水上公园东南畔。隔河（老东河）与错对岸的老东河村以立村先后、村型大小区别称谓。

新世纪之初，壶关将城东龙丽河滩青年水库改建成龙丽湖水上公园。水上公园周围由环形甬道相通，花草、灌木、绿柳带状环绕。壶关城西神山、东龙丽，一山一水，可攀可逛，各取便宜，见仁见智，各怀心境，为县城居民游乐、健身的两个好去处。有走步晨练者欣然相赞："专家建议步行健身要日走一小时、6000步，水上公园环形甬道长约4公里，中速步行一圈可巧用约一小时、走6000步左右，堪称人性化设计，这才真叫谋民生，办实事。"

对城市来讲，水面与树林、草地改善生态的功能相近，国际上统计城市人均绿地面积包括水面，换算方式是1$m^2$水面抵顶1$m^2$绿地。龙丽河水上公园及周围树木、水草构成的大片湿地，再加上县城东北两公里处的杜家河水库湿地，两处湿地共约2000余亩。湿地发挥着净化空气、过滤水体、生息鱼鸟、平衡生态的作用，人称"地球之肾"。龙丽河水上公园、杜家河水库两处湿地堪称"壶邑双肾"。

图为小东河村西北沟滩杨树丰产林，现已皆伐，成为龙丽湖水面东沿。

昔日河滩丰产林

## 四家池

### 三字谣

### 八里川[1]

八里川，小盆地；长八里，宽五里。
八里川，两厢高；东药王，西栲栳。
八里川，地略倾；银路西，金路东。
八里川，谷穗长；玉米齐，青纱帐。
八里川，城乡连；发展快，不二元。
八里川，举龙头；全县活，创一流。

四家池村，位于五龙山山系主脉西南延尾部、石龙山西麓一侧，壶关盆地城南板块八里川中心部位，长平、四赵两条干线公路交汇处。现计3200余口人，4000余亩耕地，为壶关人口、耕地最多，单村民居占地面积最大的建制村。以八里川南界、四家池村址南侧略作拱起的高地为分水线——十里岭、老洪岭、五龙山岭相接成的分水岭的延长线——南为陶清河水系、陶清河流域，北为石子河水系、石子河流域[2]。

壶关盆地北起土河清凉山南麓，南至宋堡陶清河北岸，东有凤凰山、东禁山、元宝山、马驹山、大道界山、小名山、药王山、石龙山，西有老顶山、龙溪山、北寺山、羊马山、佛坛岭、猪嘴山、栲栳山、南北垴山等山岭相围如屏，状似一圈南北宽、东西窄的长形巨盆之帮，形成一个南北长15公里、东西宽3-5公里的窄长盆地，称“壶关盆地”。整个盆地以县城为界，区隔为城南、城北两个板块。城南板块以县城为界，南至宋堡，旧时地处板块中心的四家池村距离县城8华里，则称“八里川”；城北板块大体以集店、辛村、西庄三个大村构成的三角地带为中心，可称县北小平川。南、北两个小平川地平土沃，宜稼穑，适民居，农民称作“壶关的两个粮食圪囤”，文人喻作“壶关的乌克兰[3]”。

放眼望去，八里川一马平川，平坦广袤，实际上整体略微向东倾斜。大雨后，洪水会带肥向东漫流，肥水过处，地沃禾丰。集体经营时期，年年组织社队干部进行秋景观摩，每每发现八里川上的庄稼长势随地势由西向东呈显渐变：西侧的大、小山南，三家村的庄稼屡屡长不过东侧的秦庄，老、小东河，南河（龙丽庄）。四家池全村大面积耕地横跨八里川中部的长平公路东西两侧，为中间洪水过渡状态，因之乡谚称：“金路东，银路西，亦金亦银四家池。”④

图为2016年夏末秋初，八里川上规模种植的玉米雄花出齐，进入孕穗期，一派丰收在望景象。

八里川上青纱帐

---

① 《新华字典》注：〔川〕一指河流，例如高山大川；二指平地，平原。

② 壶关域内有3条较大水系，外加5条小水系，相应形成3个较大流域与5个小流域。即县域中南部的陶清河水系、陶清河流域；县域东北部的石子河水系、石子河流域；县域东部的淅河水系、淅河流域。县域西北侧的百泉河小水系、百泉河小流域；县域东南侧的桑延河小水系、桑延河小流域；县域西南侧的五集河小水系、五集河小流域；县域西侧的茅香沟水系、茅香沟小流域；县域西侧的园子河水系、园子河小流域。以上水系中的水流除淅河中下游外，均系季节性河流。3个较大水系与流域中的每个较大水系与流域都包括若干个支流小水系与小流域。

③ 乌克兰原为苏联一个加盟共和国，苏联解体后独立。因盛产谷物，人们即惯称某处主要谷物产地即“××的乌克兰”，如称东北大平原为“中国的乌克兰”，晋南盆地为“山西的乌克兰”等。

④ 壶关地方语音中将“chi”读作“qi”，“池”即读作“qí”。

## 秦　庄



### 清平乐
### 药王庙

药王山坳，敬奉孙思邈。万帖双千三十卷，医药百科浩浩。

盛时古庙重光，黎民祈福求康。喜报农村医保，药王天国眉扬。

秦庄村，位于五龙山山系主脉西延边峰、药王山下，壶关盆地城南八里川东沿。药王山上有条人行古道，为旧时县域东南广大地区百姓步行入县必经；加之，药王山西麓有座著名古刹药王庙，香火旺盛，致药王山在壶关城乡几近无人不晓。秦庄村也随山、随道、随庙而名走壶关远近、大小乡村。

《辞海》注：〔孙思邈〕唐代医学家，世称“药王”。著有《千金药方》《千金翼方》各30卷，集方万帖，论及百病，获称“中国最早医药百科全书”。孙思邈精研医术，尤通药理，践于养生之道，享年101岁，为古代著名医药家中享寿最高者。药王庙即是专将药王孙思邈当神仙供奉的一座著名寺庙，壶关县文物在册登记全县仅此一处。

药王庙始建年代无考。遗存《重修药王庙碑记》中记载：“重修于明崇祯及清乾隆……民国二十三年（1934）再修。”1942年，日寇二次侵占壶关城及周边村庄，将庙貌全毁，药王像无存。唯人心崇善，香火不熄。2009年，秦庄村筹集善款，将药王庙进行整体修葺，红墙黄瓦，明亮洁净，格外庄重，使这一名弥遐迩的宝贵文化遗产得复、得继。

山门一新[①]

① 《辞海》注：〔山门〕佛寺的大门。因寺庙多在山间，故称。

# 三家村

## 杂句谣
## 大包干——老百姓的选择

大包干，百姓愿，直来直去不拐弯。
大包干，户经营，瞄瞄市场再下种。
大包干，贵自主，剩余劳力进了府[①]。
大包干，没队长，不听敲钟下地忙。
大包干，防伸手，不怕干部“小秋收”[②]。
大包干，有百好，百姓自愿劲头高。

三家村，位于壶关盆地城南八里川西南沿，壶关城西南5公里，西与长治县接壤。为与集店乡北三家村区别，乡人时称“南三家村”。

20世纪80年代初，农村改革大潮卷起。城关公社党委按照“中央75号文件”关于推行“多种形式责任制”的指示精神，结合三家村大队“以陶缸为主体的集体工副业好、以马羊锁为党支部书记的领导班子强”的队情，安排实行联产到队、到组的生产责任制形式。当时，农民群众称联产到队是“大锅饭”，联产到组是“二锅饭”。三家村群众上书反映说是“坚决不吃‘大锅饭’，也坚决不吃‘二锅饭’”，强烈要求实行家庭联产承包责任制，即“大包干”。公社党委主要领导下乡到队，经数番协调后，答复了群众要求，收回了公社党委原来的主张。从此，结束了“队长敲钟，社员上工”的历史，将土地经营权还给农民，生产力得到了解放，三家村连年增产增收。彼情彼景，诚如当年《人民日报》刊登的一篇关于农业生产责任制的标题为《钟声不灵政策灵》综述那般真实、生动的表达。

捏　缸

① 长治市旧设为潞安府，百姓简称为“府”，称去长治市是“去府”。

② 集体经营时，农民不满少数县、乡干部下乡白拿生产队农副产品，借讽为“小秋收”。

# 小山南

## 摊破浣溪沙
## 公司加农户

世代穷乡大转身，棚蘑利好富村民。身着工装心快慰，紫团人。

新政高科双动力，公司农户合淘金。改革迎来新日出，紫团春。

小山南村，位于壶关盆地城南八里川西南沿，西与长治县接壤，北与大山南村路连辙，地接畛，相毗邻，同在栲栳山之南，较之大山南户少村小，则对应取称小山南。

近年，小山南村与紫团公司结为“公司+农户”的组织模式，发展温室蘑菇130亩，全村有110人上工，年人均收入万余元。省人大代表、紫团公司董事长李兵芳将蘑菇温室称作公司“第一车间”，将上工农民视作在编员工对待。县农委主任赵保忠介绍说，这种模式的优越性是“农业就地变工业，农村就地变城镇，农民就地变市民”。

蘑菇属食用菌。今时饭局上有句流行语“四条腿的不如两条腿的，两条腿的不如一条腿的”，“一条腿的”即指蘑菇。蘑菇的蛋白质、维生素、矿物质含量丰富，为全价营养食品。具有提高人体免疫力的功能，有抗病变、抗疲劳、抗衰老的“三抗”作用。联合国卫生组织主张：居民的健康膳食应由“一素、一荤、一菌”三元组成。随着城乡居民生活日益改善与食物营养知识日渐普及，蘑菇将会走上“平常百姓家”的餐桌，蘑菇市场空间将会大幅拓展，紫团菌业将会愈加兴隆，小山南村将会率先实现全面小康。

图为紫团公司员工在仔细观察温室架上培养基中的蘑菇生长情况。

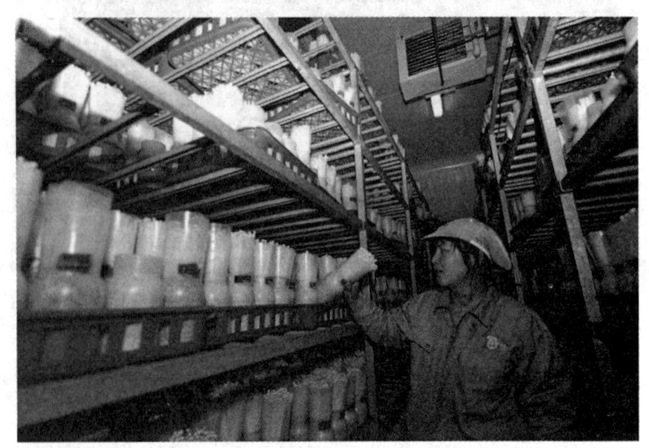

明察菌毫

# 大山南

## 七 律
## 栲栳山前“小晋庄”

面向平川沃野长，背依栲栳挡风墙。
天成地设大粮囤，禾壮人勤小晋庄。
良种新科相结合，沃田节地并加强。
村前划出三八线，不准路南新盖房。①

大山南村，位于壶关盆地城南八里川西北沿，神山山系南端侧峰、栲栳山之阳，村名因山向得之。南与小山南村路连辙，地连畛，相毗邻。

1984年，壶关县政府为使农民能就近观摩学习晋庄的旱作增产技术，在全县20个乡镇确定了20个“小晋庄”：城关镇大山南村、晋庄镇固店村、店上镇寨里村、东井岭乡碾谷驼村、固村乡北大安村、川底乡下内村、东崇贤乡东山后村、辛村乡北凰村、五龙山乡杨家堆村、集店乡集店村、黄家川乡沟洞村、黄山乡西底村、东柏林乡卫家庄村、百尺镇韩庄村、常行乡盖家川底村、树掌镇大坪上村、石坡乡南平头坞村、石河沐乡石河沐村、桥上乡杨家池村、鹅屋乡鹅屋村。要求这些村做到“先学先行，做出示范，辐射周边村庄”，实现“学习晋庄，足不出乡”的目标。

大山南村由于在学习推广晋庄旱作增产技术上面卓有成效，粮食逐年增产，被选定为城关镇的“小晋庄”。1982年为保护耕地，当时的公社主要领导曾跟大山南大队干部共商新村建设规划框架，确定农宅建设不准跨过村前壶（关）苏（店）公路之南，以保护基本农田——“壶关盆地八里川”。

背山面川向阳村

① “三八线”，指战后划定北纬38度线为南边韩国、北边朝鲜的大致分界线。后常用作借喻不可越过的界线。

# 西川底

## 五 字 谣
## 农民俱乐部

川底俱乐部，农民好去处。
千人小礼堂，风雨不会误。
你来扭秧歌，我来说鼓书。
能唱登台唱，会拉拉二胡。
唱拉都不会，争着拽幕布。
最贵在参与，举村忙乎乎。
精神得振奋，生产劲头鼓。
夺得新丰收，再添新节目。

西川底村，位于五龙山山系西南延支脉边沿、簸箕山阳麓前面，谷驼川北部，陶清河谷右岸，即原名“川底”。1983年地名普查时，为与另两个川底村名避重，以方位为据，改称西川底。2001年1月撤并乡镇前为川底乡政府驻地。

二十世纪五六十年代，壶关农村普通建起农民俱乐部。川底大队农民俱乐部作为典型，在县文化馆工作人员田永才、平忠厚、宋玉山等长年驻队辅导下，坚持“三为主”，即以现代戏曲为主、自编自演为主、本村演出为主；举办活动经常男女老少参与，形式丰富多样，深受全村农民群众欢迎。1960年，通过国补、队筹、民投工，建成全县唯一一座千人座农民俱乐部小礼堂。从此，村民不论寒暑阴晴，全天候娱乐有所，时令邑人瞩目。精神变物质，文化促生产，川底大队农业生产也连年被评为先进单位。1960年，国家文化部在川底大队召开全国农村文化工作会议，时任副部长刘芝明与会并发表讲话，会议树立川底大队为全国农村文化工作先进典型。

石质华门——西川底石雕厂

## 西归善

### 七　律
### 史上城堡村

悠久小庄围峦山，四周壁垒挡成关。
竖屏南北墙当寨，出口东西碹有闩。
金庙开门神稳坐，石狮瞠目贼慌返。
暗偷明匪皆难入，村自为防百姓安。

西归善村，位于小庙凹山西麓，与五龙山乡东归善村相隔小庙凹对应作邻。小庙凹属五龙山山系西南延支脉一座山岭。

西归善是个古村落，旧有四五十户人家。村西敞口，东、南、北三面围山，旧时南、北夹村的两座山岭下高筑黏土寨墙。一条中轴古道纵贯村东村西，两头出口各建石碹一座。村西路口石碹上建有一面巨型照壁，前置一头石狮，体态敦实，张口哮天，昂首瞠目察望来者。村中古庙大明寺为金元建筑风格，旧时庙门常开，以迎香火。省、市文物专家考察后称西归善旧制为封建社会一座典型的“城堡村”。

旧社会由于落后的封建制度长期统治，生产力低下，社会治安不良，时有响马犯村者，灾年更会盗贼蜂起，致岁无宁日，百姓普忧。因之，类似西归善村那样筑墙、修寨、碹碹、安闩，“以村为防”是种普遍现象。现今，在壶关乡村走串，时或耳闻辛寨、刘寨、城寨、寨里、寨沟、寨上、寨河、南寨、土头寨、吴家寨、牛家寨、西寨等带“寨”字的村名；时或目睹残留的围村寨墙、寨垛、村口碹门等古建筑，当是旧时这种“以村为防”现象的历史遗迹与文化遗存。

蹲村守望

① 《新华字典》注：〔碹〕xuàn，桥梁、涵洞等工程建筑的弧形部分。用砖、石筑成。读碹为quàn为壶关一带方言读音。

# 下内村

## 古　风
## 打吃平伙小记

山村民俗，名目繁多；
往有饭局，打吃平伙①。
一解嘴淡，糠菜早厌；
盼打牙祭，仨月半年。
二作交往，里短家长；
邻里友情，餐中叙详。
三为合作，有事定夺；
吃是溶剂，化解隔阂。
农忙宜少，秋冬最好；
围炉吃喝，火热兴高。
平时碰伙，吃顿烙馍；
伙摊白面，轮提油钵。
秋后聚来，小宴安排；
你买潞酒，他炒肉菜。
不论荤素，肚饱心舒；
剩余打包，孝敬父母。
今宴赛奢，酒肉堆摞；
若论心绪，何堪比昨！

下内村，位于五龙山山系主脉西南延边峰、药王山之阳山坳，谷驼川北沿，县城东南5公里处。图为村貌局部，左侧远景突兀处为千米之外的药王山顶新建高塔。

“打吃平伙”为壶关农村民间的一个传统食俗。即三五八个对势要好的人搭伙办一个饭局，参与的人都要按照约定，从各自家中取点食材，或买点佐料。打吃平伙，跟家庭经济状况似乎关系不是很大，只是家境好的可设“四个盘子一壶酒”的小宴，一般的吃顿烙饼、拉面、油圪瘩，所谓可丰可俭，可荤可素，可酒可水。这种食俗在县城周边一带为盛。笔者记得下内村一位长者生前讲述过她打吃平伙的故事：老人家青壮年时，在村里有几位情同姊妹的邻居，忙时一起在集体地里劳作，闲时串门儿一起做针线活。月二半载则会相约打吃一回平伙：约定某一晚上每人摊半升白面，轮到谁家坐庄，谁家再贴上油盐酱醋等佐料，如此搭伙做顿好饭吃。油多坐油铛煮回油圪瘩，油少烙个葱花饼，无油烤个锅盔。每回都是自己吃个半饱，专门省下些取回各家孝敬老人、关照孩子，所以全家老小都“全票”赞成她去打吃平伙。

药王山之阳



① 壶关方言中“打吃平伙”的“伙”字读平声，即“huō”

# 宋　堡

## 七　律
## 锦涛同志到咱村

锦涛同志到咱村，党建调研好细心。
问计鬓霜老党员，商量荷镢下田人。
基层夯实根枝壮，宗旨旗扬主义真。
宋堡干群齐踊跃，十年表里两呈新。

宋堡村，位于陶清河谷北畔，壶关盆地城南板块小平川南至，长治至壶关环城高速公路西北侧，壶关城正南6.5公里处。

1995年4月13日，时任中共中央政治局常委、书记处书记的胡锦涛同志一行到宋堡村考察、调研农村基层党组织建设情况。是日，艳阳煦煦，春风习习，宋堡村大街小巷如临节日，喜气盈村，全村党员、群众热烈欢迎锦涛同志深入基层调查研究，他那近民、亲民的形象和作风在宋堡村党员和群众心目中留下了难以泯灭的深刻印象。

农村党支部是党的全部农村工作和战斗力的基础。“基础不牢，地动山摇。”近20年来，宋堡村党支部认真贯彻胡锦涛同志视察时的重要指示精神，加强基层党建，凝聚民心，形成合力，建设“经济发展，生活改善、环境优美、乡风文明，管理民主”的社会主义新农村，跨入县、市新农村建设先进典型行列。

图为宋堡村委办公室前，新辟作供群众活动的小广场，前置巨石，上镌“履正”二字。

警示石

# 河　南

## 过龙门
## 交售爱国粮

秋后晒新粮，拣细簸光。人挑畜载送交忙。袋袋车车干饱净，爱国情长。

改革惠山庄，税赋免光。新型农合保民康。转取为予称反哺，一体城乡。

河南村，位于楼峰山山系主脉东北延边沿，龙头山、虎头山、牛头山三座连脉高山的阴面凹里。因坐落于陶清河谷南岸上，村名则取称河南。

建国后，河南村民与壶关其他地方广大农民一样爱国爱党，觉悟高涨。在粮食统购统销年代，河南村每年缴售公粮（农业税粮）、余粮（统购粮）七八万斤，占总产量三分之一强。对此，平日里三餐添加糠菜，春夏勉接青黄的百姓毫无怨言。至今，村里当年的童少都还记得在向阳旮旯看守公、余粮晒铺，妇女都还记得细拣、细簸公、余粮，男人都还记得肩挑、车拉去15里远的县城粮站缴公、余粮；男女老少都还记得国家粮站收粮时交待的“干饱净”三条硬要求。

1953年国家开始实行粮食统购统销政策，实质是利用工业产品与农产品价格的剪刀差，支援国家工业化建设。一直到1990年放开粮食市场为止。经济学界有个说法，即工业产值与农业产值的比例到了7:3时，即应该实施工业反哺农业的政策。我国在20年前经济发展水平已达到这个拐点，随着粮市放开，中央连年出台一系列惠农新政，转取为予，反哺农业，城乡二元结构逐年缩小。

装袋粜粮

图为2015年秋一日，笔者到河南村，见几位老乡正在加工粮食准备上市销售，一位老乡边装粮袋边乐告：“当年缴‘爱国粮’，应该；如今享新政策，有福！”

# 紫岩掌

## 三 字 谣
## 土铁路的终点站

大跃进，频出奇；土铁路，铺村里。
小火车，跑矿区；停时密，开时稀。
不一年，轨拆去；紫岩掌，地名记：
铁路东，铁路西……
新世纪，策调宜；四全面，新布局[①]。
不仅要，GDP；经与社，发展齐。
不劳民，讲生息；民幸福，乃真谛。
奔小康，迎新熙。

紫岩掌村，位于谷驼川西沿。相传村南陶清河谷崖壁上有巨岩，表面近紫色，紫色象征富贵、吉祥，依此取村名。图中远景突兀处为药王山上新塔。

“大跃进”时期，“钢铁大元帅升帐，交通先行官先行”的口号喊得震天价响。1959年，壶关县为保杜家河铁厂生产，发动数千民工上阵，修筑杜（杜家河）固（固村）土铁路，一期修至紫岩掌，约10公里，用于拉运由申家岭、关帝岭、北岭上等小铁矿采掘、由畜力车集运到紫岩掌村东场上的铁矿石。缘于安全与成本二故，土铁路经营难以为继，一年即废。时经半个多世纪，修善村西、八里川东沿、谷驼川西沿的田野上，仍留有断断续续土铁路的路基遗迹。据紫岩掌村籍、县信访局副局长王根有相告：“时至今日，紫岩掌村中地名仍有‘铁路东’‘铁路西’的称呼。”

绿被紫岩掌

① 2015年初，习近平总书记提出关于“全面建成小康社会，全面深化改革，全面依法治国，全面从严治党”的战略布局。

# 谷　驼

## 五　律
## 郭氏羊汤

羊汤壶邑好，一碗飨全羊。
品咀无羶味，咂嚼满口香。
熬汤工厂化，销售软包装。
文化传承远，羊祥共韵长。

谷驼村，俗称“圪驼”。位于楼峰山山系主脉东北延终端、龙头山之阴，陶清河谷南畔，谷驼川南沿，长平公路南侧。

羊汤是壶关最具代表性的传统名吃，同北路雁同一带的羊杂割汤、南路运城一带的羊汤泡馍一起，并称“山西羊汤三大流派”。正宗壶关羊汤的发祥地位于县域中心的古镇店上，民间有谣称壶关三种传统名吃为“西柏林豆腐辛寨醋，店上街的羊汤铺，名声响遍潞安府”。当年的“小南青郭”“关帝鲍”“店上李”“固村李”“郭堡杨”都是正宗羊汤世家传承人。改革开放以后，谷驼村企业家郭国芳继承传统厨艺，创出“郭氏羊汤”品牌，在谷驼村北建成软包装生产线，实施产业化开发，使壶关羊汤进入长治、太原、北京等城市诸多超市。图为央视著名节目主持人张蕾在品尝壶关羊汤。

壶关羊汤讲究“碗汤全羊”，全羊大补，营养丰富。“羊”“祥”字音共谐，古时二字通假，故喝羊汤寓意承受吉祥。咀嚼壶关羊汤的鲜美味道，品评壶关羊汤的文化含义，韵味叠加，口福倍增。2003年夏一日，笔者为郭氏羊汤馆拟作一副抱柱楹联，由著名书法家李才旺题书，联曰：

羊祥共谐不二韵，
药食同源此一汤。

2011年壶关羊汤入选山西非物质文化遗产代表性目录。

壶关羊汤上央视啦

# 下 川

## 七 律
## 下川易“上川”

物华天宝喜新元，崖半下川移上川。
小道欣由坦途易，土窑乐向瓦房迁。
下田平步朝新日，入市乘车选好天。
岁岁年年光景美，福音佳讯报连连。

下川村，壶关方言称“下xuān”。原址散落在季节性的羊窑坡河与陶清河相汇处的东北土崖坡半，谷驼川中部平地下方，即名取下川。新址坐落于五龙山山系西南延支脉、东凹山向阳麓前斜面上，壶关城东南9公里处。

改革开放以来，壶关农村万象更新。若干个整村迁移新址的村庄，开通直街巷，建向阳瓦舍，筑方正院门，呈里外一新。原村址多数已面貌全非，杳无旧痕，大部分宅基地复垦为农田。下川村乃为一例。往时，下川村村民在崖头坡半旧址上掘窑而居，出门见崖，爬高下低，生产、生活尤为不便；且土窑洞若逢连霪天，有浸泡坍塌、危及生命、财产之虞。改革开放后，在村北向阳斜面小平川上统一规划、建设新村，整村农户陆续得以乔迁。于是，村容变，住宅新，交通畅，百姓乐。

一处阳旮旯旯话场

# 寨　上

## 五　律
## “面袋子”谷驼川

五月平川麦，壶关一朵花。
株生皆矮壮，穗秀不相差。
麦熟十村地，馍香百姓家。
田头抬眼望。金浪接云霞。

寨上村，位于楼峰山山系主脉东北延尾部、东西山之阴，谷驼川南沿，长平公路南侧。

谷驼川小平原东起石岩头，西到紫岩掌，北起下内村、西归善，南到西堡、河南，中间含盖禾登、西川底、谷驼、寨上、下川等村，计有11个村庄在内，共约耕地1.3万余亩。寨上村绝大部分耕地位于谷驼川中心区之内。谷驼川与县城南秦庄、四家池一带的八里川，加上县城北辛村、集店、西庄一带的小平川，这三块小平原上的旱地小麦，再加上县东河郊沟里的水地小麦，并称壶关县的“四个传统麦区”，俗谓壶关县的“四个面袋子”。“谷驼川”为县上农业部门一个约定俗成的习惯叫法。

二十世纪七八十年代，谷驼川建成壶关县小麦丰产示范田，普及推广选育良种、精细整地、施足底肥、适时播种、冬季圊浇、返青追锄、蜡熟期收割等一整套科学种麦实用技术措施，连年夺得好收成。当年，组织乡村干部进行夏粮观摩，必到谷驼川。

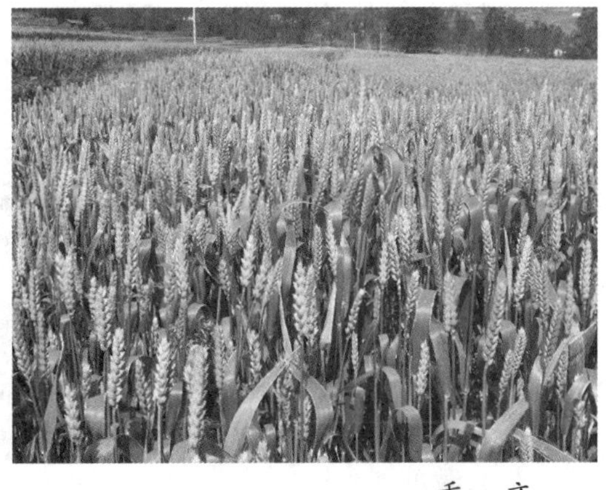

近年来，粮食市场上小麦的比较效益不如玉米，谷驼川等四个传统麦区已大部分改种玉米。

秀　齐

# 西　堡

## 七　律
## 西堡水库大会战

举国高潮卷九天，万人会战势空前。
碓夯举落山河动，车辆接连人马喧。
日更记录精神抖，胸戴红花干劲添。
终将河谷拦腰斩，高坝今朝尚屹然。

西堡村，位于谷驼川东南界，马家凹山东部、中隔西堡水库东北岸畔。含马家凹自然村。马家凹山属楼峰山山系主脉东北延终端一座山岭。

西堡水库位于季节性陶清河①中游。2013年年末一日，笔者就西堡水库情况先后咨询县水利局原局长、水利专家王金顺，水利局原办公室主任赵茂发二位，得复：西堡水库设计容量为3000万立方，属中型水库，规模为壶关水库之首。1958年8月，时系“大跃进”时期，实施“人海战术”，由全县上万民工施工所建。起初，偌大工地上只有从太原雇来的一台小型压道机辅助压坝，不几天即抛锚停车，整个工程靠群众运动，凭担挑、车推、碓夯等“冷兵器”突击年余，至1959年9月竣工。最初20余年间，丰水年蓄水2000万方上下，一般年蓄水1000万方左右。兼有饮用、防洪、灌溉、养鱼、交通、运输等综合效益。后因气候变化，大雨减少；流域绿化，水土保持；洪水不再，则连年沦为干库，但防洪、交通作用仍存。改革开放后，国家数次立项施工，加固坝体，扩建溢洪道，提高安全系数，使之防洪标准达“正常运行五十年一遇，非常运行千年一遇”。

雄　屹

① 陶清河，为季节性河流，属浊漳河水系。壶关境内全长33千米，流域面积270平方公里，平均径流436万立方米。流长、径流量、流域面积均居壶关河流之冠。

# 石岩头

## 竹 枝 词
## 无碑秦公桥

链接壶关中轴线，往来车马比流川。
秦公筑起桥N载， 缺志无碑万口传[①]。

石岩头村，地处五龙山山系西南余脉、笔架山西南麓，谷驼川东北沿，长平公路北侧，羊窑坡河谷深沟纵贯村址东西。笔架山岩体从山脚一直延伸到村中河谷，挡帮铺底，连绵曲折，起伏跌宕，村名依此地形地貌而取之。

石岩头村东羊窑坡河谷上有座古桥，为壶关县城至东南大部县域的必经要冲。据道光版《壶关县志·人物卷》记载，该桥为清乾隆年间本县下内村开明乡绅秦学珍资助并主持修建，世称“秦公桥”。据文物考古工作者言称，该桥确具清初建筑风格。新中国成立后，开通长（治）树（掌）公路，中经石岩头秦公桥，机动车辆通行半个多世纪，直至2000年长平公路改线至村南，绕开石岩头村旧址，此桥通过车辆日渐趋疏。

2015年7月4日，笔者欣邀业余研究壶关史志的“文化后生”秦尧，赴石岩头观瞻秦公桥。是时，伫立桥头，欣见该桥仍旧完好，正逢一辆东风大卡车通过。即时秦尧相告：“秦公即清代绅士秦学珍。秦学珍生性开明、豁达、仗义疏财，义修石桥多座，皆未留碑相记，唯留修桥积德民间传说。”恭闻秦尧所言，旋即想及陕西乾陵竖有一通女皇武则天“无字碑”，遂告秦尧：“彼碑无字胜有字，此桥无碑胜有碑。”

仁风桥承



① 英文字母N读ēn。常用作数学上不确定数的概念，近同汉语“若干”的意思。如N载，即指若干年。

# 禾 登

## 浣 溪 沙
## 头块黑板报

板报成功大道旁，人流来往看端详。齐齐整整版精当。
重要新闻登要位，中心工作占中央。宣传战线一旗扬。

禾登村，俗称“hè登”。位于陶清河北岸，五龙山山系西南余脉、盘蜷山之阳，谷驼川东北沿。村名取百姓祈念风调雨顺、五谷丰登义。

新中国成立之后近20年间，农村无广播喇叭，无收音机，更无电视机，宣传工作主要靠“老两件”：广播筒和黑板报。是时，在农村街头巷尾，常能碰到提着铁皮广播筒“边走边喊话”的村干部；常能看到村口、街头显眼墙壁上办的黑板报。如今，农村的中老年人都还保留着这种看黑板报刊稿、听广播筒喊话的清晰记忆。

当年，禾登村街头的板报办在正街中心，由3块组成，中间主体一块长12.6米，两头两块小点的各长1米，总长14.6米、高1.6米，其长度、面积均为全县板报之最（见图）。是时，壶关东西交通动脉长树公路从禾登街心通过，往来行人途经这里，多要到街心饭店打尖[①]，然后看看饭店西侧街头板报上刊登的时事新闻、政策解答、农科知识，再继续前行。不少行人称赞它是壶关县“头一块黑板报”。壶关县委宣传部一位领导同志曾在一次农村宣传工作会上称赞说：“全县农村，最数禾登街头板报办得好。它处于全村中心位置，交通要道边旁，版面宽大，编排讲究，书写工整，紧跟形势，更换及时，看的人最多，宣传效果最好。”

禾登板报经年无损

① 《新华字典》注释：〔打尖〕旅途中休息饮食。

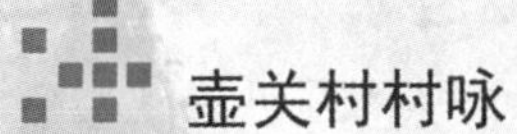

壶关村村咏

# 店上镇

山后河
南山后
北岭上
南岭上
北大安
掌后
南大安
洪掌
麻要
郭堡
固村
井掌底
牛居
北梭
桥头
绍良
井则口
西韩
王桥凹
西峰
小南清
南梭
南寨
林青庄
淙上
东方上
寨里
北岭
店上
龙郡池
角脚底
谓里
西坪
崔家掌
关帝
南沟
明自掌
小岭上
瓜掌
石井会
郊界底
罗东掌
麻巷
石峪
中桥
鳌街
刁掌
靳家掌
长林
梁家碣
琚家庄
土头寨

# 店　上

## 浪淘沙
## 七月会，盖壶关

万户盼秋前，赶会三天。买箕购叉待开镰。喝罢羊汤瞧大戏，亚赛新年[①]。

庙会谱嘉篇，铺密街宽。南商北贾语哗喧。革履西装头发卷，古镇新颜。

店上村，位于老洪岭山系主脉东南延边缘一岭、松树坡山麓前，行头岭山系西北延尾部一峰、虎头山隔河（陶清河）北畔小平川上，号称“壶关县域中轴线”的长平[②]公路与运煤通道百（尺）晋（庄）公路两路中段在此交汇，距壶关城20公里，为店上镇政府驻地。

一国、一省、一县，总有本国、本省、本县的地理中心。从地理位置、人口分布、交通状况、历史渊源、朝野认可诸多因素权衡，古镇店上当是壶关县的地理中心。20世纪70年代初，曾有一位军代表、省里“一把手”莅临壶关视察工作。当他先展开壶关地图一看，迅即提出县城太偏，不利工作，不利于干部转变作风，用手指着“店上”所在位置，让搬到店上去。在他看来，搬迁座县城大概会像打仗搭建个指挥所一样紧迫、一样简单，后因故未成。这件未竟之事，却从侧佐证了店上区位优势独具，是为当地交通枢纽、物流中心、货贸商埠、文化重镇，具备建镇能盛、办会能火的客观条件。《店上村志》总策划赵茂发相告：店上现有六路三街一新区，注册商铺150家，在壶关，这个规模仅次于县城。

旧时，农民长年忙碌，赶庙会的日期则分外讲究，都会因时、因事制宜，选定在一年之中当地农活较少的农闲、半农闲时段。店上农历七月二十七古庙会从时间点上看，农历七月下旬与全年十二个月的时间长短之比，几近数学上的黄金分割点0.618∶1[③]。是时，正值“立上秋，挂锄钩”“等开镰，小过年”的农闲时段，农民家家户户要添置秋收农具，老老少少要购买秋冬换季衣装，等待秋后或年前腊月完婚的青年男女还要置办嫁妆，上年纪的老人早盼着到会上喝碗羊汤、吃个黄蒸、糖糕、水煎包解解嘴淡……于是，天时、地利、人和具备，使店上“七月会”成了壶关域内最火的古庙会。大约以30华里为半径的范围之内的村庄，男女老少多要去赶“七月会”，感称“七月会”是一年当中要过的“又一个正月大年”。

新中国成立后，店上古庙会“七月会”改称“物资交流大会”。

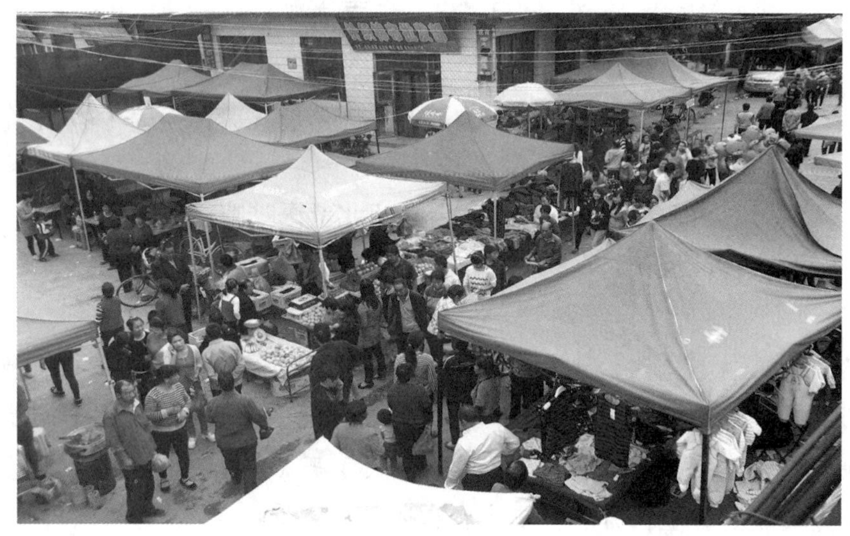

红火七月会

① “箕”与“叉”，都是秋收打谷场上的必用工具。

② 长平公路由长治市到陵川县平城镇，中经壶关城、店上、东井岭、树掌、神郊，主体段落在壶关境内。

③ 《现代汉语词典》注：〔黄金分割〕一个线段中部分与全段的比值等于0.618∶1。这种比例在造型上比较悦目、舒心，即称黄金分割。壶关一带民间在建造房屋、制作家俱、缝纫衣被时，常用的4∶6的比例，即近似黄金分割。

## 林青庄

### 五古·五绝
### 林青峡上转体桥

峡底不支牛，桥身岸侧修[①]。
专家揌电键，两截桥接头。

科技显神通，高桥架峡中。
数村来往便，节省半天工。

林青庄，乡人简称“庄的”，位于老洪岭山系主脉东南边缘、旱掌凹西侧，乌泉寺山东南侧峰斜凹山东南部、中间相隔著名地标陶清河中游的林青峡（俗称“淙圪筒”）东侧小平川上。现村南已与古镇店上连体。

林青峡为季节性的百里陶清河上第一峡，南北长480米，高55米，宽20米至40米。东、西两侧石崖陡峭、高峻，岩石嶙峋，鼠兔掘穴，鹰隼飞绕，俨然一处天造地设的险隘。居住在峡谷东、西两岸附近的林青庄、店上、南寨、西韩、郭堡、桥头等村百姓往来走串须下峡上崖，蚰蜒小道，崎岖曲折，十分不便。1988年初秋，经山西省交通厅驻林青庄扶贫工作队工程师吴玉敏等专家设计，在林青峡上修筑一座转体桥，分管扶贫工作的副厅长智玉莲现场审定，立为扶贫项目，予以扶持。转体桥要先期分别在对岸将两半桥浇铸、预制成型，然后由电动绞盘牵引，转体对接成桥。该桥于1989年5月对接成功，告竣通车。从此，林青峡天堑变通途，数村百姓往来得便宜。过往人们赞语载道，同声称颂“交通厅驻村扶贫办实事”。

古言：架虚为桥，若飞也。

① 旧时架桥须先在桥址处堆土起架，称“支牛”，然后在土“牛”上筑桥。桥成后将土“牛”拆除，即成桥下走水的碹洞。

# 王桥凹

## 三字谣
## 玉米凹

玉米凹，叫呱呱；是何故，年成佳？
品种优，叶上抽；五千埯，高密度[①]。
少深耕，旋耙平；为抗旱，保墒情。
喂猪好，积肥料；一亩地，一百挑。
盖地膜，防霜祸；霜期缩，十天多。
早施追，深施追；十几斤，二氨肥。
三百亩，齐刷刷；最高产，千七八。
人勤勉，金不换；新目标，吨粮田。

王桥凹村，位于老洪岭山系主脉南延尾部、王家岭之阳的山凹里，距古镇店上东北2.5公里处。该村的东、南、北三面山岭绕作半环，呈“凹”字状；村西古道上旧有一座石桥；加之村中祖居先有王姓人家落户，于是“姓、桥、凹”三元组合，则取村名王桥凹。

新中国成立后几十年间，王桥凹村是连年享誉全县的“农业生产先进单位”，尤以玉米高产著称，人谓玉米高产“一杆旗”。大面积玉米集中种植在村西王家岭与荆长凹两条山岭相夹、一处称作“川的[②]”的小平川与隔岸紧邻的一处称作小东凹的垛地里，整体地势呈三面围岭、坐北朝南、敞口向阳的巨型簸箕状，近300亩。所栽玉米年年春季捉苗齐，夏季长势好，秋季能丰产，人称“玉米凹”。玉米凹古来得天时，适地利，宜稼穑；今时播新种，施新技，用新器，亩产获倍增。

玉米新品种长相

① 指紧凑型玉米优种，叶子上冲，利于密植，靠群体增产。

② 此处“川”字壶关方言读xuān，指小平川。

## 龙郡池

### 七 律

### 九 庄 通 衢

环绕九庄群岭西，石门口外落村居。
一街双碹平安里，三口两门通畅衢。
车水马龙常促促，南商北贾且徐徐。
龙郡福地村风好，来往行人赞不渝。

龙郡池村，位于箭豁岭山系西南支脉尾部，小朵山、南坡上山隔河北畔，石门口河①上的石门口峡西侧1公里处。另含刘家河、畛地两个自然村。

石门口河小流域北起畅村岭、五道背岭，南至石窑郊岭、石摞岭，东起安口岭、箭豁岭，西至碣则山、南坡上山。四山相围，中有南梭、北梭、小南青、东方上、淙上、牛居、井掌底、关帝、角脚底、寨里、西峰、井则口、龙郡池等村落，旧称一道沟里“九庄十二社”。龙郡池居于小流域西界，既是这10多个村庄百姓上镇、去县、进府的必经之路，又是百匠串村、商贩游乡的进出要道，还是壶关域内“南煤北运”最为繁忙的交通颈脉，堪为“九庄十二社”的出入门户。旧时，龙郡池村中丁字街北入有碹，西出有碹，碹上有庙，远望即见。凡过者，皆会记下这个“标志凸显、地利人和的古村落”。

龙郡池村西口龙王庙碹顶正中镌刻“啣远山”②三字，笔者瞻后，旋即联想到这该是摘自北宋政治家、文学家范仲淹的千古名篇《岳阳楼记》中的“衔远山，吞长江”之句，顿感家乡寨里的这个邻村历史不凡，文化源远流长，值得尊崇、传诵。

三字引忆《岳阳楼记》

---

① 关帝河、角脚底河、小南清河、淙上河等数条季节性小河在石门口峡谷东侧、寨里村西北河谷汇合后，称石门口河，出石门口峡经龙郡池、崔家掌，入陶清河干流。

② “啣”为“衔”的异体字，据1956年1月31日国务院公布的《汉字简化方案》，将“啣”合并为“衔”。

# 崔家掌

## 五　律
## 石 匠 兴 村

豫人多石匠，凿石砌墙忙。
能吃苦中苦，敢修房上房。
入城钱鼓袋，归里屋安梁。
手艺逢新纪，家家享福祥。

崔家掌村，位于虎头山之阴，相隔陶清河谷东北岸上。现村西已与古镇店上连体。虎头山属行头岭山系西北支脉终端一座边峰。

崔家掌村民半数多为河南移民后裔，男姓村民中多是或肩背锤笼、或怀揣瓦刀走南闯北、寻工觅活，凭要手艺养家糊口的石匠、瓦工。党的十一届三中全会以后，政策放活，允许农民工进城，豫裔如鱼得水，如鸟出笼，结伴出家门、走四方揽工赚钱，率先脱贫致富，回乡修新宅，建新村，享受新生活。

壶关县与河南省交界。河南地处黄河中下游大平原，旧时灾害频发。20世纪40年代，称作“水旱蝗汤”的四大灾害时或并发，其中，连国民党军阀汤恩伯的部队常驻河南、鱼肉百姓也列作一灾，称“汤灾”，与其他三灾相提，堪谓天灾人祸合并施虐，加害百姓。凡逢重灾之岁，男女老少衣食无着，居所难安，只得拖儿带女，离乡背井，奔波外地逃荒求生。于是，地处太行山上，洪水不及、旱涝有收、近距毗邻，人多乐善好施、同情弱者、厚道包容的壶关县域，则成了河南人逃荒迁徙的首选之地。在壶关，同崔家掌一样，过半及整村整庄居民为河南移民及其后裔的还有四家池、西川底、韩庄、川河、寺沟、大坪上、范家后等40多个村庄，有一至数户豫人后裔杂居的村庄约占全县村庄总数之半。

候车入市

# 西　峰

## 菩萨蛮
## 太行山中杏花村

报春自有围村杏，东风一夜花如锦。蜂蝶舞翩跹，催人快种田。

尝鲜初夏早，嚼脯隆冬好。昔日杏花村，今朝悔不闻。

西峰村，位于老洪岭山系主脉东南延边沿、东掌凹西麓，因之原名“岭西”，按坐落方位，分为前岭西、后岭西两个自然村。1983年地名普查时，为避与百尺镇岭西村重名，改称西峰。

往时，前、后岭西村里村外树木成荫，以杏树最为繁多，人称“杏花村”。举村百家日常生活与杏树结缘深深，四时难以割舍：初春，可见杏花报春，催人种田；入夏，可尝百果之先——鲜杏；秋后，可嚼杏脯，以解嘴淡；冬春，沤成的杏叶酸菜，可补粮菜不足。歉年困月炒菜缺油，可烹炒杏仁碎颗勉为代油；农家厨事可用杏木制作案板，主妇皆喜其坚韧耐用。

2013年春一日，笔者欣逢西峰村籍、壶关县体委原主任庾树槐，议及西峰杏树之惠多多，他即提议再添“两惠”：“树皮裂缝处流出的杏胶还可代替浆糊做黏合剂，一是童时上学粘作业本子、书皮，乐其粘得牢固；二是数九寒天手足冻疮裂口，常用杏胶涂抹粘合，好比今时的创可贴。”听他补充后，进而感慨杏树之与往时的父老乡亲，堪称是宜四时，益百家，花叶果杆无不物尽其用之“百宝树”“农家友”。

近些年来，西峰村的杏树因故转繁为疏，代之以杨、柳、榆、槐等木材树日渐繁茂起来。只是上年纪的老乡还是心仪、口念、呼唤当年那个春华秋实的“杏花村”。

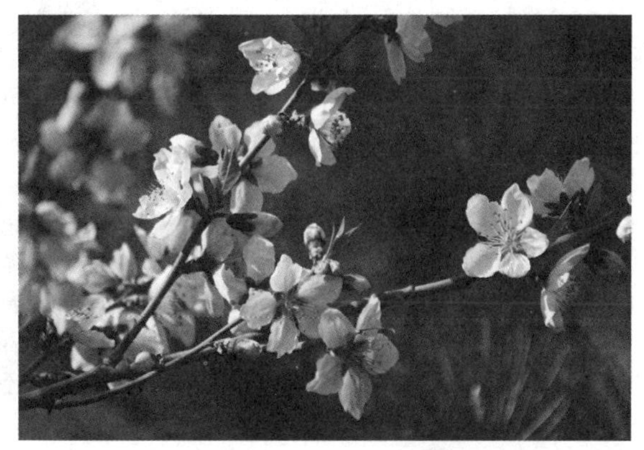

红杏出墙报春来

# 井则口

## 七 律
## 谷果双宜向阳凹

岭来三面竖围屏，敞口向阳迎雨晴。
代代人勤川垛沃，年年秋熟谷仓盈。
通红元帅由光照，质脆国光缘暖风。
聚脉拦龙真宝地，向阳山坳总光明。

井则口村，位于老洪岭山系主脉东南边沿、碣则山南麓，一处东、北、西三面环山避风、南面出口向阳的小山坳中。村中一位长者留言曰："敞居之地，三山围绕，堂加一横，拦龙聚脉，增寿保安，人杰地灵，贵不可言。"

小山庄井则口村占尽地利。位于村南面敞口处的小平川地面平整，土质肥沃，迎雨避霜，宜五谷；错落在三面山坡上的垛垛石埂梯田，保持水土，边行优势，通风透光，宜果木。20世纪50年代末，壶关县始建苹果园多处，最佳苹果园为店上镇桥后沟、井掌底和井则口三处向阳凹的梯田果园。所产苹果以色泽好、果型正、质地脆、酸甜适中、耐运耐储而著称。尤其值得称道的是那里的特产"小国光"苹果"窖储次年春，风味不减分"。

如今，笔者与井则口村籍、壶关原常务副县长、现任壶关老干部总支书记牛建忠欣聚海聊时，曾数番回忆起20世纪70年代初中期，晋东南地区举办年度苹果展评会，井则口村出产的"小国光"苹果数度参展、数度荣获奖项的快事；怀念那个食用水果被视为奢侈的短缺经济岁月，两人在县委机关同事，共尝他带来家乡的小国光苹果，那种永留舌尖上的甘甜记忆。

除夕喜忙贴春联

# 寨　里

## 七　律

### 进庙上书房

百废先兴小学堂，穷年谋出济时方。
千秋庙宇先权借，三教神坛且熄香。
殿里孩童听讲静，课间庙院出操忙。
欢欣校舍迁新址，古刹攻书不忘章。

寨里村，俗称“shài的”。坐落于箭豁岭山系东南余脉尾部、照掌山之阴，石门口河小流域中心部位，北与壶关著名古刹——蝎神观（和合观）隔河谷相望，距古镇店上正东4公里处。村名缘由村西古址筑有护村土寨而取之。

新中国成立之初，人民政府秉持百废待兴、兴教为先的理念，安排以村为单位兴办“一村一校”小学教育，县政府教育部门统一调配教师。壶关域内凡村则有庙，十有八九的村庄则以村庙权作校舍办学。直到改革开放以后，国家资助，群众集资，改善办学条件，才陆续移出旧庙院，乔迁新校舍。

与诸村几近同时，笔者家乡寨里在村庙三教堂里坚持办学30年，至今，村中六七十岁的老年人都还清楚记得在庙里正殿上课读书的寒窗岁月。如今，笔者与刘海福、陈孝荣、刘书茂、陈爱梅、陈玉堂、刘李爱、陈有书、刘丑孩、刘松德、刘李根、刘书枝、王胜利、刘文秀、陈书孝、刘书孝、刘和法、刘艳菊、刘书秀、刘双明、陈爱忠、王郭堂、陈全书、刘爱堂……诸位同村近龄校友偶有仨俩欣逢时，或年节结伴上门看望当年的村校老师平发太时，往往会拾起那段“进庙上书房，入殿进课堂。庙院当操场，戏台上面把歌唱”的同窗共读的记忆。其实，进村庙，上书房，得初小启蒙教育，这在壶关是绝大多数中老年人共同的经历与记忆。

村庙雪霁图

# 关 帝

## 五 律
## 村庙三教堂

高低宜地利，土木讲精工。
三教仁和合，九流理互通。
人伦百户厚，礼义五庄隆。
新世承文脉，当兴护庙风。

关帝村，位于白池岭、鲍家岭两山相夹麓下沟岔里，由关帝、松坡底、鲍家、南岸上、小庄上五个自然村组成。白池岭、鲍家岭为箭豁岭山系西延支脉中的两座连脉山岭。

关帝村北有座古庙，庙中殿内敬奉孔子、老子、佛陀三位尊神，分别代表儒、道、释三教，故名“三教堂”。三教一堂，和而不同，相互包容、谐处。庙门上镌刻的一副楹联“三教九流①无二理，殊途同归总一心”，该是三教堂教义的最好注解与诠释。关帝五庄共村，众姓相和，里仁民义，世代相承，当涵三教堂濡染、浸润、教化之功。2016年1月4日，关帝村籍、长治市住建局总工程师郭卫光相告：关帝三教堂匠心选址，占尽地利；精工建筑，宏微兼优；联律画工，文化丰厚；当五庄共护，百家同敬，世代传承之。只惜2009年关帝庙门上那副宝贵楹联失盗，今无存。

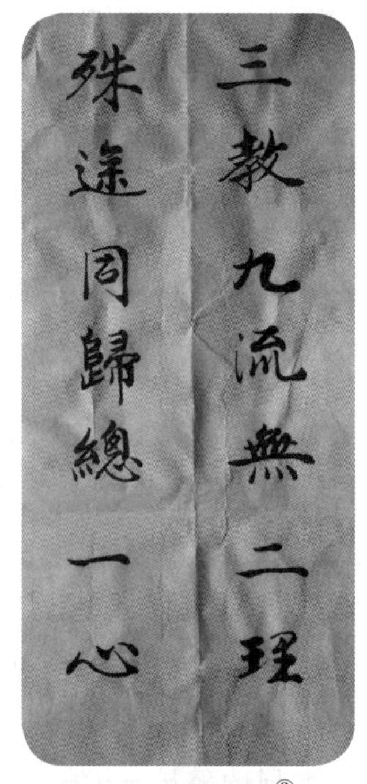

山门楹联③

北周时，周武帝辨释三教先后，“以儒教为先，道教次之，佛教为后”。宋孝宗、明永乐、清雍正三个朝代三个皇帝均讲过“儒教治世，佛教治心，道教治身”。由于封建皇权的绝对权威发旨推动，朝野三教文化跟随兴盛起来，乡村建筑三教堂庙宇渐成气象。明清时期，壶关域内多村建起三教堂。据2012年壶关县人民政府发布的《壶关县不可移动文物名录》记载，全县建有三教堂的村庄计28个②。诸村三教堂与关帝村三教堂相较：建年相近，构架相仿，内设相似，教义相同。此选关帝村三教堂为例咏记。

上页附图楹联系依郭卫光与笔者共同记忆，请壶关著名书法家王兰亭先生补题。

占尽地利一村庙

① 《辞海》注：三教，指儒教、道教、佛教；九流，指儒家、道家、阴阳家、法家、名家、墨家、纵横家、杂家、农家。见《汉书·艺文志》

② 2012年壶关县人民政府发布建有三教堂庙宇的28个村庄：店上镇寨里、瓜掌、关帝、洪掌、郊界底、南岭上，树掌镇马家庄、芳岱、福水，石坡乡双井、盘马池、西河、西沐浴，黄山乡神后，东井岭乡石盆、碾谷驼、三郊口、南岸上、南湖、上庄，百尺镇寨河、河西、石南底、西岭底、小南山、贾家南底、沙堰，晋庄镇十里。

③ 山门，见本书龙泉镇秦庄《药王庙》注①。

# 南　沟

## 七　律

### 双雉雪行图

茫茫白雪山野封，有雉成双雪上行。
踪印四行留竹叶，素铺三里落华英。
翅红翎绿天然色，牡走牝从自在风。
梦复山川观景致，物人谐处画图中。

南沟村，位于箭豁岭山系主峰西侧，东有箭豁岭、北有东碣山、南有小圪塧山，三山相夹一条沟壑的向阳岸上，即名南沟。西距古镇店上6.5公里。

《辞海》注："雉，也称雉鸡，通称野鸡。鸟纲，雉科。"这种禽类在壶关域内的太行山分水岭两侧山区、半山区多有分布。笔者童少年岁在家乡寨里山野沟谷中奔跑玩耍时，及成年后在翻山越岭下乡工作途中，屡屡见此尤物。记忆最清楚的是1974年冬，路过南沟村向阳山坡那次所见。

是年，笔者任职于石坡公社，隆冬三九天一雪日，取道郭家驼西侧长碣岭向阳山坡，经南沟，回寨里老家。在山坡雪地上，欣遇一对野鸡，牡前牝后，自在行走，刨雪觅食，见人不惊。一位南沟壮汉，跟随其后。壮汉见我后欣告："南沟山广树深，野鸡多；南沟人不打、不吓野鸡，野鸡也不怕南沟人。"他说的是实话，见他边走边将手中的糠圪瘩干粮揉碎抛向野鸡，直至距离咫尺，这对"情侣"才"突噜噜"离地展翅、比翼齐飞到不远处。

壶关雉鸡中的雄雉鸡，羽丰翎长，红绿相间，颜值居高，诱人注目；雌雉鸡体型略小，尾短似刷，全身呈砂褐色，相貌本分，惹人爱见。1984年，壶关县政府曾发通知将雉鸡作为壶关"县鸟"，全县禁猎，加以保护。1989年，雉鸡被列入"国家三级保护动物"名录。

生态小山庄

# 角脚底

## 江 城 子
## 百马跃山庄

百头骡马跃山庄，你牵黄，我羁苍。昂首扬鬃，嘶吼绕山梁。集体江山撑半壁，犁地快，套车忙。

山高坡广草芬芳，圈朝阳，饲循章。料劲草膘[①]，骡马总繁昌。畜牧业中旗一面，名副实，响当当。

角脚底村，俗称“yè脚底”。位于箭豁岭山系主脉北延、长碣岭西麓向阳山坳，季节性石门口河主要支流之一的角脚底河北畔。

往时，家乡百姓将骡马列为大牲畜中的宠类。给骡马不喂玉米、高粱、糜黍等秸秆之类的粗草，要另槽喂谷秸、野苜蓿、莠子等细草；婚嫁迎娶之类的排场事儿也是以使用骡马为上；市场上的骡马价格要比近龄的牛、驴高出三五倍；在农牧部门的畜牧业类报表上，骡马总是名列前茅。因此，养好骡马即成了讲究饲养技术的细活；善喂、善驭骡马的老农则格外让人高看、敬重。小农经济时期，谁家养头骡马，则算衣食少忧的殷实人家；集体经营时期，生产队里能有条件饲养几匹骡马，就算是有了大家当。

角脚底村山高沟长，水草丰美，百姓古来就有饲养骡马的传统。集体经营时期，一度为骡马成群、牡牝互答之乡，盛时饲养量多达近百匹，连年被评为全县畜牧业生产先进单位，受到上级的褒奖。该村原党支部书记李富保生前讲述当年赴此观摩者的一句感言：“角脚底的马匹能装备解放军一个骑兵连！”角脚底村籍、壶关县政协原主席李彦忠审校此首词稿后欣告：如今村里长者每话当年，常会饶有兴味地言及“百马闹村”这个话题。

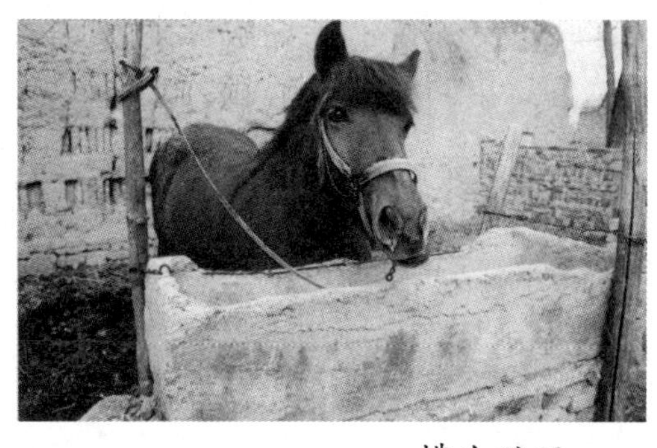
槽头兴旺

① 角脚底一带百姓饲养牲畜有谚“草膘料劲水精神”，是言牲畜吃上草则长膘，上上料则添劲，饮上水则有精神。

## 西 江 月
## 巾帼护林队

冬春护林防火，支书挂帅登山。数名巾帼紧跟攀，何让须眉半点！

不认五亲六友，唯忧四岭三山。昼夜巡查树林安，巾帼队旗高展。

东方上村，位于箭豁岭山系主脉北延、红土岭西侧坳上。笔者童时，大年正月逢东方上村的武故事①应邀到家乡寨里村街头演出，目睹随演大鼓帮上书写着四个正楷大字“东藩上村”，今日推测此当该村旧称。

21世纪之初的10余年间，凡冬春火险期，除雨后、雪后少数成火指数较低的天气外，东方上村时任党支部书记杨凤玉，每天都要带领由五六位青壮年妇女组成的女子护林防火队，身着戎装，臂戴袖章，翻山越岭，攀崖爬沟，严密巡查，确保境内“四岭三山两沟坡”的林木安全度险。

1992年2月16日，山西省人民政府发布《山西省实施〈森林防火条例〉办法》，规定每年1月1日至5月15日为全省的春季森林防火期。3月至4月为森林防火特险期，12月1日至12月31日为冬季森林防火期。壶关全民动员，举县兴林，卅年树木，取得巨大成绩的同时，也带来了艰巨的护林防火任务。一入火险期，尤其是春季清明前后农田、祭祀用火的特险期，全县县、乡、村三级干部都会像东方上村的干部一样，以临战姿态，设岗放哨，昼夜巡逻，确保境内林木安全，这已成为全县干部届时例行的一项重要工作职责。

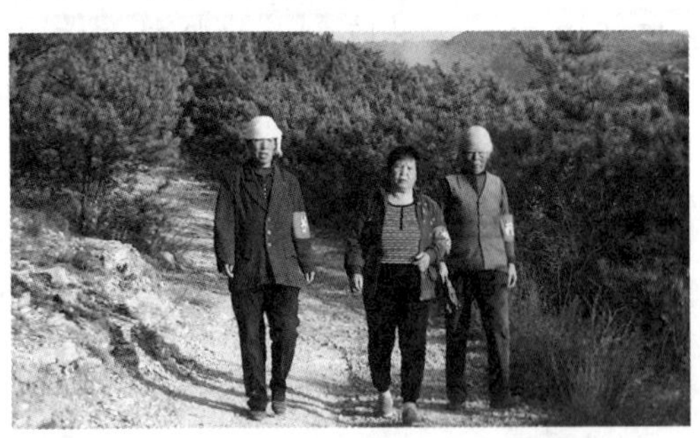

巡 山

① 壶关一带百姓称乡间的戏班子叫“文故事”，武术班子为“武故事”；新正腊月文、武故事排练叫“闹故事”，演出叫“耍故事”，祭神叫“献故事”。

# 南　梭

## 南乡子
## 省城“编外清洁工”

奔赴太原城，埋首拉车步不停。觅觅寻寻何故是？谋生。捡废盈车赚票零①。

城女眼高睁，相遇捂鼻步急行。扭捏作姿何故是？娇生。当敬农民树正风。

南梭村，俗称“梭水底”。位于箭豁岭山系主脉北延、老槽沟岭西麓沟里，相距古镇店上7.5公里，为店上镇域东至，与北梭村（北梭水底）相隔西庙碣山对应为邻。

党的十一届三中全会以后，农民有了经营自主权，劳动效率陡升，剩余劳力大增，举国出现了一种成群结伙涌进城市打工的“农民工现象”，据媒体报道，2015年全国农民工总数达2.77亿之众。二十世纪八九十年代，南梭村五六十名青年结伴奔赴省城太原打工。他们拉着小平车，沿街走巷，早出晚归，或在垃圾堆中捡破烂，或在机关单位、居民住宅门口等候收购废旧书报、物品。有新闻报道称其为“编外清洁工”“省会美容师”，赞作“汗浸的风采”。

其实农民工进城之初，生活并非那般诗意，有农民工自嘲为“三难一无”：找活难、食宿难、讨薪难，无尊严。诚如著名作家贾平凹新著长篇小说《高兴》中描述的主人公、进城农民工刘高兴们一样，是城市里“底层生活的拾荒者”。随着30多年的改革、发展，国家惠农新政叠出，如今农民工的处境较之当初有了很大改善，正在向着与城市居民无差别的境界趋近、靠拢。

村　口

① 《新华字典》注：〔零〕③部分的、细碎的，跟“整”相对。此处即指零钱。

# 北　梭

## 七绝二首
## 泉滋仁里

泉　滋

村东树木遍山丰，涵养井沟泉水盈。
无水炊难胜无米，有泉世代润民生。

仁　里

邻村缺水共心焦，帮助翁童汲并挑。
淳厚乡风吹缕缕，润邻堪比雨潇潇。

北梭村，俗称“北梭水底”。位于大掌岭向阳山凹，与南梭村(南梭水底)相隔西庙碣山对应为邻。大掌岭属箭豁岭山系主脉北延末端一岭，季节性陶清河支流石门口河源头处。

“问渠哪得清如许，为有源头活水来。”茂密山林为泉水涵养、汇聚的成因，即林是源，泉是流；林茂则泉丰，林毁则泉涸。北梭环村皆山，岭高壑深，林茂草丰，水源因此得以涵养，于村东大掌岭下沟壑底部汇成一泉井，名曰“井沟泉”，为壶关15处名泉之一[①]。该泉井聚流汩汩，不涸不溢，水质清纯，水味略甘，水温冬暖夏凉。北梭人世代饮用，男女老少多容颜健美者。

凡遇旱年，发生水荒，北梭周围十里八庄的百姓则三三五五结伴到井沟泉挑水解困。对此，北梭人则感同身受，尽力相助相帮。于泉井前排队礼让外村者多，助力拔水者众。笔者13岁时因发育迟缓，身单力薄，春季家乡寨里村遇水荒，缺水吃，曾跟着邻人远走8华里去井沟泉挑过水，接受过北梭人那种礼让优待。那些仁德老乡、那般淳厚民风让人永铭心中，成为笔者日常工作、生活中为人处事的一个持久、清晰的参照。

旱不涸，涝不溢

① “壶关15处名泉”，见本书龙泉镇程村《福坛岭阴五龙井》注②。

# 小南清

## 七　律
## 独臂护林员郭喜松

鏖战徐州左臂残，返乡生产志弥坚。
护林日日身心累，讲理番番口舌干。
晨起朝阳迟岭后，夜归月亮正中天。
勋章数面胸前挂，再领护林旗一杆。

小南清村，位于十里岭山系西南支脉、五道背岭之阳，季节性石门口河干流过处，蝎神观（和合观）东侧。相传明初，郭阁老[①]决计要将籍贯村建成南京城的模样，故名取“小南京”，后缘谐音演作小南清。

长期以来，小南清是壶关县造林绿化先进单位。村后山岭、村前沟坡、村中房前屋后、村里村外纵横道路两旁，满植各种针、阔叶树木。小南清造林绿化成功的经验有二：一是全村干群坚持连年植树造林不辍；二是伤残军人郭喜松悉心护林不怠。村人称赞他是“参战称英雄，护林作模范”。

小南清村东西狭长，由一条长约3华里的大路贯通，古来为一条运煤通道。村东北山区的运煤畜队上午从东到西，空载过路；下午从西到东，满载复过。一天过往两趟，络绎不绝，牲畜啃树当食、赶脚人折枝作鞭原是平常事儿。二十世纪七八十年代，独臂伤残军人郭喜松任护林员，每天一大早从东到西，下午再从西到东，一趟接一趟跟随着来往畜队给赶脚人讲护树道理，送走一拨又一拨，迎来一溜又一溜。当年，路过小南清村成百上千的运煤赶脚人，几乎都曾屡屡受过他这种仆仆迎送的礼遇，听过他谆谆言教的道理。

村在树中

2007年11月15日，郭喜松不幸病逝。他的音容、品行、功德，在乡亲们的记忆里犹新如昨。

① 郭阁老，系民间传说中的一位历史名人，史志典籍中尚未见到记载。

# 牛　居

## 渔家傲
## 抗日高小颂

锣鼓喧天红日耀，喜迎抗小迁村庙。铺院糊窗忙打扫，兼昏晓，站岗放哨加帮灶。

师有良贤教有道，学文习武听军号。三八作风为法宝[①]，师生好，战平两用人才俏。

牛居村，方言称“óu居”。位于十里岭山系西延余脉、小池岭西麓，畅村分水岭南河谷东岸上，蝎神观(和合观)背后约1公里处。本为人居之地，何以取称牛居？牛居籍、长治市畜牧局原局长秦纪之欣复：因村东背靠的小池岭，远观近似巨型牛鼻桊[②]，村名随山形而取之，后依谐音“桊”演作“居”；加之，家乡一带民间有一古老习俗，即“六畜皆爱，唯牛是尊”，于是，世居百姓从来乐意村名称牛居。

1939年7月，日寇二次侵占壶关县城。日寇指挥机关霸占了壶关县第一高级小学（时简称“一高”，即原“壶林书院”）校院，一高即停教。壶关县抗日民主政府为延续根据地的高小教育，1941年7月1日，在平顺县南消沟建立起一座抗日高小，简称“抗小”。抗小校址曾三迁：1941年12月迁建于平顺县井泉村；1942年春迁至平顺县大门道村；1943年年初，搬迁到牛居村太山庙里。在牛居村民力助下，借庙办校，创造条件，坚持办学3年。1945年秋，县城解放，师生返城，重驻旧址，一高得以复教。抗小培育出数百人才，走上战场成为抗日先锋，新中国成立后成为社会主义建设时期的工作骨干，活跃在部、省、厅、局、县、处各级的工、农、财、文、教各条战线上。如今，山西人大常委会原副主任闫元锁、国家审计署原司长张培宏、壶关供销社原干部刘月生等抗小毕业生，都已是耄耋老人。他们几位都还清楚记忆着那时在抗小

“抗小”旧址

边学习、边生产、边抗战的难忘岁月。

壶关一高创建于民国元年(1912)，至2012年已满百年。中间虽几经灾荒、战乱、朝代更迭，也未停止办学。即使在极其艰难困苦的抗战岁月，由于抗日民主政府在牛居办起抗日高小，民国政府在汪流水村办起国民高小，西崇贤村私立纯山高小（壶关五高）东迁至抗日根据地的石盆村坚持办学，如此多方重教，多元办学，终使壶关高小教育没有中辍，一高的教学链条得以连接。2012年年初，笔者给分管教育工作的壶关县副县长赵文栋建议，编印一本名为《百年实小》的纪念册，以节俭形式，纪念实小创建一百周年，年限上应该是无误的，这对以史为鉴，办好壶关县县域教育是件有意义的事。

上页图为牛居抗日高小旧址太山庙，房屋已改建，今貌非昔貌。

① “三八作风”，系“抗大”（中国人民抗日军事政治大学）“坚定正确的政治方向，艰苦朴素的工作作风，灵活机动的战略战术”的教育方针与“团结、紧张、严肃、活泼”校风的概括。

② 《新华字典》注：〔桊〕juàn为穿在牛鼻上的小铁环或小木棍儿，称牛鼻桊儿。壶关方言读桊为jū。

## 五古二首

### 《康熙字典》正村名

康熙字典好，查阅正村名。
淙系多音字，寄简忙说清。

汉字如烟海，人生难尽穷。
古村来历远，文化蕴名中。

淙上村，位于老洪岭山系主脉东南边峰、月明凹东南麓前。由当中街、北街、西街、西河湾、鲍家河五个自然村组成。壶关一带百姓称瀑布为“淙”。淙上村当中街与鲍家河两个自然村之间有一条季节性洪水瀑布，俗称“淙圪筒”，依此地理实体，故村名称淙上。

往时，笔者认识“淙”字只知读“淙淙流水声”的cóng，再无异音。于是，总认为读cóng为shuàng是地名例外的约定俗成。写《故里正名》一文时，还以此佐证《荀子·正名》中关于“名无固宜，约之以命。约定俗成谓之宜，异于约则谓之不宜”这则古训的正确性。2009年一夏日，壶关县供销合作社原副主任景运则帮助在《康熙字典》中查到“淙”字系多音字，不只读作cóng，也读shuàng。还查到淙上邻村王桥凹村的“凹”字也读wā；寨里村的“寨”字另读sè，与百姓习惯读音相同或相近。这说明在古代立村之始，先祖们起村名时的读音与今人叫村名时的读音是口口相传、一脉相承的。跟着笔者急查得证，赶忙往县报投稿，澄清淙上村名读音。让老乡们周知村名的叫音是有渊源的，并非先祖们叫错了村名。

《康熙字典》系康熙五十五年(1716)印行。收字47035个。《光明日报》载文称：《康熙字典》近年销量大增，与新近兴起的国学热有关。

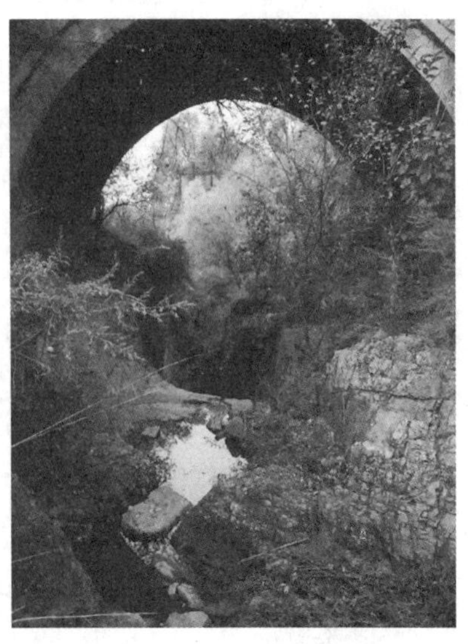

下淙上桥

# 井掌底

## 七　律
## “积代会”开到小山庄

乡亲诵读老三篇，恐后争先干劲添[①]。
旧垛葱茏苹果树，新台红火杜鹃山[②]。
干群合力更村貌，书记多谋闯隘关。
长者时思积代会，向阳圪落话当年。

井掌底村，位于西岭山东麓，畅村分水岭南河谷西岸上。西岭山属老洪岭山系主脉东南延一座山峰。

在20世纪60年代后期至70年代中期，壶关农村的一些基层单位由“明白人”当家，抵制派性，排除干扰，坚持“抓革命，促生产”，仍然取得一定业绩。井掌底大队即是一例。是时，井掌底大队在以时任党支部书记刘富川为首的“一班人”组织带领下，干群团结起来搞农建，植果园，修道路，建舞台，生产有进，面貌有变。由此，井掌底大队连年被评选为壶关县“学习毛主席著作先进单位”，刘富川被评选为壶关县“学习毛主席著作积极分子”，时称“学毛著尖子”。

1969年秋后，壶关县“学习毛主席著作积极分子代表会议”（简称“积代会”）在先进点上巡回召开。巡回到井掌底大队时，听取了刘富川的讲用介绍，观摩了该大队“抓革命，促生产”的现场。井掌底村的典型经验使与会代表受到了启发教益。

硕果大如瓜

---

① 20世纪60年代中后期，全国掀起学习毛泽东三篇著作《为人民服务》《纪念白求恩》《愚公移山》热潮，时称学习“老三篇”。

② 指上党梆子、上党落子移植的现代京剧《杜鹃山》，这里泛指移植的《红灯记》《沙家浜》《智取威虎山》等，时称“八个样板戏”中的剧目。

# 长 林

## 江城子
## 柔风约农民抗重赋

壶关县宰黑心肠，岁饥荒，赋增量。盐米难谋，鼎沸怨声扬。呼应揭竿齐出发，奔县邑，锐难当。

严围县宰辩争忙，理桩桩，气昂昂。四夜三天，县宰理输光。万众欢呼除重赋，壶邑史，闪光章。

长林村，位于箭豁岭山系西南支脉、羊角圪垴山阳面山坳，长平公路中段。原名“长宁”，后易现名。季节性陶清河支流东南河流经村南。

清光绪二十七年(1901)冬，壶关发生灾荒。知县莫如晋不顾百姓疾苦，执意增派地方税赋粮银，以每两税银加增180个铜钱，全县增税共计折银8000两。灾年增赋，雪上加霜，民不聊生，激起众怨。柔风约[1]所辖长林、东井岭、常行一带农民群起抗增税赋，发出鸡毛信，通知约内农家户出一丁，在长林村长林观(又称“玉皇庙”)，集合数千农民，揭竿起义，奔涌县城，在南关玉带桥上，将闻讯前来阻拦的知县莫如晋挡进桥北关帝庙，持续说理三天四夜，终使莫如晋认错、示歉，发榜免除所加税赋。随后，莫如晋贴出如下告示之后辞职：“聚众滋事，理正典刑。本县德薄，莫化我名。自我去后，万勿效行。”

长林村籍、山西省农业厅副厅长雷郭堂正在筹划《长林村志》的编纂事宜，他如是说：“柔风约农民起义抗税闹粮、逼走知县的壮举，乃为壶关县近代史上闪光的一页，当是《长林村志》中需得浓墨重彩的篇章。”

史上揭竿聚义之地

① “约”，为清末农村基层一级的行政机构名称，相当于现在的镇或乡。旧有民谣说道当年柔风约包括“郭堡庄口头高岸上，南北行头崔家庄，十二长林带瓜掌”。其中“十二长林”是说长林游风约此外还管辖附近的十二个村庄。

# 中　桥

## 七古二首

## 文武双星

武　存　福

铜铃大眼眉帘遮，虎步生风拳比铁。

气盖世兮力拔山，中原打擂全无敌。

文　恒　裕

方砖扫帚练成家，竖直横平难觅瑕。

分厘不收归义写，杜家七字价无涯[①]。

中桥村，位于箭豁岭山系西南支脉、豹凹山与石窑焦岭两条连脉山岭之南坳上，季节性陶清河支流东南河谷[②]北畔，长平公路从村中通过。村东古道上筑有一桥，村随桥名，即原名“桥上”。因壶关域内东、中、北部原有三个建制村同名“桥上”，按照国家地名管理条例规定，一县辖内建制村名不准相重，1983年地名普查时，按所处地理位置居中，则定名为中桥。

中桥与石南底两村的武故事名弥壶关城乡，堪称壶关“武术双冠”，而风格相异，石南底武术以团体著称，中桥武术以“拳王”郭存福闻名。笔者童少时，在家乡听闻最多的英雄好汉不是张飞、岳飞，而是郭存福。乡人津津乐道他在河南开封打擂台夺得完胜，名震中原，风传他“打遍中原无对手”“有万夫不当之勇”。1950 年，郭存福出席山西省武术表演大赛，夺得单刀第一名。在壶关城乡凡武术表演有郭存福出场，人们则掌声雷动，喝彩潮涌。

中桥郭恒裕，少小苦练书法，家中缺纸，则在方砖上练；无大笔，则用扫帚、刷条练。天道酬勤，郭恒裕终成壶关县著名书法家。他的书法作品繁多，以刷写墙壁上的正楷大字标语、书写门楣上的牌匾、楹联为主。20世纪50年代

敦厚郭体

初，郭恒裕在杜家岩小学任教时，书写村庙后墙上“中國共產黨萬歲”七个繁体大字标语，一间一字，敦厚端庄，颜色正红，堪为经典，至今尚存。

中桥村武有郭存福，文有郭恒裕，堪称“文武双星”“桥上二骄”。只是乡人言及中桥村，常赞郭存福，时略郭恒裕。古言“文无第一，武无第二”，是文、武二事的外在特点概括，并非厚武薄文之意。实是文武并兴乃立国双基，中桥“文武双星”当相提并论，应同入乡、县史志记之。

郭存福、郭恒裕先后于1973年、2004年病逝。

秋到中桥

---

① 杜家岩村简称“杜家”；“杜家七字”见本书石坡乡杜家岩村《红色标语六十秋》。

② 东南河属季节性陶清河水系一条较大支流。发源于行头岭西北麓、北行头村岭后自然村村南壑里，流经牛家掌、南湖、碾谷陀、南岸上、长林、中桥、梁家碣、瓜掌、郊界底，至崔家掌汇合石门口河，汇入陶清河。因位于陶清河干流东南方向，相对于发源自地南头的陶清河支流西南河，即取称东南河。

# 瓜　掌

## 采桑子
## 古民居村

阶苔院草朱门锈，砖述秋春。瓦述秋春，几度沧桑直到今。
苍苔红锈传文化，楣句斯文。楹对斯文，仄仄平平韵味深。

瓜掌村，俗称“guì掌”。位于长平公路中段，季节性陶清河支流东南河从村东南经过。因村址东北靠座栲栳山，山貌呈“瓜”字形，村名随山形而取，称瓜掌。此座栲栳山属箭豁岭山系西南余脉中一岭。

以长平公路为界，瓜掌新、旧村址分坐两边。旧村址在东，新村址在西，规模各约占整村之半。东边旧村址上较完整地保留了清末民初的古民居建筑群，计300余间。其中有5院100余间为典型，高墙深宅，雕梁画栋，古色古香；楣句、楹联文词隽永，韵律工整，字体端庄，是为历史留下的文化印记，真实地记载着彼时彼地丰富的时代信息。

往昔，“万里荫城[①]”经壶关西南“煤铁之乡”至河南合涧及其以远的驮帮古商道，与壶关县城至东南大半县域的古官道在店上至瓜掌间并轨，使瓜掌成为县域中部的交通要冲。抗战胜利前夕，抗日政府从大井迁至瓜掌办公，筹谋解放全县、进驻县城、健全政权、恢复经济、兴办学校、安定社会秩序等重大事宜。因之，瓜掌堪称古村落、古商道传统文化与根据地红色文化——“两古一红”三元文化兼备之村。

西承潞泽，东达豫鲁

图为瓜掌村北古道碹门，横楣上书“锺靈秀”三字，简体字为“钟灵秀”；图中右下角嵌图为碹门背面横楣上书的“東南鎖鑰”四字，简体字为“东南锁钥”。

① 荫城系长治县一座古镇，距壶关西南界约10公里。旧时为上党铁货最大集散地，古称“万里荫城”，即言其铁货销路广远。

# 罗东掌

## 五　律
## 九掌十八凹

山村耕地碎，九掌十八凹。
整地如磨镜，耘锄赛绣花。
担挑肩起膙，播种手磋痂[1]。
户户劳模有，只差胸戴花。

罗东掌村，位于长平公路北侧凹里，周由箭豁岭山系西南支脉，石摞岭、井掌凹、圪廊凹等连脉的崇山峻岭相围。

罗东掌一带百姓称三面靠山的较大的洼里垛地是“掌”，“凹”是比“掌”小的洼里垛地。罗东掌全村800余亩耕地分布在九个掌、十八个凹里，简称“九掌十八凹”。驻村干部、店上镇原纪检书记冯韶霞函告：“九掌”即井掌、上掌、窑掌、森掌、犁地掌、羊会掌、不篮掌、福堂掌、灰圪藜掌等；“十八凹”即小北凹、小南凹、东凹、西凹、岭后凹、西圪廊凹、红山上凹、庙角凹、黄坩池凹、石圪节凹、垂豹耳凹、南耳角凹、窑后凹、小山上凹、井掌凹、偏桥凹、河南道凹、圪廊凹等。

城里人乍到罗东掌村，初闻“九掌十八凹”之说，则会生疑问询：“这多名堂能记得住吗？下错种、收错秋怎办？”老乡总会笑颜答疑道：“圪挤住眼也走不差！”是的，老乡们从小到老，四季下地劳作，熟走于路，烂记于心，差错从无。

环村皆山也

---

① 《新华字典》注释：〔膙〕jiǎng，因摩擦而生的硬皮。

# 琚家庄

## 五 绝 二 首
## 关 岭 松

（一）

古松雄峙岭，迎客过西东。
上岭枝招手，下山涛送声。

（二）

伏旱叶枝萎，顾临忙督催：
根周壅沃土，浇水复光辉。

琚家庄村，位于行头岭山系西延支脉、关岭山东北凹里，店上、百尺、东井岭等三乡镇交界地。距古镇店上之南5公里处，为店上镇域南至。

关岭山上自古有条东西向的人行要道，经过山顶豁处正中，为店上、百尺、东井岭三乡镇相邻数村百姓往来必履之山径。正巅山豁靠南近侧长株古松，冠撑伞盖、干支砥柱、根露虬龙。远望即见，是为路标、村志。上岭者望松而行，至松荫下多要借荫小憩，解上岭之乏；下岭者常会回望古松雄姿，印记心中。有老乡相告："此松有四五百年树龄。"

2011年盛夏一日，笔者慕名赴关岭山访松。时见古松祖干孙枝，本固冠浓，名不虚传。仰头详察，方见针叶露萎，精神不振，乃久旱不雨所致，忙嘱相伴登岭的店上镇党委原副书记、琚家庄村代理党支部书记马迷富："赶快组织劳力上山给古松壅土、浇水，促其解旱、复壮。"日后老马转告："所嘱二事俱已办毕，古松渐复元气。"悉后始慰。

古松峙岭图

# 土头寨

## 五　律
## “村 亲 亲”[①]

侯氏仨兄弟，三村落户门。
延时六百载，繁衍几千孙。
脉系今和古，心牵长与贫。
亲亲常走串，辈辈总连根。

土头寨村，位于行头岭山系西麓支脉、南朵山之阳山凹，店上镇东南界。原名“寨上”，因地处土崖之侧，即俗称“土头寨”。为避与龙泉镇寨上村重名，1983年地名普查时，即将其俗称易作正名。

明代洪武七年（1375），河南某县侯家坡村侯氏弟兄三人逃荒至壶关县南，分别落户到相距不远的崔家庄、土头寨与琚家庄三个村庄。至今，仨村中的侯姓后裔均占村民绝大多数。

琚家庄村籍、侯氏家族后裔、壶关县人武部原政委侯德山，曾托人相告笔者两点:一是清代中期，侯氏族长曾确定“学、法、君、子、如、广、积、仁、义、怀”十字为十辈后嗣起名用字之序，只惜十辈之后未续。二是六百余年来，仨村中的侯氏家族年年正月里都要派族里的族长、侯姓村干部和村民代表，带上年礼相互往来、走“村亲亲”，探望另外两个村里的族中老弱病残者；还要带上戏班子演出节目，相互慰问，以此传递代际薪火，表达族系亲情，延续仁义族风。就笔者所知，这种苦根相连，亲情长久，走“村亲亲”的仁义礼俗在壶关唯此仨村。只惜此俗近年因故渐趋弱化。近悉，侯氏族长们正在酝酿如何恢复走“村亲亲”的族习。

土崖人家

① 壶关一带百姓称亲戚为“亲亲”；正月里亲戚往来走串为“走亲亲”。

# 梁家碣

## 临江仙
## 元宵串灯

十里八庄人聚处，山村元夜欢腾。霸王火隙喜提灯。人奔灯走马，河汉落村坪[①]。

最喜元宵飘瑞雪，灯笼雪打年丰。敲锣擂鼓伴吹笙。山村喧不夜，乡戏接天明。

梁家碣，位于行头岭山系西延支脉、北首山前，东南河谷西南畔。

梁家碣旧有串灯闹元宵习俗，在壶关县南一带乡村中颇负盛名。梁家碣村前有块地面平整，用作串灯活动的场坪，即称作“灯扇地”。每年正月初，灯扇地上便会垒霸王火炉，扎灯笼迷宫，插五彩旗幡，放鞭炮驱邪，敲鼓锣迎新。逢正月十五、十六、十七的三天傍晚，邻村长林、桥上、瓜掌、郊界底、罗东掌、石峪、靳家掌、琚家庄、土头寨等十里八庄和本村村民则要成群结队、前呼后拥提灯聚此，由各村八音会、锣鼓队为前导，在霸王火和灯笼迷宫中有序穿行，伴有演乡戏、耍武术、扭秧歌、踩高跷、打花棍、吹奏八音会等传统故事演出，场景煞是热闹、红火。

壶关农谚曰：“正月十五雪打灯，一个谷穗打半升。”元宵串灯若遇雪，雪兆丰年，人们则会亢奋起来，狂欢至几近天明方才依依不舍、缓缓散去，边散场边回头互约高喊：“明年正月十五咱们再会灯扇地！”

瑞雪兆丰年

① 《新华字典》注释：〔河汉〕即银河，天空密布如带的星群。

# 靳家掌

## 七　律
## 左家三代中兽医

德艺双高名誉远，兽医界里敬称贤。
药针汤石传研细，牛马驼经领会全。
安步当车临马舍，闻声察色识牛言。
今朝呼唤仁医出，兴牧途中六畜安。

靳家掌村，位于行头岭山系西北支脉、王北后岭东北凹里。

清末至本世纪初的百余年间，靳家掌村左家出过三代著名中兽医，即祖辈左补则，父辈左长柱、左八柱、左元柱，子辈左新富、左计富。三代六人熟读《牛马驼经》《汤头》《伤寒论》[①]等医药典籍，细研六畜病理，代传汤、石、药、针疗法，秉持道德行医良风，颇受远近农民欢迎。

进入新时期以来，在建设全面小康社会的新形势下，畜牧业的发展也被提出了新的要求：一要快速发展，满足城乡居民日益增长的物质生活需求；二要防治畜病，保证安全，健康发展，尤其要有效防治日益增多的人畜共患疾病。这都离不开畜牧业的保护神——兽医。正如革命导师马克思名言：人医医人，兽医医人类。因此，兽医队伍尚须强力培养，增量提质，保障畜牧业走上安全、健康发展之路。若论中兽医药，如同中医药一样，也是一个伟大的宝库；振兴发展兽医，也应走中西兽医相结合的道路。当前中兽医青黄不接，后继乏人，情势严峻。千方百计拯救、振兴中兽医乃当务之急。

图为左家现存的《牛马驼经》开卷扉页照。眉印“道光甲辰春镌”，即为公元1844年春刻印，距今172年。

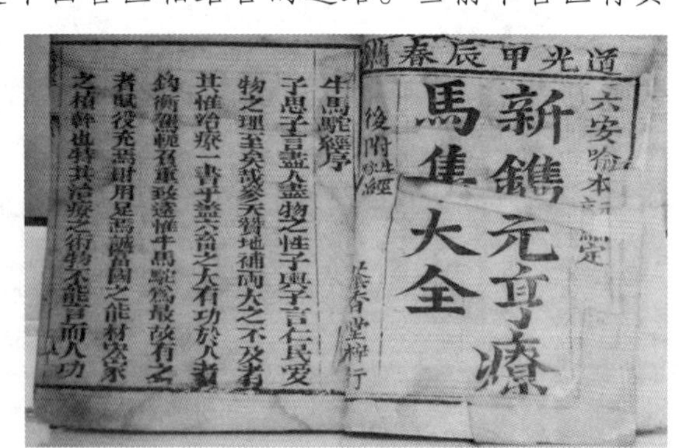

兽医必读

---

① 人病、畜病的病理多相近，人医、兽医的医道多相通。因之，《汤头》《伤寒论》等中医典籍同为中兽医必读。

## 石　峪

### 七　律
### 梯田宜谷

农耕史上一华章，石峪梯田百代昌。
初垦坡耕水流失，后加石埂地增墒。
岸高条块通风气，地窄边行透日光。
最是耧播谷子好，香甜不让沁州黄。

石峪村，俗称“石yì”。位于行头岭山系西北余脉、小庙山东南凹中。《辞海》注：峪为山谷。石峪坐落在一个石质山谷之畔，故名取石峪。

石峪村岭高凹多，从山脚到山顶凹凹垛垛上，摞满层层叠叠的梯田。梯田地面平整，多数护以石岸，块块形状窄长，条条绕山跨梁，有的仅能种两三行谷子。地窄岸固，田面平整，保水保土，边行优势，通风透光，实现了水土流失最小化与光热资源利用最大化，所产谷子品质上佳。尝过石峪小米的人有口皆碑，同赞：“石峪小米亚赛名米沁州黄！”

《人民日报》载文称：“云南红河哈尼梯田，湖南紫鹊界梯田和广西龙脊梯田的历史地位和科学价值，应与都江堰、灵渠、京杭大运河等古代水利工程同等看待。”足见古梯田的经济、文化价值。壶关县域内典型的石埂水平旱作梯田，分布在太行山分水岭东西两边近侧及以东的石坡、树掌、东井岭、鹅屋等乡镇的村庄，还有店上、晋庄、五龙山等乡镇靠近分水岭的部分村庄。石峪梯田属分水岭西侧。全县如此连片约十多万亩成规模的梯田，有原生态的自然景观构成，有世代积累的修边垒岸绝技，有精耕细作的传统农艺，有品质上佳的小米、糜黍、山药蛋等地道特产，可观、可品、可研，当是中华农耕文明史中的应有之页。可申报国、省非物质文化遗产项目加以保护。

雪滋梯田春苗齐

# 郊界底

## 七 律
## 巨杨见证

雄踞村中一古杨，杨荫见证几沧桑。
送郎抗日骑红马，领契分田举界桩。
往昔听钟荷担款，今朝入市坐车忙。
盼来改革时光好，村事询杨记忆详。

郊界底村，俗称“jiǎo脚底”。位于南坡山东麓，东临东南河谷西崖头上。南坡山属行头岭山系西北余脉中的一座山岭。

郊界底村中长株巨杨，品种为壶关县山区一带优良乡土树种小叶杨，其主干须由四人拉手相围，勉可合抱。“大树底下好乘凉”，巨杨荫下可容纳几十百把人乘凉、聚会。一个多世纪来，这里堪称郊界底村的露天会场、活动中心，许多村政时事、社情掌故都在巨杨荫下发生：村民们集中在这里参加过土改分田会；欢送过骑马戴花的参军参战子弟兵；新正腊月演出过瓜掌八音会、高跷、桥上武术、长林打花棍等文武故事；纺绳的、补锅的、焊烟袋、修锁的手工匠人设过临时作坊和摊点；河南、山东远道而来的“称姜卖筷”“鸡蛋换盐”“卖估衣、棉絮套子”的商贩在树下借荫歇脚叫卖过；集体化时，男女劳力要天天听到生产队长数遍敲响树上挂的铁钟方才下地劳作；如今，又有村人常在树荫下不远处候车进城……巨杨可谓是见证了郊界底村的百年沧桑之变。

走进壶关县境，不少村庄皆似郊界底，入村即会碰到长有这么一两株巨荫如盖、历经沧桑、堪称“村志”“村景”“镇村之宝”的大树，或杨、或槐、或柳、或榆、或椿、或柿、或核桃、或棠梨……记载着这些村庄连篇的故事、不尽的乡愁。

胸径几何

# 麻　巷

## 定风波
## 杜阁老还乡

明代鸿儒习史经，天文地理俱研精。辅弼朝廷为近侍，无欲，弃官归里作先生[1]。

礼乐诗书风始至，兴学，山乡子弟满门庭。权位不谋谋教化，高节，几分若似陶渊明。

麻巷村，俗称“麻jiāng”。位于寨岭山东侧，季节性陶清河中游麻巷河段西岸上。寨岭山属乌泉寺山系南延支脉中的一条山岭。

明初高贤、大儒杜斅，麻巷村人。少时聪颖、嗜读，博闻强记，精通易、书、诗三经，中乡试头名。曾任高平教谕、台州学正、朝廷四辅等职，世称杜阁老。皇上提升他任陕西儒学提举及省院辟等要职，均辞谢未受。遂荣归故里，举办乡学，兴教育人，教化乡风。明嘉靖年间，壶关知县牛恒镌碑称颂杜阁老，碑诗中有句曰：“黄幄则为臣，清官则为友。鱼水欢莫既，青丝梳满手。”咏其不贪权位，淡泊处世，志兴乡学，启蒙民智之高节。图为《壶关县志》中杜斅诗存《应召上京》七律，已与今时乡人杜贵松、杜松长、杜登云、杜新科等四位翻作的译文一并镌碑，恭置于麻巷村南杜阁老庙门之侧。

相传著名上党乐户壶关班社最初即是杜阁老从宫中带回乡里，先传给麻巷刘家的。

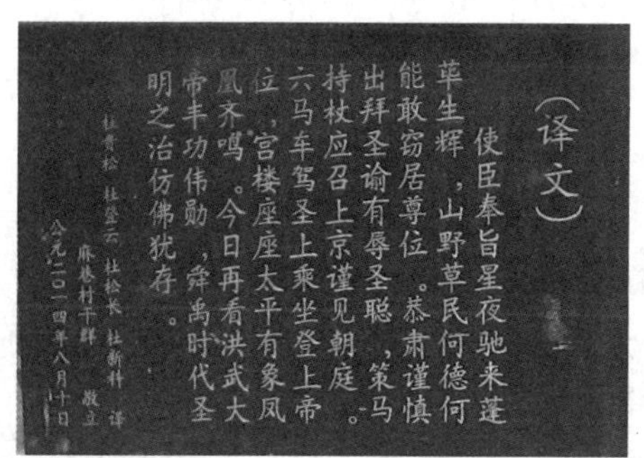


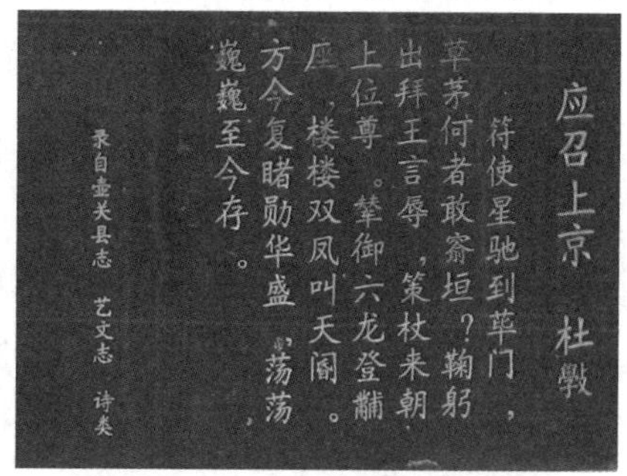


阁老诗存碑

① 旧时，壶关一带百姓尊称教师、医生等有学识、有身份的人为“先生”。

## 六 言 诗

## 一场龙卷风

风起鳌街松岭，终于店上村东。
吹树折断枝干，刮房掀起瓦垄。
秋禾齐倒一溜，坦克碾过酷同。
贴地狂飙十里，旋转直上天空。

鳌街村，位于陶清河谷西畔，乌泉寺山系南延支脉，南松坡、北松坡两座山岭东侧小平川上。《辞海》注：鳌为传说中海里大龟。唐宋时金殿前阶上镌有巨鳌图纹，象征尊贵、吉祥。科举时代考中状元者，即要由百官相拥，站立在金殿之前巨鳌头上风光一番，嘉称“独占鳌头”。足见取称鳌街村名之始，先祖们对幸福、吉祥的渴盼之切、向往之殷。

1986年夏初一日，一场龙卷风从鳌街村南松坡山里骤然生起,吹折十余株碗口粗松树后,狂飙贴地,嚣声大作,闻者不及掩耳,睹者不及闭目,逃者不及躲藏,直取东北方向呼啸而去。经鳌街、麻巷、小岭上、店上等四村,最后刮至店上东边镇办木器厂厂区,掀翻厂房屋顶,呈漏斗状急旋离地升空。是日,笔者以壶关县长身份与时任县民政局长李书科、县政府办公室干事马先明等一行赴灾区查看灾情，目睹龙卷风刮过之处，摧折大树、掀翻房瓦、碾平庄稼之惨状；惊奇龙卷风刮过约5公里，从始至终为害幅度竟一般宽窄，约5米。在场想起了俄国科普作家伊林的名篇《天气陛下》，篇名将暴戾的天气幽默拟人，比作蛮不讲理的封建帝王，则是“按头制帽”，再合适不过了。

1987年第2期《知识就是力量》中《龙卷风》一文写道：前苏联维克托·库申博士模拟实验计算，大的“龙卷风中旋流的功率可达到3万兆瓦，相当于10座大电站的功率”。足见龙卷风能量之巨。

据报载，美国龙卷风年均达1200多场，居世界之首。龙卷风在我国内陆地区属罕见气象，笔者在壶关工作28年间，唯逢此次。

坦荡鳌街

# 刁　掌

## 竹枝词二首
## 不让须眉女支书

（一）

英姿飒爽女支书，对垒须眉总不输。
绿了沟坡绿群岭，山村建设绘新图。

（二）

痛惜英年书记走，青松绿岭尽低头。
举村百姓承宏愿，四化征程步不休。

刁掌村与所属南刁掌自然村，位于行头岭山系西北支脉、木架岭西麓，季节性陶清河河谷东岸。有传说称，因村址所靠山头酷似巨轿状，故立村之始曾取名“轿掌”，后缘谐音演作现名。

20世纪七八十年代，壶关农村仅有两位女党支部书记，一位是树掌镇东柏坡村杨保妞，一位是店上镇刁掌村赵爱景。论工作，二位皆是巾帼不让须眉的优秀农村基层干部。赵爱景任职村党支部书记期间，工作认真负责，积极努力，开拓创新，敢于担当，带领全村干群艰苦奋斗，植树造林、打坝造地、治理沟坡……多项工作走在全镇、全县前列。当年，在壶关县先后召开的北方14省、市、自治区林业区划工作会、山西省小流域治理现场会、山西省林业工作会等三个会议上，皆组织与会代表赴刁掌造林绿化、水土保持工程现场参观。代表们众口一词，齐赞“刁掌干部、群众建设山区成效显著，变化突出，堪称典型”。

2008年8月29日，赵爱景因病不幸英年早逝。刁掌村干部群众都很怀念这位创业、勤勉、踏实、亲民的女书记。

不逊城居

# 西 坪

## 四言诗
## 百里陶清第一湾

天下河湾，皆因山拦。
西坪弯急，山脚使然。
三河相碰，直奔西坪。
山脚石挡，锐角转东。
遇洪救灾，打捞木材。
偶逢溺者，争相救拽。
今日山坡，水保林多。
陶清安澜，百村平和。

西坪村，原名“西街”。位于乌泉寺山主峰南侧，小湾掌山、大湾掌山两座连脉山岭之前，陶清河上第一峡林青峡（俗名“淙圪筒”）上游1公里处，与古镇店上隔河相望。1983年地名普查时，为避与县城西街村相重，即更名为西坪村。

陶清河为浊漳南源的主要支流之一，壶关段全长约33公里，为壶关域内最大的季节性河流。西坪村东河谷有道陶清河中上游最大的河湾。往时夏日逢大雨，干流麻巷河、支流小岭上河、崔家掌河等三条河流，往往同时暴发山洪，在西坪东南河滩汇流后，撞到村东崖下巨石山脚而受阻，转而由正西向东北拐急弯奔去。声如百虎咆哮，势如万马破栏，堪称世间奇观。其时，洪峰巨浪常会将卷带的禾苗、树木冲上石脚岸上。1970年一雨日，洪水冲下上游寺沟村两名遇洪罹难的儿童尸体，西坪百姓赶忙打捞上岸，妥善交其家长……近年由于荒山造林，保持水土；加之气候变化，暴雨趋少，山洪暴发多年未曾复现，正是：“连年树木铸功业，三河汇处得安澜。”

陶清河上锐角湾

# 小岭上

## 七　律

## 煤 通 道

车水马龙经小岭，运煤大道四时通。
坡长弯急程逾半，马乏人饥套始松。
善者帮推爬陡处，仁家供水润干咙。
助人为乐村风好，美誉传扬遍县东。

小岭上村，位于陶清河谷西岸上，永济桥北端坡头土石冈峦顶端；加之村型较小，旧时仅四五十户人家，村名缘此二由取之。

往时，壶关县店上、晋庄、固村、东井岭、石坡及平顺县龙镇一带乡村居民生产、生活用煤，要到壶关西南域百尺一带产煤区拉运。其间，一条上上下下、弯弯曲曲、凹凹凸凸，长约20公里的运煤大道上，牛拉、驴驮，男挑、女拎、叟背、童抬……冬夏长年来来往往络绎不绝，曾是壶关境内最为繁忙的一条大路。路面上煤面搅土，厚盈有尺，淹没车辙；飞扬尘土，污人颜面，和搅汗水抹擦，运煤人尽成包公、张飞脸谱……这也曾是壶关境内最为艰辛的一条大路。改革开放后，这条大路已改建为百（尺）晋（庄）公路，机动车辆拉运代替了人力、畜力，往时那种繁忙、艰辛的景况已成为历史既往。

小岭上村位于这条运煤通道中途。当年小岭上村民风淳朴，乐善好施，助人积福，常能碰到帮助推车过桥上坡者；坡头路边尚有让赶脚人、担挑人烧干粮、饮开水的善良人家。2014年7月21日上午，在壶关家中，欣逢小岭上村籍、模范果树技术员、年近古稀的杜中旗，听他回忆说他“年轻时在村里，时常帮助外村拉煤人推车上坡”。

昔，黄土高坡；今，水泥缓坡

## 五　律

## 德 化 桥

村南德化桥，施善在村郊。
明末捐资建，行人节履劳。
冰天除雪迹，雨季垫车壕。
桥面春风拂，往来人语高。

明自掌村，位于乌泉寺山系主脉南延、后岸山阳面，荫城至合涧古商道上。

明自掌村南古商道，为一条晋豫两省间商贸要道西端一段，西自荫城，东、西柏林，迄陀而来；中经谓里，明自掌，小岭上；往东取道店上，瓜掌，东井岭，河郊沟，朝河南合涧及其以远而去。古商道必经的村南河谷上，落座明代石拱桥，桥体正中碹眼上方镌刻“德化桥”三字（见图），为《壶关地名志》中所记38座古桥之一。如今，德化桥仍是高庙岭东边的北岭、谓里、石井会等数座山村出口要道必经，桥面上时或有相偕行人及各式机动车辆驰过。明自掌村民爱桥、护桥，保证冬夏长天晴雨畅通。堪称“德化桥前德化村，德化村里德化人”。

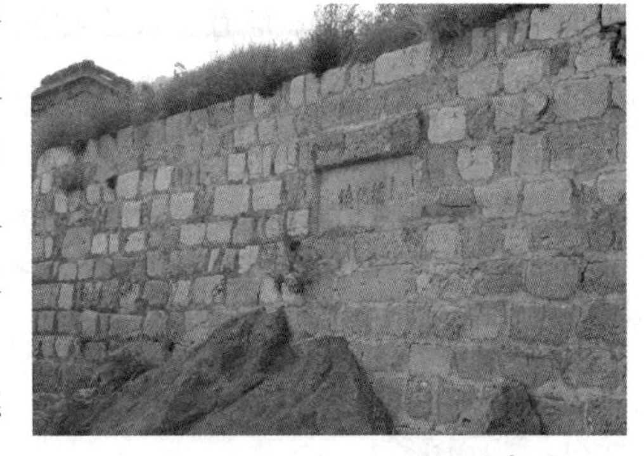

古桥惠乡

---

① 据1999年版《壶关地名志》记载，壶关域内有38座古桥：盘底仙人桥、大安桥、禾登桥、大河桥、树掌合峪桥、辛村三昭桥、瓜掌偏桥、石岩头秦公桥、泽井长兴桥、鳌街石桥、小岭上永济桥、明自掌德化桥、南梭乐善桥、小南青风源桥、北梭达连桥。另据“旧志”记载尚有明、清两代所建城北进德桥、龙溪桥、城南太平桥、玉带桥、柏林观光桥、辛村金龙桥、下内村乐善桥、修善通便桥、卜通桥、程村德风桥、马驹神桥、西川底关帝桥、常平永济桥、崇贤桥、固店双桥、绍良荆掌桥、宋堡桥、芳岱清源桥、大会龙尾桥、河郊沟栈道桥、竖梯桥、绿杨桥、断筋桥等。此外，店上村东桥、黄山村南桥、淙上村淙桥、石坡村西桥、中桥村东桥、马安驼西桥等古桥，尚待考后入志补记。

# 北　岭

## 七古二首

### 入市叫卖糖葫芦

三中全会启新途，北岭农民享自如。
欲放嗓门先放胆，沿街叫卖糖葫芦。

熬糖夜半热乎乎，叫卖一天喉不舒。
日少月丰年积赚，供娘换袄供儿书。

北岭村，方言称“bè岭”。位于二架山下向阳山坳里。二架山为乌泉寺山系主脉南延一岭。

党的十一届三中全会以后，农村掀起改革大潮，普遍推行“大包干”责任制，农民有了经营自主权，自由支配劳逸时间，涌进城里打工赚钱，始方有了“农民工”的称谓。农民工自喻为“一个月过年，两个月种田，九个月赚钱，好日月梦圆”。

是年,北岭农民成群结伙走进长治市，干起卖糖葫芦的行当，堪为农民工初始进城觅活寻业一例。当时,长治街头常能听出叫卖糖葫芦者多操壶关店上以西一带口音,趋近打听，十有八九是北岭人。2011年7月18日，笔者赴北岭走访,村中欣逢几位五六十岁的长者，津津乐道起当年始离农村、初入城市，逐渐放胆、放嗓，叫卖糖葫芦的那段生活艰辛而又心存愉悦的日子。

北岭叫卖糖葫芦的农民，小本生意，权得微利，积以时日，勉有积攒。近年，有十几户还在市、县购置了商品房，成了市民；且多人仍操旧业，只是销售叫卖方式升级上档：用肩扛，改成箱式三轮车载；用嗓叫卖，改为用电喇叭录放普通话叫卖。卖者自谐：“今非昔比，鸟枪换炮喽！”

糖葫芦小卖的“升级版”

# 谓　里

## 摊破浣溪沙
## 古 商 道

万里荫城路必经，石铺古道贯西东。往昔驮帮蹄不断，响叮叮①。
七面高碑铭旧史，千秋古道易新程。山腹小村今胜昔，喜盈盈。

谓里村，俗称“背的”。位于乌泉寺山系主脉西南延、坨棚岭东侧山坳，店上古镇西至，相距5公里。为叫起来顺口，老乡们常常连称此地相邻的3个小山村为“北岭、背的，石井会的”。

旧时，谓里村南有条“西承潞泽，东达彰卫②”的古商道，荫城一带为中心的上党铁货、块炭、潞麻等大宗货物，由驮帮从这条古商道上东运，越过分水岭，走出河郊沟，下了太行山，源源不断运到豫、冀、鲁境内及其以远的广袤地区。返程再将豫、冀、鲁产的棉花、布匹、食盐、筷子等生活必需品运回，俗称“来回脚③，不得歇”。旧时，地处祖国大西南的川（四川）、滇（云南）两地靠马帮驮运茶叶入藏（西藏），以茶易马，所走过的古商道则称“茶马古道”。后即常用“茶马古道”来比喻两地间靠骡马驮运货物，进行物物交换的古商道。由此，通过谓里的这条古商道堪称晋豫间的“茶马古道”。

2011年7月18日，笔者赴谓里欣阅村口碑亭6通石碑上关于修筑古商道的记载，欣察村南岭坡石铺古商道上驮帮踏磨的蹄印，仿佛在目睹耳闻着当年这条“茶马古道”上“驮帮队队，不断于路；驮铃声声，不绝于耳”的繁忙往来景象。

古商道碑林

---

① “万里荫城”，见本书店上镇瓜掌村《古民居村》注①。

② 长治市旧称“潞安府”，晋城市旧称“泽州”，河南省安阳市旧称“彰德府”，新乡市旧称“卫辉府”。“潞泽”“彰卫”分别为以上四市简称。

③ 脚，壶关方言读jiè。这里指人力、畜力来回运输的趟数。

# 石井会

## 七 绝
## 活水井

井泉三眼水清凌，世代鲜闻口渴声。
饮水当思修井德，先人汗注井方盈。

石井会村，位于东池山北侧山凹，北岭河谷[①]西南侧。因古代立村之始，在村西山鏊石缝里掘井及泉而得村名。东池山属乌泉寺山系主脉南延一座屏村山岭。

古时，先祖们为生存谋，逐水源而居。石井会人的先祖，有幸寻觅到这个有水山鏊，自会欣然定居下来，掘井解渴，垦田稼穑，筑屋安寝，生息繁衍，世代相承而未辍。如今，石井会人饮水仍靠先祖在村西山鏊石脚上掘凿的3眼小活水井相供。活水生于草木复盖之山鏊厚岩下的缝隙里，既无地上、地下人为的各种污染，又从始至终经过沙石自然过滤，即成了清可鉴人，甜比淡饴，洁可直饮的优质泉水，村有老乡谐称其为“咱们石井会农夫的‘农夫山泉’”。小山村史上井无干涸之时，人无水荒之患，村民勉为安居。对壶关县这般十年九旱，“掘地三千尺犹不及泉”[②]的“干壶”之域而言，常年能饮用上井泉活水，实乃天赐之福，世代之幸也。

洁可直饮

① 北岭河为陶清河水系中一条季节性小河。发源于北岭村二架山南凹，流经谓里、石井会、明自掌，至小岭上村东汇入陶清河干流。沿河五个小山村同属北岭河小流域。

② 道光版《壶关县志》载：“二石池在县北土河村，村居山巅，民艰于汲。乾隆中，掘地三千尺犹不及泉，乃凿南北二池以蓄水潦。”

# 固　村

## 菩 萨 蛮
## 星星之火先燎处

井岗星火传递疾，玉皇垴下灯光熠。宣誓举拳头，为民搏血流。

茫茫长夜短，煦煦人心暖。火种引山乡，红旗插太行。

固村，位于壶关县域中部名山玉皇垴之阳，陶清河谷之右小平川上，壶关交通动脉长平公路从村西通过，为壶关城东南17公里处一座古镇。以东西主街为界,分前街、后街两部分，含虎掌沟自然村。撤并乡镇前，为固村乡政府驻地。玉皇垴为老洪岭山系南延终端一峰，海拔1244米，山势呈平地而起，突兀而立，孤傲不群，因之又称“孤山”，相对于县北名山东崇贤孤山，堪称“南孤山”。南、北二孤山同为壶关域内两处重要地标。

1938年4月，中共晋东南特委委派戴苏理任中共壶关县工委组织委员。同年5月，戴苏理赴固村一带开展地下工作，发展吴树修等十几位先进分子入党。同年6月，在固村后街郭松义家中秘密开会，成立中共固村党支部。“星星之火，可以燎原”，经过前赴后继、艰难曲折的10年奋斗历程，中国共产党人终将井冈山根据地的革命火种，引到太行山腹地的壶关县。从此，壶关县有了第一个中共基层支部组织，标志着全县抗日斗争、革命工作开启崭新阶段。

20世纪80年代中期，戴苏理从辽宁省委书记任上荣退后，任辽宁省顾委主任。1988年9月3日，戴苏理一行赴壶关调研，笔者时以壶关县委副书记、壶关县长身份陪同到固村，瞻仰中共壶关第一支部成立旧址，倾听戴老谆谆讲述壶关党建初期的重要史料，受到极为深刻的教益。

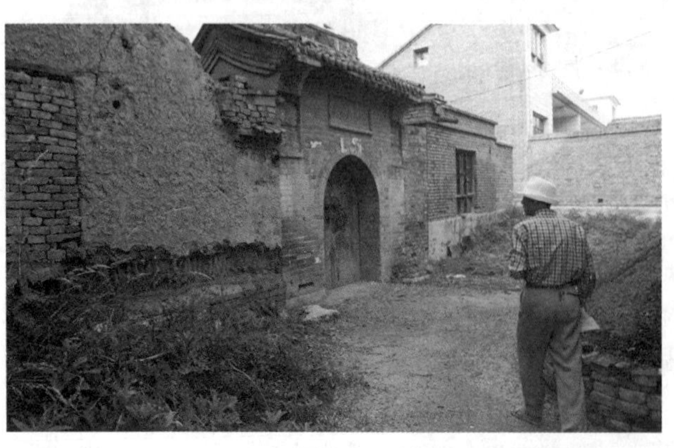

永远的纪念地

图为中共壶关第一支部成立旧址、固村后街郭松义家大门现貌。

# 南大安

## 江城子
## 管总襄乡办群聊

文明管总务工商，夜谋详，昼奔忙。初有余钱，反哺予家乡。普济村邻扶妪叟，佳誉盛，善行长。

又欣微信系同乡，鬓初霜，志仍刚。热火群聊，跟定党中央。更喜诗文新集册，图出彩，句生香。

南大安村，俗称“南大（音dài）阳”。位于县中地标名山玉皇垴（固村“孤山”）西北麓下，长平公路中段。著名大安桥南端坡头上，与北端坡头上的北大安村隔桥对应为邻。

“企业家的最高境界是慈善家”。南大安籍、长治市盛利达消防科贸有限公司董事长、总经理管志强就是一位不断向这个境界进发的企业家、慈善家。管志强1995年开始经办民营企业，经营消防器材，2003年转办公司。在创优产品，升级上档，企业盈利之始，他即慷慨解囊，反哺家乡，先后给南大安村老年人捐赠衣被、米面、食油，捐助村集体筑路铺街、修葺村庙。2014年，管志强又与乡友王贵洲——壶关大河籍，长治市中北路派出所所长——默契合作，联络壶关老乡，建起名为“壶关乡情群”的微信群，参群人数达65人，绝大多数是离退休人员。群中网友平时微信聊天，年节网上问安，还互发一些诗词、短文作品供分享、切磋、共进。2016年，由王贵洲任主编、管志强主资赞助，李云水、李其堂、姜华文、徐安书、冯贵元等参与，编辑出版一本《壶关乡情群诗文荟萃》，收纳448首诗词、488幅照片。纵观该书，基调健康向上，感情浓烈，爱国爱乡爱生活，宏扬了正能量。这是管志强物质襄乡的同时，开始拓展方式，以文化襄乡的有益尝试。相信在他与王贵洲诸乡友的精诚合作、悉心努力下，“壶关乡情群”会办得越来越精彩。

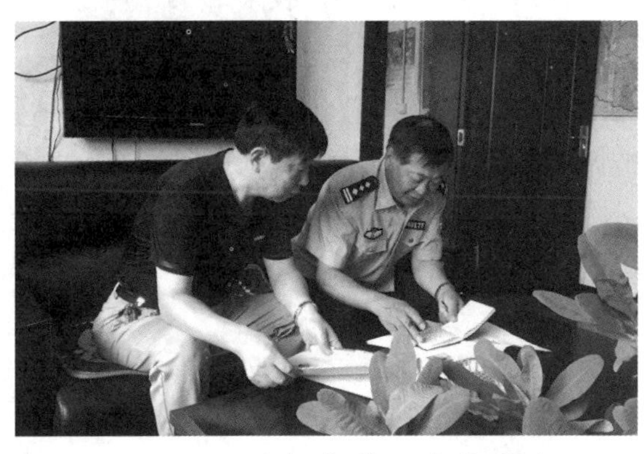
默契合作，文化襄乡

# 北大安

## 七 律
## 经典碑书

清代三贤技艺高，潞州八县领风骚。
两贤文墨无遗疵，一匠镌雕不错毫。
璧合珠联经典配，字端碑正大安桥。
最欣青少争临摹，壶邑墨香时出骄。

北大安村，俗称“大（音dài）阳”。坐落于老洪岭山系西延余脉边缘、碣则背西南侧，著名大安桥北端坡头上，与南端坡头上的南大安村对应为邻。壶关中轴线长平公路从村西南通过。

清代，壶关名士冯文止[①]与长子县书法家冯士翘、长治县石刻家常大中，时称文、书、镌“上党三绝”。清乾隆四十一年（1776），冯文止、冯士翘、常大中三位名士默契合作，各展一艺，为大安桥碑林撰文、书丹、镌刻，以主碑上镌刻的“大安桥”三个正楷大字最为经典。关于此处碑书有若干民间传说，皆是言其匠功毕尽，经典铸就，字工碑绝，惊艳世人。笔者童时即听家父讲过一则故事说：“大安”二字写完，书者用力过度，疲惫至极，气绝而亡，“桥”字为另请高明补写，才成全了“大安桥”三个传世大字。只因屡屡抹墨拓帖，致碑照字迹走形很多（见图）。

力透石背

1955年秋，笔者就读固村完小（壶关二高）十六班时，曾跟随神北村籍、著名语文教师、班主任盖良贤至此拓帖临摹。如今回乡，每每途经此处，总要依依注目、殷殷礼别路侧那面“永远的碑帖”，总会屡屡想起盖老师关于小学生写仿要讲“横平竖直”“蚕头燕尾”的谆谆教诲。

---

① 冯文止，壶关树掌人，为乾隆年间解元、进士，曾任平陆县教谕，著有《东山堂集》。

# 郭　堡

## 醉太平
## 梦圆康庄路

高坡曲弯，长滩辙盘。抛锚轴断河沿，梦通途贯穿。
深渊坝安，长川路宽。往来车辆梭穿，喜乡亲梦圆。

郭堡村，位于西凹山之阴，陶清河中游西堡水库西南岸之畔小平川上。西凹山与乌泉寺山主峰北延连脉成岭。

郭堡村古来行路难。缘其主要出口须得经过村东陶清河河谷，那里沟深、坡陡、滩阔，乱石滚滚、坑坑洼洼、路障重重，难得与对岸1.5公里之外、路过固村古镇的壶关“交通动脉”长平公路相接。村民往来下沟过滩，坎坷不平，步履维艰；如若负重，一程三歇，苦状难言。

2008年年初，壶关立项修筑郭堡至北大安公路，同年12月1日竣工。国家投资350万元，筑路约1000米，宽8米，筑坝220米。坝体横过陶清河谷，至北大安村西南侧，衔接长平公路干线。至此，坐落路南的郭堡及邻近的西韩、南寨、桥头、北兑川、神东、油坊河、杜家掌等10余个村庄的百姓生产得助、生活得便。路通心顺，老乡们或乘车往来，或结伴步履，无不面沐春风，笑逐颜开。

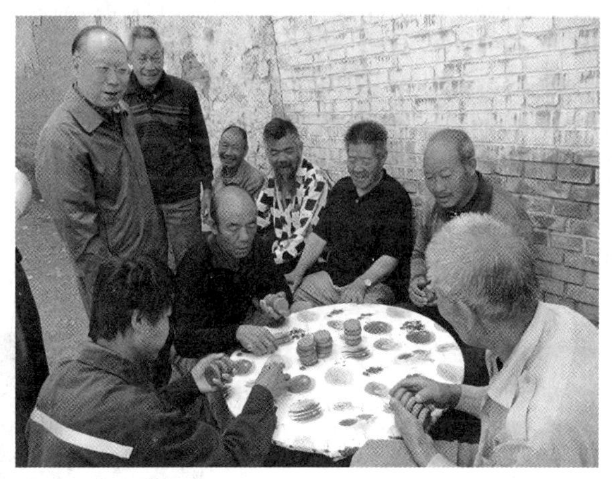

衣食无忧棋牌乐

# 桥　头

## 七　律
### 忠与孝的追寻

英雄血沃太南坳，七十春秋竟泯消。
千里寻踪子为杰，全程挽臂媳称豪。
启封英烈惊天地，补竖丰碑入碧霄。
忠孝夫妻互励志，桥头父老赞双骄。

桥头村，位于磨盘山北侧山坳，由桥南、桥北、大旋掌、小旋掌四个自然村组成。桥南、桥北中间有座古桥相连，则成村名由来。磨盘山属乌泉寺山系西北支脉边缘一峰。

桥头籍抗日民族英雄申斗金，早年投身革命，受党派遣，务商为幌，抗日为实，负责荫城一方地下党组织工作。后因叛徒出卖，被捕入狱，遭百般酷刑，对组织与同志缄口不吐一字，而后英勇就义。这段悲壮历史，竟湮没65载，组织与家庭尽皆不悉。2011年年初，申斗金之子、阳城县原武装部长申苗云，幸从其父的战友张德善回忆录《风雨太行》中阅悉这段史实后，随即满怀忠孝双俱之情，拖着大病初瘉之躯，由贤妻李忠英挽臂相陪，千里赴宝鸡，三番奔长治，五度回壶关，半月住桥头，追寻两年余，恭访知情人，细致寻觅物证，认真整理报告，呈送组织与民政部门，终得审核批准，追认其尊父申斗金为革命烈士。于是，尘封之烈士功绩得以启封，壶邑之烈士名录得以添讳，桥头之烈士丰碑得以补竖。继而晨昏相继，秉笔泪撰《太行之子》一书予以记载。英烈在天之灵若得此讯，当欣慰矣，当安息矣。

图为壶关烈士陵园展室，内存有申斗金烈士简介。

爱国主义教育课堂——烈士陵园展室

# 西　韩

## 现代诗
## 北京干部住咱村

毛主席身边来了人哟，
小伙子一帮好精神。
一大早挑肥上山冈哟，
槐荫下恭听老农讲翻身。
会场上教唱祖国好哟，
阴雨天教人识拼音。
毒日头晒成黑脸汉哟，
小米饭养成咱村里人。
满一年锻炼回了京哟，
乡亲们踮足遥望天安门。

西韩村，位于乌泉寺山主峰东北麓山坳，季节性陶清河中游西岸上，与绍良村（原“东韩”）隔河相望。含地基上自然村。

1957年春至1958年春，共青团中央团校下放一批年轻干部，到西韩村劳动锻炼一年。一年间，他们与村民实行“三同”：即“同吃、同住、同劳动”，昼耕夜读，听故教歌，粗米淡饭，共度时艰，结下了深厚友情。在这批年轻下放干部的驻村帮助下，西韩村的农业生产与青、妇、武多项工作实现争先创优。其中，青年工作尤为活跃，走在全县前列，获得先进称号，受到共青团地、县、乡三级委员会的表彰。如今，村里长者小聚小聊时，还时常议起当年北京来的年轻干部跟村民“三同”的故事，多会同声夸赞：“那伙毛主席身边来的年轻人，真好！”“是咱村的荣誉村民。”

小公交入村

## 七　绝
## 古寺晨钟

古寺晨钟撞两声，山庄近寺已先听。
僧人起念金刚卷，百姓赶牛忙备耕①。

南寨村，另名“小寨上”。位于壶关县域中部名山乌泉寺山主峰东麓之侧，陶清河上第一峡——林青峡（俗称“淙圪筒”）西北口高崖岸上。

乌泉寺山海拔1333.9米。北麓有条乌泉，系壶关15处名泉之一。乌泉寺建乌泉山顶，又称广慈寺。清康熙年间壶关县令章经诗作《乌泉寺》中有句“寺以泉得名，山半流淙淙”，即说明寺从泉名称乌泉寺，山从寺名称乌泉寺山。乌泉寺里悬有一口乌泉寺钟。乌泉寺钟很大，乡人传说“钟口里面可坐四场摸牌的”。钟巨，声亦巨。谚称乌泉寺的钟声“传东不传西，往东传到花园梯”。花园梯位于百余里之外的平顺县与河南省林县交界处。究其因，概是西边因受崇山峻岭阻隔，传三五里钟声渐行渐息；东边则近处空旷，远处有沟壑纵向相通，钟声回音接应传递，渐行渐远。南寨座落于乌泉寺山东麓下，距寺不足里，自然是“近水楼台先得月”“临寺人家早闻钟”了。如今寺毁钟无，钟声绝响，只是村中耄耋长者耳畔钟声余音犹存。

听闻《壶关村村咏》里要写乌泉寺的信息后，西韩籍、笔者住固村完小十六班时的学长张忠胜，专程登上乌泉寺山顶，抄录残碑存句，寻觅史志书卷，抄来元朝延佑六年壶关县前教谕韩仲元所撰《重修广慈寺记》中句称：“据前贤刻石所载云此寺肇于后魏，经陈随历皇唐以及五代，至石晋高祖天福年间，有僧审真者创立殿宇。自而以来，代谢年移，不知几兴隆替废矣。”

古寺残坍貌

① 《辞海》注：《金刚经》全称为《金刚般若波罗蜜经》。系佛教重典，为僧人必诵。

# 绍　良

## 五　律
## 英烈铭村名

英烈血喷涌，涨红五集河。
太行升浩气，日伪化僵蛾。
承志村名易，传薪足踵摩。
在天听到否？举国小康歌。

绍良村，位于陶清河东岸上，长平公路从村东穿过。村型狭长，自村东洪掌沟至村西东韩河，绵延两公里余，为壶关域内村型最长之村落。村东北猪头山麓有处古人类遗址，属龙山文化，为一处“最早壶关”。猪头山为老洪岭山系南延支脉边缘一峰。

抗日战争时期，东韩出了位著名抗日民族英雄张绍良。张绍良童少时熟读四书五经之籍，深谙修齐治平之道，常务扶困济弱之事。入青年受革命思想影响，于1938年参加中国共产党，1939年参加壶关县抗日根据地工作，1940年担任壶关县抗日民主政府财粮科长，1941年当选为晋冀鲁豫边区参议员，1943年担任壶关县救联会第六区救联会主席等职务。1944年8月19日遭日伪惨害，英勇就义于五集河，年仅42岁。为永远纪念他，抗日民主政府将其籍贯村东韩更名为“绍良”——为壶关县唯一一座以英烈名讳命名的村庄。

抗日英烈是中华民族的精忠魂魄。以他们的名字命名地名，包含着对历史的认知，对日寇的讨伐，对英烈的尊崇，对后嗣的教化。2010年2月21日(正月初八)在县城，笔者约绍良村籍书有、德忠、新有、金锁、孝科、晓钟诸友小聚，诸位共忆说：“他们童时接受的第一堂爱国主义课，则是倾听母亲讲述村名的由来。”

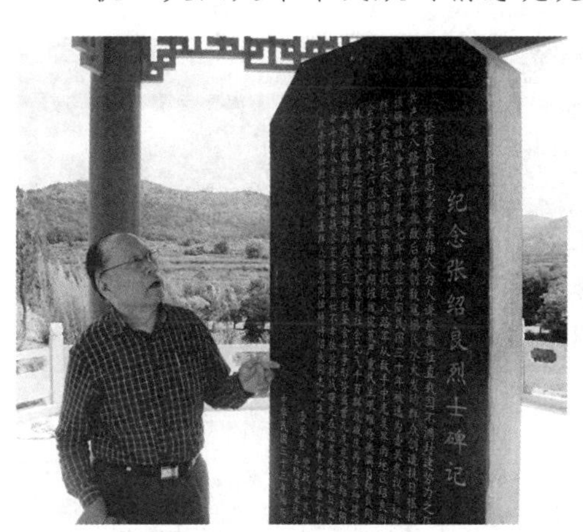

瞻仰·敬读·铭记

张绍良系笔者母亲的舅舅，笔者称呼“舅外公”。

# 洪　掌

## 三字谣
## 八路军修枪所驻村

八路军，驻进村。兵修枪，民帮忙。
男放哨，女帮灶。昼运货，夜巡逻。
打鬼子，修枪支。大得胜，有枪功。
五年凝，鱼水情。拥军旗，高高举。
新时代，保国泰。胜之本，兵与民。

洪掌村，位于老洪岭山系主脉南延、老凹山西南山壑里，季节性陶清河中游支流脚步河①上游。按照国家地名管理条例规定，一县辖内的建制村村名不得重复。壶关县内现有两个村名重复，即店上镇洪掌村与晋庄镇洪掌村。对此应按国家关于地名管理的法定程序，参照所处方位，确定其中一村改称南洪掌村或北洪掌村加以区别。

自1940年开始到1945年抗战胜利五年间，八路军修枪所驻洪掌村。凡五年，军民团结，村所互助，情同鱼水，亲如手足，保证了修枪所的生产、生活必备条件，帮助修枪所顺利完成了修理枪支任务，有力地支援了前线抗日。这段抗日史实，成了洪掌村党支部对全体村民，特别是对青少年进行爱国主义教育与社会主义核心价值观教育的好教材。2015年8月底，纪念抗日战争胜利70周年前夕，洪掌村里的几名老共产党员还给青少年讲述当年八路军修枪所的故事。这个故事诠释了毛泽东两条著名语录“兵民是胜利之本”“枪杆子里面出政权”蕴含的革命道理。

修枪所旧址

① 脚步河属陶清河水系一条支流。发源于老洪岭西南麓、掌后村河南岭沟壑里，流经洪掌、麻要，至固村入陶清河。所经四村均属脚步河小流域。

# 麻　要

## 五　律
## 区划造林样本村

松布山呈碧，槐铺壑断蹊。
村周蝉唱柳，垛地果红皮。
蜂蝶庭前舞，灌乔街侧齐。
川凹禾穗好，树作挡风篱。

麻要村，位于老洪岭山系西南余脉、南坡山西北麓下，季节性陶清河中游支流、脚步河谷东岸上。

20世纪80年代，壶关举县动员，干群踊跃，十年树木，“在万分之一国土上搞绿化”，建成“绿化太行山先锋县”。1989年9月下旬，受到山西省人民政府嘉奖表彰。其间，全县林业生产方式成功实现“三级跳”——即由初期第一阶段的“运动造林”，跨入中期第二阶段的“政策造林”，再跨入后期第三阶段的“政策加科技造林”。

壶关科技造林要点有二：一是推广“五全法”，即全国林业劳模王五全阳坡育苗移栽技术；二是实施省林业厅专家、技术人员帮助、县林业规划设计队参与制定的全县林业“区划、规划、设计、施工、验收、建档”一条龙营林程序。凭此两条，壶关林业如车安双轮，鸟生两翼，得到又快又好发展。固村乡北大安、麻要两村则是当年全县贯彻林业区划、规划，普及应用“五全法”，认真实施小班作业，科技营林，全面完成造林任务的两个样本村。时至今日，麻要村党支部书记盖晓文回忆起1989年9月下旬，在壶关召开的全省林业工作会议期间，省、部领导带领与会代表参观麻要造林绿化现场的盛况时，仍春风满面，语气高亢，兴奋不已，言称是“大会一场，受励一生”。

绿漫山川

## 六言诗

## 格节话——老乡们的幽默

十二山头环拱，孤山矗立村中。
人言风水最好，迟早要出朝廷。
日日时光流逝，年年预言落空。
老乡自在乐曰：朝廷是咱杜兴。

掌后村，位于老洪岭山系西南支脉、河南岭群山之中，季节性陶清河中游东畔支流、脚步河源头处。

掌后村周围有12座小山岭，村中有座孤山头，群岭围孤山，呈众星拱月之势、花瓣抱蕊之状，人谓吉祥如意、快乐幸福之乡，故有“十二个龙头捧孤山，不出朝廷也出神仙”之说。可该村总也没出过朝廷，更没出过神仙。村里以前办有业余戏班子，村民陈杜兴在戏班子里演戏经常扮演朝廷角色。他扮相好，嗓音亮，唱腔咬板，做戏认真，名走方圆十里八庄，村民如是说：“谁说没出过朝廷，咱村杜兴就是个好朝廷！”一句格节话逗得人们乐不可支，笑声高扬；也使掌后人在此类语境中转守为攻，夺得完胜。

格节话是种幽默，幽默是智慧之花；幽默、智慧的格节话是快乐的最好诱因。清华大学著名教授、人文大家季羡林留有名言：“创造一个笑话同发现一个定理同样困难。”壶关山乡百姓睿智、聪颖、乐观，极善调侃、编故事、说联句、讲格节话，寻欢觅乐，愉快生活。类似掌后村的这种幽默在壶关民间流传不尽，听闻不尽，快乐不尽。

图为掌后村老少在一起共享说格节话的快乐。

小品随处

# 山 后

## 清平乐
## 李公桥

沟深坡陡，雨雪难行走。车辆抛锚拦路口，何日往来顺溜？

家乡赤子高工，倾囊捐助交通。修路架桥积德，碑铭百姓心中。

山后村，位于箐[①]山之阴，故名山后。相对于县北晋庄镇的东山后、西山后两个山后，按所处方位，邑人常称作“南山后”。箐山属老洪岭山系西延余脉中的一座山峰。

山后村交通不畅，自古行路难。村西出口隔着一条深沟，上下陡坡相对，俗称“对口坡”，雨雪天气上下行走尤难。“行路难”成了制约山后村百姓建设新农村，享受新生活的“瓶颈”。

山后村籍、共产党员、长钢高级工程师李志文忧乡如家，忧邻如亲，忧路如自家门户。2005年春，他慷慨解囊，将日常积攒的30万元薪俸，投资修建家乡山后村出口水泥路，连接“壶关动脉”长平公路干线，深沟上改建石拱桥一座，时任县长马朝中题书“李公桥”。自此，山后及南岭上、北岭上、山后河、黄背等邻村百姓步履坦途，进出称便，赞声载道，争说李工是“一位操行高尚的好党员、好专家、好老乡”。

工匠精神，先锋品格

1963年，李志文从北京师范大学化学系毕业后，先后到太原钢铁厂、长治钢铁厂做技术工作。1993年退休后，受聘到壶关县常平钢铁厂任职七年副厂长，负责生产、技术工作，时值常平钢铁厂发展鼎盛时期。2010—2012年间，岁入耄耋的李志文执笔主编，成就了一部近40万言的《山后村志》，又为家乡办了一件好事。老乡们称赞他是“李工助乡，好事成双”。

---

① 《新华字典》注：箐读qing，山间的大竹林，泛指树木丛生的山谷。

# 南岭上

## 五　律
## 白杨沟

几多杨树沟，南岭一沟留。
居爽缘荫阔，田滋仗树稠。
遇风当壁垒，逢冻护禾秋。
民爱林如命，嘉名远近讴。

南岭上村，位于老洪岭山系西南余脉、小垴山南面山凹，按方位则名南岭上，与小垴山北面的北岭上村隔岭对应为邻。

半个世纪前，壶关域内有若干条杨、柳树沟，多在村口路边。无风，静如哨兵站立守岗；风来，动如列队鼓掌迎宾，呈一道道山乡亮丽风景。这多树沟部分是逐代传承下来的村社祖业，部分是新中国成立之后10余年间，广大干部群众响应毛主席“绿化祖国”号召，栽植的人工林，多属集体所有。随后只因一度树权不明，几经乱砍滥伐，若干条杨、柳树沟里的大树所剩无多。二十世纪八九十年代，壶关举县兴林，沟壑大栽刺槐，这些原来的杨、柳树沟方得重新绿化，建成一道道浓荫郁闭、保持水土的刺槐沟。

如今，南岭上村东沟中惜存26株大树，皆为主干通直，风来叶响，喜迎宾客的优良树种毛白杨[①]。大树根周的小树孳生繁衍，竞相生长，已成为整沟毛白杨生长群落的组成。南岭上村干部不谋树私，百姓护树成习，村风和谐平安，白杨沟得以珍存。

白杨沟一角

---

① 《辞海》注：毛白杨属杨柳科，落叶乔木，高可达40米……产于中国，以黄河中下游为分布中心。在中性、石炭性土壤上生长较快，作防护林、观赏与木材兼用树种。

# 北岭上

## 杂句谣
## 鸡窝矿

鸡窝矿，山岭藏，探到一窝抢掘忙。
鸡窝矿，蕴藏深，三丈五丈不到根。
鸡窝矿，巷道窄，弯腰屈背身板侧。
鸡窝矿，脉不连，采完一窝再找难。
挖矿人，忒辛苦，满山矿坑做记录。

北岭上村，位于老洪岭山系南延余脉、小垴山北侧岭头上，与小垴山南麓的南岭上村隔岭为邻。北岭上如同县内的畅村、五龙头、郭家驼、北行头、鸦村、城会、沙驼、柳泉等十来个村庄一样，是地处高岭正巅、西北风刮来无阻、冬季尤其寒冷的村庄之一。

壶关境内，除县域东北与北洛峡西安里铁矿相邻连脉的沙陀一带山中，蕴藏有品位较高的磁铁矿石的较大矿床之外，其余皆是出产品位偏低的赤铁矿石的小微铁矿。这些小微铁矿的典型特征为一深、二少、三分散，呈互不连脉的窝矿，百姓形象地称之谓“鸡窝矿”。“鸡窝矿”采掘起来尤其费工、耗力、累人。当年，矿山管理不严，采掘无序，农闲时北岭上青壮年联组结队、掘坑采矿赚钱为常态，勉补家庭米盐衣被之缺。

壶关有此类窝矿的还有药王山、南岭上、栲栳山、黄池岭、关帝山、申家岭等几十处。窝矿所在村及邻村不少中老年男劳力，当年大都有过爬山、钻洞、挖矿、运矿的艰辛经历。据北岭上村籍、壶化集团董事长、全国劳模秦跃中相告：“北岭上的山头留有八九个矿窝坑口，堪作永久记忆。”

北岭上村景

# 山后河

## 七　绝
## 督学山庄

市长驻村督学堂，询生访户导师忙。
一番整顿春风掠，朗朗书声出校墙。

山后河村，位于老洪岭山系南延支脉、楼门口山南麓，羊窑坡河谷向阳岸上。西距中心村山后不足1公里，即称山后河。含黄背自然村。为店上镇域北至。

2001年4月上旬，时任长治市分管教育工作的秦来英副市长，遵从时任市委书记吕日周批示，由时任壶关县委书记程前、县纪检书记魏庆武、分管教育工作的副县长李彦忠、教育局长赵银书、店上镇党委书记李国强等领导同志陪同，赴山后河驻村督学一周，使因故停课的山后河小学教学秩序得以整顿、复常，全村30名学龄儿童重返村校，复课读书，无一辍学。两年后，山后河小学并入山后村思源寄宿制小学。思源寄宿制小学由来华支教的爱尔兰友人欧珀迪女士，受一位爱尔兰籍华裔耄耋老人诚恳相托，捐资1万美元修建（见图）。是年，人民币与美元的汇率为8.3:1，1万美元折合人民币83000元。

山后河这么一个五六十户人家、太行山腹地的偏僻小山村，为督导小学校教学工作复常，来了市、县、乡三级这么大、这么多的领导干部，是为空前，在村民中留下了深刻记忆，说是“大干部督导小学校——鲜气”。

华裔助建新村校

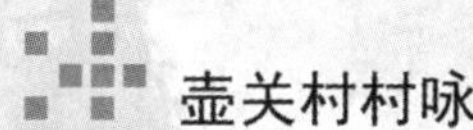


壶关村村咏

高崖头
寨沟
圪坨
西柏林
卫家庄
魏家岭
后河
东柏林
魏家湾
山上
南村
鸦村
岭南底
曹家沟
东王宅
河西庄
地南头
东坡
西王宅
葫芦沟
流泽
西岭底
星耀头
川河
南崖上
宋家河
闲阳河
沙堰
百佛图
贾家南底
百尺
石南底
紫水
录池
水台底
赵村
韩庄
柴家沟
五集
寨河
大南山
河西
岭西
炭场坪
东牢
西牢
赵屋
方善
小南山

# 百尺镇

# 百 尺

## 浣溪沙
## 曾冠名“钢铁公社”

煤铁之乡名实副，渣山十里记程途，千秋冶炼惠川湖[①]。
元帅喧嚣军帐日，卫星连放小方炉，钢铁公社一年呼[②]。

百尺村，为壶关西南域第一大镇，百尺镇政府驻地。位于开花山[③]山系主峰开花山北麓，名刹铁瓦庙西侧1.5公里处，距壶关城22公里。百尺籍、壶关县卫生局原局长王志明如是说：相传百尺村北有座古庙，庙院方圆内净100尺，故得村名百尺。含窑底、东岭上两个自然村。

百尺村与百尺镇西南、西北部的二三十个村庄，以及毗邻的黄山乡西南部、东井岭乡西南部，还有长治县荫城镇、西火镇一带，陵川县平城镇一带，方圆百余里内的村庄，自古以来就有煤、铁矿产资源，有传统采炼技术，形成以采煤、炼铁、翻砂、打造铁器为主的系列传统产业。因此，这一地带古有“煤铁之乡”的称谓。南起赵村开花山及北至鸦村岭，由炼铁炉渣堆成的几座连绵渣山，厚积十数丈，盘围十数里，乃为千百年来这一地带矿冶历史与文化留下的印记和佐证。1944年，时任第六区救联会主席、著名民族英雄张绍良，在六区驻地百尺一带组织群众边抗日，边恢复煤铁业生产，那时曾成立过股份制百尺铁业生产合作社。

镇 徽

1958年11月，壶关县成立12个人民公社，分别以火箭（城关）、原子（黄山）、红星（辛村）、东风（晋庄）、上游（店上）、巩固（固村）、战斗（常行）、跃进（石坡）、翠岗（树掌）、东方红（桥上）、五星（鹅屋）、钢铁（百尺）等时尚政治概念命名。当时正值“大跃进”时期，“铁即国家”“钢铁元帅升帐”，全国各地都纷纷响应国家号召，掀起大炼钢铁的热潮。百尺公社西南一带“村村点火，处处冒烟”，成为壶关万人“大炼钢铁”“放卫星”的主战场。不足一年时间，“大炼钢铁”运动即草草告停。1959年8月“钢铁公社”名称被废止，恢复“百尺公社”名称。与此同时，其余11个公社也恢复了以驻地村名命名的公社名称。提起这段历史，人们往往都会说百尺镇是实在的“煤铁之乡”，狂热的“钢铁公社”。

壶邑西南一重镇

① “川湖”，系四川、湖南简称，这里泛指南方广大地区。

② 百尺一带历史上土法炼铁，主要方式为小方炉。详见本书百尺镇南村《记起小方炉》。

③ 壶关境内有三座山同称开花山：黄山乡南河村开花山、百尺镇西柏林村开花山、百尺镇赵村开花山。南河、西柏林两座开花山为楼峰山山系中的两座山岭；赵村开花山与周围20余村的山岭连脉，即另成开花山山系，为壶关20条山系之一。

# 五　集

## 沁园春
## 孔子像前吟[1]

百代先师，华夏文宗，讲学杏坛。收三千弟子，有教无类；授传六艺，七十二贤。列国周游，师徒相长，首倡知行合一观。燃灯炬，耀八方四面，不灭光焰。

迎来改革嘉年，启科教兴邦新纪元。籍文宗鉴镜，重开高考，攻坚普九，教育春还。尊孔才兴，批儒礼乱，当赞乡贤得道先。安尊像，喜童声齐诵，论语章篇。

五集村，位于开花山山系主脉西延、北松坡山之阳，五集河谷之阴，壶关县西南隅与长治县东南隅交界处。距壶关城25公里。五集，远因五天一集而得名；近因出了著名诗书画家李才旺、文物史志专家张润棠二位乡贤而名播遐迩。

才旺成名，不忘桑梓，常图回报，襄助乡事多多。2010年，筹资为家乡五集村修建了一座现代化小学。教学楼址坐落高地，向阳面村，色调鲜亮，远望即见，成了五集村第一标志性建筑。最贵处，乃才旺次子李强出资敬置一尊孔子雕像于教学楼前。这尊孔子雕像体态敦厚，天圆地方，慈眉善面，长髯顺绺，仁首略欠，双手合抱打躬，似在俯身顾问面前走过的莘莘童子："学而时习之，不亦说乎？"近年，笔者曾三赴五集，在孔子雕像前流连瞻仰，摄影留念，感叹才旺父子尊孔重教，助办村校，反哺家乡之善举。是时，还记起了宋代理学家朱熹在其经典著作《朱子语类》中的名句："天不生仲尼，万古如长夜。"

恭诵《论语》

① 孔子名丘，字仲尼（前551—479），春秋末期思想家、政治家、教育家，儒家学派的创始者。

# 寨　河

## 七　律
## 文人扎堆现象

壶邑西南笔杆多，老中青少浪连波。
政坛爬格争流利，文界挥毫赛娜婀。
百卉齐开文化县，千贤领唱鼎新歌。
缘何才俊成堆扎，尚待专家细切磋。

寨河村，位于壶关县南名刹铁瓦庙西南，开花山山系主脉东南延、松坡山东北山坳中。因古时村周有土寨，村前有小河，故名取寨河。

壶关西南域的寨河、五集、百尺、流泽及东、西柏林一带有种“文人扎堆”现象。据张平和、王志明、赵银书、王青林、王兰亭多位乡友数番回忆，这一带的文人不完全例数略有：寨河董河清、周海清、董海清、董国志；五集李才旺、张润棠、张松堂、杨余庆、李芳、靳来成、张晋陇；方善张月飞；西王宅郭太国；紫水王青林、王文斌、王洪斌；石南底赵银书、赵全夫、赵志刚、赵志梅、赵立明；柴家沟张海亮；沙堰张继忠、张积明、张文山；河西王雪山、李国祥、王林根、杜玉祥、王志力；百佛图秦晓旺；录池梁中文、梁军、王兴来、王永刚、王泉河；川河牛宏德、崔元文、崔玉文；东牢秦斌、秦国山；赵村唐海祥、郭金玉；岭西王好德；韩庄孙中和、张仁吉、杜兰枝；流泽李国强、李建芳、秦海祥；百尺王志明、梁栋、王国红；卫家庄郭雷平、卫宁；星耀头张平和；山上王兰亭、西柏林杜根深、张元和；魏家湾魏何德；寨沟李群富等。他们皆是名闻乡、县，以至有几位是市、省的“文人”“秀才”“笔杆子”。此处以寨河村领衔相记。

百尺一带文人何以扎堆？一是“耕读说”——“耕读说”似难成立，因为百尺一带与全县社会发展基本同步，耕读环境与风尚近同；二是“重教说”——“重教说”仍难成立，因为百尺一带与县内其它乡村教育机会几近均等；三是“祖

史记西秦①

传说”——尽管内中有李家、董家、王家、赵家、梁家等几列“父子兵”，但总体来看“祖传说”也难成立，正如鲁迅先生在《作文秘诀》中所言“做医生的有秘方，做厨子的有秘法，开点心铺子的有秘传……然而祖传的作家很少见”。究竟何因，待考。

上页图为百尺“文人扎堆现象”中的一位文人、五集村籍、著名文物考古专家、宝鸡市文物局原局长张润棠部分著作照。

下图为寨河村籍、长治市政府原副秘书长董河清的书法作品《岳阳楼记》。

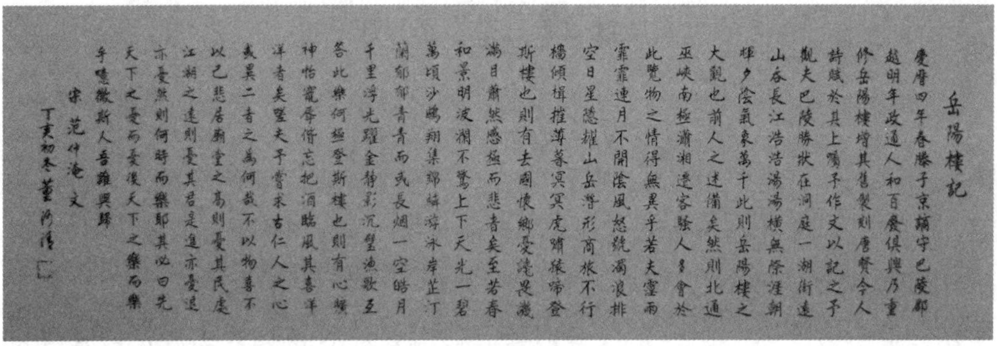

隽朗董体

① 战国时陕西一带为秦国疆域，后即简称秦，地处陕西西部的宝鸡一带称西秦，为我国青铜器古文明的主要发祥地之一。

## 排 律

## 百工村之变

地灵人杰乡，时顺物华彰。
艺匠行行有，百工业业强。
投师怀一技，怀技走八方。
俩月忙田事，四时赚票忙。
技能逢政善，致富路康庄。

录池村，位于铁瓦庙岭南侧山坳。据传，古时村周有大小6个水池，故名“六池”（此处“六”读“lù”），后演现名。铁瓦庙岭又称云雾山，海拔1310.1米，系开花山山系主脉东南延一座著名地标山峰。

散居乡村的各行各业手工艺匠，人称“三教九流七十二行”“百家子弟”“农村能人”。各个行当的这些能人，是农村现实生产力的重要组成部分，是乡村经济建设与社会发展的活跃因素，是往时乡间百姓日常生产、生活不可或缺的重要依托。集体经营时期，上面强调“车马务农，劳力归田”，不归田的能人则被批为“搞单干”“投机倒把”“走资本主义道路”，造成“技艺压身”“能人难能”，大家捆在一起受穷。

改革开放以来，政策放活，这种“农村能人”生产力得到彻底解放，方有“艺不压身”“能人得能”的局面。据录池村籍、壶关县集店乡原党委书记梁忠文相告：他们村手艺人多，有铁、木、石、瓦、焊、漆、纸、缝、厨、理发等十来个行当、几十百把匠人及‘半把手’。这些身怀一技的艺匠们或进城设摊，或入镇办店，或游乡揽活……形式多样，自主经营。改革新政使艺匠能施展本领，勤劳致富；也使服务所及乡村百姓生产得助、生活得便。

图为农民厨师王五扁在自营的小饭店里炸油条。

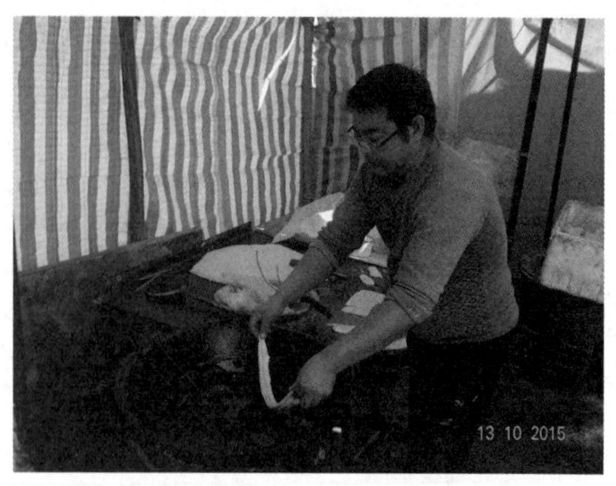


油香小店

# 赵　村

## 七 字 谣
## 童话诓皇帝

赵村百姓善忽悠，忽悠皇驾临村游。
先赏一梁通三殿，再跨三桥一步收。
一眼三井最后览，景点全是搭伙诌。
皇上吃了哑叭亏，尊口难开装兴头。
赵村百姓编故事，调侃皇上享自由。
文武兼能赵村是，八庄十里赞不休。

赵村，位于西岭山东麓，壶赵、长陵两条干线公路丁字交叉口东北一侧。西岭山属开花山山系主脉东南延一道侧岭。

赵村世居百姓自古爱文习武，文武兼能。文讲幽默，爱编、爱讲、爱听故事，堪称赵村民间故事系列；武擅国术，常练、常演，几与石南底国术近名。赵村籍退休教师、百尺镇老干部党支部书记唐海祥（图中左二）讲述他村老乡编的一则故事说：赵村与邻村古时有仨景，曾诓来皇帝一游。仨景即：村中三皇庙[①]一梁仨殿——实是一根长梁将大殿隔成三间；村东一步迈仨桥——实是小桥下有三个桥眼；近邻百佛图村中一眼三口井——实是为方便拔水，一眼大井开凿了三个井口。

往时冬闲，赵村百姓常聚太阳旮旯，常讲这些忽悠皇帝的故事，搭伙加言，越说越多，尽兴取乐。这类故事是对最高封建统治者皇帝的讽刺与鞭挞，尽显劳动群众的幽默与智慧，与丹麦著名童话家安徒生《皇帝的新装》有异曲同工之妙，堪称“赵村版”《皇帝的新装》。

三皇殿前讲故事

---

① 《辞海》注：〔三皇〕传说中的远古帝王燧人、伏羲、神农。反映原始社会分别引领先祖们开启文明，始用火、初渔牧、启农耕的经济生活状况。

# 百佛图

## 五 绝 二 首
## 百佛图村与百佛图碑

碑铭百佛图，百福百家谋。
岁岁祈嘉运，年年盼劫无。

改革绘新图，齐心发展谋。
名仍称百佛，百福始真如。

百佛图村，俗称“百佛头”。位于开花山山系主脉西延、南垴山东北麓前，现与百尺村中隔四赵公路为紧邻。

旧时，壶关域内不少村庄的村民敬有拜若神灵、视作图腾、当作宗教的偶像，诸如一山、一河、一古树、一奇石、一溶洞、一庙宇、一碑碣、一神像、一壁画……多样纷呈，不一而足。还有老乡给子孙拜认这些偶像作“老干娘”的，凡逢子孙生日即领他们到“老干娘”偶像前烧香叩拜，祈福求安，望子无疾、成才。百佛图村以百佛图碑为尊。百佛图碑置于村庙大殿前阶上，碑面镌刻佛像百尊，形态各异，姿容如生，古来村民将其敬为神灵，视为乡魂，取为村名。旧时拜以香火，寄以“百佛赐百福”的企盼。

1988年，百佛碑列入壶关县县级文物保护单位名录。

2014年暮春一日，逢百佛图村籍、时任长治市人大常委会秘书长秦晓旺，问及百佛图碑，他即拍臀相告：“因保护不善，百佛图碑丢失了一截，还剩一截。”别后，笔者遂发短信予秦晓旺称：“惊闻贵故乡古碑丢失半截，令人顿足长叹‘惜哉，悲夫！’”并嘱他：“回村告诉村干部，所剩一截残碑仍是至贵村宝，当慎护之、代传之。”

惜哉，残碑

# 闲阳河

## 六 言 诗
## 文 化 照 壁

竖直横平摹柳，蚕头燕尾仿颜。
砖雕照壁诗句，古邑书香又篇。

闲阳河村，位于开花山山系西北延支脉、羊圪堆山东麓下，距镇政府驻地百尺村西北侧1.5公里处。

闲阳河村民秦来狗宅院北门前，竖立一面青砖砌作的古照壁，高4.5米，长3.8米，厚0.8米。望之基稳面阔，敦厚排场，增辉宅院，气势不凡，当属壶关乡村照壁古建中的上品，引人驻足、注目。主人家称其已有600余年历史。最为珍贵处是照壁上的若干精美砖雕饰品与一首正楷镌诗：照壁中心面由菱形砖雕贴成，两边安有灯塔两座，上方刻有人像8尊，顶端镌有吉祥标志1枚；中心面砖上以阳字镌诗曰：“盘赐将军拜无归，轻纨细绮相追飞，贵戚权门得笔迹……”字体为横平竖直、蚕头燕尾、端庄有力之楷体；镌刻为中规中矩、微及丝缕、功夫精到之阳字；镌诗体裁并非一首严合格律的七言律诗，而属一首格律宽松的七言古风，简称七古。

闲阳河这面照壁砖雕由于主人家逐代薪火传承，举家悉心保护，至今完好无损。早几年，为防损坏、丢失，主人家用麦秸泥将照壁正面整体糊盖。其文物价值几何，四句镌诗寓意为何，尚待文物专家考证、诠释、结论。

砖雕古风（局部）

① 此句“柳”与下句“颜”，分别指唐代著名书法家柳公权、颜真卿。

# 葫芦沟

## 现代诗
## 村 祭

七十六年前腊月初五那天，
北风卷雪狂掠葫芦沟村沿。
全副武装的日本鬼子进村扫荡，
杀戮十二名徒手抗争的热血青年。
举村送葬泪水添得小河冰厚，
男女老少燃起胸中怒火团团。
流言曾传这是一顶钢盔引来横祸，
不！这是法西斯蒂兽性使然。
从此，葫芦沟百姓年年举行村祭，
告慰十二位在天之灵：
日本鬼子早已赶走，
中国巨变，壶关巨变，葫芦沟巨变。
葫芦沟村祭将永远进行下去，
愿十二位在天之灵永安，永安！

葫芦沟村，俗称“圪芦沟”。位于轿顶山之阳凹里。因村址坐落之地的小沟壑呈两头宽、中间窄之状，形似巨型葫芦，称“葫芦沟”，村随沟名，也称葫芦沟村。轿顶山属开花山山系西北支脉尾部的一道山岭。

村殇永铭

1940年冬，国民党40军某排驻扎在葫芦沟村。盘踞荫城据点的日军闻讯后，于农历腊月初五(1941年1月2日)入侵葫芦沟村。日军以村中有人将国民党驻军撤走时，丢弃的一顶钢盔收藏在家里粮缸中为借口，竟将村民杨王则、王会则、王小宝、王富金、杨土才、杨有才、杨和顺、杨万胜、余银水、王先怀、杨和则、杨长旺等12名年轻同胞惨酷杀害，制造了骇人听闻的葫芦沟村“一·二”惨案，为日寇入侵壶关疯狂实施“三光”政策，惨害我抗日干群所制造的“十起惨案”中的一起。举村干群为了纪念被惨害者，在最初10多年的农历腊月初五举行村祭。之后，村祭与清明节祭祀合并。

图为村中长者在纪念“一·二”惨案发生75周年前夕，在惨案发生处给少年儿童讲述日寇暴行。

日寇侵占壶关期间，疯狂制造的“十二起惨案”为：1940年10月16日东崇贤“一〇·一六”惨案，惨害37人；1940年12月5日至7日常家池“一二·五”惨案，惨害74人；1940年12月7日常家池、徐家后、西川“一二·七”惨案，惨害徐家后37人，其中西川6人；1941年1月2日葫芦沟“一·二”惨案，惨害12人；1942年6月29日神郊“六·二九”惨案，惨害137人；1943年2月15日西旺庄“二·一五”惨案，惨害8人；1944年1月20日西坡“一·二〇”惨案，惨害5人；1944年3月25日辛寨“三·二五”惨案，惨害9人；1944年7月25日琚家庄“七·二五”惨案，惨害25人；1945年2月13日土河“二·一三”惨案，惨害15人；1945年4月8日三王头“四·八”惨案，惨害20人；1945年4月29日刘寨“四·二九”惨案，惨害13人。尚有日寇惨杀坛坡、芳岱等村村民事件，待澄清具体情况后，依时为序补列，入志归档，永久留存。

# 川　河

## 五　律
## 夜　织

夜宿在川河，无眠出被窝。
嗡嗡听纺线，嘎嘎点抛梭。
一片星微亮，百窗灯浅遮。
应叮忙织者：鸡叫两遍过。

川河村，壶关方言称“xuān河”。由川河、马头山两个自然村组成。主村川河旧址位于乌泉山山系南延末端、马头山西南侧，百十户人家散居在一条小河沟南北两岸上，故得村名。学大寨时期整村移居西平川上新址，时谓建“大寨村”。如今，在原“大寨村”西侧，荫林、四赵两条干线公路交叉路口，崛起一座川河新村，交通畅达，门店成排，俨然一座新兴小集镇。

川河村约150户居民，其中80%为逃荒来的豫人后裔。豫裔男人个个会瓦工，长年外出揽建筑活儿；豫裔女人个个既是作务农田把式，还是纺花织布能手。她们白天下地劳作忙务稼禾，晚上弹棉、纺花、织布，手不息闲，尤为辛劳，常有彻夜不眠者。1964年初夏，笔者以县教育局教研室视导员身份，到川河模范小学调研，小住一周。是时凡入夜，即充耳听闻弹花弓、纺花车、织布机的声音混响，浑如一支朴实、厚重的乐器合奏曲，响彻小村庄夜空，堪称“不夜庄”。进入新时期，粗布市场日益趋窄，川河村纺花织布停作。

2014年11月29日，川河村籍、壶关县原计委主任牛宏德来函称：1910年，河南省发生大饥荒，崔姓、张姓、李姓、牛姓等几户人家逃荒至川河和马头山落户建村，今逾百年。百年来社会震荡，时变境迁，今昔别在天壤。进入21世纪，村民生活达到基本小康水平。

新川河

# 岭南底

## 阮郎归
## 古稀村长

村民投票选村官，公为选项先。卸鞍老骥跨征鞍，壮心不计年。
为百姓，不贪闲，征程自策鞭。修桥引水绿荒山，誓描锦绣篇。

岭南底村，位于铁西凹西北下方，村名由此得之。铁西凹属乌泉山山系西南余脉中的一座山岭。

近年，壶关县有不少党政机关退休干部、厂矿企业退休职工退休后，不恋城市恋乡村，离城返乡定居。他们中不乏德高望重、热爱故土、身体康健，有任干经历，时想将余热奉献桑梓、服务乡亲、反哺家乡者。经换届选举，有几位即担任了籍贯村党支部书记、村委会主任等职务。岭南底村籍、潞安矿务局公安处退休干部孟安心即为其中一员。

老孟退休返乡后身心双健，热心公益，乐于助邻，颇得民心。2012年初，在岭南底村民委员会选举中，老孟以82%的绝对多数票[①]当选为村民委员会主任。选举会上，时年70岁的老孟当众表示：决心不负村民所托，有生之年奉献余热，服务百姓，建设家乡。现履职届满，口碑尚好。

壶关一带农村百姓惯称村民委员会主任为“村长”。2016年11月7日新华社网发的第一批规范用语中讲，“村民委员会主任”，简称“村主任”。村干部不要称作“村官”。

水泥新路与石砌老墙



① 法律中称会议表决某事项时，赞成票数占应参加表决代表数1/2以上为简单多数，2/3以上为绝对多数。绝对多数表决的事项较简单多数为重要。

# 贾家南底

## 五 绝 二 首
## 出过一位“神算子”

道口乱麻账，结清三日工。
人称神算子[①]，揭榜作房东。

盛世崛楼群，家家福满门。
人人神算子，建设小康村。

贾家南底村，乡人简称“南底”。位于壶关县西南隅，开花山山系主脉西延终端、北垴山南部的沟壑中。在壶关方言中，“底”即“沟”；加之，贾姓落户早、户居多，姓氏加地理实体，村名则得之。以北垴山为分水岭，南麓为五集河支流贾家南底河源头，北麓为陶清河支流东南河源头，两河皆为季节性小河。

清代，贾家南底出了位聪明过人、能打会算、极善经营的商人贾本善。贾本善年轻时奔赴河南道口做生意。道口一资本家所营企业庞杂，累年账务不清，面临破产停业之危。于是，该资本家出榜称：助其算清者，赏房一座。贾本善从容揭榜，三天两夜将成堆乱账算得一清二楚，随即如约得房。从此，贾本善获“神算子”称号。

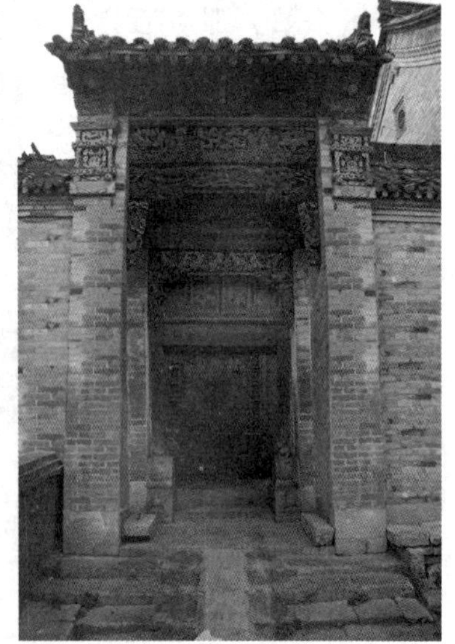
贾家大宅门

今日提及此事，后人赞为“揭榜者能，践约者诚”。笔者认为：“榜、约、能、诚”是贾本善揭榜得房“四要素”——榜是媒介，无榜没人知；约是规则，无约没人信；能是能力，无能不揭榜；诚是诚信，无诚则约毁。“四要素”为并列关系，缺一，则事无成。“四要素”堪称市场经济环境中的“成事四通则”，今人应承循之。

① 《水浒传》所列梁山108条好汉中有位绰号为“神算子”的蒋敬，负责梁山义军财务账房。今人常将能打会算的人称作“神算子”。

## 紫　水

### 七　绝
### 祥瑞村名缘溪来

祥瑞村名品出诗，先清后紫水流时。
共生矿体煤和铁，溪水流经露艳姿。

紫水村，位于开花山山系主脉西延、松坡山之阴、小七山东侧。旧时，紫水村出过一位名人叫王小七，他挺身出场，数番舌战，据理力争，终于从邻村贾家南底为本村争回一座小山头，人们赞之为“胳膊拧过大腿，小村赢了大村”。为了纪念他，村人遂将这座小山头名取为“小七山”。

紫水村址处壶关县境西南隅煤矿富水区。村东南山崖下，原有一条小溪，沿着弯弯曲曲的河床西下，一路欢唱，潺潺流出村外。小溪上游清澈见底，水质洁净，可供村民饮用、浇园。然而，当它行至中途跃身落下一道石崖后，却变幻成另一副容颜：水体浑黄、泛紫。究其缘由，是石崖上的河床泥石里掺混有煤、铁、硫等成分的共生矿体，与流经的溪水发生物理、化学反应所致。古来紫色为富贵、典雅、祥瑞之色，因之，古人以出村溪水颜色近紫为由，将村名取此般诗意好名紫水。对此，紫水村籍、东井岭乡原党委书记王青林著有专文记述，发表在《壶邑红叶》年刊2010年号上。

村庄所处山川等地理实体所着的近似颜色，也是一些村名组成中的一种元素。壶关域内这类村名除紫水外，还有黄崖底、红垴上、黄山、紫岩掌、黑山背、青松岭、翠谷、黄野池、紫云沟、白土凹等。五颜六色嵌入村名，使得壶关村名文化绚丽多彩，引人入胜，睹后久难忘怀。

瑞雪落祥村

## 天净沙
## 富水·缺水·引水

绿杨青瓦篱笆，小桥流水人家，宅畔韭畦瓜架。河涸煤挖，外乡引水上崖。

水台底村，位于开花山山系主脉西延、笔盖山西南麓，长陵公路北侧。地处高圪台上，台畔有小河长流，即取名为水台底。含高家垴自然村。

壶关西南域百尺一带是全县的煤炭集中产地。常言“煤水相连”，往时，那一带也曾是壶关这一“干壶”地区，除河郊沟淅河流域外的又一小面积富水区域。水台底村地处丰富水区域的中心位置，村边有一条小河，四季奔流不息，村民饮用、浇园自是方便；曾是20世纪60年代初规划南水北调（至店上）的主要水源。进入新世纪以来的10多年间，如同山西其他地方滥开小煤矿的乡村一样，水台底开掘小煤矿，打破隔水层，造成地下“漏斗型”漏水，致使附近地上小河断流，地下水层干涸，水荒遂生。县水利局局长王国林、副局长杨长青先后相告：现由政府资助水台底一带数村修建一项人畜供水工程，即将引入10公里外、803米深的东柏林深井水，以解饮水、用水之困。

图为安装地下引水管道的工地现场。

权威人士称：山西每挖1吨煤，要消耗2.48吨水；如一年挖7亿吨煤，即相当于3个万家寨引黄工程的引水量。恩格斯在他的经典著作《自然辩证法》中告诫人们：“我们不要过分陶醉于我们人类对自然界的胜利。对于每一次这样的胜利，自然界都对我们进行报复。”山西滥开煤矿大量耗水、水台底由富水区变为缺水区，都是大自然由馈赠转为报复的事例。这些事例再次证明革命导师恩格斯那句名言的科学内涵与长远意义。

命　脉

# 大南山

## 西 江 月
## 羊工企业家

昔日牧羊岭上，今朝办场他乡。投资商海浪中航，五一得来省奖。

崇尚高新科技，结缘专业才良。营销饲养两加强，猪场槽头兴旺[①]。

大南山村，位于白坡山之阳，长（治）陵（川）公路东北近侧，壶关、长治县两县交界处。白坡山属天子岭[②]山系北延支脉一岭。

大南山村委主任杨兵则，少时曾是牧羊工。改革开放后，放胆子，办企业，搞经营，成了一位商海弄潮儿。2009年，杨兵则与他人合作创建绿城科技养殖有限公司，在店上镇店上村南虎头山西麓，租下65亩弃耕山坡地，投资1400余万元，建成一座壶关县内最大的现代化养猪场，年可出栏商品猪1万余头，产值约2000万元。2012年杨兵则被评为县、市劳动模范，为2012年度山西省"五一劳动奖章"获得者。

长子县鲍店为上党著名古镇，尤以粮市粜籴量大、信誉度高、南北粮商大贾云集著称。壶关乡中有谚称"放羊孩赶了鲍店会"，为小人物交了好运，登了"大码头"之喻。如今大南山一带乡村中，凡言及杨兵则办企业，人们常会夸赞他是"碰上改革开放好年代，放羊孩赶了'鲍店会'，登了'大码头'"。

省 奖





① 壶关一带农家过大年在牲畜槽帮上贴"槽头兴旺"红帖，祈求好运。

② "天子岭"，见本书百尺镇柴家沟《村口小超市》注①。

## 谒金门
## 村口小超市

超市小，衣食住行全套。种子化肥跟农药，不违时令好。

下地来回正巧，路过随购需要。本乃城中时尚事，山乡今日俏。

柴家沟村，位于南垴山之阴，壶关、陵川、长治三县交界处。南垴山属天子岭山系①北延支脉。

超市本是舶来品，改革开放后，先引入中国城市，后逐年扩展到广大农村。农村的超市规模小，即称“小超市”。小超市，大作用，方便了农民群众的生产、生活，现已成为社会主义新农村标志性硬件设施建设的内容之一，国家出台具体政策，予以强力扶持。

2013年春一日，笔者给壶关县供销合作社主任李玉堂打电话问询县里兴办农村小超市简况，随着得复：“国家给农村小超市的支持力度很大，仅初办费即每个小超市国补3000元。在国家资助下，壶关已办起农村小超市306座，将要普及到有条件的建制村，达到‘一村一市’。当前，已办起的小超市多数购销两旺，实现盈利，同时得到农民群众欢迎。柴家沟小超市选址得当，货物齐全，经营灵活，效益上好，全县比较起来，当名列前茅。”

顾客盈门

目前，遇到个新情况，电商、网购的触角开始伸展到农村，农村小超市面临着新的挑战。小超市的经营者与指导部门应该谋划相应的对策了。

---

① 天子岭山系横跨长治、陵川、壶关三县交界处，主峰坐落长治县境东南角。

## 杂句谣

## 小别墅与新农民

新农民，有文化，九年教育程度达。
新农民，怀一技，一技熟练走东西。
新农民，和为贵，邻里相安不吵嘴。
新农民，树新风，刷牙洗澡讲卫生。
新农民，脑筋开，抽烟转成喝牛奶。
新农民，好风尚，红白喜事不铺张。
新农民，拒赌博，文明健康歌舞乐。
新农民，除迷信，依靠政策鼓实劲。
新农民，懂法纪，应用法律保权益。
新农民，住别墅，别墅农民爱耕读。

炭场坪村，旧址位于主峰在长治县界内的大子岭山系东北延、壶关界内的山壑中，长陵公路南侧。村人古来经营小煤矿，村前有处堆积煤炭的场坪，村名由此得称。2008年，炭场坪利用村办小煤矿的收入，在长陵公路北侧向阳坳里建成一座别墅新村，140户村民全部乔迁入住。

2008年国庆节前夕，笔者作此歌谣，大体勾勒出了新时期的新农民应该具备的基本素质。附信寄给百尺镇时任党委书记秦世英，意在嘱咐镇、村领导同志：培育新型农民乃为建设社会主义新农村的第一要义与根本任务。至盼炭场坪人“住别墅，不止步；育新人，当首务；提素质，走正路；奔小康，绘新图。”“过几年，别墅群里要能走出一代社会主义新型农民。”

一户一别墅

# 赵 屋

## 七 律
## 独座香煤矿

壶关煤矿布西南，赵屋香煤独占先。
高热低硫无异味，事炊取暖保安全。
子孙孝老驮三袋，长辈临冬御九寒。
今叹资源将告罄，用能尚得探新源。

赵屋村，位于主峰在长治县东南境内的天子岭山系东南支脉、龙王山西侧，壶关县西南隅，与陵川、长治三县交界处，为运煤为主的四（四家池）赵（赵屋）公路终点站。含西窑沟自然村。

地处赵屋村西南一侧的赵屋煤矿，为壶关境内唯一一座出产无烟煤的煤矿。笔者家乡寨里一带百姓称有烟煤为“臭煤”，无烟煤为“香煤”。臭煤含硫高，烟大、呛人，引人咳嗽，容易诱发老年支气管炎，时或不慎还会引起煤气中毒。香煤则不然。当年过冬，笔者家乡寨里村的中老年人屋里生火取暖时，若能烧上赵屋香煤，左邻右舍的老人们则会夸赞他“儿子孝顺”“老来有福”“能安稳、舒服过个暖冬”。

从古到今，世代开采，而资源有限；日为炊，冬取暖，用无限，致使赵屋煤矿资源日趋枯竭，行将告罄。

图为国营赵屋煤矿现代化井上设施。

达产之年的井上设施

## 岭　西

### 五　律
### 省级园林村

山村五十家，新貌尽人夸。
网格街如洗，排房院有花。
四时迎绿景，三季赏奇葩。
省级园林奖，连年是一佳。

岭西村，位于开花山山系西南延支脉、营盘山岭西半坡上，即取名岭西。村西侧有四赵公路通过。

进入21世纪以来，岭西村干群合力，与时俱进，建设新农村，享受新生活。依据村落地理走势，实施全面规划，整体随高就低，开展集中整治，取得良好效果。硬、绿、白、亮“四化”并举，乔、灌、花、草四时搭配，移植红豆杉、元宝枫、樱花等珍稀树木达40余种。岭西村人护环境，环境育人，境人和谐，新村宜居，男女老少无不怡然。

2003—2008年，岭西村曾连续五年被评为省级“园林新村”，得到褒奖。乡人称颂岭西村“小村庄，大名堂。人宜居，获省奖。再加油，争国奖。齐发展，农工商。新生活，享小康”。

绿了，岭西

## 七　古

## 陵川的飞地——桥将

那位县官好糊涂，下棋竟把桥将输。
桥将新世兴百业，叹出壶关县版图。

小南山村，位于主峰在长治县境内东南一侧的天子岭山系东延余脉尾部、界头山西侧，南与陵川县搭界。

小南山村北面、中隔长陵公路北侧有座小村庄，名称“桥将”。桥将南与小南山接壤，西与赵屋交界，西北与东牢相邻，东北与方善连畛，四面皆是壶关县辖属村庄，中间的小村庄桥将却是陵川县辖属。《辞海》注释：〔飞地〕指属于某一行政区管辖、但不与本区毗邻的土地。照此权威注释，桥将即为陵川县在壶关县境内的一块飞地。

桥将村名有个来历：相传某朝某代某年某月某日，壶关县令与陵川县令在两县界处开枰对弈，预先约定：谁输了棋则输给对方本县辖内一个村。结果壶关县令输了棋，只得突破“楚河汉界”，践约把辖内小南山一个自然村划归陵川县，村名缘故改称“桥将”。

桥将村地处壶陵交界的交通要道上。今逢改革盛世，乘势发展，日趋繁荣；店铺林立，车水马龙，热闹非常，俨然一座新兴小集镇。附近壶关域内的方善，韩庄，河西，大、小南山，东、西牢村等数村百姓为图近便，也常到这里购物、加工、乘车出门。面对今日红火非常的桥将，实令壶关人艳羡，时或有人笑话当年那位因输棋而输村的壶关县令是个“玩物丧志”“败家子”“糊涂官”“要当了大官，定会割地赔款，丧权辱国，是又个李鸿章！”

火了，桥将

# 方　善

## 七　律
### 亦稼亦陶之乡

水土一方人一方，壶关南界好村庄。
亦陶亦稼忙加倍，且捏且销游远乡。
批量制陶千户用，小农种谷自家飧。
勤劳权得初温饱，改革迎来日月祥。

方善村，位于开花山山系主脉东南延尾部边峰、枕头山西麓下。村南与陵川县交界处的长陵公路坡面为五集河源头。

方善村东、北、南三面依山，西面傍川。山藏坩土，宜陶；川铺沃壤，宜稼。据方善村籍、中共壶关县委常委、时任县委办公室主任张月飞相告：往日村人身怀稼陶两技——农忙下田则耕，农闲入坊则陶。种田产粮，供给举家一日三餐食用之需，春夏青黄勉接；制陶赚钱，补贴老少四季衣被之用，寒暑棉单堪继，在附近十里八庄中权为温饱之乡。20世纪50年代中期，农业、手工业和资本主义工商业的社会主义“三大改造”高潮中，壶关县借助方善有陶工、有陶窑、有陶土等有利条件，陶业生产要素俱备，即办起壶关县方善陶瓷手工业生产合作社，为集体所有制性质，社里工人大都是方善村民。后并入清流陶瓷厂。近年集体陶业虽停，但欣逢改革开放新时代，国家政策放活，干群思想解放，全村多业并兴，经济多元发展，百姓生活可谓“芝麻开花节节高”。如今，仍有村民自办家庭小型陶窑，收益尚丰。

户营小陶坊

图为方善村民王聚财正在加工碗坯。

# 西　牢

## 七绝二首
## 毡毯博弈

### 毡　艺

擀毡良匠出牢村，羊毛擀毡厚且匀。
御冷防潮送温暖，秦家毡匠手工真。

### 博　弈

毯毡大战不生烟，市场终归毯占先。
色艳质柔人爱好，今铺毛毯不铺毡。

西牢村，位于开花山山系主脉东延、庙岭山东侧。原与东牢为一个建制村，统称“牢村”，后分设为西牢、东牢两个建制村。

旧时，西牢开设七家毡坊，收购远近羊毛擀毡，工艺精湛，质量上乘，生意兴隆，数代不衰。当年，炕上铺毡为一种身份象征，岁年有余的殷实人家床上才铺得起毡，乡间有谚称：“穷铺席，富铺毡，再穷也铺片草衫衫。”再就是笔者童时见过家乡寨里村中的放羊老领，即羊工头头，在土崖羊窑夜宿或在野外地里卧圈搭草庵、打地铺守羊群时，要铺毡防潮，这似可称之为羊工的“劳保用品”。如今工业制毯兴起，毡被毯取代，西牢毡坊停作。

毡毯博弈，可视作市场经济条件下，传统手工业产品与现代工业产品千百场战役中之一役，结果照例是属于传统手工产品的毡败下阵来。2014年9月13日晚，笔者与牢村籍、长治城区原区委书记秦斌通电话，言及西牢毡业兴衰，跟他叹道：“贵故乡毡毯博弈，结果毯兴毡衰，毡坊停业，势也！”

图为今时西牢村村民郭志波家中床上满铺的华彩毛毯。

毡易毯

# 东　牢

## 六言诗
## 秦家投犁

良匠名弥乡里，秦家投修好犁。
木楔巧调深浅，犁镜从不粘泥。
省力耕牛自乐，少鞭驭者同怡。
技精门庭若市，何惧叫卖声低。

东牢村，位于开花山山系主脉东延、祖山庙岭之阳。原与西牢为一个建制村，统称“牢村”，1983年分设为东牢、西牢两个建制村。

往时，小农经济年代，壶关农村几乎家家养牛（或养驴、马、骡等大牲畜，较牛为少），户户备犁。农家主要农具“犁楼锄耙，犁占首”。正如《说文解字》上所言：“农，耕也。”亦如乡谚所称：“家有百亩地，服手一张犁。”犁，又称步犁。步犁一两年要整修一次。壶关老乡称修造步犁的工艺为“投犁”。投犁很有诀窍，把式好坏，技艺高低，毫厘定夺。于是，掌握诀窍的投犁把式便成了香饽饽。牢村秦家秉持“父子相承，口手相传”的传统理念与家规，投犁绝技只传直系子孙，达五世。旧时，牢村秦家投犁绝技曾一度誉溢壶关与长治、陵川三县交界一带，方圆几十里范围内的众多乡村。

如今，随着机耕日渐普及，秦家投犁活计已停业多年。今时，秦家后嗣中多位年轻人会驾驶汽车、摩托、拖拉机等机动车辆，问及投犁绝技及其妙处，则无人知详，留下了深深的代沟。

老农服手一张犁

# 河　西

## 三 字 谣

## 板话王王雪山

王雪山，板话王。竹板脆，嗓音亮。
天下事，随口唱。说政策，联思想。
说科技，合农桑。说人物，很形象。
说村事，一桩桩。当场事，说当场。
满场人，笑声扬。教寓乐，百姓享。
帮带出，板话庄。全庄人，会说唱。
精神振，劲头涨。变物质，上产量。
先进村，旗帜亮。板话王，好形像。
斯人去，艺流芳。板话集，千秋章。

河西村，位于程咬金山向阳凹中。村址座落季节性陶清河上游西畔，缘此名河西。含东村、西村、三井、三王头、磨掌凹等7个自然村。程咬金山为开花山山系主脉东南延一座山岭。

河西村原任党支部书记王雪山，生前擅长编快板、说快板，尤其是能围绕各个时期党的方针政策、中心工作，联系真人真事现编现说，出口成章，寓教于乐，引人向好。他走到哪里，哪里的人们即会请他说唱；他在哪里说唱，哪里即会扬起阵阵轰然而起的笑声。在王雪山的传帮带下，河西村人多会说快板，一度成了闻名远近的“板话庄”。关于王雪山与河西村的事迹，1965年3月1日《山西日报》刊发过著名记者韩钟昆等人采写的整版报道。

雪山风采

1984年秋，王雪山因病不幸去世。从此，壶关曲坛失去一员主将。2010年，壶关县文化局原副局长、山西曲艺家协会会员牛逢蔚编辑出版《竹板声声（上、下集）》，其中下集为王雪山板话专辑，收纳王雪山生前编演的80首板话，成为传承、研究王雪山板话的珍贵资料。

# 韩　庄

## 七字谣
## 三次创业

一次创业进城门，砖砖瓦瓦汗水浸。
广厦留给千万家，挥汗又夯新基根。
二次创业回村门，办厂兴工富村民。
筑路拓街建校舍，东西农宅一派新。
三次创业钻棚门，旱地番茄打头阵。
远销京津郑汴石，转型发展迎新春[①]。
主客团结鼓实劲，积步迈进小康门。
四个全面总方向，不忘初心向前进[②]。

韩庄村，位于行头岭山系西北支脉、万山坡东北侧向阳坳上，陶清河谷东畔，古镇流泽正南2.5公里处。含西掌自然村。

韩庄是个主客杂居村。村中豫人后裔约占三分之二，为多数；其余的祖居晋人后裔，为少数。百余年间，晋、豫二元地域文化在这里相互碰撞、交汇，产生出一种叠加效应：使韩庄人既有晋人的坚守、勤俭，又有豫人的义气、拼劲；打造成一种主客一村、和谐相处、同谋生计、共营仁里的村域文化与优良乡风；在改革开放新形势下，实现包容发展、和谐兴村、共同致富的美好愿景。于农民工程队进城、兴办乡村企业、农业调产等三个发展阶段，韩庄均走在县、乡前列。邻村人称赞韩庄人“脑子灵，手艺精。耐苦重，政策通。讲信用，谋共富。奔小康，作先锋”。

初级设施农业

① 京津郑汴石系北京、天津、郑州、开封、石家庄等市简称，泛指销地广远。

② “四个全面”，见本书龙泉镇紫岩掌村注①。

# 石南底

## 一剪梅
## 尚武之乡

岳裔真传德占先，场上眈眈，场下谦谦。非良绝法不相传。保户平安，保里平安。

上党称强艺占先，三伏操拳，三九操拳。铿锵男女往无前。喝彩连连，褒奖年年。

石南底村，位于行头岭山系西延支脉、坪岭山西麓下。含小川自然村。

石南底古来是壶关数一数二的武术村。据石南底村籍、壶关县教育局原局长赵银书主编《石南底村志》载：石南底武术为20世纪30年代，由南宋抗金名将、河南汤阴岳飞的后裔长年驻村真传，有32绝法、72擒拿法等套路。凡农闲，皆作操练；凡年节，均有表演；凡参赛，十有八九能折桂。是时，村里青壮男女争先恐后，踊跃习武，刀枪鞭锤，各怀一技，令响马、盗贼闻风丧胆，不敢犯村。抗战时期，护村护乡、参军参战、立功受奖的民兵，皆是村中习武青壮，内有4位英勇牺牲、血沃中华的革命烈士。民国政府二战区曾授予石南底村一面“练武抗日，为国争光”的锦旗。

最贵处是，石南底特定村规明示“擒拿绝法禁传违法乱纪、道德不良者”。长此坚守，孕成尚武、崇文、重德之淳厚村风。加之，石南底地沃、人勤、廪实，有打造仁里、和村、礼户、义民的物质基础。据《石南底村志》载：1942年大灾荒，该村曾收养过三倍于本村人口的灾民。

壶关县城闹元宵，石南底武术年年参演。图为1962年元宵节石南底武术团赴县城参演获奖后全体合影。

褒后留念

## 流　泽

### 四字谣
### 县南古镇

流泽印象，古镇世昌；
东西二里，街坊两厢。
流泽商铺，有坊染布；
有铺卖药，有店宿住。
流泽饭店，小吃香甜；
余汤味美，名弥县南。
流泽交易，粮行便宜；
秤平斗满，粜籴两利[①]。
流泽交通，车水马龙；
邮政便捷，物流西东。
流泽上学，书房岁月；
转制高小，中考连捷。
流泽办厂，鞭炮批量；
立功送称，北方浏阳。
流泽今朝，复呈新貌；
祝福古镇，岁岁向好。

流泽焰火

流泽村，位于行头岭山系西北支脉、坨腰山西侧，铁瓦庙岭东北，相隔陶清上游河谷右岸小平川上，荫林公路过处。为壶关县城正南25公里处一座有名古镇。据2010年版《壶关地名志》载：流泽原名“刘宅”，后易今名。含柳巷、后河、西湾3个自然村。

古镇流泽，立镇久远。往时东西一条街南北两厢，门店鳞次栉比，服务门类应有尽有，商贸业繁荣昌盛；区、乡政府机关撤并百尺村后，则渐趋萧条。当年，流泽街头饭铺曾有一著名的小吃——流泽籴汤，汤鲜味美，货真价实，名弥县南城乡。往时，流泽一带老乡谐称人生有“五大快事”，即“听河西王雪山说板话，赏三井小秃则吹唢呐，看石南底耍武术，铺牢村羊毛毡子，喝流泽街上赵金昌籴汤。”

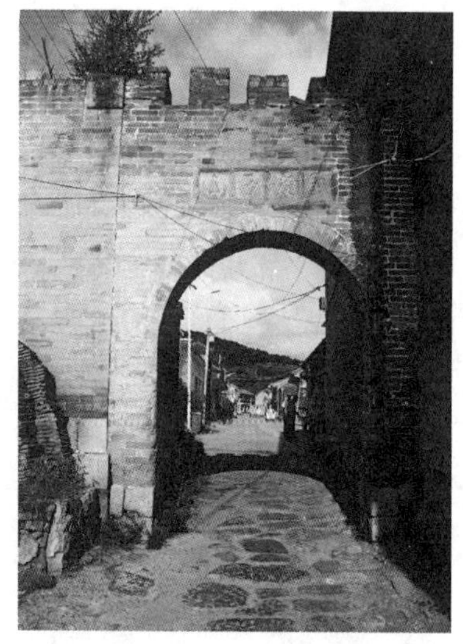

古碹·古街·古镇

改革开放时期，流泽办起一座中型鞭炮厂，村民就业充分，收入倍增，古镇生气遂复。1988年9月4日，时任山西省委书记李立功莅临流泽视察时送称流泽为“北方浏阳”，至嘱“鞭炮生产最要紧的是讲求安全第一”。现为防事故，遵令停产。

① 《新华字典》注：〔粜〕tiào卖粮食，〔籴〕dí买粮食。

# 沙　堰

## 山　歌
## 车筐编造

山畔畔人家家村庄庄小，
祖辈辈传手艺搞编造。
沙凹凹种地粮颗颗少，
编筐筐补米盐勉温饱。
小孩孩整条条齐刷刷高，
老汉汉编筐筐手艺儿巧。
土榄条儿根根红皮皮儿好，
细密密编制缝缝儿小。
瓷丁丁车筐耐磨又耐摺，
牛车车拉拽十年散不了。
叫呱呱货真价实讲公道，
响当当村名随着车筐筐跑。

沙堰村，位于行头岭山系主峰神山岭西侧、南堖山之阴，荫林公路北侧路下，百尺镇域东至。一次，在并壶人小聚，欣逢沙堰籍、山西省教育厅督学张继忠相告：他们村“曾三易其名：始谓仨院，次谓沙院，终谓沙堰。”在场笔者忙应：“三个村名相较，愈改愈雅愈文。”

车筐编造古来是沙堰的传统产业。往时，壶关山区乡村流传这么几句农谚：“沙堰的车筐，马安驼的耢，东南山上的土榄条，十年八年坏不了[①]。”

牛车筐

独轮车筐

新中国成立后30多年间，农村机动车辆很少，运输还以畜力车为主，车筐仍是农家必备。于是，沙堰的车筐编造业长期兴盛不衰，除春种秋收大忙外，沙堰全村男女老少皆务此业，东南山上几十个村庄供给土榄条。有次，回壶与数位乡友小聚，欣逢沙堰籍、原城关镇人大主任张文山讲道：他童年每逢课余、假日，即帮父母整条编筐，做辅助工。沙堰车筐销至本县乃至附近的长治、陵川、高平、长子等县乡村。如今机械运输逐渐替代了牲畜拉运，沙堰车筐编造停业。

农宅惊艳

① 土榄为灌木，条细长，质柔韧，耐拗、耐磨、耐摔打，为编造车筐上好材料，太行山南端分水岭两侧山坡有群落生长。

## 西岭底

### 五　律
### 焦家朱门

焦家大宅门，中举出贤人。
直谏朝廷策，荣加紫蟒身。
斗杆升僻壤，豪院矗山村。
岁远朱门旧，新楼绕作邻。

西岭底村，位于小二亩山、三脚山阳面山凹，百尺镇东北界处，距古镇流泽东北两公里。小二亩山、山脚山同属行头岭山系西延支脉中的两座连脉山岭。

西岭底村民多焦姓。清代焦家曾出过一位举人焦凤楼。传说焦凤楼官居在朝，为民请命，闯过金殿，直谏皇上，幸获准奏，辅弼有功，连升三级。晚年衣锦还乡，修筑“一进三”深宅大院，门前立起斗杆[①]，彰显风光无限。如今，焦家大宅院保存尚好（见图），只是农村改革以来，在成片新盖房舍的衬托下，略显几分苍旧、悲凉。

道光版《壶关县志·沿革志》载：“汉始置县曰壶关，属上党郡。”壶关置县距今2222年历史，文化积淀丰厚，古建筑遍及全县，几乎村村有古民居遗存。下乡入村，幸临古民居处，观瞻、抚摸、叩问这些用石头、砖头、木头记下的“文化符号”时，似乎是在翻掀壶关的史志之卷，触摸壶关的文化之脉，感受壶关的地域之温。近几年，笔者回县下乡观瞻过的保留尚好的古民居有：崔家庄“侯家大宅院”、瓜掌村“韩家老宅群”、南关村王家巷古建群、东街村的盐店巷古建群、关帝村“鲍家大院”、店上村“明清老街坊”、龙郡池村“杜家大院”、树掌村寨上“冯家大院”、芳岱村“窑底院”、西庄村“半坡先生砖窑院”、贾家南底村“贾家大院”、西崇贤村纯山小学旧校舍、寨里村“垴头场古宅院”、东

朱门今颜

七里村“珍珠倒卷帘”古堡式庄园、县城东街“盐店院”、抗战时期彭总住过的河东“冯文止宅院”、寨堡村“牛家砖窑”群、土河村“进士院”、郊里村“秦祥云故宅”、天池村清末官宦申瑶家的古宅院、前西掌“牛家古厝窑中楼”、桥上村原乡政府机关改建的石头宾馆、庄则上村下寺自然村的石头街坊、东壶陵水与西壶陵水两村的坩棚群等20余处。

2015年年初，笔者在新华网上读到2002年习近平总书记担任福建省长时，为《福州古厝》一书作的序。序中讲到：“发展经济是领导者的重要责任，保护好古建筑……同样也是领导者的重要责任，二者同等重要。”我们应该以此作指导、为遵循，保护好家乡的古宅院等古建筑，留住根脉，承载乡愁，传承历史，教化后嗣。具体做法之一，似可借鉴福州样本，先行搜集、出版一册《壶关古厝》。

① 斗杆，为古时家中有人考试中元、升官进衔后，官府在其门前插竖起的旗杆状标志物。

## 东王宅

### 七 绝
### 槐香卅里

雪树银花五月初，槐香卅里漫沟坡。
目鼻皆醉君须记，百姓汗流功德多。

东王宅村，位于行头岭山系西北余脉、猪尾巴山西麓下，麻巷河谷东岸上，含小苇池自然村。壶关林业部门在组织指导造林绿化工作中，将县域中南部流经麻巷、店上、西坪、小岭上、刁掌、鳌街、东王宅、西王宅、流泽等村庄，至流泽水库坝下（坝址坐落韩庄村西），季节性陶清河上游约10公里长的干流河段，统筹规划称为“麻巷河流域刺槐水保林工程”。

20世纪80年代初、中期，麻巷河沟坡造林绿化、水土保持卓有成效。10余公里长的河滩里，繁茂刺槐郁闭成林，罕见昔日裸露黄土、石块。1986年北方14省市自治区林业区划现场会、1987年山西省水保工作现场会、1989年山西省林业工作会，“三会”皆组织与会代表参观过这项水保林工程现场。当年，国家林业部领导高德占、刘广运、徐有芳、董志勇、祝光耀，山西省委、省政府领导李立功、王茂林、王森浩、郭裕怀、王建功、张维庆，以及京、省多位林业专家、技术人员都先后莅临麻巷河造林绿化现场考察指导。此以农历五月，麻巷河滩槐花盛开时节即景咏记。

壶关域内约有大小沟坡3600余条，先后均已造林绿化。而绿化最早，面积最大，水保效果最好，起到引领示范作用的当是麻巷河。人称麻巷河是“壶关沟坡河滩绿化的样本”“金牌沟坡”。工程主体段落的造林任务由店上、百尺两镇干群连战四年始方完成。其中的东、西王宅河段原为有名的乱石河滩，立地条件很差，造林任务艰巨，由东、西王宅两村干群攻坚完成。

生态沟滩麻巷河

## 玉楼春
## 银饰·银匠

娇仔帽沿八仙戏，俏妇腕圆双镯熠。喜新爱美世人心，
少酱缺油戴饰器。

银匠祖传高手艺，夜铸昼磨求亮丽。碎银兑换两相宜，
幸福予人留薄利。

西王宅村，位于乌泉山山系南延余脉，小垴山、西掌凹两山东麓坳上，荫林公路北侧。与东王宅村对称坐落于陶清河上游河谷东、西两岸。

小小首饰，是时间的积淀、技艺的结晶、文化的载体。它物化历史，透视时代，赏物知往，微中见宏，值得人们把玩、鉴赏、研析、收藏。半世纪前，壶关的乡妇喜好佩戴银器首饰，有手镯、戒指、耳坠、项链等，多为定婚时男方赠予女方的信物，也有长辈当传家之宝传承给晚辈的，还有节衣缩食自己购买的。儿童过年节戴花帽，常见帽沿或缀一排银圪脯，明光闪闪；或缀银质八仙，栩栩如生。据我国明代大药物学家李时珍在他的经典巨著《本草纲目》中记载与现代医学证明，银元素尚有安神、解毒、祛邪等养生保健功效。

当年，西王宅村开有3家郭氏银匠铺，有工匠20余人。郭氏银匠铺工艺精湛，商德佳好，公平交易，童叟无欺。以现金购买可，以碎银兑换可，赊账也可。经营灵活，生意兴隆，数代不衰。西王宅村籍、壶关县委常委、宣传部长郭太国相告：他爷爷生前就是一位打制银器的良匠。因村有银匠铺，村妇、村童佩戴各种银饰者较别的村为普及。

八仙童帽（右前左后）

## 东柏林

### 七 绝
### 炎帝稼穑五谷山

名人故里抢成风，炎帝初耕四处争。
此地有山名五谷，初耕应在此山中。

东柏林村，位于荫林、四赵两条公路交汇处，与五谷山之阴的西柏林村隔岭为邻。距壶关城20公里。2001年1月撤并乡镇前为东柏林乡政府驻地。五谷山为楼峰山系南延余脉中一座著名地标山岭。

东、西柏林置村久远，人文底蕴厚重，历史传说尤多。据道光版《壶关县志》载，南齐至元，出过“王氏四杰”（王游、王贵、王辛、王昂）等数位名见经传的古贤。东柏林村西北坐落着五谷山，山上有座五谷庙，庙里敬奉五谷神。旧时五谷庙香火颇旺，县域西南几十里内的善男信女，常成群结伙上香跪拜，祈祷岁岁五谷丰登，年年饥馁不沾，户户平安无事。惜已拆毁，今无存。

近些年，不少地方掀起抢注名人故里之风。从媒体获悉：称作农耕始祖炎帝初种五谷、始教稼穑的地方多涉4省6地，包括山西高平市，湖北随州县、神农架，湖南炎陵县、会同县和陕西宝鸡市等，长治老顶山等处还塑起炎帝像。各地争执不下，莫衷一是，甚至于韩国人也跑出来掺和其间，似乎要给炎帝办“绿卡”。于是，东柏林也有村民不甘寂寞，呼喊：“咱村有五谷山，炎帝最早该在咱村落户、种庄稼！”闻后，笔者觉得东柏林村有五谷山、有五谷庙、有五谷神、有五谷祀事，似是名正言顺，优于他处。于是写此诗，入其伍，跟着呼喊起“炎帝初种五谷之地应包括东柏林村”的口号来。终落何处，尚待专家实地考证确定之。

村民小憩处

## 一剪梅
## 原浆豆腐

千载名牌信不虚，生熟咸宜，老少咸宜。祖传工艺并非谜，水亦相宜，浆亦相宜。

百姓小康营养需，比肉便宜，比乳便宜。转型发展遇新机，机器时宜，电脑时宜。

西柏林村，位于楼峰山山系南延支脉、佛耳山东坳，荫林公路壶关入口处。是人口数量仅次于龙泉镇四家池村的壶关县第二大建制村。佛耳山上古有“佛尔摩云”景观，为壶关古八景之一。

大豆是唯一含有丰富优质蛋白质的植物性食物。只惜食用原豆消化率仅有60%多点；加工成豆腐后食用，可提高到95%左右。孙中山先生在《建国大纲》中写道：“夫豆腐者，实植物中之肉料也。此物有肉料之功，而无肉料之毒……”于是，有称豆腐是历史上中国人的“第五大发明”。西柏林原浆豆腐历史悠久，工艺独特，与辛寨陈醋、店上羊汤并称“壶关三大名吃”。有谣称：“西柏林豆腐辛寨醋，店上街的羊汤铺，名声响遍潞安府[①]。”

西柏林豆腐不用石膏及其他化学品点浆，只用豆浆浆水点浆，故称原浆豆腐。其特点为：安全、营养，味道正宗，油炸不缩，凉拌不碎，伏天不霉，质地韧实。据传西柏林豆腐可以不用秤盘称，而用秤钩吊称，所谓“买豆腐称盘卸在外，好豆腐称钩吊起来”，是说豆腐水份少，韧劲大。西柏林豆腐品质上好，既赖当地不可复制的优质泉水，又凭千年制作的传统工艺。往时每天出动几十百把副豆腐挑，游乡叫卖，或粮豆兑换、或现金交易，方式灵活，买卖公平。旧有“七十二把飞刀(割豆腐把式)”之说，乃言其盛也。

成型豆腐坯

① “潞安府”，见本书龙泉镇三家村《大包干——老百姓的选择》注①。

# 山　上

## 七　律
## 山上裁缝

衣被军民靠裁缝，裁缝山上早兴隆。
天天忙用剪和尺，户户蹬机少与翁。
百代针工成旧事，一村制服领时风。
山庄盛世兴新业，壶邑西南出彩虹。

山上村，位于楼峰山山系南延支脉、壶关古八景[①]之一“佛耳摩云”所在的佛耳山（俗名“佛爷山”）南延冈峦之上，故取村名山上。由后山上、前山上两个自然村组成。

在人类文明史上，以衣被体，遮羞御寒，当是告别洪荒时代，进入文明社会的重要显性标志之一。是谓“衣食住行，以衣为首”。百把户人家的山上村，对当地乃至壶关城乡的现代衣着文明，起过不可小觑的引领作用。就壶关全县论，山上村购置、使用缝纫机一早二多，民国时期已有数台，新中国成立以后几近普及到户。据传说，远在封建时代，山上百姓即给朝中官吏、嫔妃，手工缝制过官服、官帽和宫衣。民国时期，给国民革命军官兵设计并机制过军装。20世纪五六十年代，壶关县营缝纫社的职工有半数属山上村籍。解放初期，著名的中国人民解放军石家庄被服总厂厂长王士安是山上村人。“山上裁缝”坚守“量身定制，慢工细活，不厌三改，满意为止”的行规，成就了一个品牌。山上村籍、壶关县原环保局长王兰亭乡情满满，咏句赞诵他们村当年是：“半年机器响，半年种地忙。机响能赚钱，种地为打粮。”

图为村民王何保正在踏机缝制衣服。

一针不苟



① “壶关古八景”，见本书晋庄镇王岭村《风穴秋音报丰年》注①。

## 渔歌子
## 壶商初萌

人喊祁榆股市先[①]，吾呼论早有壶关。红利兑，股家欢，萌芽资本露荷尖。

高崖头村，位于乌泉寺山系主脉西南支脉尾部、脚起山南侧，季节性陶清河中游支流西南河的东、西两畔崖上，依此地理实体取得村名。

清末民初，高崖头郭长远、郭子义两东家，奔赴河北磁州经办工商企业，在乡里以股份形式集资，年终依约兑现分红。分红有现金、有年货实物。这种按股分红集资办企业的形式，与晋商发祥地榆太祁一带企业家集股兴企的形式大同小异，实质皆是“按资分配”的初始阶段。

清末民初，与高崖头村郭氏两东家集股兴企的大致同时，壶关城中的针纺、皮革、商铺、饮食、盐店，城周的陶瓷业，辛村一带的铜器制造业，县域西南的采煤业、炼铁业、铁器制作业，县东山区的编造业、榨油业，河郊沟的水磨面粉业等，以及在县外潞安府（今长治市）、荫城镇、合涧镇、彰德府（今安阳市）、卫辉府(今新乡市)、开封府、济南府等地经营的驮帮运业、面粉食油加工业、贸易货栈等多地多种产业日渐兴盛起来，产生了资本主义市场经济的初期萌芽。这些工商企业的业主、经营人员诚信为本，悉心运作，产业多样，分配多元，人数可观，笔者认为可冠以“壶商”称谓。“壶商”文化当是壶关近代经济、社会发展的重要历史现象，需待深入发掘研究。

崖上居

① “祁榆”及下文中“榆太祁”，为榆次、太谷、祁县一带合并简称。

# 寨　沟

## 霜天晓角
## 土寨记忆

山前村外，窑洞挨高寨。池水廪粮兼备，躲响马，人能耐。
官兵迎进寨，军民齐对外。村寨筑成坚壁，抗日寇，当关隘。

寨沟村，位于乌泉寺山系主脉西南延、坨棚岭西侧沟壑中，村东筑有土寨一座。有沟、有寨，故取名寨沟。为百尺镇域北至。寨沟与季节性陶清河支流西南河东、西两岸上，挨个坐落着的黄山乡南域“四掌夹一寨”，即杜家掌、王家掌、郑家掌、牛家掌、吴家寨，乡人又再加上“四沟”，即后沟、小山沟、李家沟、寨沟，共9个小山村，山同脉、水同流、语同音、俗同风，并称为“四掌四沟夹一寨”。今时，9个小山村除寨沟属百尺镇辖外，其余8个均属黄山乡辖。

寨沟那座土寨，长10余丈，宽约5丈，外筑四围高墙，内修一排10余孔窑洞，可藏粮、储物、养畜、匿人，寨顶掘有土池，可供水。旧时，土寨为村民躲避响马、土匪之所。寨沟村籍、壶关县政法委原党委书记李群富电话相告：他童时听长辈屡屡讲过，抗战时期，国民党四十军某部曾以这座土寨为营，驻扎抗日。

图为寨沟的石碹、古庙、水泥路、高压线等古今建筑共处村口的和谐景象。

古今协奏曲

## 五绝二首

### 骡帮与村名

七十二骡帮，铃铛响太行。
东西通晋豫，运业创辉煌。

村名铭往事，告示后人知：
货畅其流日，城乡发展时。

圪坨村，位于乌泉寺山系主脉西南、高庙岭北部山凹，“万里荫城”①东通豫鲁及其以远的古商道上。原名“芒细雨村”，旧时因有高家骡帮经营驮运业，且原村名叫起来尤其拗口，方圆的人们则惯称其为“高家圪坨”，顺口简称作“圪坨”，遂用圪坨为村名至今。

相传清光绪年间，圪坨村旺族大户高氏，资助村民户下养骡72头，组建起高家骡帮，办起长途驮运业，沿晋豫间的“茶马古道②”，登太行，下河郊，奔河南，走山东。高家骡帮组织严密，运力强大，经营有方，信誉至上，运业长盛不衰。方圆几十里内只要有大宗货运，多会雇用高家骡帮驮运。“物流畅，工商旺”，高家骡帮驮运业对成就壶关、长治毗邻地区的铁货制造业乃至助兴“万里荫城”有一定意义。高家骡帮驮运业一直坚持到抗战爆发，日寇入侵壶关，阻断晋豫交通出口，骡帮无法营运，被迫散帮停业为止。

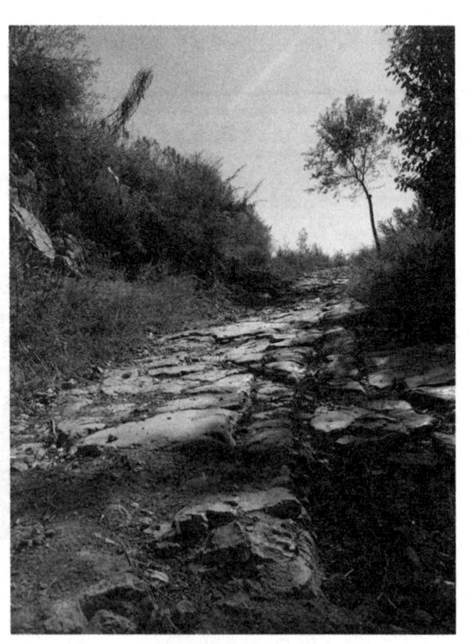

古道蹄声今犹在

① “万里荫城”，见本书店上镇瓜掌村《古民居村》注①。

② 茶马古道，见本书店上镇谓里村《摊破浣溪沙·古商道》。

# 魏家岭

## 七　律

### 助兴亚运的唢呐主奏

乡里人称唢呐王，恭听场场有名堂。
大戏连头功夫足，小段秧歌韵味长。
年节赛吹频获彩，公司庆典总添祥。
名师指点禾逢雨，亚运助兴名远扬。

魏家岭村，位于乌泉寺山系西南支脉、小馍馍山岭之阳；加之，祖居者魏姓居多，以姓氏加地理实体的常用组合村名模式，即取名魏家岭，俗称“岭上”。

魏家岭村魏龙则，从事唢呐吹奏40余年。凡40年，晨昏相继，勤学苦练，岁见长进。尤其值得称道的是，曾投师全国唢呐吹奏名家胡金泉门下学艺，经名师指点，吹奏技艺得以精进，日渐形成一种音域宽、韵调丰、气运长、传声远、曲目繁多的魏氏唢呐吹奏风格。屡屡参加县、市、省赛事，每每获有奖项。1981年3月，参加山西省职工文艺汇演，荣获唢呐吹奏一等奖。1990年赴京助兴亚运会，担任唢呐主奏，场场赢得京城观众连连喝彩。他吹奏的民乐系列曲目多次在省、市广播电台、电视台播放。

往昔，在壶关老乡们的心目中，唢呐是民间的“第一乐器”；吹奏唢呐的把式是八音会中“头把手艺人”。乡中百姓对一方吹奏唢呐的好把式知名道姓，耳熟能详，街面、饭场、地头，常会听到人们搭伙夸赞，争说见闻。魏家岭魏龙则即是时享这般夸赞中的一位。壶关业内人士称，全县有名的唢呐手还有：三井刘聚有、固村曹柱则、沟西坡高贵琳、沙窟牛全科、南关李安忠、西川底刘月兵、东旺庄马文学、宋家河宋福英（女）、王章河北凹平天红等。皆为壶关叫响、上党挂号的唢呐吹奏名家，堪称壶关“十佳唢呐手”。此处以魏龙则领衔咏记。

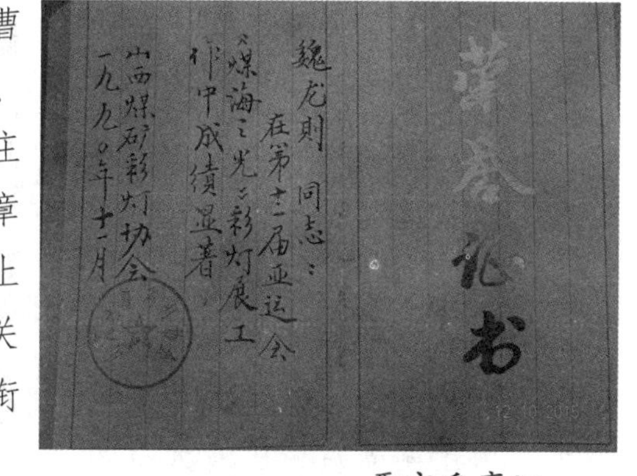
魏龙则同志：
在第十一届亚运会
《煤海之光》彩灯展工
作中成绩显著
山西煤矿彩灯协会
一九九〇年十一月

晋京受褒证

# 魏家湾

## 五字谣
## 纺绳兴衰

远古无有绳，文明伴生绳。
记事靠结绳，闩门系爪绳。
辘轳一条绳，担挑八股绳。
挽具拽缰绳，船行拉纤绳。
系物用细绳，秋千吊粗绳。
柔韧说跳绳，劲道论鞭绳。
鞋用纳底绳，老少脚踩绳。
造纸用废绳，收购索头绳[①]。
生产广用绳，生活难离绳。
改变手搓绳，湾的器纺绳。
游乡现制绳，赶集忙卖绳。
今兴尼龙绳，工厂生产绳。
厂出尼龙绳，退市麻纺绳。
湾的停纺绳，乡志应记绳。

魏家湾村，俗称“湾的”。位于北首山之阳的一个河湾里。且因祖居者魏姓居多，由姓氏加地理实体取村名。北首山为乌泉寺山系西南余脉边沿的一座山岭。

往时，魏家湾魏振河家祖辈数代经营纺绳业，用麻皮为原料，用木制纺绳器纺绳，堪称初级的半机械化纺绳。纺绳器由主器、副器、小器三部分组成。主器用铁钉子固定住一边，上有若干个带钩的铁摇把，纺绳时用木板摇动摇把，置于对面的副器就会向主器把柄移动、靠近，由于副器后面压着大石块，

麻绳卷

在重力作用下，扯在中间的毛坯麻就会慢慢地拧成绳。在拧成绳的过程中还有一个起关键作用的小器，纺绳匠将其称作“木瓜”。木瓜小，作用大，绳子的股数、粗细都由木瓜上的槽数与槽形决定。木瓜就像在菠萝上开了几道槽，纺几股的绳就在主、副器中间的毛坯麻上镶上几道槽的木瓜。魏振河户营纺绳作坊制作的纺绳器精致，纺绳工艺讲究，所纺麻绳规格齐全，价位适中，质量上乘，尤其耐磨、耐用，时称“魏家麻绳”，颇受远近用户欢迎。

纺绳的用料麻皮，集中产地在上党盆地中心的长治县、长子县、长治市西郊一带，称潞麻。壶关除一些小块地种麻外，主要种植在地岸上，称岸麻，大概念也属潞麻。古来潞麻麻皮、麻绳是晋豫间大宗货物中晋方贸易量仅次于煤炭、铁货的第三大宗物资。“魏家麻绳”也参与了这种贸易。

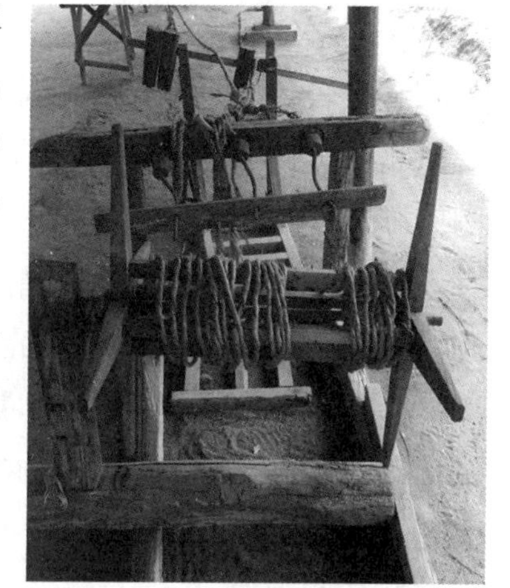
木制纺绳器（部分）

近半个世纪以来，随着现代化学工业兴起，尼龙绳逐步取代了麻绳，纺绳业、种麻业日渐衰落下来。似应明确的是，几乎与陶瓷一样，绳的纺制、使用的漫长过程，也伴随着并印证了中华文明的漫长历史进程，堪称“绳文化”。

① 壶关一带百姓称不能用了的废旧麻绳段为“索头”。

## 忆王孙
## 魏家模具

山村小小后河湾，地出粮蔬人出贤，模具精工乃祖传。
庆丰年，万户中秋月饼圆。

后河村，位于乌泉寺山系西南余脉、松坡山西北山凹里。

孔子《论语·卫灵公》名句“工欲善其事，必先利其器”。孔子讲的器，即劳动工具；劳动工具乃技术的物化，是生产力组成的“三要素”①之一，在成事若干条件中起着前提性、关键性作用，凡事皆然。后河魏家刻制的模具则是做月饼、制糕点的利器，广受南北糕点业界的业主、工匠欢迎。魏家模具刻制工艺，自清代嘉庆十五年（1810）魏顺隆始创，今至魏家后嗣魏有水、魏沿江已家传六代，计205年历史。小小后河村也随魏家模具远销而名走四方。

魏家模具特点有六：一曰慢工制作，尺寸精准，脱模尤其利索。二曰规格齐全，样式繁多，另可按需定制。三曰选料苛刻，唯用上好梨木，坚持一以贯之。四曰历史悠久，质量守成，至今六代不衰。五曰销路广远，曾销至晋、豫、鲁、冀、蒙、藏等省(自治区)。六曰工艺奥秘，严守“口手相传，父子相承”的行规家矩，女儿、儿媳迴避，以防刻制绝技外泄他人之家。

右图拍摄时，因天色已晚，应摄影者拍摄需借室外自然光的要求，魏家刻制模具传人魏有水在门外展示刻技。

精工刻制

① 生产力组成的“三要素”为劳动力、劳动工具、劳动对象。

# 鸦 村

## 醉太平
## 迓鼓申遗[①]

喧天鼓锣，长刀对戈。大花脸谱高呵，逐邪祈福多。
壶关出荷，山西独棵。齐心抢救研磨，申遗一曲歌。

鸦村，位于乌泉寺山系西南支脉尾部、沙石山南侧小池岭上，四赵公路从村中通过。

迓鼓，系壶关民间一项古老祭祀活动表演形式，始于宋元，盛于明清，衰于民国，后近失传。进入21世纪，改革回天，文化春来，旧艺新芽，多个生命些微、近将失传的传统文艺项目、民间社火故事失而复得，应运重生。迓鼓经抢救得以恢复乃为一例。

21世纪初，壶关文化局原副局长李秀庭、文化馆原馆长郭书茂等人组队，深入迓鼓传承地鸦村，与迓鼓表演老艺人苗小肥、张合义默契合作，精心探究，加紧抢救，终使这一濒临消亡的宝贵民间文化遗产得以恢复传承。2005年元宵节，鸦村迓鼓表演队首赴长治市汇演引起轰动，荣获一等奖。

2013年一春日，郭书茂电话相告："2004年冬，苗小肥不幸病逝。2011年，鸦村迓鼓被报批为山西省级非物质文化遗产代表性项目，本人与张合义被报批为迓鼓项目传承人。"

迓鼓——申遗成功一范例

---

① 至2016年上半年，壶关已列入各级非物质文化遗产代表性项目有：国家级两项有壶关秧歌、上党乐户壶关班社，壶关班社传承人为牛其云；省级3项有壶关羊汤、传承人郭国芳，辛寨陈醋、传承人辛世芳，壶关迓鼓、传承人张合义、郭书茂；市级5项，传承人7人；县级34项，传承人103人。

# 卫家庄

## 七绝二首
## 卫魏一庄

卫魏一村前后庄，最悲派性十秋狂。
卅年改革新风树，两姓相和享小康。

欣逢改革好时期，前后两庄填旧渠。
卫魏相和建仁里，不分南北与东西。

卫家庄村，俗称“庄的”。位于乌泉寺山系西南余脉边缘、牧坡山之阳小平川上，西距中心村东柏林1公里处。

卫家庄村中间原有条东西走向的浅河沟，以此为界，将一村分为南面前庄、北面后庄。前庄卫姓人家居多，后庄魏姓人家居多。长久以来，前、后庄在总体和好的情况下，由于宗族观念的消极影响，也时或表露出一些隔阂，偶尔也发生过一些纷争。卫家庄籍、壶关县原副县长郭雷平相告：“曾有一度时期，如若选上前庄上的人担任主干，出具公文、信函则将村名写作‘卫家庄’；如若选上后庄上的人担任主干，则会写作‘魏家庄’。党的十一届三中全会以后，全党工作重点转移到经济建设上来，卫家庄干群集中精力发展生产，前、后庄隔阂方得渐息，今喜全村百姓和谐相处，仁里共营。现今，壶关县地名管理部门（民政局）已确定称‘卫家庄’，壶关官方使用的地图、统计资料，出据的公文、函件上所标村名均为‘卫家庄’，村政办公、村校师生教学、前、后庄村民日常应用也渐趋一致，写成‘卫家庄’了。”

图为卫家庄村中原来前、后庄的分界浅河沟，如今已填平，硬化为一条连接两庄的平整小巷，堪称改革开放新时期、团结和谐新村风的一个象征。

昨沟壑，今坦途

# 南　村

## 忆王孙
## 记起小方炉

方炉座座绕村郊，生铁锅锅烈火烧，老少炉前汗水浇。昼连宵，冒暑熬寒岁月遥。

南村，位于牲口寺山东北坳、多宝寺山南麓，故名南村。距中心村东柏林两公里。牲口寺山、多宝寺山属楼峰山山系南延支脉中两座连脉山岭。

旧时，壶关西南域百尺，东、西柏林一带“煤铁之乡”的铁业用炉，按功能分作三种炉型：一是小方炉，炼生铁；二是炒炉，炼熟铁；三是条炉，锻打成型铁。三种炉型链接，即是从铁矿到铁器一个完整的生产总流程，包括一由铁矿到生铁、二由生铁到熟铁、三由熟铁到铁器三个生产分流程。南村铁业以小方炉冶炼生铁为主，盛时全村开设小方炉达20座之多。

顾名思义，小方炉为方型。论大小一般长约3米、宽约2米、高约1米。小方炉冶炼生铁的生产流程为：炉中先按一定规格要求码放炭块；将打碎的铁矿装入坩锅，然后再将坩锅按照定式定矩，成排成行置入小方炉炭块中；随即点火，并拉风匣吹风助燃；待坩锅中的矿石完全熔化后，用长把铁钳夹出坩锅；稍事冷却，即用铁锤敲碎坩锅上截，倒掉因比重轻，浮在上截的液化矿碴；沉在下截的即是炼好的、比重重于矿碴的液态生铁；冷却后即成生铁铁锭，再供炒炉炼熟铁；最后由条炉锻打熟铁为各种成型铁器。

冶乡一景——“铁壁”

如今，南村的古稀、耄耋老人们都曾是当年小方炉炼铁的工匠。小方炉炼铁已成为这些老工匠们对昨天的铭心记忆。

图为南村、闲阳河一带用炼铁后的炉圪梁砌作的墙体。

# 曹家沟

## 鹧鸪天
## 订单铁业

百座烘炉配百砧，祖传技艺汗流浸。钉钩链掌精工锻，锤打钳拿匠是神。

单一纸，重千钧，品牌铁货信为魂。产销两利经营好，万里荫城达贵云[①]。

曹家沟村，位于后家山之阴一条沟壑岸畔，壶关、长治两县交界处。含西岭上自然村。后家山为楼峰山山系南延余脉一岭。

曹家沟铁器打造业古来热烙、兴隆。究其缘由有三：一靠质量上乘，品种齐全；二靠与传统铁业集散地荫城镇近距，约5公里；三靠铁业作坊与经纪人之间签订契约订单依约生产，三条并俱致数代不衰。荫城之所以称“万里荫城”，即是由于凭借周围曹家沟等上百个村庄的铁业作坊，按照订单上双方所签供货的数、质、时要求，开展铁货协助生产的。众多铁业作坊皆视契如山，凭订单有序供货，力保“万里荫城”的铁货“货达三江，日进斗金”。

旧社会生产力落后的手工业生产时代，尚有订单契约保证正常产销秩序，“凭纸上不凭纸下”“空口无凭，立纸为证”“千年古纸会说话”成了规范人与人之间、人与企业之间、企业与企业之间经济关系的通则。今人应当从中受到启迪，明确如今已进入生产力高度发达的现代工业化、信息化时代，应以更为完备的法制、无所不在的契约促进全面建设法制社会，构建和规范社会主义市场经济秩序。

炉小熄，匠小憩

① 贵云，系贵州、云南两省简称，此泛指远销各地。

# 地南头

## 七　律
### 清代禁赌碑

村民自治订乡规，引训和家出赌贼。
卖地卖房银垫壑，典妻典子债成堆。
一家惊动千家醒，十贯招来万贯亏。
只怨今朝赌风盛，古碑重竖扫霾灰。

地南头村，位于楼峰山山系南延余脉、卧虎山东侧坡下，西南河[①]源头处。相对于中心村东柏林而言，获称地南头。往时这一带传言称，地南头村人的祖坟茔地“头枕卧虎山，脚蹬天子岭”，是说地南头风水好，是块宝地。

清代，地南头村中有家和姓大户，积有家产万贯，富甲一方。和姓东家去世后，其子不学无术，游手好闲，嗜赌成癖，不几年便把祖业家产输个精光，妻室子女典当他人，最后穷困潦倒，冻死在荒郊野外，落了个野狼食尸的下场。凡提及这个不肖之子，村人皆不齿之。为引以为训，告诫后人，村里订立规约，刻碑明示禁赌，在和姓大户盛时出资修建的北庙墙上，竖起一小四大共五通“禁赌碑”。

“禁赌教材”

2013年3月6日，笔者与王兰亭、刘建川二位相伴赴地南头，见到那通禁赌起首碑保存完整，字迹清晰，上刻“地南头村所管地方永远禁止赌博罚约条例，庙中碑记开列，谨此告白”（见图）。另刻有详尽罚约条款的四通正文碑，失而尚未复得。别时恳嘱村干部：“应当作村政要务，设立专项奖，鼓励村民遍村寻宝，找全五碑，当作课本，教化乡里，永传后嗣。”

---

① 季节性西南河发源于地南头与贾家南底之间的北塧山分水岭北麓，流经东坡、东柏林、卫家庄、高崖头、寨沟、郑家掌、王家掌、杜家掌、油坊河、神东、北兑川、桥头、郭堡等村庄，汇入陶清河干流上的西堡水库。位于陶清河中游西南，相对于源于行头岭西北麓、陶清河中游的支流东南河，即称西南河。

# 东　坡

## 五 绝 二 首
## “村村通”复“户户通”

黄土高坡顶，山村闭若笼。
往时奔数里，方有汽车通。

新政惠山中，村通接户通。
客车村口站，鸣号唤西东。

东坡村，旧址坐落于乌泉山山系西南余脉、打鼓岭西侧一面黄土高坡头上，位置又在东柏林至地南头之间小平川的东畔，以依偎这两个地理实体及坐向而取村名东坡。

往时，农村羡城市，农民羡市民，一羡自来水，二羡水泥路，二事成了农民老少常作、世代相续的两个梦。如今，进入改革开放新时代，好事成双，二梦并圆，农民尽皆欣然。就路而言，近年，在国家资助下，壶关山区交通升级上档，大为改善。同全县其他乡村一样，东坡村在实施“村村通”工程覆盖后，继而实施“户户通”工程覆盖。现已接近达到了城市街巷那般“风不扬尘，鞋不沾泥，车不碾辙，晴雨通达”的标准。

2013年初春，笔者赴东坡核对“村村咏”所涉村情，目睹东坡村前那条黄土高坡业已硬化，坡上坡下一色水泥路面，街路相衔，户巷相接。时有村民在路口等候小班车，还有青年下地或驾驶农用车、或骑乘摩托出入。往日，村里年轻人感慨说：“著名歌星、歌坛‘西北风’的领衔者杭天棋唱红的那首《我家住在黄土高坡》，就唱的是咱东坡村。”如今，村里年轻人调侃说：“咱村的黄土高坡不再怕刮大风了，歌星们唱红的那首歌也该改词新唱了。”

晴雨通达

## 宋家河

# 打油诗
## 韭菜一绝

宋家河产好韭菜，韭叶沾面不沾筷。
欢欣惠农新政好，菜摊摆到英雄台。①

宋家河村，位于东垴山、南垴山、西垴山三山相夹沟壑之中。东垴山、南垴山、西垴山同属楼峰山山系西南余脉中的三座连脉山岭。

1984年一夏日，笔者以壶关县政府分管农业副县长身份下乡到宋家河调研特色农业。喜听时任村党支部书记贾全孝介绍说："咱宋家河的特产是韭菜。好在吃韭菜打卤面，韭叶只会沾到面条上，沾不到碗边和筷子上。三五十里内的人们都知道'宋家河的好韭菜，韭叶沾面不沾筷'"。听了老贾的精彩介绍，随即看了沟坝水地园里生长的绿生生、满当当的韭菜，煞是兴奋，忙交待他三点：一是韭菜园要规模发展，从五六亩扩大到二三十亩，实现全村四十来户"一户半亩韭，吃穿不发愁"的温饱目标；二是以扩建韭菜园申报一个扶贫项目，由县政府拨给扶贫经费予以扶持；三是在做好工作的前提下，准备到年终三级干部会上发言交流，题目即"宋家河的好韭菜，韭叶沾面不沾筷"，一方面交流经验，另一方面起个打广告作用，把宋家河韭菜的牌子叫响、叫亮。

春韭满畦

1984年年终，县里召开的县、乡、村三级干部会上，老贾真的上大会做了典型发言。只惜韭菜园经营了没几年，干群精力转到了开挖小煤矿上；挖煤又挖走了地下水；没了水，韭菜园浇灌不成，只好改种旱作玉米了。

① "英雄台"，即长治市规模最大的英雄台农贸市场，这里泛指城镇农贸市场。

## 星耀头

### 浪淘沙
### 山庄洁为美

星耀小村头，环卫当讴，瓮缸桌柜亮油油。街巷庭除尘不染①，N个春秋②。

环境胜鞭抽，户户争优，娶来新妇抢笤帚。盛世山村新面貌，明亮群楼。

星耀头村，位于楼峰山山系西南余脉、小树岭之阳，茅香沟东侧岸上，西与长治县接壤。相传星耀头村因村址坐落于一座名叫星煤窑的小煤矿上方，故得村名。茅香沟为发源于西北相邻的山上村胭脂岭西麓山壑，流入长治县境内的一条季节性小河，星耀头村域即属茅香沟小流域。

星耀头百姓世代以勤为本，以读为尊，以和为贵，以洁为美，尤以干净卫生著称。家家户户虽使用瓦釜旧几，而擦抹如镜；老老少少虽身着补丁布衣，而洗涮干净；犁耧锄耙虽日常使用，而泥土不沾；大街小巷虽时有风起，而有风少尘……是十里八庄远近闻名的卫生村。邻村人夸赞："再懒散、邋遢的女人，嫁到星耀头都会勤快起来，干净起来。"是谓"星耀头现象"。"星耀头现象"说明，人善环境，环境善人，是为人境互善。

卫生村里卫生户

2012年中秋，笔者回县小住，欣晤星耀头村籍、壶关县政协原主席张平和，问及"星耀头现象"成因，他颇为动情地说："一辈又一辈的家乡人，一耕二读三卫生，是从小由环境浸染、父母帮带、村风熏陶、村校施教而成就的。"

图为村民王爱先正在擦抹阳台。

---

① 《辞海》注释：〔除〕chú，为台阶的通称：庭除。《朱子治家格言》开篇句为："黎明即起，洒扫庭除。"

② N，见本书龙泉镇石岩头村《无碑秦公桥》注①。

## 打 油 诗
## 砂锅甲上党

你锅吆喝三分铁，我锅不怕跺三脚①，
锅窑廿座不熄烟，老少捏锅没人歇。

南崖上村，位于东老山、庙老山之间沟壑南侧崖头上，缘此得村名。西邻长治县县界。含小河自然村。东老山、庙老山为楼峰山山系西南余脉中的两座连脉山岭。

南崖上砂锅制造业历史悠久，工艺讲究，质量上乘，结实耐用，壶关、长治一带城乡家庭主妇多惯用。当年，长治县贾掌村出产的砂锅也很有名。为争市场，贾掌人卖锅时吆喝出一句号子“贾掌砂锅三分铁”；南崖上人卖锅时忙跟着喊出一句号子南崖上的砂锅“敢让好汉跺三脚”。以示南崖上砂锅质量过硬、经久耐用，超过贾掌。兴盛时南崖上全村有烧锅窑20余座，百余全、半劳力从事挖坩、和泥、捏锅、烧窑、游乡卖锅等活计，难怪邻村人调侃说：“南崖上，捏砂锅，不捏砂锅没生活。”

随着时代进步，厨具与时俱进，铁、铝、不锈钢锅大量取代砂锅，如今，只在饭店吃砂锅豆腐、煲汤，或家中熬中药时才用得到砂锅。因市场收窄，南崖上砂锅业日渐衰微。不过，要记住我国明代大药物学家李时珍讲过“煎药忌铜、铁器，宜用银器、瓦罐”，瓦罐即砂锅；今时日益流行的煲汤厨艺也是用砂锅才地道。看来砂锅煎药、煲汤的用场会持续拓展下去。南崖上传统砂锅业能不能转型发展，创新工艺，做出精制的煲汤、煎药的砂锅呢？当前申报扶贫项目似可列为备选项目之一，予以研究酌定。

煲汤仨号

① 壶关方言读“脚”为“jié”，与前后句中的“铁”“业”二字韵脚相押。

# 河西庄

## 五　律
## 三十年河西

改革卅春秋，干群同运筹。
先开出口路，后建小区楼。
百姓公园逛，农家别墅休。
矿停过五载，无业复心忧。

河西庄，原名“河西”。位于楼峰山山系西南余脉、老山东麓之侧，茅香河沟西岸，缘此取村名。1983年地名普查时，为避与同镇河西村重名，则后缀“庄”字，以作区别。

河西庄是个百户人家的小山村。党的十一届三中全会以来的30年间，村党支部带领群众办起小煤矿，恰逢煤价连年上涨，集体家户收入双陡增。秉持“要想富，先修路”理念，囊中有钱，先行投资修通南接长陵、北接荫林两条干线公路的出村道路；继而遵循“治了坡，再治窝”的顺序，实施规划并村，盖起110套欧式楼房，建成农民“老山公园”，俨然一座“园林式”村庄。河西庄相继获得省、市、县命名的“新农村建设样板村”、省级“文明新村”等称号。2008年9月，整顿停业小煤矿后至今尚未开拓新产业，经济陷入困境，小山庄风光数年不再。

河西庄，园林庄

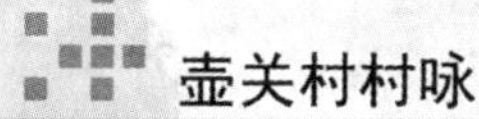


壶关村村咏

王岭
黎岭
赵掌
北洪掌
庄头
西山后
东山后
泽井
池则掌
山仓
西崇贤
东崇贤
北掌
料阳
前西掌
固店
东河南
晋庄
范家后
徐家后
泉则河
常家池
北头
西川
东川
秦家庄
东七里
西七里
秦村
东沟
郊里
东郊
河底
北庄
畅村
寺沟
十里

# 晋庄镇

# 晋　庄

## 江城子<br>千斤谷

洼洼垛垛好秋光，大坟掌，小坟掌①。地利天时，肥沃并朝阳。谷打千斤今又是，青叶叶，穗黄黄。

晋庄种谷古来行②，保秋墒，借春光。自主播期，趁雨并防霜。更喜承包新日出，人奕奕，岁穰穰。

晋庄村，位于肖军岭山系西延余脉、小岭的山之阳，季节性石子河北岸小平川上，壶（壶关)花（平顺花园梯）公路从村中通过。为壶关城东北部15公里处一座著名古镇。为晋庄镇政府驻地。

晋庄是闻名全国的旱作谷子高产先进单位，多年亩产达千斤，故此“千斤谷”则成了晋庄谷子的代名词。每逢中秋节前后，晋庄村的大坟掌、小坟掌、耳则上、庙后等地块谷穗吐齐，绿叶黄穗，碧下藏金，丰收在望，静待开镰。晋庄老农喜称秋季开镰前好谷子的长相是：“绿叶黄谷穗，见叶不见穗”。此时组织观摩晋庄谷子乃一大快事。

晋庄旱作经验的核心是抗旱增产，农业专家表述为“在总结继承当地

待开新镰

老农传统抗旱保墒经验的基础上，广泛吸纳先进实用的旱作新科技，千方百计提高单位年降水量的粮食产出率”。主要内容依序有：秋耕壮垡、三墒整地、选育良种、适期播种、精细管理、适期收割。如此种出来的谷子品质好，千粒重与出米率均高，晋庄老农讲他们的谷子是“八米二糠”，即一斗谷能碾出八升米，米与糠之比为8:2。1984年，一位中央主要领导同志曾指出：“晋庄有机旱作经验在北方地区有普遍的推广意义。”据1999版《壶关县志》载：1972年10月初，北方地区谷子丰产经验交流会在晋庄召开。此后，晋庄大队先后接待20个省、市、自治区参观者，计约1.5万人次。

上页图中左一为晋庄籍、著名旱作谷子种植能手、农民技术员郭新法。

古镇宜居缘向阳——晋庄新貌

---

① 大坟掌、小坟掌为晋庄村主要旱作谷子种植地块名，位于晋庄村东两座相邻的向阳山凹里。

② 此处“行”读háng，即内行、行家之意。

# 十　里

## 三字谣
## 仨劳模

十里村，老先进，名劳模，有仨人，
三时代，各占春。
向提水，党指路，第一家，互助组，
只可惜，泯中途。
学毛选，老三篇，杨向花，最勤勉，
三五载，名不传。
原支书，向学平，凭实干，靠群众，
十里岭，展新容。
老劳模，宝无价，不怕讽，不怕夸，
学纪兰，不落霞。
今十里，逢佳期，干群和，劲憋齐，
谋新业，上新梯。

十里村，位于太行山分水岭西麓支脉、十里岭山系主峰东北山凹，季节性石子河支流十里河源头处。因明清时属文化乡新兴十里，则取名十里村[①]。十里岭主峰海拔1571.5米。

十里村属老解放区。抗战时期，十里村向提水积极响应抗日民主政府号召，带头组织互助组，发展生产，建设山区，积极支前，1944年获得晋冀鲁豫边区政府授予的“劳动模范”光荣称号。据县里常改则、马存有、常全余、盖海蛟等几位抗战时期参加工作的老干部讲，当年向提水与全国著名劳模、平顺县西沟村李顺达属“同期、同绩、同誉”。十里村村民杨向花思想先进，热爱集体，吃苦在前，和睦邻里，曾被选为“壶关县学习毛主席著作积极分子”，时称“学毛著尖子”。十里村前任党支部书记向学平，带领全村群众艰苦奋斗，建设新农村，2010年荣获山西省“五一劳动奖章”获得者光荣称号。三位劳模在三个不同时期都创造了业绩，赢得了荣誉；但在之后的新时期，因故又都未能创造新的突出业绩，赢得新的应有荣誉，持续保持劳动模范称号。

农业劳模怎样才能与全国著名劳模、平顺县西沟村申纪兰一样，坚持数十年如一日，与时俱进，永葆先进称号，这是个需要研究与把握的要题。

白龙碧澜分水岭

① 明清时，村的建制编为里。尚有另说“因距古镇晋庄约10华里，则取名十里”。下文中东七里、西七里同样有此两说。

# 北　庄

## 杂句谣
## 小流域治理北庄样本

松柏树，满山坡；拱型坝[①]，上下摞；
海绵田[②]，涵水多；农林水，齐协助；
三项措施治山窝。
下小雨，不流河；下中雨，流小河；
下大雨，流清河；连阴雨，不塌坡；
水土保持结硕果。
草木茂，地肥沃；牛羊壮，九穗禾[③]；
治小河，安大河；国亦幸，民亦乐；
山区建设谱新歌。

北庄村，位于“壶关屋脊”大虎岭山系西南支脉、凤凰岭之阳山坳，发源于盘马池村西沟河自然村、壶关县域内第二条较大的季节性河流石子河源流首过处。

小流域得治理，蓄水缓洪，大江河方安澜——对大江河是治源之计；小流域得治理，保持水土，宜农、宜林、宜牧——对流域村是治本之策。因之，小流域治理堪为“国计民生两关乎”。为此，国家十分重视小流域治理。从20世纪80年代初开始，在国家资助，水利水保、林业、农业三部门协调一致，派遣技术人员住村指导下，县劳模、北庄村时任党支部书记杨来圈组织带领全村干部群众，采取三项措施，综合治理小流域，成效显著。三项措施即：一是农业上学习推广晋庄经验，建设旱作“海绵田”，称耕作措施；二是林业上学习推广“五全法”，绿化荒山沟坡，称为生物措施；三是水利上学习推广平顺西沟做法，闸谷坊，修塘坝，称工程措施。三管齐下，取得土不下

山村建设擎旗人

山，水不出沟，保墒沃土，抗旱缓洪，生态日益改善，丰收年景增多，环境日趋优美的良好效果，成为壶关全县第一个综合治理小流域的示范村，获称“北庄样本”。

1987年初秋，山西省小流域治理现场会在壶关召开。会议组织与会代表现场观摩北庄、常家池、洪掌（原东崇贤乡辖）、刁掌、盖家川底等小流域治理先进典型，以及城东龙丽河滩丰产林、麻巷河小流域刺槐水保林工程等造林绿化先进典型。此《杂句谣》为笔者给那次会议组织流动参观现场时，编写的解说词中一段内容，此处入册，字句小有添改。

图为杨来圈生前上山采摘松塔，准备剥籽育苗、补栽荒山水保林。

---

① 拱型坝，一种弓朝内、弦朝外，抗力极强的石坝，符合力学原理。

② 俗称土壤有机质含量多、团粒结构好、有弹性、肥力高的耕地为“海绵田”。

③ “九穗禾”，原意为一株庄稼有九个分蘖、结九个穗子，即与壶关一带农谚“麦支九头”同义，引申为形容丰收年景之义。

## 东　郊

### 竹枝词二首
### 戏班子转办锣鼓队

文化东郊频出彩，旦生净丑有人才。
三天五日无重本，八垛戏箱来往抬。

与时俱进迎新彩，老戏封箱鼓乐来。
婚庆店开添喜气，流行曲谱畅人怀。

东郊村，位于大虎岭山系西侧支脉、曹章岭西北沟壑里，石子河谷东岸上。

东郊村民古来尚文，村里辈有文化人相继活跃，代有戏班子相承兴办。其中，戏班子有《雁门关》《黄鹤楼》等10多个整本传统剧保留剧目，商业演出能出8垛戏箱。戏箱为装行头用，按功能分为大衣箱、头脑箱、道具箱。戏箱多少是往时衡量一个戏班子规模大小、剧目多少、档次高低的主要硬件指标。雇请戏班子或剧团来村里商业演出，要先签订合同，壶关百姓称作“写戏”。是时，老乡们一听写来的东郊戏班子“戏箱多、行头多”，即认为“有来派”“能唱好”，随之瞧戏兴头高涨，演出必看；还要相互传告，嘱咐邻里、特邀亲朋，都不要误了看东郊戏班子的演出。

如今在农村观看古装旧戏的人群日渐趋少，乡村戏班子演出的市场收窄。为适应形势变化与市场需求，东郊戏班子转型成为威风锣鼓队，锣鼓乐器一应俱全，新旧曲谱名目繁多。凡本村、本镇庆祝年节，邻近十里八庄助兴婚庆，常会有东郊威风锣鼓队的精彩表演。

庆囍之后

# 西七里

## 七　律
## 极 品 皮 胶

绛人传技虎山东，半数人家堪治穷。
口外皮张来料远，两河市场运销红①。
精熬手艺胶牢固，微利经营价适中。
粘剂今朝不环保，重思七里老胶工。

西七里村，位于十里岭山系主脉北延、虎山东麓，据传明清时属文化乡新兴七里，且居石子河谷西岸上，则得村名西七里，与东七里村隔河（石子河谷）相望。

民国初年，一绛州人落难西七里。村人慈善为怀，施饭救助，腾屋居留，予地耕种，使绛州人生活得继、得安。为感激收留之恩，绛州人则将身怀熬制皮胶技艺“口手相传”教于村人王喜丑。王喜丑作“二传手”，教于30余户，约占当时整村户半。熬制皮胶的原料购自内蒙，产品销至本地及河北、河南一些城乡。由于原料精选、工艺地道、质量上乘、市场稳定、利润有赚，西七里熬胶业历近百年不衰。直到20世纪末，现代工业兴起，皮胶被多种化学黏合剂代替，始方停业。西七里籍、长治市文联原副主席、山西著名诗人王广元相告：他们家曾是熬胶专业户，他小时候曾是一名“熬胶童工”。

新纪新第新七里

笔者童少时，曾见家父用扁担挑物，超重，担折；即用西七里皮胶粘好，复用。又超重，复折；只是粘处未折，它处新折。

① “口外”，系指张家口以北内蒙古地区；“两河”，系指河南、河北两省。

## 东七里

### 七 绝 二 首
### 城 堡 庄 园

双雄蛰伏太行崖，巷窄闩粗侧径斜。
倒卷珠帘鲜出入，无缘治国转齐家。

礼门义路书声朗，聚气西山业盛昌。
十代良风薪不灭，贵由清亮记成章。

东七里村，位于大虎岭山系西延余脉、蛇龙垴山南侧。明清时属文化乡新兴七里，且坐落于石子河谷东岸，则得村名，与西七里隔河（石子河）相望。

东七里村中有座清初庄园，坐址依坡趁势，随高就低；整体外敛内阔，构筑精巧；机关暗道隐秘，内设深藏，易守难入，俨然一座古城堡式建筑群。曾有民谣喻其架构机秘为："珍珠倒卷帘，宅主掌机关。生人进不去，老鼠也难钻。"只惜民国年间拆毁，今日仅留一条巷道、两头大门、数间残屋。

1644年3月，农民起义领袖李自成进京称帝，号大顺。缘由俭沦奢，致40天即被清军破城，兵败西逃，属下将士四散。东七里村党支部书记李清亮用时五年，主持搜集、编印的《东七里古村落》小册子，内中记载：当年，李自成属下有李世龙、李世虎二将逃至太行山中，藏匿东七里村。始之，二将悄然卖掉所带细软，修筑珍珠倒卷帘庄园，关门教育子嗣攻读诗书；继之，开门经办工商企业聚财；终之，成为数代兴隆之李氏名门旺族。至今，东七里167户中，李氏后嗣117户。到李清亮这辈已是李世龙、李世虎的第14代子孙。

图为清代庄园东门遗存，东、西两处门楣上分别砖雕"義路禮門""西山氣聚"各4字。"義路禮門"简化字为"义路礼门"，"西山氣聚"简化字为"西山气聚"。

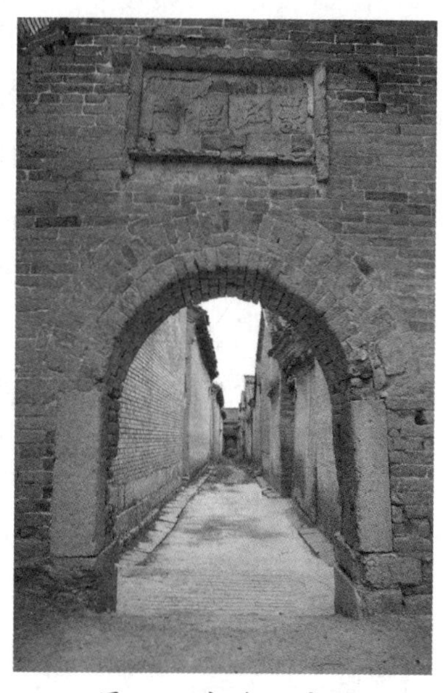
厚门·窄巷·高墙

# 秦村

## 六字谣
## 坩锅一业

山乡寻准富路，办厂制作坩锅。
质优实耐摔打，规格齐全繁多。
是劳则能就业，没空坐打扑克。
创业强音奏起，一支致富新歌。

秦村，位于大虎岭山系西北延支脉、东山碣阳面凹中，季节性石子河东畔支流东沟河过处。原名“南头”，1983年地名普查时，为了避与黄山乡南头村名相重，据村民以秦姓居多为据，则改称现名。

“无工不富”是改革开放后，中央关于“三农”工作的一个重要指导思想，也是众多先富起来的村庄发展理念上的一个共识与生产实践上的一个共举。而偏远山区能否走兴工致富之路？太行山腹地的小村庄秦村曾经做出过响亮回答：拾遗补缺，找准项目，能人牵头，小村兴工，是为可能。

秦村是个只有120户人家的小山庄。从改革之初开始，村里先后办起五座小型坩锅厂，盛时年产坩锅300万件，远销津、沪、鲁、辽、苏、浙、鄂等地。小小企业，能让户户有人上工，鼓了百家钱袋子，圆了庄稼人的谋富梦。如今的秦村人已不满足就地改善住宅、修建新房，随着城市化进程，现有40余户在县城、市区购置商品房，过上了市民生活，约占全村户数三分之一。

由于坩锅厂生产过程中产生的“三废”（废渣、废气、废液）污染不易治理，秦村等村坩锅厂已遵令停业。现正在酝酿能否引进治污环保新技术，恢复坩锅生产。

图为当年秦村坩锅厂产品码放照。

多圆相切几何美

# 东 沟

## 七 律
## 农谚有理

农谚此地何其多，连接起来流成河。
布谷鸟歌催下种，蒸笼气泄教耙耱。
四时农事须循道，一合天人要讲和。
科学能诠谚万句，老词新解待切磋。

东沟村，位于大虎岭山系西北延支脉、东山碣西侧沟壑中，季节性东七里河发源处，西与秦村、东七里村同在石子河流域中的东沟河小流域内。东沟原归平顺县管辖，时为平顺县白家庄建制村—自然村，1950年行政区划变动后，划归壶关县管辖。

晋庄东南石子河流域的10多个山庄，包括东沟村，是精耕细作的传统农业区，许多老农技术值得研究、继承。其中那里民间流传着一系列农谚，符合农业生产规律与当地实际情况。例如“惊蛰不耙地，好像蒸馍跑了气”“布谷叫，拔谷苗”“深谷、浅糜的，玉茭栽到浮皮的”等。以惊蛰耙地为例分析：原是惊蛰时节，耕地表面开始解冻，地表下耕作层结冻的墒水，又称为翻浆水，开始通过因板结而形成的土壤毛细管蒸发飘逸到空中，造成失墒、干旱，春播捉苗难。及时耢耙切断耕地表层的毛细管，即可保住翻浆水，春播捉全苗。

听从农谚务稼穑

农谚是世代农民生产、生活的经验结晶，反映了农业生产的客观规律与农村生活的现实。用现代科技予以诠释与说明，上升到理性高度，应该会得到更好的继承、发展。

# 西 川

## 七 律
## “白皮红心村”

维持为假不为真，百姓隔河不隔心。
黑夜磨刀乘月色，白天敲磬报虚音。
三光罪策穷凶极，六死平民积愤深。
送子参军赴前线，小村抗战立功勋。

西川村，位于十里岭山系主脉北延、龙山大垴尖岭东麓，季节性石子河西岸上，即取名西川，与东川村隔河相望。

抗战时期，壶关晋庄一带以石子河谷为界，河东乡村不维持，没有维持会；河西乡村“维持”，有维持会。由于中共地下党组织积极活动，敌占区人民普遍觉悟，河西多数村说是维持，其实建立的“维持会”是假维持、真抗日的“两面政权”，称作“白皮红心村”。这类村由于汉奸出卖、叛徒告密等原因，照样遭到过日寇疯狂扫荡。坐落于石子河谷西岸上的西川村，当年日寇制造的“一二·七”惨案即是一例。

西川村籍、晋庄学区原联合校长马富录函告：“1940年12月7日，日本鬼子疯狂扫荡常家池、徐家后、西川等仨村，实施‘三光’政策，制造了惨无人道的“一二·七”惨案。其中，在西川杀害村民6人，中有妇女两人，婴儿1人。烧毁房屋115间，焚烧粮食200余石，抢走畜禽100余头（只）。日寇法西斯暴行激发起西川全体村民奋起抗日的斗志，掀起组织民兵战斗班护村，村民送子参军、抬担架、送军粮的支前高潮。”

村 门

# 东　川

## 生 查 子

## 刺槐叶喂兔

槐树满沟坡，绿叶宜家兔。喂养占工余，业适山庄户。

兔崽病难防，收购佳期误。两短总难长，畜里终为副。

东川村，位于大虎岭山系西北侧余脉、大垴山西麓下，石子河谷东岸上，即取名东川，与西川村隔河谷对应为邻。

粗蛋白质含量多少是衡量饲草质量高低的第一指标，适口性也是重要指标之一。苜蓿称“饲草之王”，苜蓿草粉的粗蛋白质含量为19.1%；刺槐叶粉的粗蛋白质含量略超20%，稍高于苜蓿；二者适口性相近，同是牛、马、驴、骡、羊、兔等草食家畜最为适口、最为喜好的饲草。有养兔老乡称赞刺槐叶为“长在树上的苜蓿”。

20世纪八九十年代间，壶关域内遍布的大小沟壑坡面满植刺槐，节错根盘，枝繁叶茂，郁闭成林。于是，养兔业轮番兴起。初兴于分水岭东麓三郊口、高岸上、口头一带；继兴于五龙山东北刘寨、迎乐、欢掌底一带；后兴于石子河谷上游东川、南头、东七里一带。1984年夏，县政府还在东川、东七里那里召开过养兔现场会。只是由于“防疫难、收购难”两个因素轮番制约，规模养兔典型村很难巩固，三两年即转移另村，总体呈此起彼伏、寅涨卯落的曲线发展形态。养兔业也因此长期处于畜牧业中一般家庭副业地位。

宅侧植槐

## 七 古

## 点赞《常氏家训》

一十四言教作人，堪称常氏谱中魂。
修齐治平条条切，礼义仁和字字真[①]。
得道座隅朝接夕，成才乡里子延孙。
族兴何只凭财帛，家训长传抵万金。

常家池村，位于肖军岭主峰西坳。村有老池，民多姓常，则取名常家池。肖军岭山系自此发端，往西沿县域北界，直到土河清凉山，方成余脉终端。

手捧常家池籍、壶关县广电局原局长常玉祥主要参编，平顺县肖军岭（昔与常家池合一村，村民亦多姓常）籍、长治市政协原主席常福江主编的《常氏家谱》，开卷即感编纂人员贤良咸集，少长相济；近询乡贤，远访齐鲁；阅览黄卷，寻觅遗存；精心修写，年余成就；根系完整，脉络清晰；堪称氏族谱系志书之一册范本。扉页上《常氏家训》一十四言，涵盖全面，寓意深邃，五言上口，句句带“必”，诚乃人生“修齐治平”之座右铭者也。

捧读《常氏家谱》，引忆常家池村抗战时期举村百姓发声，誓不维持，是著名的抗日模范村；建设时期举村百姓登上肖军岭造林3000亩，是绿化太行山先锋村，涌现出常福德、常反德两位造林功臣。平、战两个时代皆是先锋模范，首归党的领导好，百姓觉悟高；同时，其间也有族习、村风、家训的传承教化之功。特此咏赞之。

附：常氏家训

凡语必忠信，凡行必笃敬，饮食必慎节，
字画必楷正，容貌必端庄，衣冠必肃整。
步履必安祥，居处必正静。作事必谋始，
出言必顾行。常德必固持，然诺必重应。
见善如己出，见恶如己病。凡此十四者，
我皆未深省。书此当座隅，朝夕视见警。

常姓图腾

为常姓图腾。图腾是古代氏族的族徽。

《常氏家谱》扉页照

① “修齐治平”，为“修身、齐家、治国、平天下”缩写，原句出自《礼记 · 大学》。

# 徐家后

## 五　律
## 诗表厚道之乡

厚道徐家后，人忧作已忧。
赠予一架岭，让出两条沟。
凹垛宜播谷，沟坡好放牛。
村风金不换，薪火举千秋。

徐家后村，位于小垴后山、虎头山两座连脉山岭向阳凹坡面上，壶花公路北侧。发源于肖军岭的季节性石子河支流常家池河流经村南。小垴后山、虎头山同属肖军岭山系①主脉西延两座相邻山岭。

徐家后村民古来勤勉稼穑，生性朴实，为人厚道，与邻为善。徐家后村籍、壶关县原人大常委会主任徐福生、壶关县委原统战部长、县政协原副主席徐明柱相告：“百年前，河南逃荒来10多户灾民，落难徐家后。徐家后百姓同情弱者，怜悯难民，百户一声，同意给逃荒户予以救助，随即让出村西北一道岭，东、西两条沟，让逃荒户居留下来。多年定居创业，繁衍生息，渐成一小村落。因逃荒户皆范姓，小村落则取名‘范家后’。”

不只徐家后，乐善好施、厚道包容、主客和处、共营仁里古来是壶关广大乡村共有的淳朴乡风。人称“亚圣”的孟子，在他的经典“四端说”中首端即讲“恻隐之心，仁之端也”，孟子所首先倡导的正是要求人们应有这种恻忍、厚道、仁爱、同情弱者之心。2012年12月4日，壶关县人大常委会通过决议，将“厚道”纳入“坚韧、厚道、睿智、奋进”的壶关精神之中，着力弘扬光大之。

村校外貌

① 有资料称：肖军岭山系与洪掌岭山系，为同一山系。本书按两岭走势、位置，将固店往东称为肖军岭山系，往西称为洪掌岭山系。

# 范家后

## 五 律
## 乔迁新村

南北嘉名耀，豫人耐大劳。
能经连轴转，敢抢重筐挑。
建宅寒迎暑，铺街昼接宵。
新村欧美式，居住享新潮。

范家后村，旧村址原是徐家后西北，肖军岭山系主脉西延、虎头山后的一条无人荒沟，清末范姓河南移民逃荒至此立村，取称范家后。范家后新村址坐落于壶关县域东北著名地标——石子河木圪旦坡顶端，距古镇晋庄东侧0.5公里处。季节性石子河在木圪旦坡下碰到巨型石脚阻挡；加之，支流常家池河来洪时从东向西的强势冲击，遂拐弯90度，由南北流向转作东西流向，一路向西奔去，直至长治城西，汇入浊漳南源上的漳泽水库。

范家后村民祖孙四代人大体经历了三次整村迁居。民国初年，第一代、二代逃荒至此，在徐家后村民慷慨让给的山沟里，依山傍崖挖窑洞，求定居，谋温饱，走过了半个多世纪。20世纪80年代初，第二代、三代乘改革开放大潮，借党的惠民新政，凭豫裔吃苦精神，靠祖传瓦匠手艺，进城包工揽活，始方富裕起来。随之2003—2005年，第三代、四代依托壶花公路，统一规划，建成欧式别墅新村。新村一色青砖蓝瓦二层楼，一街两行太阳能路灯，成为壶花公路沿线一道亮丽风景，令路人艳羡不已，赞叹不绝。

今范家后，非昔范家后。范家后村民四代三迁，进入改革开放新时期，安居新农村，过上了新生活。

城乎，乡乎

# 山　仓

## 五绝二首
## 村名两说

农　家　说

一说民居地，常忧岁不丰。
民思仓廪实，村讳表心声。

兵　家　说

二说兵家地，俩村粮草盈。
将求仓廪实，兵马好南征。

山仓村，位于古镇晋庄西北面，肖军岭山系主脉西延、人顶垴山之阴，东与料阳村毗邻，北与平顺县搭界。

关于山仓村村名古传有两说。一说：旧社会老百姓最怕遇荒缺粮、举家挨饿的灾荒年，山仓村名则取“山后粮仓”之义。顾名思义，是言老百姓家家户户盼圆丰收梦，时想过上仓廪实、饥馁少的温饱日月。正是，有粮则安，无粮则乱，为民生至理。

二说：相传古时，晋庄一带驻军将帅认为，北面长界凹山后的山仓、料窑两村，地形隐蔽，易守难攻，作草料仓储之所实为上选。于是，西村建粮仓，名山仓；东村建草料库，名“料窑”——合作化之初改称“料阳”。正是，“兵马未动，粮草先行”，乃用兵旨要。

山仓、料阳两村的故事告诉人们：农家、兵家皆求广积粮[①]、仓廪盈、兵民皆足食，保障基本的农业生产力与军队战斗力。

冬至山仓

---

① “广积粮”，摘于元末隐士朱升为灭元朝，夺天下，给朱元璋的九字进言“高筑墙、广积粮、缓称王”中句。朱元璋纳之，终建明朝，称明太祖。

# 料 阳

## 民谣二首
## 今昔料阳

### 昔料阳

三里无树沟，十年九不收。
长了个大谷穗，犵狑偷吃喽！[①]

### 今料阳

三里绿树沟，水土不外流。
圪梁地庄稼好，树林子保丰收。

料阳村，位于猪耳朵岭西南、人顶垴山东南，两山相夹沟壑岸上，西与山仓村毗邻，北与平顺县搭界，南距古镇晋庄2.5公里。料阳原名“料窑”，土地改革时，土地房产证上填写仍为“料窑”，合作化之初改称料阳。猪耳朵山、人顶垴山同属肖军岭山系主脉西延两座连脉山峰。

林业为农业之屏障。林木茂则水土保，水土保则五谷丰，五谷丰则得温饱。往昔，料阳受童山秃岭、林木稀疏的小环境影响，农业屏障缺失，小气候不良，常遇旱、洪、雹、风、霜等自然灾害，致使歉收年份频繁，因此有了第一首民谣《昔料阳》流传开来。20世纪80年代开始，料阳干群坚持连年造林绿化，生态改善，气候趋良；加之，改革开放以来，新政惠农，投入加大，科技推广，良种、良法普及，致丰收年份增多，因此有了第二首民谣《今料阳》流传开来。

日煦料阳

① 犵狑，为壶关一带方言，即松鼠。

# 固　店

## 四字谣
## 农车行

固店名闻，农用三轮。
全村百辆，大早出村。
扯拉数里，马达雷震。
百位机手，威风凛凛。
机抵十马，打场拉磙。
机抵十牛，下地送粪。
机抵十车，进出城门。
一机满年，可还车本。
一机三年，全家脱贫。
一机五年，小康临门。
修房盖屋，供书孝亲。
家用电器，新屋喜陈。
生活美满，借助三轮。
政策加油，三轮驰奔。

固店村，位于石子河北畔，肖军岭山系主脉西延边沿、桃树掌山之阳小平川上。相传古时壶关城出东门，沿古道往东至县界50多里内，只有此村开有一家留人起火小店，村则取名“孤店”，后演作固店。

改革开放以后，固店村一度出现“农用三轮车热”，年轻人大都有执照，会驾驶。依托好政策，借助三轮车，固店人跑跑腾腾，跑出了一批小康人家，跑出了一个小康新村。近年，因短途运输市场变化，固店农用三轮车保有量随年有减。

鱼贯出发

# 泉则河

## 现代诗
## 踩高跷

泉则河农民好风采哟，
闹元宵的高跷队伍走过来。
开路的鞭炮震天响哟，
壮威的锣鼓喧腾好气派。
后生们踩起大跷打飞脚哟，
白胡子老翁背抄双手大步迈。
巧姑娘一溜小跷扭秧歌哟，
小孩童随乐唱起《走进新时代》。
载歌载舞的农民精神爽哟，
足食丰衣的乡村是座大舞台。
高跷走到哪里哪里喝彩起哟，
耍正月的农民心花怒放乐开怀！

泉则河村，俗称“泉的河”。位于十里岭山系主脉北延末端边岭、老坟凹之阴，古镇晋庄隔河（石子河）对面，新建阳光大桥南头。含照家坡自然村。

泉则河百年高跷，踩艺高强，饮誉邑北。往时在泉则河村，老乡们对高、低、大、小跷腿如同犁、耧、锄、镰等日常农具那样熟稔；踩跷如同耕、种、耘、刈等四时农活那样普及，长到六七旬老人，小至十来岁少年大多会踩跷。每逢正月，村里都要组织踩高跷，耍故事[①]，闹娱乐。壶关民间称跷腿高二三尺的为“小跷”，高四五尺的为“大跷”。泉则河大小跷俱备，其中10余名好把式能踩大跷。由于跷腿加长，物理学上称之为“重心上移，

人跷比高

平衡不易”，表演难度加大许多。泉则河高跷表演把式艺高胆大，踩着鼓乐点子进行分列式，扭秧歌，说唱乡中新人新事，令观众每每大饱眼福，得乐尽兴。

2013年3月10日，笔者下乡泉则河，问及高跷事，村党支部书记闫建喜相告：“近两年，村中街巷硬化，干群担心万一踩跷人跌落在水泥地面上闹出个事故，即决定暂停踩跷活动。现正在研究如何能在保证安全的前提下，恢复这一传统文化娱乐项目。”

上页图中立者为踩大跷的把式秦孝忠。

下图为泉则河村北2001年建造的阳光大桥。

一桥普惠“南八村”②





① “耍故事”，见本书店上镇东方上村《巾帼护林队》注①。

② “南八村”，见本书晋庄镇寺沟村《南八村之歌》。

# 北 头

## 五 律
## 建大桥

对口陡坡长，沿途怨语扬。
欣闻筑桥讯，急解赚钱囊。
献料晨锤石，投工午运梁。
一桥飞架起，来往享康庄。

北头村，位于十里岭山系主脉西北延、碣后山下，石子河谷之南。含碣后、掌则、川则沟三个自然村。

古镇晋庄之南、石子河谷对面，在南起畅村岭南麓、北至泉则河村边，以畅村岭为界，岭南、岭北两条小流域里的“南八村”[①]世居百姓，古来“行路难”，凡上镇、进城、入市，须得上下石子河谷南北两面对口的黄土高坡，乡人称作“瞪眼坡”。沟深坡陡，凹凸不平，遇雨雪天气则步履维艰，时有行者沾跌鞋帮、驭者剁断车轴之尴尬。新世纪初的2001年，上级资助，镇上组织，“南八村”干群集资、投工、献料，同心协力建起一座坦荡壮美、名称“阳光”的双曲拱大桥（见上页插图），跨越石子河谷，深沟变通途，过桥人们无不欢欣鼓舞，有口皆碑，称赞阳光大桥为“南八村百姓的幸福桥”。

壶关县人大常委会副主任、晋庄镇原任党委书记李志平相告：“北头村党支部、村委会领导坚强有力，在建桥中起了模范带头作用。”因之，此处即以北头村挂衔相记。之后，北头村干群愈战愈勇、愈干愈能，继尔在村中筑起一座大坝，将村东掌则、川则沟与村北碣后三个自然村连为一体，圆了村民深沟变坦途的世代梦（见图）。

南北通达

① “南八村”，详见本书晋庄镇寺沟村《南八村之歌》。

# 秦家庄

## 竹枝词
## 足不出村上工忙

村营小厂两三家，百姓上工甭下崖。
改革送来原动力，兴工致富绽春花。

秦家庄，位于北坡山西麓，畅村岭北河谷东岸上。北坡山为十里岭山系主脉西北延一座山岭。

20世纪80年代初，江苏省南部“苏锡常[①]”一带农村兴办乡镇集体企业，走共同富裕道路，时称“苏南模式”，曾引起全国各地慕名组团前去参观、学习。是时，壶关县委、县政府组织乡村干部南下观摩苏南模式，农村开始兴办乡镇集体企业。秦家庄时任党支部书记牛平文带头从苏南引进人才、技术、资金和管理模式，组织村民办起一座眼镜片厂。安排每户一名剩余劳力，进厂上工就业，在全县带了个好头。是时，县委、县政府又组织乡村干部到秦家庄现场观摩，推广他们兴工扶贫的经验。近年，经过改制，原小厂分为两家，一小厂继续生产眼镜片，另一小厂转产车灯，村民人均收入仍大幅高于周围无工村。

“秦家庄现象”再次佐证了著名社会学家费孝通在《小城镇·大问题》一书中阐述的“无农不稳，无工不富，无商不活，无才不兴”的“四无四不”观点是为农村发展至理。费老的这个正确观点，在农村改革之初，曾被时任国务院分管农业工作的副总理万里采纳，作为我国“三农”工作的长期指导思想。

山庄上班族

图为秦家庄村民正在车间上工，装配护目眼镜。





---

① “苏锡常”，系指长江下游南京至上海城市带中段相邻的苏州、无锡、常州三市并列共称。

# 郊　里

## 古　风
## 良医良相秦祥云①

民主县长秦祥云，祖传医道德为魂②。
仁术义药济贫户，悬壶援助八路军。
老秦从政惦黎民，俯首下乡进柴门。
领建河郊盘山路，汽车始达桥上村。
斯人虽去政声存，百姓争夸拇指伸。
为官当谋民生事，永继老秦好精神。

郊里村，俗称“郊的”。位于掌则凹西麓下，畅村岭北河谷东岸上。掌则凹属十里岭山系主脉西北延一条山岭。

郊里村籍，著名中医、社会贤达、民主人士秦祥云，怀医疗民瘼之志，得家传中医之道，掌望闻问切之术；近路则安步当车，远路则骑上毛驴，奔波山乡，进村入户，忙为百姓治病；并视病人家庭经济状况给予药费减免。抗日战争时期，秦祥云开设“胜利号”医疗所，给八路军伤病员和抗日民主政府工作人员疗伤、治病。新中国成立后任壶关县人民政府副县长。任上曾动议捐资，并亲临工地指挥修筑树掌至桥上达河南合涧的壶关出境简易公路，汽车始达晋豫两省间交通要冲——河郊沟的桥上小镇。

秦祥云于1962年6月29日不幸病逝。壶关城乡长者至今仍感念其医民仁术、恤民德政、亲民形象。古言“不成良相，亦成良医”，而秦县长则当赞为“亦良医、亦良相”者。

秦家故第

---

① 《辞海》注释：〔相〕指辅助，也指辅助的人。此处为名词，指“辅助的人”。

② 时称党外民主人士任职副县长为“民主县长”。

# 河　底

## 四字谣
## 村教师兼作“村文书”

解放初期，一村一校。
四级一室，不紊有条。
有写生字，有做演草。
有读新课，有在测考。
昼教孩童，夜教民校。
教学扫盲，一肩并挑。
兼作文书，村务不少。
广播政策，书写板报。
年写春联，百户全包。
应记当年，村校师表。

河底村，位于十里岭山系主脉西北延、羊角山西麓下畅村岭北河谷[①]沟汉里，壶关方言称“底”即“沟”，缘此村名取河底。

新中国成立之初，人民政府秉持百废待兴，教育为先的理念，布署全县办起一村一座初级小学，选派老知识分子与有文化青壮年，经集中培训，充任小学教师，由国家负担薪酬。1950年，大会村青年王兴龙18岁，即经培训后派往50里外的山村河底村任小学教师。是时，全村50名学生入学，为四级复式教学，即四个年级坐一个教室，各上各课，互不影响。课余协助党支部做村务工作、帮群众做文字工作，晚上到民校扫盲，半夜方散。每天走出校门帮助村上做这么多事，老乡们即高兴地送称说：“我们村有村支书，还有村文书，缺了谁也不行。”

图为当年兼作过“村文书”工作的王兴龙、平发太、王兴来三位老教师合影。

三位师表

① 季节性畅村岭北河为石子河主要支流之一。发源于畅村，流经河底、郊里、秦家庄、北头，至泉则河，汇入石子河。

# 畅　村

## 七　律
## 红火八音会[1]

往昔畅村好八音，八音乐处喜盈门。
长咪鼻咔吹歌妙，利铡口噙奏曲新。
老鼓劲擂犹震地，大锣高撂可齐云。
围观百姓欢声动，红火迎来十里春。

畅村，位于十里岭与老洪岭两条山系相衔处、石子河与陶清河两条水系的分水岭中段蜂腰部位——壶关县域中部一处重要地理实体标志畅村岭上。岭北发源的称畅村岭北河，为石子河支流；岭南发源的称畅村岭南河，入石门口河，为陶清河支流。畅村相距于石子河流域中心的晋庄、陶清河流域中心的店上两座古镇，几近等距离，均约七八公里路程。

畅村八音会由来已久，粗细乐皆上乘，乐风尤为佳好，深受十里八庄的老乡们称道。主家穷富不论，给价多寡不计，赢得听众喝彩叫好方才心满意足。唢呐把式赵鸿盛、阎银富、阎扁松各怀绝技，时出绝活，或口噙一把铡刀、鼻吹两支唢呐；或口吹唢呐、内噙三个大咪、指夹五个大咪，轮番吹奏。在哪里吹奏，哪里就会是一处人潮、一片欢腾。畅村籍、壶关县农委原主任赵德芳回忆说："新中国成立初期，晋东南地区在长治市农历七月初一传统庙会上举办'八音会大赛'，畅村八音会参大赛，列前茅，得褒奖，获殊荣。喜报传来，举村百姓欢喜雀跃，奔走相告，说是喜鹊登枝，祥云布天，大喜临村，理当全村高兴、百家庆贺。"

好客之乡

---

① 《辞海》注释：〔八音〕中国古代对乐器的分类。指金、石、土、革、丝、木、匏、竹八类。壶关一带百姓称吹奏并进行营业演出的民间乐队为"八音会"，只是八类乐器与时俱进，多有加减，名仍称"八音"。

# 寺 沟

## 三 字 谣
## "南八村"之歌

晋庄南，有八村。一条路，连脉筋。
沟相接，山相邻。车复辙，地连畛。
礼同俗，语同音。人互识，走串频。
八村人，一家亲。齐改革，貌并新。
山皆绿，路无尘。温饱达，甜水饮。
逢盛世，喜盈村。互学习，友谊深。
不折腾，不松劲。奔小康，程绣锦。

寺沟村，位于十里岭山系主脉西延、寺上山西北侧，县域中北部古刹明光寺下山沟里，山名、村名皆从寺而取之。寺沟村80余户，340口人。其中约2/3系河南省林县原籍。

在古镇晋庄正南、石子河谷对面，南起畅村岭、北至泉则河的一条季节性小河右岸上，一溜儿坐落着泉则河、北头、秦家庄、郊里、河底等5个小山村，加上邻近畅村岭南侧的畅村、寺沟与东头（2003年东头与畅村合并，仍称"畅村"）等3个小山村，共8个小山村，人们习惯合称晋庄镇的"南八村"。改革开放以来，南八村十变：山绿、路畅、水引、网通、房更、衣丰、食足、教普、医保、民乐。其中，寺沟村址坐落古刹明光寺下，旧时，世居村民敬寺至诚，香火不断，而盼得光明却未得光明。直至新中国成立后，特别是进入改革开放新时期，始方旧貌换新颜，山村得光明，百姓享幸福。此以寺沟挂衔为"南八村"歌之。

图为明光寺门楣，上书"光明寳剎"四字，1966年秋被掘毁。"光明寳剎"简体字为"光明宝刹"。

山门伤痕

# 东崇贤

## 七古·七绝
## 汉代乡贤令狐茂

德厚才高令狐茂，幸由武帝封三老。
村名御赐嘉称来，崇敬古贤风尚好。

古贤常鉴作先师，世代良风默润滋。
呼唤良风能永驻，当今济世最需时。

东崇贤村，乡人俗称“东xióng qián”，含葡萄沟自然村。位于洪掌岭山系南沿、壶关县域东北地标名山纯山之阳小平川上，距壶关县城11公里。2001年1月撤并乡镇之前为东崇贤乡政府驻地。纯山俗称孤山，海拔1287.5米，山势拔地而起，突兀独立，傲然雄屹，堪为山中之壮观者也，道光版《壶关县志》有记称孤山为“历奉官禁”特护之地。

西汉武帝时，奸臣江充专权，武帝宠之。太子刘据起而杀江充，武帝恼怒，即起兵诛杀太子刘据。慑于皇威，朝中无人敢言。唯令狐茂不顾铁钺[①]之诛，上疏《上武帝讼太子冤书》，力陈是非，替太子洗冤。武帝终悟。为崇敬贤士，武帝赐令狐茂籍贯村讳“崇贤”。令狐茂告老还乡后，武帝念其仁义之德、辅弼之功，遂赐予“县三老”名衔。“县三老”名衔为汉高祖始设，旨在选拔乡贤、教化百姓、导正乡风，武帝承之。令狐茂辞世后，葬于崇贤纯山之阳。明代尚书、襄垣人刘龙追撰《壶关三老墓碑》碑文，内中有句曰：“村曰崇贤，意村以贤得名，必有贤者出乎其间。”“贤者”，乃令狐茂是也。

古崇贤村今已沿革为东崇贤、西崇贤两村。虽经千年沧桑之变，崇贤村名终未易，力倡古风、思齐古贤、教化乡民的意义仍在，乡贤文化的影响犹存。

独　尊

① 钺，读yuè，古兵器，像斧，比斧大。铁钺之诛即用钺砍头之罪。

## 北　掌

### 杂句谣
### 马富姣互助组

互助组，好处有，老马办组九春秋。
你有犁，我有牛，配套耕种不发愁。
你有羊，我地瘦，羊粪抵工互有求。
你草荒，我帮锄，相互拨工有帮手。
你欠收，我丰收，寅借卯还少心忧。
大包干，到了户，互助精神应讲究。

北掌村，位于崇贤纯山（孤山）东侧两公里处一座山凹里。古时，邻村人先期至此开荒种地，缘石厚土薄，苗弱籽秕，产量低微，故形象地取名为“不长凹”。立村住户后，村民认为原名不吉利，则按所处方位与原名音韵顺改现名。含小井沟自然村。

一位伟人讲过：“简单的协助会产生伟大的力量。”抗战时期，抗日民主政府在根据地及以后的解放区，提倡并引导农民自愿结合为互助组，就是一种农户间的简单协助形式。对当时土地改革后分到土地的个体农民抵御自然灾害、市场风险，发展生产、保障生活，巩固土地改革成果起到了积极作用，显示了农民初步组织起来的优越性。老乡们高兴且诙谐地打了个比方，夸赞互助组里农户间相互帮助的形式与好处是“毛驴啃脖子——工拨工”。

北掌村小井沟自然村的马富姣互助组办得早、办得久、办得好。1999年版《壶关县志》载：1950年，中共壶关县委以《坚持九年的马富姣互助组》为题发文，向全县介绍推广马富姣互助组经验，以期促进全县农村互助组的建立和健全工作。

农民健身有处

# 池则掌

## 一剪梅
## 走出弟兄俩将军

一岭放牛成一心，兄亦参军，弟亦参军。勋章挂满俩人襟，兄晋将军，弟晋将军。

同帐筹谋十二军，政治欣欣，军事欣欣。东南防务固如金，祖国芳芬，故里芳芬。

池则掌村，位于崇贤纯山（孤山）东北1.5公里处，洪掌岭山系南侧支脉、小高垴山南麓凹里，加之古时村前有座旱池，则得村名池则掌。

池则掌村小，不足百户，却出了平涛、平昌喜兄弟俩两位无衔将军。老乡们乐于讲他们兄弟俩“由士到将肩并肩”的故事。二位将军的侄子、壶关县司法局原局长平建国发来资料称：平涛、平昌喜系亲叔伯弟兄，父辈都是农民。1943年，抗日烽火烧到家门口，16岁的平昌喜和17岁的平涛一齐搁下放牛鞭子、挂起耘地锄头，并肩参加八路军，奔赴抗日前线。一同经历了抗日战争、解放战争、抗美援朝等重大战役。1975年后，两位同在人民解放军陆军十二军任职，平昌喜任副政委，平涛任参谋长。1983年5月至1987年6月，平昌喜任上海警备区政委、中共上海市委常委，与时任市委书记江泽民、市长朱镕基搭班；平涛时任陆军十二集团军参谋长。图为平昌喜生前站立上海寓所梯端照。

将军远瞩

壶关石子河流域一带的村庄里，除池则掌平涛、平昌喜兄弟俩外，还出了晋庄村路姣则，河底村秦保中，徐家村后徐斌，杜家河村李中武等几位将军；同时，还出了若干位从政、从文、从教的“文人”才俊，活跃在市、县政坛、教界、企业里，呈现了一种文武星辰光耀山乡的“石子河现象”。

# 洪　掌

## 五字谣
## 遵章易村名

南北俩山庄，重名叫洪掌。
诸多不便出，麻烦总难防。
户籍填重复，管理不顺畅。
邮差送错信，开发难客商。
依法治国好，改名有规章。
方位冠名前，拟称北洪掌。
依序作呈报，批复好叫响。
名正利生活，山庄福祉长。

洪掌村，位于壶关北界，村北洪岭山是洪掌岭山系主峰，又称风岭老，海拔1564.1米，为壶关、平顺两县界山。村址坐落洪岭山前一沟壑西岸上，即取村名洪掌。

国家民政部关于《地名管理实施细则》规定，一个县内的建制村村名、一个乡镇内的自然村村名不得重名。时至今日，壶关县已有3个川底、3个桥上、3个河西、两个南河、两个西街、两个三家村等32个重名村得到区别命名，方便了群众的生产、生活与国家对人口、户籍的管理。唯留下两个建制村村名相重，即地处县城南面的店上镇洪掌村与地处县域北面的晋庄镇洪掌村。这两个重名建制村，应按法定程序更名、避重。为此，建议参照两村所处方位，拟改其中一村称南洪掌或北洪掌，加以区别。这里以晋庄镇洪掌村改称北洪掌为例相咏相记。此咏此记仅为一条建议，具体何时更名、更为何名，尚需经第二次地名普查，走法律程序确定之。

洪掌岭前生态沟

# 东山后

## 鹧鸪天
## 庭院果硕羊肥

政策松宽路径宽，老乡庭院赛新鲜。畜禽饲养棚笼满，
瓜菜丰盈果硕繁。

些小地，碎时间，精耕细作院成园。勤劳换得钱囊鼓，
享乐小康幸福年。

东山后村，因位于崇贤纯山（孤山）之阴偏东而得名，与西山后村相隔小禁坡山对应为邻。含坟上自然村。

东山后村古来土地宽余，宅院阔大，百姓生性勤勉；加之有祖传园艺技术，于是，几乎家家庭院栽有果木树，略计现有梨、苹果、桃、杏、海棠等果树3000多株。改革开放以后，庭院养殖业继而兴起。据镇政府2011年年底统计，养鸡百只以上的有50多户，千只以上的有10多户；另有养羊、养猪、养鸭多户，仅庭院种养业一项每户年收入一般有几千元，多之万把两万元。庭院种植业带来“四多”：畜禽多，农肥多，粮食产量多，家户收入多。全村750余亩玉米，连年亩产八九百公斤，且贵为绿色品质。

壶关域内太行山分水岭以西的半山区、盆地区一带农户，宅基占地面积普遍宽大，多有较大庭院；庭院皆可发展庭院经济；庭院经济单位面积的收益往往高出大田许多，是大田经济的有益补充。东山后百姓庭院种养并举、林牧两旺、院田并丰、主副互补，为壶关县庭院经济建设提供了良好范例与成功经验。

院乎？园乎？

图为东山后村民李爱庆、李凤则宅院里周植果树、中栽蔬菜，稠满、茁壮生长的喜人景况。

# 西山后

## 七　律

### 取草于树，取肥于牧

何言羊树结冤仇，此地树羊情谊投。
叶落喂羊羊只长，羊拉肥树树枝抽。
屏农当靠林兴旺，沃地应凭牧一流。
良性循环三业好，山村岁岁报丰收。

西山后村，因位于崇贤纯山（孤山）之阴偏西而得名，与东山后村相隔小禁坡山对应为邻。含贝则沟自然村。

20世纪80年代中后期，壶关县政府协调农、林、牧三部门，以西山后村为试点，由时任县委农工部长兼县政府农委主任张德忠带队住村搞试点，指导群众实施多措并举，解决林牧争坡、林农争地、林牧争粮三对矛盾。试点实施要点有四点：一是全面区划规划，按照立地功能，划清耕地、林地、草地的范围界限；二是改变畜群结构与饲养方式，推行圈养牛羊，积造畜肥，实现“沃田于牧，以牧养农”；三是大力植造四旁沟坡小片刺槐林，以刺槐叶养畜，实现“取草于树，以林养牧”；四是开放成林放牧，实现“林牧共处，林多畜旺”，“畜旺肥多，肥多粮丰”。

西山后村试点成功以后，壶关县政府及时总结推广试点经验，指导并促进全县农、林、牧三业协调发展。这套做法回答了很多地方在开展大规模造林绿化中常会遇到的几个普遍性问题，丰富完善了当年壶关县造林绿化工作的内涵，成为创建“绿化太行山示范县”系列经验的重要组成部分。

纯山北麓林茂禾丰

# 王 岭

## 七 绝
## 风穴秋音报丰年

秋风生穴出箫音，天上仙音地上闻。
吹得山凹禾谷熟，结成硕穗抵黄金。

王岭村，位于洪掌岭山系主脉西延、小山垴南面岭坡下，壶关城东北12公里处。古时有王姓人家最初落户定居，以姓氏加地理实体这一常见组合取名模式，遂获名王岭。

旧时，壶关县北一带有传说称：王岭村北有座“风穴山”，山上有孔“风穴洞”。相传每逢入秋，洞内常常吹起阵阵清风，风经洞口，发声如箫，动听悦耳。行人至此，不经意间，可以听到曲曲妙乐随风从洞内传出，诱人以心幻足轻，双目迷离，飘飘欲仙之感。还传说风穴秋音可兆丰年，其音越清，年成越好。于是，风穴洞成为王岭及邻村一带百姓焚香叩拜，祈祷五谷丰登，企盼岁无饥馑之场所，堪称一处天然“类庙宇”。清乾隆年间，邑人王泰魁所咏《壶关十景·风穴秋音》中有句“山疑穿二酉，地不伏三庚”，言其历史悠久、幅员广大焉。

民间广有神话传说称：八仙过海时，路经王岭风穴山，韩湘子见风穴山风光优美，风穴洞幽静至极，即入洞、吹箫、觅乐，悠扬箫声感动了各路仙子，纷纷临洞赏箫，踏着箫乐节拍翩翩起舞。王岭“风穴秋音”一景，就是由这种神话传说演绎成的。旧时曾列为“壶关古八景”①之一。

草木荫被风穴山

① 据1999年版《壶关县志》载，“壶关古八景”：紫团山的“团峰依秀”、乌泉寺的“乌泉夕照”、县城燕子池的“燕池浮碧”、西柏林村鸾山的“北极灵迹”、东西柏林两村间粤唯佛岭的“佛耳摩云”、神南的“翠微仙洞”、真泽宫的“琳宫仙笔”与王岭山中的“风穴秋音”。

# 黎　岭

## 杂句谣
## 书香黎岭

黎岭人，论门户，不比楼高比读书。
黎岭人，会花钱，供子上学最当先。
黎岭人，尊师长，师长堪比乡长香。
黎岭人，成才多，大中专生成群伙。
黎岭人，好风气，耕读传家硬道理。
学南庄，赶黎岭，村村重教赛文明。

黎岭村，位于洪掌岭山系主脉西延、南回山西侧山坳，距中心村东崇贤西北4公里处。道光版《壶关县志》有载："黎岭，在县东北二十里，相传即黎侯国旧址。"

黎岭村虽处山乡僻壤，生产、生活条件不良，但古来耕读传家为家风，尊师重教为村风，全村家家户户视子女上学读书为第一要务，堪称"书比天大"之乡。村民们四时忙碌，省吃俭用，积零成趸，赚钱供子女上学读书。往时，提起黎岭人尊师重教，邻村人说道"在黎岭村到家户吃派饭，老师比乡干部吃得好，不是拉面，就是烙饼"。加之，先后有苏子萍（县域教育家，曾任壶关二中校长，已故）等名师入村任教，缘名师高徒，致成才众多。据晋庄镇政府原副镇长王广业下乡入村搜集来的资料称：仅1983—2010年间，这个百户人家的小村子就出了大学生46名，中专生14人，硕士、博士与博士后研究生8名，成为壶关县继五龙山乡南庄村之后的又一个"大学生村"，堪称"南庄第二"。

曾是"人才初步"处

图为黎岭村原小学校舍，现已撤并。

① "南庄重教"，见本书五龙山乡南庄村《大学生村》。

# 赵　掌

## 五　律
## 钉马掌兄弟闯关东

行行出状元，蹄匠有神仙。
切片操刀细，修蹄钉掌坚。
弟兄相默契，骡马不须拴。
关外称豪富，艺高为富源。

赵掌村，位于洪掌岭山系主脉西南延，连脉的东垴山、高垴山、西垴山三山之间的几条向阳沟壑岸上。由张赵掌、申赵掌、刘赵掌、阎赵掌四个自然村组成，四村皆以各村中占多数的村民姓氏冠名而称之。

往昔农耕时代，许多村庄骡马成群，赖其耕种驮运，骑乘代步。于是，给骡马修蹄钉掌、防蹄磨损即自成一业。清同治（1862—1875）年间，申赵掌村申明山、申明玉弟兄俩，自幼刻苦勤学，掌握了传统修蹄钉掌手艺，且贵有创新——能据每头骡马个体蹄腿特点钉掌，厚薄、硬软、大小皆宜，经久耐磨；切蹄修割堪如庖丁解牛，游刃有余，恰到好处，人皆称绝。

生意做大后，申家兄弟走出乡井，远奔外埠，一路钉掌修蹄“闯关东”。东北钉掌师傅都是用绳子把骡马套紧，拢住马首，捆住四肢，按在地上修蹄钉掌，致骡马长嚎短喘，苦不堪言，主人家在侧心痛不已；申家弟兄则是让骡马站着，把腿一条一条蜷曲起来修钉，无痛作业，马乐人喜。凭此绝招，火了关东。数年后申家兄弟腰缠万贯，返乡重整家业，大兴土木，修建宅院。后几经战乱，且年久失修，致大部坍塌，现仅存11孔石碹窑洞、1眼水井。

石窑——清代“大款”居

# 泽　井

## 七　律

## 清代名士马天叙

明清俊彦竞风流，天叙高才占上游。
谋划烧绅干草会，挥毫落墨阅江楼。
书教豫北成才众，善济家乡获赞稠。
人去时迁姿影息，壶关县志载鸿猷。

泽井村，位于洪掌岭山系主脉南延、二凹山之阳，石子河谷北畔，壶花公路南、北两侧小平川上，壶关城东北7公里处。据传，村后有条季节性小河，河上悬一瀑布，称作“淙”，淙下有潭，潭深似井，潭水洁净，渴可直饮，人称“泽井”，村名从之。

1999年版《壶关县志》载：名士马天叙，于清咸丰元年（1851）生于泽井。自幼聪颖，勤勉好学，少有才名，为晚清贡生。18岁中秀才，书法文章名绝乡里。19岁时曾为泽井村戏楼书写明初一代文宗——宋濂所撰《阅江楼记》而名走上党。马天叙为人平和，为事通达，善断多谋，秉性耿直，官吏绅士多有敬畏。发生在1912年，壶关那场近代史上著名的“干草会”农民起义，马天叙任军师，曾主谋策划轰轰烈烈的烧绅运动，遂遭官府追杀。闻讯远遁河南新乡、安阳一带，以教书卖字为生，一时学徒盈门，名弥豫北。民国六年(1917)，马天叙病世，灵柩归里，四方百姓，咸来祭奠。

马天叙所书《阅江楼记》真迹收藏于南园村龙溪书画社。壶关县原常务副县长牛建忠在他的新著《岁月随笔》中记述：井则口村他家老宅门楣匾额上镌刻的“气捷松山”四字，即署名为马天叙题写。小山村井则口与泽井之间隔着数山数沟几十里远，足见马天叙书法影响之广大焉。

犹劲马体

① 阅江楼坐落南京城西北狮子山，上镌明洪武年间《元史》主修宋濂名作《阅江楼记》，阅江楼因此而名，时与滕王阁、岳阳楼、黄鹤楼并称江南四大名楼。

# 庄　头

## 玉 楼 春
## 石子河上建二库

青壮三千修二库，班组连排编队伍。
人挑车运土石方，点炮隆隆擂战鼓。

会战三年高坝矗，最数庄头奉献凸。
村民争给国分忧，占地拉车双荷负。

庄头村，位于洪掌岭山系主脉西延、大池垴西南侧，石子河谷北岸小平川上，壶花公路北侧。为晋庄镇域西至。2010年版《壶关地名志》中有记：古时庄头立村之始，先有栗氏人家落住，故原名“栗家庄”。随后迁入其他姓氏人家增多，则改称现名。村东庙岭山麓上有座天仙庙，为壶关三处国家级文物保护单位之一[①]。

壶关籍、水利部黄河万家寨水利枢纽工程有限公司副总工程师程秋喜，年轻时曾参与庄头水库建设。有次，听他讲述筑库情况：“鉴于‘大跃进’时期修筑的石子河上杜家河水库年久淤积，渐失蓄水功能，急需在其上游修筑一座石子河二库。一为替代杜家河水库，拦蓄石子河洪水，化害为利；二为保杜家河水库大坝和下游沿河乡村与长治市及天津市安全[②]。1974年9月，壶关县立项、动工，选址在庄头村东南修筑石子河二库大坝。是时，先后由刘瑞、杨钟二位担任工程总指挥；集中近三千民工，以民兵建制形式，民工建勤政策[③]（筑库民工实行‘三自带’：自带口粮、自带菜蔬、自带工具），劳动竞赛激励，奋战近三年，方竣工”。他还讲道：“当年水利工程建设占地、拆迁补偿费标准低微，庄头村民以国为怀，从无怨言；主动腾房让屋，给二倍于本村人口数的外村民工住

天仙庙山门双狮

宿；积极参加投工，每每超额完成分配的土石方任务，受到工程指挥部褒扬、奖励。”

今时，庄头村中花甲、古稀老人小聚小聊，时或聊及当年开展劳动竞赛，修筑石子河二库的故事。此填《玉楼春》词上、下两阕咏记。

图为2016年遇丰水年份，盛夏雨季庄头水库蓄水景况。

大坝仍无恙

① “壶关县三处国家级文物保护单位”，见本书黄山乡南阳护村《国级古刹三嵕庙》。

② 石子河发源于盘马池村西沟河自然村，壶关域内流长26公里。流域面积193.5平方公里。流长、径流量、流域面积仅次于陶清河，为壶关第二条较大的季节性河流。

③ “民工建勤”，是农村实行家庭承包责任制之前、集体经营时期的一项政策，规定在国家基建工程上工农民的投工，可占用本人的劳动积累工或义务工，超出部分参加所在生产队年终分配。劳动积累工每劳一般年投20个，义务工年投5个。

# 前西掌

## 忆王孙
## 牛聚良叫板龙王

举村祈雨拜神堂，跃出老牛出语狂：犁挂十秋囤有粮。激龙王，大雨三天冲塌房。

前西掌村，位于石子河与发源于五龙山北麓的流泉河，两条季节性河流汇合处西南岸上，掌形山西凹，故称西掌，由前、后西掌两个自然村组成。1983年地名普查时，为避与原石河沐乡西掌村相重，则称前西掌。掌形山为五龙山山系北延尾部一条边峰。

2012年一秋日，笔者赴前西掌下乡，了解“村村咏”资料。在村委办公室院外，恭听村中一位长者娓娓讲述“牛聚良挂犁罢耕、叫板龙王”的故事：话说有年大旱，前西掌村举行祈雨仪式，举村男女老少集中村庙，正在焚香、磕头，祈祷龙王开恩下雨之时，村北碓子坡居住的壮汉牛聚良，竟大逆不道，一反常礼，猛然从焚香跪拜的人群里站出来高喊：“你是天上一龙王，我是碓子坡牛聚良。你隔上十年不下雨，我挂起犁辕不种粮，光红小豆也能吃十年！”随后挂犁罢耕。不日，连降三天大雨。牛聚良居住的碓子坡宅院被洪水冲塌。本人只好背井弃家，远走他乡，另谋生计。

在场的几位年轻人听后笑着争说：“牛聚良呼喊的豪言壮语，跟‘大跃进’时期那首民歌‘天上没有玉皇，地上没有龙王。我就是玉皇，我就是龙王。喝令三山五岳开道，我来了！’酷似一个口气。”临别，笔者告诉在场老乡：“牛聚良不简单，敢当众叫板龙王，是位无神论者。他家惨遭洪灾的故事，只是巧合，并非天人之间因果报应。”

古厝窑中楼

# 西崇贤

## 七 绝 二 首

### 纯山小学与壶关五高

一方绅士解钱囊，启蒙乡村办学堂。
七载人才三百出，纯山兴教志应详。

人民政府兴教忙，先借纯山办学堂。
县北人才成百出，城乡发展谱新章。

西崇贤村，俗称“西xióng qián”。位于壶关县邑东北地标名山纯山（孤山）之阳小平原上，石子河谷北畔，与东崇贤村相隔壶花公路为邻。

民国二十五年（1936），西崇贤乡绅、拔贡①平子衡，借西学东渐之风，出资在西崇贤办起私立“纯山小学”，亲任校长，时称“壶关五高”，即壶关县第五高级小学。五高前后共办过7个班，毕业学生305人。日寇侵占壶关城后，五高曾迁县东山区抗日根据地的石盆村坚持办学年余。新中国成立后，壶关县人民政府利用纯山小学原有校舍，继续举办五高，后改称“崇贤完小”。直到改革开放后，方才迁入东崇贤村新校址。

民国中期，壶关县先后办起五所高级小学，排序分别为：一高县城，二高固村，三高树掌，四高百尺，五高西崇贤。新中国成立后10余年间，壶关县委、县政府恢复、延续、扩展了5所高小的教育，按就近入学的原则，分片区划负责普及高小教育。如今，晋庄、东崇贤、五龙山一带的花甲、古稀老人，多半是五高（后崇贤完小）毕业的，都还记得那时老师勤教，学生勤学，两年间清苦而快乐的高小生活。

图为今时纯山小学旧址荒芜状。

五高“斋房”今貌

① 《辞海》注释：〔拔贡〕科举制度之一。清代6年至12年举办一次，经省考中者为拔贡，保送入京；再经朝考合格者，可充任京官、知县或教职。

# 东河南

## 七　律
## 村企领头雁

春风习习自南来，壶邑关门始打开。
青妇车间织衣物，壮男城镇设摊台。
山村机响经营活，僻壤商兴日月乖。
废弃工分僵化法，薪酬初领笑开怀。

东河南村，位于石土岭之阴，石子河谷南岸，村名由此得之。与西河南村隔座山上山对应为邻。石土岭、山上山为五龙山山系北延余脉边端中的两座山峰。

改革开放之初，在县劳模、村党支部书记来福锁为首“一班人”组织带领下，东河南村干群解放思想，开拓进取，借鉴苏南兴办集体企业经验，办起针织厂，筑成壶关境内石子河谷上第一座石拱大桥。小山村路通业兴、工农并进、粮收双增、欣欣向荣。在厂上工农民为平生第一次领到现金工资而兴奋不已，感戴改革开放新时代，夸赞党的好政策，享受温饱新生活。

习近平总书记称为“中国社会主义改革开放和现代化建设的总设计师、中国特色社会主义道路的开创者，邓小平理论的主要创立者”邓小平[①]，当年，曾对乡镇企业给予过高度评价，说乡镇企业是“中国农民的伟大创造”，称之为“异军突起”。东河南村兴工致富典型经验，对壶关全县贯彻邓小平指示精神，兴办乡镇企业，增加农民收入，加快脱贫致富步伐起了示范带头作用。

石子河上头一桥

① 自习近平在《邓小平诞辰110周年纪念大会上的讲话》。

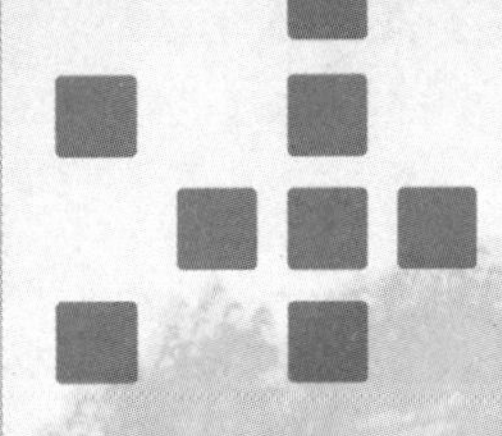

壶关村村咏

# 树掌镇

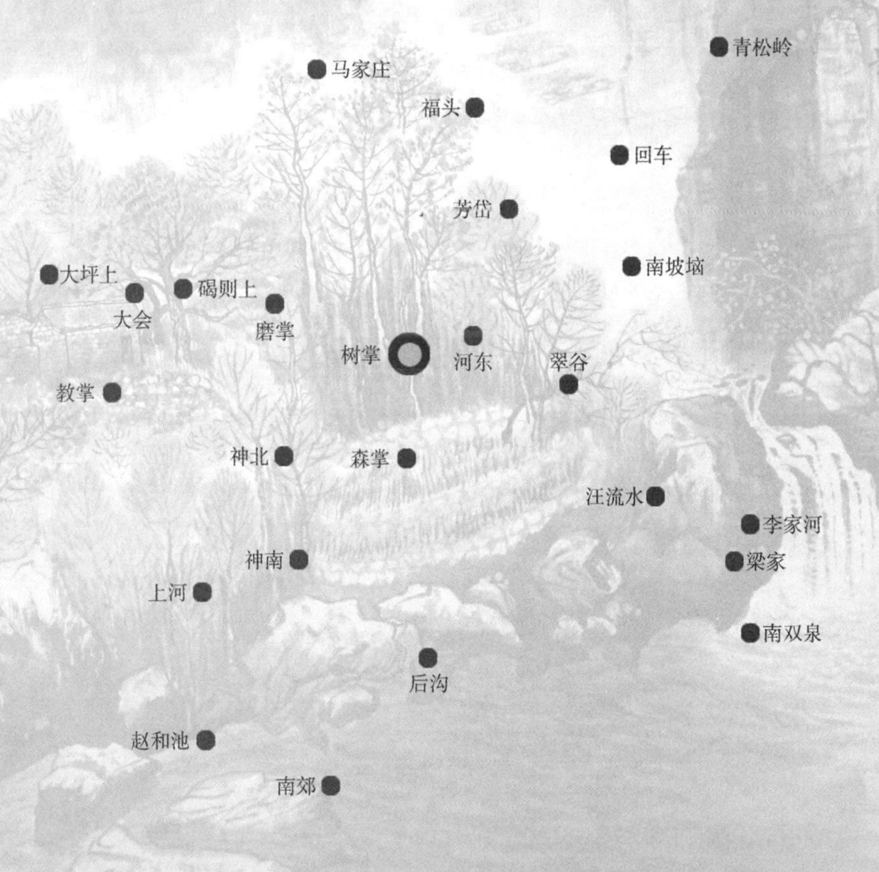

青松岭
马家庄
福头
回车
芳岱
南坡堖
大坪上
碣则上
大会
磨掌
树掌
河东
翠谷
教掌
神北
森掌
汪流水
李家河
梁家
神南
上河
南双泉
后沟
赵和池
南郊

# 树　掌

## 江城子
## 惠泉井——老井之最

惠泉老井甲壶关，掘艰难，汲艰难。四眼同提，百尺及清泉。绳锯铁穿言岁久，坡陡陡，路弯弯。

今朝引水入家园，担休闲，桶休闲。轻拧龙头，清水上锅沿。告别惠泉挑水苦，齐享乐，小康年。

树掌村，位于巍巍池岭山系东延余脉、才兴岭之阳，肖火山山系主脉东北延末端边峰、龙备山之阴，两山之间相隔郊沟河谷北岸上，壶关城东南45公里处。树掌古来为壶关县东南域山区中心，山里人送称"小北京"。2010年版《树掌村志》称树掌为唐代所建古镇。缘名士引领，良师教导，耕读传家，村风滋润，致历代文人居多，民俗文化兴盛，有称"文化树掌"。含大、小背沟、大凹则、小凹则、东紫云沟、龙备山上、郭处沟等7个自然村。现为树掌镇政府驻地。

惠泉井坐落于郊沟河谷树掌段北河沿的土崖巨壑处。笔者曾三顾惠泉井畔，观井阅碑，并数与树掌"二赵"——赵周清、赵江峰及李成法、冯德有、冯彦芳诸位相议，归纳惠泉井特点有六：

一曰年久。于乾隆二十四年(1759)农历七月开掘修建。乾隆四十六年（1781）正月重修。始掘至今257年。

二曰井深。约八丈许，即拔水需用七八丈长的井绳方可及水。

壶邑元宵第一龙

三曰口多。设四井口，俗称"四眼井"，可供四条井绳同时下井拔水，即一井堪抵四井。经年累月，四个铁铸井口周边里沿已为拔水麻绳磨凹多处，有数处几近磨成豁鼻，人谓"绳锯铁穿"。

四曰水佳。经河滩下多层沙石过滤，水无杂质，盛在桶里，清可鉴人；直饮入咙，甘如淡饴，老年人、月子里的产妇熬粥养身最为相宜。

五曰量丰。供给全村2000余口人饮用，从无干涸。

六曰路遥。村人挑水要上下一条弯曲陡坡，约300余米。往时坡面上壮挑弱抬，接踵成行，晨昏络绎不绝。

纵观以上六点，惠泉井当列壶关域内老井之最。

1993年，政府资助树掌引七里栈泉水至村中，村民不再至惠泉井取水。

今时，凡有临此观井者，皆叹当年掘井之艰，取水之难；齐赞新浚引水工程，政府资助，解民之困，造福百姓，功莫大焉。

上页图为某年正月十五，壶关城闹元宵，树掌龙灯在燕子池广场边表演。

千年古镇喜逢春——树掌俯视图

# 河　东

## 七　律
## 彭总驻河东

紫团西麓映秋熙，彭大将军著戎衣[①]。
说服友军止磨擦，阐明时局结犄犀。
横刀勇辟长征路，度势深谋统战机。
万众东川听讲演，黄钟大吕震山低。

河东村，位于太行峡谷国家级森林公园[②]西北界，紫团山山系西延支脉边缘、东坡则山西麓，郊沟河谷东岸上，据此地理实体则取名河东。与古镇树掌相隔郊沟河谷为邻，相距1.5公里。含行则、西沟两个自然村。

1939年10月中旬，八路军副总司令彭德怀率队奔赴壶关东部山区，在河东及芳岱、神郊、马家庄等村住约10天。其间，彭总与国民党驻军新五军军长孙殿英数番会谈，纵论抗战形势，阐明我党政策，说服孙殿英“停止内战，共同抗日”，促成太南地区国共合作、一致抗日局面。彭总还与孙殿英、抗大一分校校长何长工等，共同出席著名的树掌东川“拥蒋反汪万人誓师大会”，发表了动员全民族共同抗日的重要演讲。时至今日，问及树掌、芳岱、河东、神南、神北一带耄耋老人，他们都还能清楚地记起东川大会盛况:彭总站在临时搭建的高台上引吭讲演，声如洪钟、字如珠玑，铿锵有力、入人肺腑。参会万众齐集，群情激昂，举拳呼号，抗日声浪撼山动地，遏云穿霄，余音长存。

随后的1940年4月，八路军总司令朱德曾赴壶关，在大井与国民党高级参谋王葆贞订立划界协约，史称“大井划界”。彭总“河东说服孙殿英”与朱总“大井划界”，是抗日战争期间发生在壶关的两大事件。

今日冯宅完好貌

据河东村籍、壶关县

政法委原副书记李洲海编纂的《河东村志》记载，彭总在河东名士冯文止宅第中住宿数日。

上页图为彭总在河东住宿过的冯文止宅第今貌。

彭总演讲音余太行——东川万人大会会址今貌

① 1935年10月，毛泽东《给彭德怀同志》六言诗曰：“山高路远沟深，大军纵横驰奔。谁敢横刀立马？唯我彭大将军！”从此，“彭大将军”的称呼传播开来。

② 1996年8月12日国家林业部批复壶关县“太行峡谷国家级森林公园”，范围以紫团山为中心，包括太行山大峡谷在内。东西长51.3公里，南北宽18.7公里。

# 翠　谷

## 竹枝词
## 首家农业合作社

翠谷农民志气豪，擎旗办社领风骚。
一花引出百花绽，举县高潮接九霄。

翠谷村，位于太行峡谷国家级森林公园北畔，紫团山山系西延余脉、松坳凹东侧福水河西岸上。含前福水、后福水两个自然村。

1950年冬，翠谷村民在老劳模、村党支部书记冯海科带领下，坚持走集体化道路，在原来互作组基础上，办起壶关县第一个农业生产初级合作社，选举冯海科任社长。是时，为原晋东南地区树立的“十个老社”典型之一。1951年4月中下旬，长治地委主要领导同志曾主持调研总结“十个老社”典型材料，依序呈报华北局、党中央刘少奇同志与毛泽东主席。中共中央党史研究室编著的《中国共产党历史（1949—1978）》第二卷中记载了这个汇报过程，包括刘少奇与毛泽东，在合作化发展之初所持的不同意见，以及之后统一意见的具体情况。翠谷办社经验对壶关全县乃至晋东南地区农业合作化高潮兴起，起了示范、推动作用。

图为翠谷初级农业社办公小楼，后作翠谷乡人民委员会（后改称乡人民政府）机关办公用房。

新中国成立初期，农村妇女剪长发为齐颈短发，称“剪发头”；放开缠足，称“大板脚”，成为妇女解放的两项时代标志，时人常以此比喻新生事物。当年，壶关县固店村籍、晋东南地委原农工部干部、“名笔杆”郭增基下乡翠谷，调研总结翠谷办社经验时，比兴写道：“剪发头，大板脚，要说增产还是人家冯海科。”农村合作化之初，这句话在壶关县农村曾广为流传，乡间、市井时能听闻得到。

小楼纪事

# 南坡垴[1]

## 七　律
## 壶关的“锡崖沟”

莫言无二锡崖沟，五指山中喜报稠。
筑坝修田百亩过，劈崖开路七弯收。
出门上下车通顺，浆洗开关水自流。
奋斗赚来新日月，锡崖第二写春秋。

南坡垴村，位于太行峡谷国家级森林公园主峰、紫团山山系西北延支脉、五指山麓沟岔里。包括南坡垴、郭家碣、水草凹3个自然村。

南坡垴山高沟深、石厚土薄、交通闭塞、地理条件不良。农业学大寨时期，大队党支部带领群众“苦熬变苦干，凿透五指山，造地一百三”，为农业发展打下一定基础。改革开放以后，南坡垴前后三届支、村“两委”领导班子不搞“一员将军一道令，一位和尚一本经”的那种“换届换策、循环否定”，坚持“换书记不换主意，换村长不换主张”，依托老基础，开展接力赛，谋划新发展，建设新农村。先后组织全村劳力劈山凿石，修成了7个弯道、全长2.2公里的乡村公路，上接树或线，下连树土线。铺装了3条全长10公里的水泥路，实现了“庄庄通”。陵川县锡崖沟村为山西省艰苦创业、改善交通、建设山区的先进典型，媒体上时用锡崖沟其名作建设山区先进乡村的代名词。缘此，南坡垴即被当地干群誉为“壶关的锡崖沟”。

形似“S×N”[2]

---

① 南坡垴及后文中的梯垴山、前垴、后垴、红垴上、水池垴等多处地名中的“垴”字，乡人多将其写作“脑”。“垴”为地名专用，“脑”为人体器官专用，“脑”为“垴”之误，应予以纠正。

② “N”，见本书龙泉镇石岩头村《无碑秦公桥》注①。

## 森　掌

### 七绝二首

### 降　豹

山中猛豹匿林深，夜袭牛羊扰庶民。
呼出牛家仨好汉，壮行酒后入山林。

怒嘶猛豹扑三雄，棍棒抡挥不敢松。
大战半天百回合，三雄降豹誉西东。

森掌村，位于太行峡谷国家级森林公园西部，紫团山山系主脉西南延、小庙岭西北麓前，郊沟河谷东岸上，真泽宫东南两公里处。

小庙岭海拔1619.8米，西麓有条通往陵川县浙水村的古道山径。旧时，这一带山高林密、路险人稀，常有狐豹豺狼出没，伤害家畜，袭扰村民，是为大患。1936年11月某日，村民牛太孩、牛虎则、牛书则三位年轻后生应民之呼，并肩跃出，持棒入山，打死一头金钱豹，为村除害，传为美谈。人呼三位壮士为“森掌仨武松”，谐称小庙岭西麓古道山径为“太行山中景阳冈”。

因事过70余年，当事人过亡，流传版本不一，笔者认为“三雄棒打金钱豹”似实，即据此相咏。

斗转星移，时变境迁。当今，保护生物多样性，维护生态平衡已成为举世之策，我国业已将金钱豹与大熊猫、东北虎一起列为“国家一类保护动物”。经过广泛普法教育，森掌百姓懂得动物是人类的朋友；明白以后倘若有虎、豹等凶猛动物出现，只能吓阻，不能伤害，并要设法保护。

图中右一为树掌镇民政服务中心主任李爱平在倾听森掌村中长者讲述“三壮士降豹”的故事。

“胡子里长满故事”

# 磨 掌

## 七 律
## 竹 马

两军对阵海生潮，跃马杀来枪对刀。
红甲呼称金国将，白袍应喊宋朝豪。
助威锣鼓随军紧，报幕铳声离地遥。
社火百花争俏丽，独家竹马占枝高。

磨掌村，坐落垴碣山之阳，马江河河谷北岸上。因村庄背靠的垴碣山山形似磨盘，始得村名。含西紫云沟、柳树沟等自然村。垴碣山为巍巍池岭山系东南延余脉中的一座山岭。

磨掌竹马分红甲红马、白甲白马两大方阵。出场后“两军”对垒，红白分明，如火如荼，枪刀闪闪，杀气腾腾，锣鼓助威，铳炮伴阵，煞是壮观。凡演出，成群观众追逐争睹，引颈喝彩，眼福大饱，至夜阑息鼓鸣锣方散。

在壶关县域内，磨掌竹马“只此一家，别无分号”。与树掌龙灯，天池、西街扛妆，石南底、中桥武术，南阳护、南关、李掌、西堡八音会，泉则河高跷，修善小跷，北河、山则后舞狮，四家池旱船、龙坛河二鬼摔跤、流泽烟花，盘驼底、上内村地圪圈秧歌，化工厂点焰火老杆等传统社火节目，同属壶关城正月十五闹元宵的必须调演节目。

2013年正月，笔者回壶关老家过年期间，听闻磨掌村籍、壶关县人大常委会原副主任张钟晓惋言：“由于青壮年村民进城务工诸因，竹马已停演数年，老乡们都很惋惜。对这项精彩的非物质文化遗产，县、乡、村上下正在酝酿抢救、恢复、传承。”

山村夏韵

# 大　会

## 七　律
## 移植大油松

县东绿化传佳讯，大会村民敢创新。
巧植油松何惧大，力挖坑穴不言深。
浸根泥水高墒土，铺石反坡低日温。
抚育变成移整树，当年见绿满山春。

大会村，位于天池垴之阳，马江河河谷北岸上。含岭东沟、掌后沟、段家掌3个自然村。天池垴属巍巍池岭山系西南延余脉边缘一岭。

20世纪80年代中期，大会村干群在继承全国著名林业劳模王五全阳坡育苗移栽油松经验——“五全法”的基础上，创造了国家林业部、省林业厅专家称作“暂难利用地”的向阳石质山坡上，大面积移植大油松的成功经验。具体操作方法是：打大树坑、浇水浸坑、刨掘囫囵根系大树、树杆阴阳定向、树坑原土泥浆醮根、栽植不窝根、回填原坑土及近坑山土、造反坡地面①、复盖石子石片、一次浇透水等。所移大油松均有镢柄及小椽粗细，来自附近阳坡山林里长了六七年、准备抚育作业要砍除去的多余松树，合乎“五全法”中“阳坡育苗阳坡栽”的头条技术要点，成活率达90%以上。

归纳起来，如此移栽大油松好处有三：一曰解决了苗源，二曰抚育了旧林，三曰当年移栽、当年成活、当年见绿，促使造林绿化节本、提速、增效。老乡说是“一举三得”，文人称是“一石三鸟”。时任树掌镇党委书记崔天松打来电话称：“1987年夏，壶关县政府在天池垴召开雨季造林现场会，推广大油松移栽经验。”

良木之源

---

① “反坡地面”，为“五全法”植树技术之一，即把树坑填土后的地面整成外高里低的斜面，以达到减弱阳光照射，减少水分蒸发，增蓄雨水抗旱的目的。

## 古 风

## 朱总夜宿碾棚

红军之父德为魂，夜宿碾棚不扰民。
佳话常传七十载，天天朱总在咱村。

碣则上村，位于马江河谷北岸上，巍巍池岭山系南延余脉边缘、高堖山之阳石脚上，故得村名。含巍巍池等数个自然村。

《壶关报》2015年10月10日第3版，刊发壶关县政协原副主席刘全付所写《抗日时期朱德在壶关》一文记载“朱总夜宿碾棚”的故事，其梗概为：1938年初春一夜，朱德总司令率队行军途经碣则上村，时已晚上10点，为不惊扰百姓夜眠，即在村庙西北一座碾棚里权宿一夜。笔者在省城与碣则上村籍、山西省农村信用社原副主任、金融专家张转芳数番小聚，听他数次感言：“总司令在村里住过，这是乡亲们时常引以为荣，深受鼓舞的事。本人童时就听过长辈人经常讲述这则故事。”

小学课文《朱德的扁担》讲红军组建之初，朱总在井岗山根据地爱兵，与士兵下山挑粮、同甘共苦的故事；《壶关报》刊载的这篇“朱总夜宿碾棚”讲抗日战争中，朱总在太行山革命老区爱民，不惊扰百姓，与人民群众鱼水情深的故事。两篇故事体现了人民军队的最高统帅如此爱兵、爱民，官兵一致、军民一致；诠释了人民军队的胜利之本。

石碾记忆

朱总的“红军之父”称谓多有出处，中国人民大学出版社出版的《毛泽东传》中写道：“彭德怀称朱德为人民解放军之父。”解放军出版社出版作家刘学民编著的朱德传略书名为《红军之父》。

# 教　掌

## 古　风
## 教掌古名校场

唐宋兵家地，今存涉战名。
学堂校场易，杀场汽车停。
禾壮粮棚则，林遮跑马坪。
名称何碍有，和睦好村风。

教掌村，位于纱帽山东侧，树掌镇西南界，与陵川县接壤。纱帽山为肖火山山系主脉西南延一座山峰，海拔1499.4米。

太行山雄踞中原正北部，壶关坐落太行山南端，居高临下，虎视汴梁[①]京畿之地，历来为兵家必争。正如清康熙年间，周再勋所撰康熙版《壶关县志序》云："壶关今日为上党……重关天险，俯视中原，固箭括之通天，而秦、燕、晋、齐之门户也……得之则兴，失之则亡也哉。故上党不拔，天下不可以得志也；壶关不下，则上党不可得拔也。"

地处壶关东南山区的教掌村，四面环山、地势险要、易守难攻。民间传说北宋时期，辽国摄政女皇萧银宗欲夺中原，灭赵宋，成就称帝九州之基业，曾亲率大军南征北宋都城汴京，先期西征上党，中途屯扎教掌练兵、休整。缘此，该村古时曾取名"校场"。北宋至今历经千年，村里村外仍留有校场、杀场、跑马坪、粮棚则等多处涉军、涉战地名。

图为在国家资助下，新近建在传说中古为萧银宗练兵校场处的教掌村篮球场。

"校场"易球场

① 开封因临汴河，古称汴梁，明以后改称开封府。为我国六大古都之一。六大古都为西安、开封、洛阳、北京、南京、安阳。

# 大坪上

## 竹枝词
## “牛改”示范村

观念更新牛改忙，西门塔尔满山庄[①]。
家家饲养家家富，夺冠连年是老王。

大坪上村，位于西碣则山之阳，马江河河谷北岸一块平地上，即得村名大坪上。距树掌6公里，为树掌镇域西至。西碣则山为行头岭山系东延余脉中的的一座山岭。

20世纪80年代初、中期，壶关县政府将黄牛改良——土种牛改为西门塔尔良种牛——作为山区农民脱贫致富的主抓项目之一，简称“牛改”。牛改实施之初，山区百姓中流传着“西门塔尔牛的头、蹄上长有白毛，带着孝，不吉利”的传言，受此影响，山区牛改受阻。

1986年，大坪上村时任党支部书记王怀松（见图），带头破除封建迷信，自家一户饲养了四头西门塔尔牛，卖牛脱贫致富。时谚“村看村，户看户，老百姓看的是村干部，村干部看的是党支书”，党支书勤俭持家、养牛致富作示范，带动养牛户多了起来。王怀松又将大家组织起来，合作解决防疫、饲料、配种、售牛等服务，使牛改普及到户。这种组织起来的生产经营模式初具一个养牛专业合作社的雏形，很受村民欢迎。1987年秋，县委、县政府召开现场会，总结推广大坪上牛改经验；同时，作为重点扶贫项目予以强力资助，使牛改很快在县东山区推开，年达近万头，为县东贫困山区农民脱贫增收开辟了一条路子。

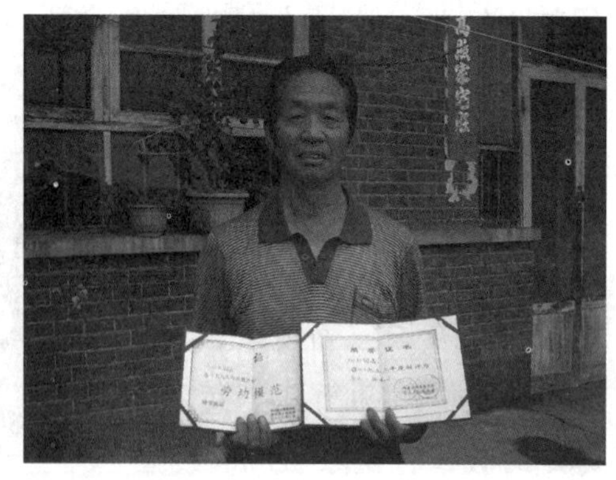


兴展奖状

① 西门塔尔牛，著名乳肉兼用牛品种，原产瑞士西门河谷，遂得名。头与四肢多为白色。骨骼粗大，前躯发达，肌肉丰满，耐粗饲，肉质佳。

## 神　北

### 四字谣
### 咏唱抗大一分校

抗大分校，办在古庙，
热血青年，风华正茂。
师生动手，古庙补漏，
膝盖当桌，文武兼修。
练枪练刀，站岗放哨，
抗日救国，歌声如潮。
生产开荒，种菜种粮，
补贴伙食，教学保障。
抗大精神，发扬传播，
团结紧张，严肃活泼。
友军互访，联欢联阵，
抗击日寇，中华同心。
最为可敬，神郊百姓，
给物给力，不没村功。

神北村，位于肖火山山系主脉东北延、关掌岭东南麓，国家级文物保护单位、著名古建筑群真泽二仙宫西侧，郊沟河谷之阳。含河掌、东坡、西窑、关掌岭4个自然村。与郊沟河谷之阴的神南村相对紧邻。史上神北、神南两村因故数番分合，合时则并称“神郊村”，分时则分别称神北村、神南村。唐末乾宁元年《乐氏二女父母墓碑》有记：“岁俭，求之即丰；时旱，求之即雨。名传九府，声播三京。”乃言真泽二仙宫影响之广大焉。此即神北、神南、神郊三村名中皆嵌有“神”字之由来。

今日红色旅游处

1939年夏，抗日烽火连天之际，抗大一分校校长何长工带领3200名师生，奔赴神郊村真泽二仙宫及附近村庄办学。百姓力助，师生奋勉，发扬抗大校风，创造教学条件，边学习、边生产、边与友军联合抗日，得到全面锻炼成长。当年，师生们编写诗句赞颂那般刻苦、奋勉、火热的学习、工作、战斗生活，其中有首诗曰："山中庙宇当课堂，大树底下作会场。马列理论站着讲，桌子安在膝盖上。"①

2015年11月22日，笔者敬读2015年第21期《新华文摘》刊发，老革命家习仲勋的爱人齐心老人写的一篇回忆文章，题为《激情燃烧的青春岁月——忆我的太行抗日前线抗大的战斗生活》，文中记述她随抗大一分校转移到壶关县东部山区，"我们女生队驻在神郊大庙里（即"真泽二仙宫"）"的学习、战斗生动情节，那年她才15岁，已入党。读毕，令人感慨良久，思绪绵长。

真泽二仙宫中院西楼曾作抗大女生宿舍

上页图为今时真泽二仙宫正在举办红色旅游活动的场景。

① 摘自中央文献出版社出版、郭新虎编著《抗大一分校女生队》。

# 神　南

## 采桑子
## 三位“太行奶娘”

太行将帅征程急，先顾民生。后顾亲生，寄养山乡骨肉情。
三餐九哺妈妈好，不是亲生。胜是亲生，将帅后人肝胆铭。

神南村，位于紫团山山系主脉西南延边峰、翠微山西北麓，郊沟河河谷之阴，与神北村隔河（郊沟河）对应。史上神北、神南两村数番分合，合时则并称“神郊村”。翠微山上的“翠微仙洞”景观称“壶关古八景”[①]之一。

抗战时期，驻扎在太行老区的刘伯承、邓小平等八路军将帅，戎马倥偬，难以顾家，只得将婴幼子女托付给当地老乡养育。如今，这些长大成人的革命后代敬称自己一生有两位母亲：除了生母外，还有位乳母，称“太行奶娘”。

1956年，笔者就读壶关二中时，曾听神南村籍学友丁贵生（后任至阳泉市人大常委会主任）讲过，1939年，抗大一分校迁到神郊真泽二仙宫办学，神南村曾有几位老妈妈，给校长何长工、政治处主任铁坚等领导同志的子女当过奶妈。2012年盛夏一日，又听神南村籍、壶关县财政局原副局长丁月英详述：“1939年年初，校长何长工将幼子托付于神南村董景则养育；政治处主任铁坚将幼女铁华托付于宋小景养育，三岁时转由赵秋荣养育。1953年铁华13岁时才离开神南村，接到她生父生母工作的福建生活。铁华现在福建工作，曾数番北上太行，到神南村家中看望奶娘。与奶娘家子女聚则情同亲姐妹一般；离则频繁书信往来。”董景则、宋小景、赵秋荣三位老人在烽火战争年代，一克生活时艰，二冒生命危险，保护、养育革命后代，应称之为壶关的三位“太行奶娘”，当立传入志千秋记载，永作邑人风范。

图为铁华与其奶娘赵秋荣女儿丁计珍姊妹俩合影，右为铁华。

姊妹情

① “壶关古八景”，见本书晋庄镇王岭村《风穴秋音报丰年》注①。

# 后 沟

## 七 律
## 节地铭

节地标兵数后沟，星星点点认真抠。
支书圈院挖山脚，百姓修房劈岭周。
耕地是金金不换，村风比玉玉长留。
庄庄推广后沟法，廪实居安幸福谋。

后沟村，位于长牛坡山之阳沟壑里，相对于翠微山之阴的中心村神南、神北，则称后沟。后沟西与南俱与陵川县接壤。长牛坡山属紫团山山系西南余脉中一座山峰。

民居状况，是一个时代盛衰、一方地域贫富、一户家景好坏的重要显性标志，即国家、村庄、家户皆然。山乡有谚称“家户强不强，首先看住房”“要选女婿，先看宅第”，以至没有新房、好房人家的年轻人，多有说不上媳妇、一辈子打光棍的艰苦境遇。20世纪80年代初，改革数年，农村初富，农民兜里积攒了余钱，于是，修房盖屋自然成了投资首选，村村开始兴起“盖房潮”，相随着发生了盖房、占地矛盾。

为解决这对矛盾，后沟村原党支部书记任青珠组织村民因地制宜，不占耕地，劈山为基，修建房屋，改善村民住宅条件。有了大体规划后，任青珠的正确回答“是规划大，不是支书大”的原则问题，带头执行规划，履行手续，经批准后，没占耕地，移山起石在山脚上为自家建房一座。于是，5年全村修房上百间，未占耕地。县上土地管理部门及时发现并总结了后沟这一节约耕地、建设农宅的先进典型。在1986年度壶关县、乡、村三级干部会上，任青珠上会交流后沟村保护耕地、更新住宅的经验，受到与会三级干部一致好评。

山脚作基，房固如山

# 上 河

## 浪淘沙
## 抗洪图

洪水浪滔天，猛扑村南。夺人卷屋毁禾田。安稳山乡遭大劫，损失空前。

乡县急驰援，邻里相搀。干群团结力移山。生产救灾奇迹出，今换新颜。

上河村，坐落肖火山山系东南支脉、东掌岭东麓。为季节性郊沟河从陵川发源后，进入壶关境内所流经的头一村，相对于郊沟河，中心村神北、神南为下游，上河为上游，相距2公里，即取村名上河。含肖火山自然村。

1971年8月20日（农历六月卅日），郊沟河流域降了场特大暴雨。位于郊沟河上游、陵川县境内的黄河滩水库垮坝决口，霎时，丈高恶浪以排山倒海之势，雷霆万钧之力，扑向壶关境内上河至河郊沟、约60华里长的沿河两岸20多个村庄，造成特大洪灾。陵川垮坝，壶关遭殃，上河首当其冲。全村冲毁秋作物120亩，冲倒房屋50间，冲走村民17人，其中10人获救，7人遇难。灾后，在上级部门及时指导与大力支援下，上河大队党支部组织全村群众开展生产自救，逐年走出困境。党的十一届三中全会后，进入改革开放新时代，上河村的发展注入巨大正能量，如今，已是劫后重生，一派新貌。

今日上河

# 南　郊

## 五　律
## 开仓济邻篇

东山别有天，出个米粮湾。
农建增新亩，祖宗留旧田。
人勤耕地沃，粮足户居安。
屡屡开仓廪，援邻度歉年。

南郊村，坐落碣坡山之阳，位于北纬35°50'，为壶关县域南至，与壶关县域北至北纬36°12'的北桥村，相差22'；且在中心村神南、神北之南，则称南郊，与陵川县北搭界。碣坡山属紫团山山系西南支脉中的一座边峰。

南郊沟深滩阔，古来耕地较多。加之，新中国成立后，连年开展冬春农田基本建设，起石换土，打坝造地，乱石河滩变良田，使集体经营时期的南郊生产大队人均耕地达2亩余。地宽人勤，精耕细作，稳定增产，岁年有余。每年秋后除了留足社员口粮、牲畜饲料粮、下年种子粮，完成当年国家征购任务粮（时称“四粮”）外，大队集体还会留下两三万斤余粮储备补库，这在太行山分水岭以东人稠地窄、石厚土薄、温饱普忧的壶关东部贫困山区是为特例。

尤其值得称道的是，集体化时期，春夏之交，青黄不接，周围数个大队常遭粮荒，南郊大队则慷慨开仓济邻。借，则借一还一；卖，则平价结算；赊，则丰年再还。此般视邻为友、助邻为乐的良好风尚，在树掌镇西南域一带乡村民间长期传为佳话。

禾旺沟坝地

# 汪流水

## 排　律
## 国民高小正名

学兴汪流水，延续一高时。
师请良贤者，长推李友芝[①]。
东西课并讲，文礼训同滋。
操场习武艺，为抗法西斯。
深山育俊彦，社稷仗才持。
最是冯三点，当成共识词。

汪流水村，位于太行峡谷国家级森林公园中心地带，紫团山山系主脉东南延、天狮梁东北麓，福水河西岸上。村名中前两字均以“三点水”为偏旁部首，加后一“水”字，共七水，是壶关村名中含“水”最多者，足见立村起名之初，此间为水量充沛之地。天狮梁海拔1703.8米，为紫团山系中红梁岭、牙豁岭、天狮梁、猪头山等4座海拔次第超过1700米的山峰之一。

1939年7月，日寇侵占壶关县城，强占壶关县第一高级小学（简称“一高”）校址（旧“壶林书院”）作为入侵壶关的总部，称“红部”。民国政府为使一高教育得继，1941—1943年，在汪流水村办起汪流水国民高小（以下简称“汪小”），聘请邑中文化名人、乡贤李友芝任校长，著名知识分子、乡贤贾治安[②]（数学）、秦树椿（国文）、靳广仁、韩国忠等人任教师，张福庆任教务主任。以文礼质朴为校训，坚持中学、西学并重，教传抗日爱国思想，培育县域人才。汪小办学3年余，毕业5个班，约180名学生。其中，不乏优秀学生，略计有冯士端、张毅、贾端、李向春、刘月生、冯家珍、琚世安、郭松水、马青凤、秦发松等。

国民高小旧址之一

一度时期，邑中有人对汪小怀有歧见，认为是民国政府所办，师生一定会受国民党反动政治影响，成为终其一生的“政治问题”。其实，抗战时期西南联大及其前身清华、北大、南开都是民国政府办的，但它延续了国家的高等教育，培育了众多人才，以至对后来新中国的社会主义建设事业提供了部分高端人才支撑。同样，汪小也是延续了壶关的高小教育，培育了县域文化人才。汪小与联大二者相较，只有高初之分，而无性质之别。

2013年初春一日，笔者回县小住。汪小毕业生、耄耋老人刘月生扶藜上门，谆谆相告：2009年中秋一日，从长治市检察长位上离休下来的冯士端，回县召集汪小健在的几位老校友座谈。座谈结束时，冯同志[③]归纳了三点，一是汪小无党派色彩；二是汪小师生头上戴了50多年的政治问题的帽子可以摘掉了；三是趁健在，要给后人讲述汪小名师办名校的经验，借鉴汪小，办好现在的中小学，为实现县委提出的育人兴县目标添点力量。笔者听后，深感“冯三点”所言极是，这应成为邑人对汪小的共识。

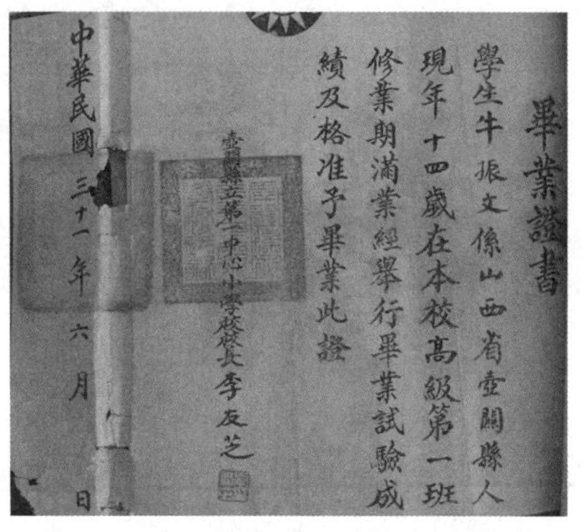
畢業證書
學生牛振文係山西省壺關縣人
現年十四歲在本校高級第一班
修業期滿業經舉行畢業試驗成
績及格准予畢業此證
壺關縣立第一中心小學校校長李友芝
中華民國三十一年六月　日

证书添字中规中矩，与印字不二

---

① 李友芝，壶关树掌村人，教育家、国画家、诗人，生前曾任台湾当局考试院高职。

② 贾治安，见本书东井岭乡口头村《上党名师贾治安》。

③ 新中国成立后30多年间，壶关干群称呼县委领导不称呼职务，只称呼“姓氏加同志”。如称呼时任县委副书记许政友、任汉忠分别称呼为“许同志”“任同志”。20世纪60年代前后若干年间，享如此称呼的有九常十三委（时设九名县委常委、十三名县委委员）。冯士端时任壶关县委副书记、县长，则称呼“冯同志”。

# 赵和池

## 长相思
## 编戏救兄的故事

手足情，血肉情，泪洗囚衣冤狱逢，救兄心赤诚。
编戏成，演戏成，感动官衙释放兄，千秋传美名。

赵和池村，另称“东赵和池”。位于树掌镇西南界，与陵川界内西赵和池村两村中间相隔一座旱池为界；加之，古时两村皆多赵姓祖居，村名则随姓、随池得之。

相传民国初年，壶关的东赵和池与陵川的西赵和池两村村民因争水发生械斗，致西赵和池一村民受伤，陵川县宰不问原委，将东赵和池村民王成富抓捕入牢，屈打成招。其弟王永富赶去陵川探监，兄弟相拥，泪湿囚衣（红色）。遂之，王永富化悲为力，决计平冤救兄，即拜师识字学文化；识字有文化后，即将其兄冤案编作七场上党落子剧，剧名为《泪洗红袍》；编剧毕，即筹办戏班子，亲任主演，连夜排演；排演妥后，首场即到陵川县城演出。演至第五场王永富即让罢演；台下观众看得正兴，轰然不满，原地坐立不散。与民同场看戏的陵川县宰问由，王永富即挥泪禀告其兄王成富蒙冤入狱、本人拜师识字编剧申冤一事原委。县宰感动，即允重审。王永富遂与戏班子将《泪洗红袍》后两场接着演完。此时，台下观众交头接耳，相互传告，尽皆得知此戏背景与主演王永富身份，人们感动之至，满场哗然，拥围良久方散。不日，县宰践诺重审。于是，冤案得平，胞兄得释，举家得团圆。

两村界池

如今，这则一奶同胞、血浓于水、孝悌天伦亲情的故事，仍在赵和池一带民间流传不息，成为教导人们孝敬父母、仁义兄弟、和睦家庭的一篇优质教材。

## 梁　家

### 五律·五绝二首
### 双松枯荣记

梁家村，位于太行峡谷国家级森林公园的重峦叠嶂中，古镇树掌东南8公里处。村南有座东西向山岭，名“楼树岭”，为紫团山山系东南延支脉之侧的一座东西横向矮岭。

梁家楼树岭端生长两株巨松，间距10米许，中通树掌至鹅屋一条古道。两松树径相近、树冠相似、树龄似同；竞相生长、并傲苍穹、蔚为壮观，古来为梁家头道亮丽风景，堪称梁家第一地标。1990年隆冬一日，笔者下乡鹅屋，经梁家，登楼树岭，逢大雪初霁，阳艳天蓝，风清气爽；瞻双松丰姿，雪压松劲，叶碧枝白，尽现无限生机；望岭前小山村梁家炊烟缕缕，牛声哞哞，羊叫咩咩，鸡鸣咯咯咕咕……彼情彼景，撩人诗兴，即咏“五律”一首相记。诗曰：

#### 五律·咏双松

一幅岁寒图，两株姊妹松。
雪披荫愈碧，风刮杈凌空。
万木凋黄叶，双松举绿龙。
山庄高树庇，夕照百家红。

2012年秋一日，笔者下乡鹅屋，又经梁家，重登楼树岭，惊见西侧巨松躯干满布虫洞，梢上枝枯叶黄，浑无丝绿，惜已枯死；随即急察东侧另株巨松，惊见驱干也已多有虫洞，让人顿生切肤之痛。途中咏“五绝”一首，鼓呼特护孤松。即日返县急呈县林业局长李爱民，并建议速打吊针、施药抢救孤松；至嘱“救活是功，不救是过；急务急办，不可一日迟延”。诗曰：

#### 五绝·叹孤松

昨咏双松壮，今悲一树孤。
如仍轻管护，来日叹松无。

不日，收到李爱民局长短信复称：局里已派森防站站长宋安明等技术人员前去打吊、施药抢救。

2014年8月25日，笔者下乡鹅屋，再经梁家，三登楼树岭，所见被抢救孤松满冠绿叶，青翠悦人，气象如初，心中略慰。复咏五绝一首为记，即日感呈李爱民局长、宋安民站长二位共勉。诗曰：

### 五绝·救孤松

孤松打吊针，药到灭虫菌。
病树回春日，功归打吊人。

一枯一荣

# 李家河

## 过龙门
### 清风口奏凯

引敌进深渊，诱入空坛。只身孤胆斗凶奸。抗日英雄兼智勇，壶邑奇男。

奔袭夜阑天，抢占雄关。齐开枪炮杀声喧。两日围歼成百寇，保我河山。

李家河村，原名“南河”。位于太行峡谷国家级森林公园域内中心区，紫团山山系东南支脉、家上岭东麓，红豆峡景区西端崖头上。1983年地名普查时，为避与黄山乡南河村重名，以村中李姓居多，遂改称现名。含北岸上自然村。

李家河村东紧临的红豆峡，为太行山大峡谷中一条主要支峡，旧称“洪底沟”。洪底沟长3公里余，西、南、北三面悬崖高矗，山石嶙峋，犬牙交错，绝壁紧挨，近似无缝衔接；东有窄口通外，状如躺卧着的一只巨型瓮坛，实乃隘关天成、雄险非常之地。1940年春一日，日军入侵河郊沟盘底一带，威逼一青壮引路。青壮智勇双全，引诱日军进入洪底沟“瓮”中，自己即寻隙逃遁。驻树掌、芳岱两村国民党二十七军某部闻讯后连夜紧急奔袭，占居李家河附近清风口、锯齿嵝等险隘，居高临下，枪炮齐开，激战两日，全歼来犯日军近百人。此役概况淙底新立的《红豆峡战斗纪念碑记》有载。

关隘天成

业余研究民国史的壶关“文化后生”秦尧、左满明二位相告：“这场奔袭战为抗战时期，壶关境内歼灭日军最多一役。”“诱敌青壮为西掌村董顺则。”

# 南双泉

## 五 律
## 义修梯路志

晋道古行难，难于上碧天。
仨村社首策，百姓石阶安。
寒暑三年累，高低百磴连。
碑文名士撰，功德代相传。

南双泉村，位于石盘岭东凹，太行峡谷国家级森林公园南界，距古镇树掌东南11公里处，南与陵川县交界。村西南侧旧有二泉涌流，故取南双泉村名。含里凹自然村。石盘岭为紫团山山系南延余脉中的一道山岭。

长期以来，南双泉、梁家、南河(今“李家河”)一带百姓中传诵着旧社首办的一件善事：民国二十二年（1933），由南双泉岸上社赵群和、南双泉岸底社赵礼和、梁家社梁申新、南河社李群中等“三村四社”四位社首吸纳民意，商后决策，修筑南双泉至洪底沟的出口通道。随即组织三村四社村民施工修路，历时三载，在悬崖绝壁、嶙峋巉岩上筑成梯路273级，俗称“老梯路”，结束了树掌东南山区与常行、百尺一带及陵川平城等地几十百把个村庄百姓出太行、下豫鲁，峭崖深谷阻断交通，需得爬山越岭、远途绕行之劳苦，人尽称善。从此，老梯路上，人挑畜驮，有上有下，来来往往，络绎不绝。

是时，壶关名士、“树掌三才子”之一的冯思敬[①]，步履老梯路后，兴之所至，文思奔涌，感撰碑文以记之。至今，该碑碣仍屹立于红豆峡西起之端、名为“淙底”的独户村西北崖下一隅、老梯路登攀起步处。

拾级登崖

① 冯思敬，树掌籍。懂国学，通礼俗，善文墨，曾句读道光版《壶关县志》。与李友芝、冯贵生并称民国中后期“树掌三才子”。

# 福　头

## 竹枝词二首
## 首家用电灯

二野兵工驻深岭，柴油发电夜通明。
支援解放全中国，枪炮箱箱运上程。

兵工发电接村中，户户家家用电灯。
如昼灯前利缝补，军民鱼水好传统。

福头村，位于巍巍池岭山系主脉东延、大垴山之阴，箭豁岭山系主脉东延、树潭凹之阳，中隔五指河与郊沟河两条季节性河流交汇处西北一侧岸上。县东民间有则神话传说讲述福头村名来历：真泽宫二仙真人搬住小庙岭途中，行至此处，得知小庙岭已被土地爷捷足先占，便碰头大哭一场，故取村名“哭头”。后依“哭”“福”同谐“u”韵，即易吉祥村名福头。

解放战争时期，长治惠丰机械厂前身之一——人民解放军二野华丰兵器厂设在福头村东北树潭凹中。当时厂里自备柴油发电机组发电照明，夜以继日，加班加点，生产枪炮，支援解放全中国。同时，还给福头村百余户老乡家中安上电灯照明，体现了军民鱼水深情与军工民用的光荣传统。

“楼上楼下，电灯电话”“耕地不用牛，点灯不用油”，这是解放初期广大农民群众对社会主义美好新生活的憧憬与企盼。福头百姓在子弟兵援助下，幸有机缘早早用上电灯，先期尝到了那种新生活的甘甜。是时，引得邻近十里八庄男女老少、三三五五地相偕结队来看稀罕，人们眼热不已、口赞不绝，盼着本村自家油灯换电灯的佳期良宵早日到来。据树掌村籍、壶关县交通局原局长赵周清记忆：他也是童时“在福头第一次见到电灯的”。

老社房·新卧车

## 马家庄

### 七绝·七古
### 夫妇双英烈

夫率民兵抗日军，男中血性一功臣。
妻携巾帼支前线，奋勇争先不顾身。

刑场当成战场临，身躯铁打主义真。
并喷热血太行脊，夫妇英名百代芬。

马家庄村，位于箭豁岭主脉东延、岩碣岭之阳山麓，五指河谷北畔。含土桥上、南坡上、南沟等数个自然村。

抗日战争初期，共产党员马进喜、申建巧夫妇两人分别担任马家庄编村秘书兼民兵队长、编村妇救会主席，分头组织当地民兵、妇女开展抗日斗争。1940年5月7日，两位抗日英雄遭到国民党反动派惨害，夫妇双双昂首刑场，英勇就义，血沃太行，气贯九霄。新中国成立后，马家庄村为两位英烈立碑永远纪念。

2012年初冬一日，笔者恭听山西省模范民政助理员、树掌镇民政服务中心主任李爱平讲述马进喜、申建巧夫妇双英烈的动人事迹，令人感动不已，旋即想及电视剧《刑场上的婚礼》中周文雍、陈铁军夫妇双英烈同时、同场英勇就义撼动人心的场景，随即告诉李爱平："马进喜、申建巧堪称'壶关的周文雍、陈铁军'。"并建议他将马进喜、申建巧夫妇双英烈的典型事迹重新调查，认真整理，专题呈报上级，载入县志，刊发县报，广为宣传，鼓舞激励全县广大干部群众继承英烈遗志，建设美好家乡。

双英千古

# 芳　岱

## 四字谣
## 黄河日报社驻村

黄河日报，民族号角。
张张鼓呼，抗日旨要。
副刊活泼，主编老赵。[①]
领导必读，群众争瞧。
办报芳岱，百姓兴高。
争相腾屋，忙当向导。
打柴助炊，站岗放哨。
保证咱报，及时编稿。
光辉一页，撰入志抄。
教化后昆，爱国情豪。

芳岱村，原名“黄柏崖”，俗称“黄柏”。位于巍巍池岭山系主脉东端边峰、方城岭下。发源于陵川境内的郊沟河与发源于东井岭乡塔店村侯山凹的五指河，两条季节性河流在芳岱东北河谷岔口汇合，流入太行山大峡谷淅河中。2014年12月初，芳岱村由国家住建部批准，入选“中国传统村落名录”。

1939年7月中旬，山西省第五行政督察专员公署秘书主任杨献珍，率领公署工作人员与《黄河日报(太行版)》采编人员转移太南山中，驻扎芳岱村办公、办报，受到全村百姓热忱欢迎。驻村期间，百姓力助克难，使报纸得以按期编印发行，极大地鼓舞了太南地区军民的抗日热情，促进了抗日民族统一战线的形成。图为报社旧址。

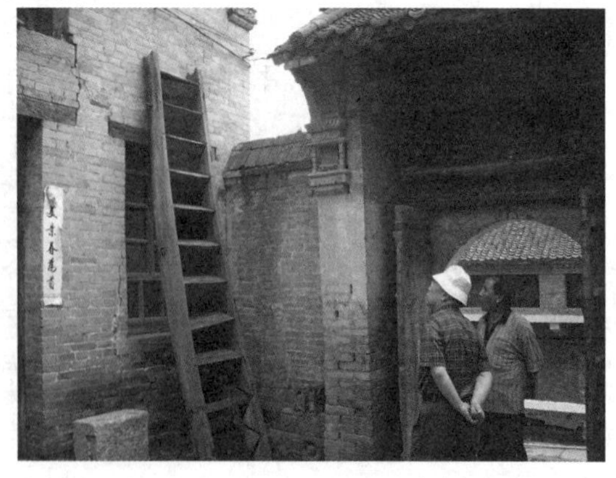

登梯办报

---

① 作家赵树理时任《黄河日报（太行版）》副刊主编，老乡们称呼他“老赵”。

# 回　车

## 竹枝词
## 回车核桃甲壶关

核桃论好数回车，开核只须手一捏。
仁饱味香营养丰，梦中移植遍郊野。

回车村，位于庙岭山西侧半坡上。壶关县东民间广传一则神话称：古时，真泽宫所奉二仙真人乘车赴此布道，遇山路陡险，无法前行，即调车打道返回，此则神话即成村名回车之由来。含青羊垴、坟上、上寺等自然村。庙岭山属箭豁岭山系主脉东延的一座山峰。

发展木本油料作物，“取油于树，节地保粮”，乃为调整农业结构、保证粮食安全、提高食油品质与自给率、改善城乡居民生活的有效举措之一，堪称另辟一条“油路”。核桃为太行山区主要木本油料作物。壶关县域内太行山分水岭以东山区，为全县核桃传统产地，其中又以回车核桃为最好，其特点是皮薄、仁饱、破壳易、含油量高、味道香中带甜，口感尤佳。

1984年暮秋一日，笔者以分管农业副县长身份到回车下乡，了解核桃传统品种，筹谋山区、半山区规模发展核桃生产，培育扶贫产业，加快脱贫步伐。此前，曾听老乡讲过:回车“村里长有棵结有露仁核桃的老树”。只惜去时白露已过，误了核桃采摘节令，未能见到露仁核桃。当晚，在老乡家吃派饭，先品尝了几个炉核桃——先将灶火压上炉渣，把囫囵核桃码放在炉渣上面，再用鏊盖盖住火口，经文火焖烤，皮稍焦黄即熟，即熟即食。食毕，口齿留香良久，至今忆及，仍新如昨，时想复飨之。

图为回车村前新植的地埂核桃林，已进入盛果期。

取油于树在地埂

## 渔 家 傲
## 天人合作好景观

云雾山中林木密，松涛啸吼风来疾，百丈深崖高瀑淅。
谁功绩？神工鬼斧天然力。

峡谷劈崖燃炮息，路通车畅奔驰疾，老岭深林游者怡。
谁功绩？人民自有回天力。

青松岭村，位于太行山大峡谷西北支峡王莽河谷西侧陡崖头上，箭豁岭山系主脉东延、庙岭山东侧凹里，因之原名“岭东”。1983年地名普查时，为避与集店乡岭东村相重，更为现名。西与回车村相隔庙岭为邻。距古镇树掌11公里，为树掌镇域北至。

青松岭村三面环山，青松密布；一面临崖，雄险异常。冬日大雪封山，呈银装世界；夏日风拂云缭，乃避暑佳地。似可列为“太行山大峡谷景区”一个景点。

图为青松岭村东崖下，王莽峡中沿峡绕山一段公路。

青松岭下U型路

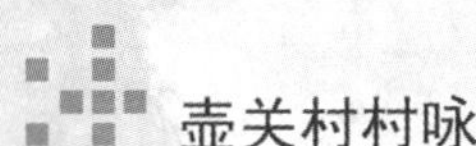


壶关村村咏

北桥
西旺庄
乌集头
东旺庄
天池
土河
桥西
西关壁
东关壁
辛村
北三家村
逢善
回龙庄
岭东新村
北凰
东长井
岭东
南凰
西庄
集店

# 集店乡

# 集　店

## 清平乐
## 绝版戏楼

精工建造，乡谚齐夸好。斗拱飞檐翘四角，三副楹联寓妙。
老乡瞧戏为天，兴头亚赛逢年。特护戏楼至宝，千秋百代承传。

集店村，位于壶关盆地城北小平川西南沿，季节性石子河下游北畔岸上。壶关城西北4公里处。原为由县至府的古官道必经之地。古时有店有集，遂取名集店。现为集店乡政府驻地。

旧时，农村文化生活匮乏，赶庙会、瞧演戏则成了农民群众的盛大节日。加之，旧时农民普遍信神，有庙会必祀神，祀神必演戏，演戏必要上戏楼，于是，壶关绝大多数村庄建有村庙，村庙都陪建有戏楼。总体布局皆为南戏楼对北正殿，庙院即剧场。这般建筑格局使祀神、观戏二合一、两相宜。以年代久远、构筑精致、文化内涵丰厚综合论，壶关境内当列集店东岳庙南戏楼为最。该戏楼俗称“蚂蚱楼”，喻其建构精妙，巧如蚂蚱。乡谚有道是：“庄头的庙，常平的钟，集店的戏楼赛北京。”

集店乡副乡长冯亚冰抄来集店戏楼所镌三副抱柱楹联：“荣辱穷通宛然经济，嬉笑怒骂俱是文章。”“旧代衣冠从新演出，今人面目仿古妆成。”“收天下春奇正无非者个，演古来事贤愚即在其中。”联末署记“清乾隆四十七年”，即1782年，距今234年。这该是戏楼初始建年或大修重建年，待文物专家考后认定。

图为“蚂蚱楼”戏台正面的石柱、横梁、斗拱、椽檐、墀头等木石雕刻构建。

“蚂蚱楼”丰姿（局部）

# 西关壁

## 五古二首
## 白土记忆

昔日时光苦，担挑卖白土。
赚钱补米盐，落个半饱肚。

今日奔新路，务农加工副。
白土早尘封，赚钱住别墅。

西关壁村，位于上党名山、长治市区东北天然屏障老顶山主峰东南山坳，西与长治市郊区接壤。相传明万历年间，村东与东关壁交界处建座4丈高的壁塔，远望即见，故名“西观壁”，后易“观”为“关”，即称现名。

西关壁环村皆山，往昔村民“靠山吃山”。农忙时，男女老少爬山越岭，在称作“三郊、九掌、十八凹”里，耕种着成摞成摞的星碎山坡垛地。耕余，则到村外壁山上挖白土，三五结伴、驴驮马拉、壮挑童抬，直奔潞安府（今长治市）沿街叫卖赚钱。据西关壁村籍、山西省建设厅原处长杨安才相告：“白土主要用作白色涂料，炒熟变成黄色，又可当黄色涂料。解放之初，尚无生产涂料工厂，长治市民权用白土刷墙，装饰房屋，有不小市场。”有谣为证：“西关壁孩子生得苦，生下来就会挖白土。车拉人挑进了府，一天能挣两千五。”新中国成立初期，人民币面值数为现币面值数1万倍，二千五百元即相当于现在的两角五分。

改革开放以后，西关壁村利用与长治市区近距的区位优势，发展烧制砖瓦、石灰，搞短途运输，入市出售自种果蔬等多项工副业生产。村民收入增，房舍更，生活好，精神爽。时或欢言：“咱村从前是‘靠山吃山’，如今是‘靠市吃市’。”

近市先富村

# 东关壁

## 七　律
## 昔日梨乡

关壁黄梨誉远扬，梨园锦绣好风光。
春风一夜千堆白，秋日三天万树黄。
清肺利痰当好药，润喉爽口赛冰糖。
今忧梨树存无几，何日新园复绕庄？

东关壁村，位于老顶山山系东南支脉、北滩头山南麓，壶关盆地城北小平川西沿。古时，因村中皇甫姓氏人家居多，则曾名“皇家”。相传明万历年间，村西与西关壁交界处建座4丈高的壁塔，远望即见，故名“东观壁”，后易“观”为“关”，即称现名。

东关壁村古来盛产黄梨，百姓院里院外、房前屋后的空地上遍植梨树，近村经营有多处梨园，计二百余亩，户均近亩。东关壁村栽植黄梨历史悠久，品种正宗，植地肥沃，管理精细；所产黄梨具有水大、质脆、味甜、耐储存诸多特点；生食、蒸食、烤食、熬梨水饮用皆宜；有化痰、止咳、润肺、爽气之功效；冬藏至次年春食用，甜度加大，风味更佳，食疗之效愈好，民间广有“春食关壁梨，咳嗽不请医”之说。只惜近年因故梨园面积大缩，梨树昔非今比、今无昔多了。

梨园待兴

老顶山东麓下，壶关盆地城北小平川西北沿半山区一带村庄宜梨。毗邻东关壁的西关壁、乌集头、天池、西旺庄、回龙庄、北三家村数村，雨热同期，土壤同沃，梨农同技，黄梨同硕，梨乡同称。梨园最多的天池村曾一度保持在三百亩左右的规模。

# 北三家村

## 七 绝 二 首
## 永远的村名

（一）

异姓三家落此间，穷人相聚望相安。
德乡仁里村名好，亲切称呼几百年。

（二）

狂言恶语漫天飞，错怨村名抹黑灰。
冤案得平迎丽日，村名四字刻成碑。

北三家村，位于老顶山东侧，壶关盆地城北小平川西沿。古时，晋、李、郝三个姓氏的三户人家最先迁来入住此地之始，三家户主即一致商定：村名不叫晋家庄、不叫李家庄、也不叫郝家庄，叫“三家村”，以望三姓平等，世代和处，永为仁里。1984年地名普查时，为避免与龙泉镇三家村相混，按所处方位，在村名前冠“北”字，以示区别。

1967年，举国上下掀起批判吴晗、邓拓、廖沫沙“三家村”狂潮。上面有人力主让三家村改村名，因干群坚守方未改成。党的十一届三中全会后，“三家村”冤案得以平反，“三家村”村名终未改变。如今，“北三家村”四字已镌刻成碑牌，高竖于正村口的大路之侧，过往行人举目即见。

村名皆有来历，常常蕴含着这个村重要的自然地理、历史文化信息，是一个村庄的文化标识，全体村民的身份认证，世代相承的公共祖产。有位著名作家曾言：“毫不夸张地说，某些传统地名就是一部小说。”北三家村村名足可演绎一部小说。

村名无过

# 回龙庄

## 竹枝词二首

## 侯天乐：第一个万元户

先　富

报春县北第一枝，砖厂承包放胆时。
冒富头家万元户，三中全会作扶持。

共　富

老侯先富不忘邻，合作十家共驰奔。
囊解万元本金垫，并肩跨入致富门。

回龙庄村，原名“庄则上”。位于老顶山山系东延支脉、北滩头山东南麓前，壶关盆地城北小平川西沿。民间古传称：某朝某代某年某月某日某皇帝赴此察访，至村东百泉河上一座古桥处，接到朝中驰来驿马急报，因故不再前行，下旨打道返京理朝。封建时代用龙作为帝王的象征。从此，这座古桥则得名“回龙桥”。1983年地名普查时，为避免与桥上乡庄则上村名相重，即据民间古传改称现名回龙庄。

1980年年初，壶关农村改革启幕。在党的富民政策感召下，回龙庄村民侯天乐率先承包生产队砖厂，辛勤劳作，悉心经营，头年即大赚，成为全县农村第一个“万元户”。老侯放开胆量，一年致富，惹乡人心羡不已，当年在壶关这样的贫困县里是头号新闻，他的故事很快传遍全县城乡。次年，老侯“先富带后富”，与14户贫困村民合作，扩大砖厂生产，使合作户全部脱贫。

农村改革初期，壶关籍、新华社著名记者贾福和生前曾多次深入回龙庄，采写过侯天乐的系列报道，见诸报端，影响颇广。

图为侯天乐荣获的奖章与奖状。

“报春第一枝”

# 东长井

## 渔家傲
## 壶关抗日首战告捷

夜半云遮星月闭，树丛崖洞奇兵匿，静待日军钻袋里。
枪炮密，天兵乍降冲锋疾。

鬼子抢粮遭伏击，丢盔卸甲垂头泣，祝捷庆功全县喜。
锣鼓密，军民抗日齐加力。

东长井村，位于老顶山山系南延尾部、羊马山南麓前，距壶关城西北6公里，通往长治市出口处。与长治郊区西长井村相隔长井河沟对应为邻。下图为填平长井河沟建成的长安高速公路东长井连接工程。

1938年3月24日，壶关抗日支队参谋长高体乾获悉，盘据长治市日军一小分队25日要窜到东长井一带抢粮，即于25日黎明前，亲自指挥二大队一中队埋伏在东、西长井之间的长井河沟两侧，二中队埋伏在东长井村侧。当日军赶着大车进入伏击圈时，高参谋长一声令出："打！"抗日支队战士居高临下，猛然开火，日军四散奔命，狼狈逃窜。这次战斗打死、打伤日军12名，缴获步枪8支，洋马4匹，大车一辆及军大衣、指挥刀等多件。

抗日支队夺得东长井伏击战胜利后，壶关县工委、县政府及抗日团体，于3月27日在北行头村召开"庆祝东长井伏击战祝捷大会"，表彰在战斗中涌现出来的英雄模范，号召全县人民向抗日英雄模范学习。

"初战必胜"是古今军事家的共同主张。正如毛主席在《中国革命战争的战略问题》一文中精辟论述："第一个战斗的胜败给予极大的影响于全局，乃至影响到最后的一个战斗。因此得出下述的结论：必须打胜……"东长井首战告捷即有如此积极的意义，它打消了一些人的"恐日心理"，增强了全县人民群众抗战必胜的信心，推动了全县抗日救亡运动高潮的形成。

深沟易通衢

# 西　庄

## 七　律
## 吴半坡裸捐

开明大贾业精通，两省三城并下功。
长治公司生意火，彭城缸厂产销红。
裸捐归里迎新纪，济困施粥救饿翁。
老盖前年才出诺，半坡论早占先锋①。

西庄村，位于壶关盆地城北小平川东南沿，东禁山西侧，百泉河源头处。因古时村中睢姓人家较多，曾名“睢庄”；之后数代，睢姓户近无，他姓户大增，即演作今名。东禁山为洪掌岭山系主脉西北延一座山岭。

吴半坡，西庄籍，原名吴太山，字广全。因吴家宅第坐落村中一处半坡上，村人则称其为“半坡先生”。半坡先生头脑灵活，经商守信，财源广拓。长治四街有他多处门面，河北彭城陶瓷五厂是他家的私营企业，在河南开封等地还经营着几家吴记粮油作坊。工商兼营，数业互补，“东暗西亮”，吴家岁岁年年总有盈余，一度时期为县北数得着的富商大贾。图为吴家宅院今貌，建国后曾作西庄乡政府机关办公用房多年。

吴半坡腰缠万贯，富甲一方；为人开明，乐于施舍。村中穷人可到他的企业上工，饥汉可在他家蹭饭吃。“土改”前夕，吴半坡将他所经营的工矿企业、商号门面及房地产全部捐赠给家乡西庄。当时，因收得吴家资产，300余户人家的西庄全村百姓每户可分得现金四万九千元（当时币值）。香港爱国爱港大亨邵逸夫先生生前留下名言：“企业家的最高境界是慈善家。”半坡先生该是一位有此境界者。

吴家故宅第

① 比尔·盖茨，谐称“老盖”，美国首富，曾出诺将全部资产裸捐社会慈善事业。

## 古　风
### 麦豆两熟制

夏秋两熟，一麦一豆；
雨热资源，用足用够。
豆生根瘤，能固氮素；
收豆种麦，底肥正补。
大豆营养，蛋白之王；
小麦主食，富含热量。
豆麦杂面，黄金伴侣；
营养互补，养生健体。
豆价走俏，麦价看好；
两种两收，增产增效。
何年恢复，一年两熟，
秋后庆丰，老农呼酒。

辛村，原名“新村”，后演作现名。位于壶关盆地城北小平川中心地带，季节性百泉河①流经地，为壶关城西北10公里处一座古镇。撤并乡镇前为辛村乡政府驻地。图为辛村一处著名古建遗存，乃壶关文物在册登记的唯一一座大禹庙，庙中正殿为元代遗构，其余皆为清代所建，系山西省文物保护单位。

治水功高万古铭

以县城为界，将壶关盆地一分为二，即城北小平原辛村川与城南小平原八里川。两个小平川同为壶关县的两个粮食集中产区，邑人称作“两大粮食圪囤”。其中，老乡习惯简称的辛村川是以辛村、西庄、集店三个大村构成的三角地带为中心约两万余亩耕地。

整体地面平坦，土质肥沃，气候适中，七、八、九三个月降雨量占全年近70%。更为可贵的是，横亘于辛村川西北部的老顶山，酷如一面高而长且弯的巨大天然屏障，挡住了夏季的积雨云，使雨量总体较西麓略多；挡住了秋日的寒风早霜，使无霜期比城南八里川推迟约三五天，达130-140天，利于夏、秋两熟制。平常年景中，土、光、热、雨资源自然调节，协同作用，利稼穑，多丰稔。2013年一伏日，笔者与辛村乡原任党委书记陈福庆欣晤共忆：20世纪后半叶，辛村一带城北小平原曾一度普及夏、秋两熟制，即麦收后再复播一茬秋作物，或大豆、或小黑豆、或绿豆，实现一年两熟“三效益”：养地、养人、增收入。

麦黄一晌

① 百泉河，为一条季节性小河，发源于西庄村东禁山西侧山壑，流经南凰、北凰、辛村、东旺庄、北桥，入平顺，经潞城，汇入浊漳河干流。壶关盆地城北小平川中北部属百泉河小流域。

# 南　凰

## 杂句谣
## 舞之村

夕阳西，音响开，锄头放下广场来。
唇抹红，眉施黛，赶换时装出门快。
小青年，老太太，自由搭伴跟节拍。
树新风，增友爱，跳舞跳出好身材。
乡里比，县里赛，场场出彩夺奖牌。
广场舞，农民爱，老乡赶上好时代。
抓机遇，惜时代，奔向小康大步迈。

南凰村，位于壶关盆地城北小平川东南沿，百泉河谷东畔，洪掌岭山系主脉西北延、县北地标名山凤凰山西南麓下，故获村名。与北面的北凰村山连脉，地连畛，路连辙，对应为邻。

南凰百姓历来有耍故事、唱乡戏、扭秧歌、年节闹红火的老辈传统。改革开放后，村民物质生活得到巨大改善的同时，享受文化生活的欲望随着高涨起来。思想观念日益更新，文娱活动随趋频繁，活动形式渐呈多样。近年来，生产劳动之余，村民学着城里人跳起广场舞，蔚然成风。参舞人数越来越多，伴舞曲谱越来越丰，舞蹈水平越来越高。组队参加乡赛、县赛每每折桂，还代表县里数次赴市参赛，屡屡获得奖项，为村、为乡、为县争了光。舞蹈健了身，增了劲，促了和，孕育了邻里友爱、正气上升的新村风。《壶关报》记者采访后称赞说："舞蹈让南凰变得更美好。"

图为南凰村民应着《小苹果》流行乐曲欢快起舞。

闻曲起舞

# 北　凰

## 六字谣

## 北凰麻糖香邑北

夜梦壶关小吃，昼思北凰麻糖。
玉米麦芽好料，芝麻灌制秘方。
酥脆香甜可口，咽下回味绵长。
童叟糖坊批发，零卖挎篮游乡。
大小铜钱能买，运嘉中彩白尝[①]。
何年麻糖复产，邀友共飨一筐。
重履童年趣事，幸福指数上扬。

北凰村，位于壶关盆地城北小平川东沿，百泉河谷东畔，洪掌岭山系主脉西北延、凤凰山西北侧，故获村名。与南面的南凰村山连脉，地连畛，路连辙，对应毗邻。图为凤凰山前新建的住宅小区楼群。

北凰村地平坦、土肥美、宜稼穑，为壶关著名“米粮之乡”。麦菽丰稔，百姓智慧，以食为天，民间厨艺文化积淀丰厚，无考何朝何代创制出种名吃“麻糖”。当年麻糖作坊在壶关尚有数处，但北凰麻糖享誉邑北，妇妪童叟有口皆碑。说到辛村、北凰相邻数村亮点，往时有谣称：“辛村铜匠北京跑，土河医生名不倒，逢善老井自清朝，南凰秧歌闹元宵，北凰麻糖耐圪嚼。”

凤凰山前崛楼群

① 新中国成立初期，壶关民间尚存储、流通大小铜钱，童少常用以换吃麻糖。

# 逢　善

## 浪淘沙
## 举村忠，一人奸

县北一村庄，铁壁铜墙。挥刀举杖保家乡。孤胆缘由群胆壮，日伪缴枪。

恨出一奸狂，汪伪吉彰。自投日寇作凶帮。双手满沾英烈血，千载名脏。

逢善村，位于壶关盆地城北小平川东北沿，洪掌岭山系主脉西北延、东山西麓之侧，距古镇辛村1.5公里。图为逢善村文化广场，场南有舞台，场中作剧场，场北边沿置巨石作饰。

抗战时期，逢善民兵站岗放哨，护村护秋，参军参战，奋勇抗日，涌现出不少英雄人物、动人故事，在县北一带乡间传诵。有一次，民兵吴昌仁拉煤返途，夜过壶关城北，只身举杖降伏日伪军数人，缴获步枪一支，受到区政府表彰、奖励。

汉奸周吉彰系逢善村籍，早年留学东洋。日军占领壶关城后，周吉彰投靠日寇，作伪县长，亲自制造多起杀害抗日志士的惨案。据1999年版《壶关县志》载：1945年4月，抗日战争胜利前夕，日伪将关押在壶关城里的一百多人杀害，其中周吉彰亲手杀害9人。

今时，逢善村百姓凡提起抗日战争那段历史，少不了言及村里“忠与奸”的故事。

石饰广场

# 岭　东

## 七　律

## 岭东三迁始安居

三迁村址折腾多，合合分分乃为何？
合并先移逢善地，分开复至岭东坡。
怨修窑洞时中弊，喜住新楼梦里歌。
盛世安居多感慨，折腾不再享祥和。

岭东村，地处洪掌岭山系西北延余脉、池垴山东麓沟壑岸上，缘此名岭东。原由郭家沟、牛家沟两个自然村组成。东与平顺县接壤。岭东村新址位于壶关盆地城北小平川东北一侧。新、旧村址相距1.5公里。

新中国成立前，岭东村的郭家沟、牛家沟两个村分属壶关、平顺两个县交叉管辖。沟东的郭家沟在平顺县境内属壶关县管辖，为平顺县境内壶关县的一块“飞地”①；沟西的牛家沟在壶关县境内，归平顺县管辖，为壶关县境内平顺县的一块“飞地”。当年每逢开会，东边的往西边走，西边的往东边走；秋后交公粮也是沟东的到壶关县交，沟西的到平顺县交。村民交叉往来，极不便利，相互之间矛盾频生。时有格节话说：“岭东村村不大，壶平两县；小高则打官司，卖了羯羊。”②

新中国成立后不久，牛家沟、郭家沟合并一村，名称岭东，统归壶关县管辖。1958年，“人民公社化”运动中兴起移民并庄，岭东村分别被并到邻近的逢善村和北凰村。1976年，“农业学大寨”运动偏了向，一味地搞形式，农村住宅推广“大寨式”窑洞，岭东大队作全县试点，突击建造75孔窑洞，村民又都从逢善、北凰迁回岭东原址住窑洞。随后部分户相继改窑为房，迁出窑洞。几番迁出迁入，住宅条件仍差，进出往来仍要翻越池垴山那座高岭，极为不便。进入改革开放新时期，村民普遍要求改变这个现状。2012年，经村民公决、乡里协调，借助国家资助农宅改造的惠民政策，决定置换土地，在北凰村东侧平川另建“岭东新村”。

2013年初春一日，集店乡党委书记李立堂在岭东新村工地现场欣告笔者：“2012年，已建成60户别墅式二层楼，剩余24户安排2013年年底建成。”就笔者所知，岭东村分分合合，经几番折腾，成了数场运动的“重灾户”。村民不得安居，何谈乐业？今日欣睹岭东将建成新村，整体乔迁，全村百姓将圆世代安居梦。今日闻佳讯，瞻新村，煞是兴奋。忙嘱在场的李立堂书记诸位：“岭东的故事可称作‘岭东三迁’。这个故事是篇很好的教材，可写稿登报，可载入村志，可上小学生爱国爱乡教育课堂。”2013年年底，读到李立堂书记寄来的2013年11月15日《壶关报》上刊发、由记者张凌燕、申学辉、王哲宇采写的长篇通讯《岭东三迁》，心中甚为欣慰。

乔迁之禧

---

① “飞地”，见本书百尺镇小南山村《陵川的“飞地”——桥将》。

② 系指旧时岭东村民关高则，在县衙未打赢官司，卖了羯羊作盘缠，到省里打官司。壶关辛村一带an、ang音韵不分，县、羊二字皆押ang韵，县读作xiàng。

## 七　古
## 妇科济世六百秋

村誉缘由医誉播，祖传廿代好妇科。
一剂良药复康健，重持家活与农活。

土河村，位于清凉山南麓，南临壶关盆地城北小平川北沿、北邻平顺。村前土崖下有条季节性小河，河床为土质，村名则从河而得之。含岗头自然村。为集店乡域东至。清凉山属洪掌岭山系西北延末端一峰。

旧时，缺医少药为百姓普忧；妇科医药尤其稀缺，广大农村劳动妇女受疾病困扰尤甚；主妇们过劳多病更是农家大患，堪为“一妇病倒，全家局乱，贫困自始”。土河赵氏妇科医术即以“应时济世”而著称。据土河村籍、壶关县体改委原主任赵志忠生前所著《时代脉搏人生路》记载：“六百年前，赵氏医生之祖从湖南永宁镇迁来土河后，父传子，子传孙，代代相承，至今已20余代。赵氏医生世代专攻妇科，对月经不调、崩漏带下、妊娠子痫、产后风湿及其他妇科疑难杂症，皆有独到医术和祖传秘方。史上一度以土河为中心，形成横跨晋、冀、豫3省10余县30余村的行医网点。”人言最盛时为“上了土河坡，郎中竟比百姓多”。其代表人物有二：一是清末赵完璧，医术精湛，医德高尚，名走晋豫两省毗邻广大地区；二是赵完璧的高徒赵明道，可“隔山治病”[①]，药到病除，人皆称奇。

据土河村籍、平顺县文化中心退休干部赵佩林主编《土河村志》中记载：“时至今日，土河村在各级医院的医生和持证个体行医者仍有近百人之多。”看来学医、行医几近成了土河人一种世代薪传的就教、就业方式。图为土河卫生所村医吴浩军在给病人诊断病情。

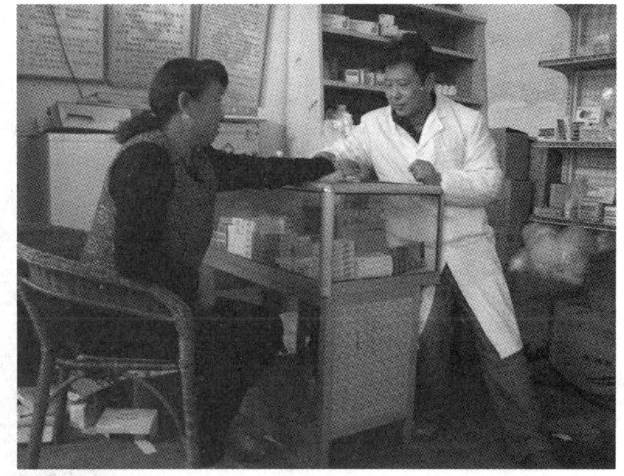

土河妇科

① 壶关乡间俗称不见病人，听讲征侯、病情开方治病的方式为“隔山治病”。

# 北　桥

## 五 绝 二 首
## 鸭 殇·菜 丰

鸭　殇

引来康贝尔，鸡鸭共笼之。
鸭死鸡仍健，只缘科技迟。

菜　丰

雪铺千里银，菜绿百棚春。
反季价钱好，只缘科技新。

北桥村,位于北纬36°12',与平顺县接壤,为壶关县域北至,距县城12公里。村北季节性百泉河出口处有座古桥，故原名“桥上”，原为县北通往平顺县必经要冲。1983年地名普查时，为避重名，按所处方位则改称今名。

1987年夏，北京来了一位李姓专家，帮助北桥村引进300余只英国康贝尔旱鸭。是时，北桥干部群众正愁增收无门，谋富无路，见鸭则喜。始之，鸭群昂首呱呱，神气十足；继之，叫声些微，鸭脖毛稀；终之，气息奄奄，无一幸存。鸭死人悲，全村干群神情黯然，争说是英国鸭子到中国，好几万里相距太远，“水土不服”。

21世纪初，市、县农业局派来扶贫工作队，资助北桥村建成百座蔬菜大棚，先行技术培训，实施分户经营，一举获得成功。一度时期，北桥成了壶关全县建设蔬菜大棚时间最早、数量最多、效益最好的领衔村、示范村。

清代思想家严复译著《天演论》中有一著名经典译句“物竞天择，适者生存”。北桥村调产中的鸭殇、菜丰前后二事例，再次佐证了这条至理名言。二事例告诫人们：今后农村调产种啥、养啥，都要按自然、经济两规律办事。否则，“逆之者亡”。

大棚春

# 东旺庄

## 七 律

### 铜匠走京华

辛村铜匠大名扬，远走京华创业忙。
制作精工无次品，营销服务有商量。
火锅亮亮心先悦，锁钥黄黄手久香。
满汉御筵铜食具，壶关名片入朝纲。

东旺庄村，位于壶关盆地城北小平川西北沿，季节性百泉河支流井河东岸上，故曾名“河东”。与西旺庄村（河西）原为一建制村，后以井河为界，分设为两个建制村。1983年地名普查时，为避与树掌镇河东村重名，即改称现名。

壶关域内历来人稠地窄，农村剩余劳动力居多。为生计谋，稼余学手艺、办作坊、外出打工成习。历经世代锻打、淘洗，日渐形成著名的“壶关三匠”，即县城近郊一带的缸匠，县北辛村一带的铜匠，县东山区树掌、常行、东井岭一带的榨油匠。史上“壶关三匠”人数多、技艺强、信誉良好，受到远近城乡居民欢迎。邑中文化名人、壶关县志编委办公室原副主任李向春生前曾撰文作过专记，纳入县政协文史委编印的《壶关文史资料》集中。

明清民国及新中国成立初期，“壶关三匠”各怀一技，自愿搭伙组合成批外出生产、经营，渐成定向、定式，即城周缸匠走河北彭城、晋中洪山；东南山区榨油匠走河南安阳、新乡、开封；县北辛村、东旺庄一带铜匠远走北京、天津、张家口。远走京、津、张的铜匠盛时多达五六百人之多，仅东、西旺庄两村即有近百人之众，皆冠以“辛村铜匠”名号。据民间传说辛村铜匠还给慈禧太后、光绪皇帝的清廷御席做过铜火锅。今时京城、京郊尚有若干辛村老铜匠及其后裔定居生活。

个体车工

## 七　古
## 诗咏老红军秦占彪

壶邑迎来十三豪，河西落住秦占彪。
参军陕北催战马，首战平型举大刀。
挂帅仨村初步迈，操心千户万钧挑。
山乡今享小康福，永记英雄血汗浇。

西旺庄村，位于壶关盆地城北小平川西北沿，老顶山东北侧孤山佛爷山东麓之前，季节性百泉河支流井河西畔，故曾名“河西”。1983年地名普查时，为避于百尺镇河西村重名，即改今名。与东旺庄（河东）原为一个建制村，后以井河为界，分设为两个建制村。

西旺庄村秦占彪，1917年生，原籍陕西省蓝田县。1936年参加陕北红军，后入八路军115师687团通讯班，参加过著名的平型关战役、上党战役。1944年转业落户到壶关县西旺庄村。曾任西旺庄、东旺庄、北桥上等三个村组村的党总支书记多年。1992年9月17日因病去逝。

秦占彪身为老红军战士，数立战功，几度挂彩，但生前任职三村乡官从不居功自傲，工作认真负责，廉洁奉公，吃苦在前，保持了艰苦奋斗的传统作风。现有一子一女均在西旺庄村居住。至今，西旺庄一带百姓都很怀念他，称赞他是“资历老，功劳大，贡献多的老革命”。“永远是西旺庄人学习的榜样”。

新中国成立前后，转业安置到壶关城乡的老红军战士共14位。除秦占彪外，另外12名有：东街邓云辉、乌集头牛春友、庄头张小水、南宋壁秦玉生、崔家庄李万兴、李掌李成则、下好牢宋星土，固村陈厚德、余祖生，南园严文春，晋庄库仁金，黄山李保祥、牛居彭利生。其中，有邓云辉等几名长征过的红军，有秦占彪等几名陕北红军。这是长留壶关的巨大精神财富，鼓舞壶关人民继承发扬伟大的长征精神，走好新的长征路。

秦占彪生前照

# 天　池

## 七　律
## 沈鲲珂与十堰车城

出京挂帅建车城，投笔从工铸盛名①。
拥毯席棚遭漏雨，披襟工地伴机声。
力排江汉颠狂浪，高唱楚荆时代风。
百万新车跃华夏，政声随载遍西东。

天池村，曾名“砖池”。位于老顶山山系东延支脉，大嶂山、小龙山两座连脉山岭东麓。天池村籍、清代乾隆年间兵部主事申瑶，回村省亲，认为本村村址坐落于西侧屋脊头(今乌集头)村之下，受高处“屋脊”压抑，祖辈不得翻身，为求吉利，遂改称村名为天池。

天池村籍沈鲲珂，原名申裕科。少小投身革命，先后任热河省《群众日报》社长、热河省委宣传部长、朱德委员长秘书等职。创建十堰市与二汽时，奉调出京南下，任职十堰市市委书记兼二汽党委书记。20 世纪 80 年代中期，笔者任职壶关县政府，曾前后两次接待沈老回乡视察、调研，深感沈老为学广博精深，为事体恤民众，为人温文敦厚，全然大家风范。陪伴沈老，如承良师，虽短短数日，而受教多多，胜读一本厚书。

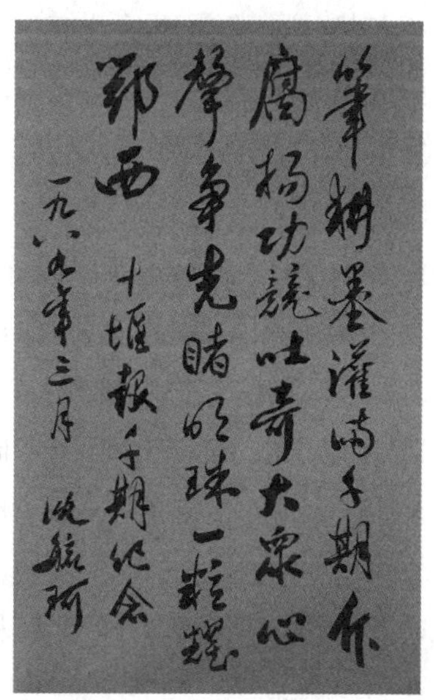

流畅沈体

沈老于 1992 年病逝于京。生前曾任车城诗词学会会长，著《沈鲲珂诗选》，出版后托其胞弟、壶关县实验中学教师申德科送笔者一册。捧读沈老格律诗卷、留题笔迹，回忆沈老音容品貌、高风亮节，忙俯首伏案敬步沈老《祝十堰二汽建市建厂二十周年》韵脚，和吟七律《沈鲲珂与十堰车城》，是为感念。此处入册，以作永念。

图为沈老生前给《十堰报》千期纪念题词笔迹遗存。

① 二汽所在的十堰市人称“车城”，所产汽车为东风牌。

# 乌集头

## 渔歌子二首
## 品 牌 葱

迎雨遮风日照长，古来百姓种葱行。生拌辣，熟烹香，方圆百里誉芬芳。

迎旭骑车进府忙，设摊叫卖待开腔。葱解捆，客围筐，村名一亮顿销光。

乌集头村，位于壶关县西北隅，西侧老顶山主峰、东侧大嶂山两山相夹山凹。曾名“屋脊头”，言其址处地势高且陡，类似房顶屋脊那般而得名，后易现名。含下嘴自然村。老顶山主峰海拔1364.8米，为壶关盆地西北屏障。

乌集头特有的雨热同期小气候与有机质丰厚的沃壤，适宜种植五谷杂粮，尤其适宜大葱生长。全村一般年份种葱200~300亩，户均亩余。葱农年复一年、代复一代，积累了成套种葱经验，诸如深耕翻、深施肥、多培土、高起垅，霜降熟透后收获，成葱只晾不晒、晾后系把防干等。培育成的屋脊头大葱葱白粗长、层次紧实、辛辣味强、油性大，营养丰富，生食、熟食皆宜，可存储至次年春夏，堪供周年食用等多样特色。以酱油咯嘟葱卤拉面、葱搅猪肉或羊肉馅饺子、葱花烙饼“三吃”风味佳绝，最合长治市区一带居民嗜面的食性与嗜葱的口味。加之，乌集头距长治市仅十几公里，骑自行车奔市卖葱，一路戗下，个把多钟头即达，半天多能打个来回，相当便捷。于是，天时、地利、人和三要素具备，成就了乌集头大葱品牌。近年，由于多户转产种植旱地西红柿，葱地有减。

品牌大葱丰收相

① “行”音háng，意为“入了行的熟练从业者”。

# 桥　西

## 杂句谣
## “钱币庄”

说桥西，道桥西，桥西地下埋钱币。
瓦罐放，铁匣装，炉池悄埋墙里藏。
拆旧庭，挖树坑，屡闻掘出银和铜。
掘钱币，外财济，有户修房更宅第。
老习惯，延今天，亡者舌下含银元。
看今朝，起新潮，改革带来新面貌。

桥西村，位于县北古镇辛村西侧1公里处，原为辛村一自然村。辛村村外南、北、西三面三个出口，皆临河沟，河沟上筑有三座古桥，按河床宽度、洪水流量分别碹为三孔、双孔、单孔。其中，三孔南桥通县城，双孔北桥通平顺，单孔西桥通桥西，桥西村名依桥而取之。

旧时，桥西村土地较宽裕，手工业昌盛，铜匠走京华者众，农闲从事工商业者多，不少户口是“农商两兼，粮钱岁余”的殷实人家。这些人家修房盖屋时，常会在墙体里、根基下、炉池底部埋藏有铜钱、银元、元宝等古钱币，“土改”前夕此风尤甚。新中国成立后，时或有村民在农建、植树、拆房、改灶、打地窖时挖出成罐成匣古钱币，不乏因此发家致富、修房盖屋者。如今，村里围绕古钱币的“赚、藏、掘、卖、丢”等环节，流传着许多故事。桥西村籍、壶关农业局干部杨鹏飞相告：至今他们村里仍延续着“在亡者舌下含一枚银元或铜元，然后入土安葬的古老习俗”。

桥西有村正兴旺

载歌载舞新世纪　　　　集　店

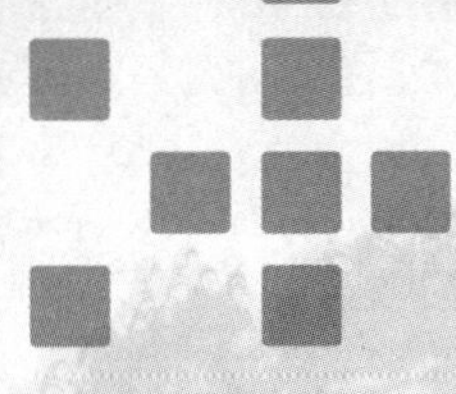

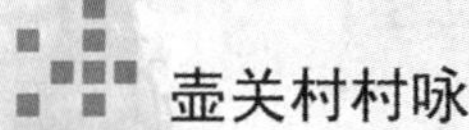

壶关村村咏

# 黄山乡

靳庄
山则后
辛庄
沟洞
北阳护
东脚
簸箕掌
向掌
南阳护
南头
黄家川
申家岭
斛市
南宋壁
长井头
神后
辛寨
牛王岭
西底
河南庄
沙窟
神东
下好牢
北兑川
黄山
油坊河
牛盆
上好牢
小山沟
薛家园
杜家掌
冯坡
王家掌
南河
郑家掌

# 黄　山

## 五 绝 二 首

## 古槐荫下火烧铺

古　槐

浓荫撑巨伞，老干结龙虬。

饼铺承槐誉，火烧香潞州。

火　烧

人称狗舌头，白面浸驴油。

入口酥成末，余香数日留。

黄山村，位于著名地标楼峰山东侧山坳，壶关城正南12公里处。现为黄山乡政府驻地。含秦家河自然村。楼峰山海拔1313.9米。山体表面近黄色，村名从之。据道光版《壶关县志》载："黄山，明崇祯六年，生白脂，民取以食，名黄山面。""黄山面"即"观音土"，荒年灾民饿极取食以充腹。

黄山村南有座古桥，人称"黄山桥"，系壶关西南域交通必经要冲。黄山桥东北侧长株古槐。古槐祖干孙枝，纵横参差，傲踞高岸，远望即见，为黄山村显著地标符号，人称"黄山槐"，也称"迎客槐"，所谓"望见黄山槐，迎客黄山来"。

旧时，黄山槐邻北街面有家火烧铺，所做火烧工艺独特：驴油烤制，酥脆可口，形似狗舌，俗称"黄山狗舌头火烧"，时为壶关一名吃。跟另一名吃壶关羊汤配伍，荤素搭配，汤干互辅，是为绝配。如今，黄山街头太阳旮旯坐着摆龙门阵的长者，仍时或津津乐道当年"老槐树北面不远处的那家火烧铺子"，说是"吃一口火烧，喝一口羊汤，一口一个不言语（只顾吃，顾不上说话）"。

"黄山桥""黄山槐""黄山狗舌头火烧"，即是黄山人铭心记忆的黄山村愁。

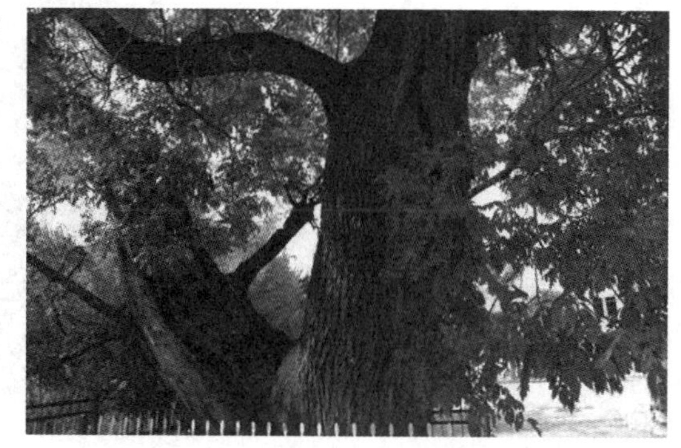

黄山槐

## 竹枝诗
## 悔失国奖

好牢玉米岁丰收，总理亲签奖最优。
最悔粗疏轻管护，千金国奖竟然丢！

下好牢村，俗称“下hē luò”。坐落楼峰山西部小平川上，距古镇黄山4公里处。相对于东南侧紧邻的上好牢村，位于地表径流的下游，则称下好牢。西与长治县搭界。

新中国成立后，壶关县在农业生产上，长期拥有两项著名高产先进典型：一是晋庄旱作谷子生产先进典型，数年亩产破千斤，“千斤谷”即成了晋庄旱作谷子的代名词。当年的一位中央领导同志指出：“晋庄旱作经验在我国北方地区有普遍的推广意义。”二是下好牢旱作玉米生产先进典型，数年亩产超千斤，“千斤玉米”成了下好牢旱作玉米的代名词。1958年荣获周恩来总理签署的国务院奖状。二十世纪六七十年代，晋庄谷子与下好牢玉米并称壶关农业生产上的“双千斤”“两杆旗”。谷子、玉米系壶关的两大主粮作物，分别拥有晋庄、下好牢这么两个旱作高产典型，对旱作为主的壶关全县农业生产发展起到了很好的示范、促进作用。

三十年如一日，下好牢村委办公室（1983年后称村委办公室，1961-1983年前曾称生产大队办公室，1961年前曾称管理区办公室）正中墙上，敬挂着周总理签署的那纸至荣、至尊、至贵奖状，男女老少入室先瞻，引以为骄，时受激励、鼓舞与鞭策。1989年年末，不知何故这纸国级奖状突然丢失，虽多方寻觅，至今无着。凡言及此事，村民们搓手顿足，后悔不已，嗟叹连连，说：“丢了命也不该丢了国奖！”

玉米拔节期

# 上好牢

## 七　律
## 五朝古墓群

发掘山川古墓群，汉初老县出新闻。
五朝数代经年久，九座多门葬椁深。
彩绘清清图幅幅，殉陶历历器尊尊。
浩繁文物悠悠史，保护殷殷续脉根。

上好牢村，俗称“上hē luò”，坐落楼峰山西部小平川上。相对于西北畔紧邻的下好牢村，位于地表径流的上游，则称上好牢。

2013年初冬一日，壶关县文化局副局长兼文物博物馆馆长李军发来资料称：2010年5月，山西省考古研究所晋东南工作站专家指导发掘上好牢古墓群，历时四个月，获重大成果。古墓群中有墓葬9座，面积约600平方米。其中，宋墓3座、金墓1座、元墓2座、明清墓3座。整体结构浩繁，局部做工精致，壁画清晰传神，陪葬器皿多件且完好。据考古权威人士称：“在同时代古墓中堪称精品，具有较高的科研与考古价值。”

地处楼峰山周的沙窟、牛王岭、牛盆、上好牢、下好牢、冯坡数村是洪荒始别、混沌初开的壶关一带古人类生活活动的地方，获称“最早壶关”。牛王岭商代古陶窑、上好牢五朝古墓群的先后发掘，又证明那一带是壶关古文明发祥地之一，堪称壶关的“文明摇篮”。

古墓壁画舂米图

## 七律
## 柳编之年

割来梧柳细条长，工匠忙钻地下坊。
潮气浸条条发软，油灯照窨窨添光[①]。
眼前图纸从无页，手上编形总有方。
夜梦市中交易好，换来老少过年装。

薛家园村，位于楼峰山山系西延支脉、龙洞山西麓，距古镇黄山西南两公里处。含桥河、东掌两个自然村。

往时，柳编的簸箕、栲栳、笸箩、篼子等都是农家的生活日用必需品，不可一户无，不可一日无。有需求则有市场，需求盛则市场兴。薛家园历史上则曾是一个应市而兴的柳编专业村。

薛家园村中有条南园子小河[②]，四季长流。梧柳嗜水，在小河边丛簇生长。梧柳系灌木，无主干，多枝条，有韧性，宜编造。村民中柳编手艺世代相传，编匠辈出，好手成批。有市场、有资源、有工匠，主要商品生产要素具备，柳编则成了薛家园的传统主导产业。编时柳条需潮湿，方柔软，则易编；因之，柳编作坊皆在三五米深、阴暗潮湿的地窨里，劳动环境极为艰辛，编匠们常见的职业病即为关节炎、腰腿痛。

柳编老匠

据薛家园村籍、壶关县卫生局原局长赵迷锁相告：“当年，薛家园人几乎都有柳编手艺。”“邻里们的见面礼语为‘下窨了’，如同别的村庄见面礼语为‘下地了’‘吃饭了’一样问着习惯，听着如常。”

---

① 《辞海》注释：〔窨〕音yìn，地窖。

② 南园子河发源于薛家园龙洞山西麓，流经桥河、东掌、上好牢等村庄，入长治县境，汇陶清河干流，入浊漳南源。

# 牛　盆

## 七　律
## 小煤矿转型

楼峰西麓有牛盆，煤炭资源地下存。
八座小窑开采久，百人坑下上工勤。
今朝整合开新矿，综采安全治本根。
更喜转型烧酒瓮，多元兴业不沉沦。

牛盆村，位于楼峰山主峰西麓前沟壑上，由海头、洞则沟、后圪倒、山头、小牛盆等五个自然村，共同组成一个建制村，称牛盆。

牛盆村地下煤炭资源蕴藏较为丰富，历代开办小煤矿，盛时一度达到七八座之多。2010年，由三元煤业公司整合，在建一座设计年产93万吨的现代化煤矿。小矿整合为大矿，人工采掘变为机械综采，一保安全，二保资源，三防污染，是项利国利民、实现转型发展的好举措。三元煤业公司已与牛盆村签订包括优先就业、返还利润等为内容的互利互惠契约。

2006年4月，坐落牛盆村的山西太行陶瓷有限公司创立。2013年年底，已有9000万元固定资产，300余名员工，年产3000个陶瓷酒瓮的规模。经质检部门检测，重金属等有害物质含量，已通过ISO9001国际标准体系认证。产品远销晋、冀、鲁、豫、陕、鄂、云、贵、川、皖、蒙等省、自治区，成为牛盆村民就业、增收的又一条新路。

酒瓮无酒亦醉人

# 南　河

## 七 古 二 首
## 谋安再谋富

山头林立乱麻团。县域西南老大难。
直选成功新村委，筹谋发展先谋安。

干群同室细划谋，市长住村筹资扶。
办起专业合作社，转型发展绘新图。

南河村，位于楼峰山山系主脉南延、开花山[①]东麓，四赵公路西侧，为黄山乡域南至。含大窑沟自然村。

长期以来，南河村宗族纷争，派系林立，邻村人调侃其有“三大派，四小派，七十二个民主派”。因此，南河村沦为壶关西南域有名的“老大难”村，致使正常工作无法开展，村民日常生产、生活受到严重影响。2008年，新选出的第八届村委，先行解决纠纷，继而谋划发展，终使南河村由乱到治，面貌初变。南河村的迟到之变，使全体村民受到一场“安与富辩证法”的深刻教育：乱是穷的根源，安是富的前提；随着由穷变富，又可促进安定。正合《管子·牧民》中经典名言：“仓廪实则知礼节，衣食足则知荣辱。”

村　典

2011年10月20日，笔者阅读《壶关报》刊载的《南河村三大富民产业火起来》一则新闻，欣悉时任长治市副市长许霞带队驻村帮扶，南河村将兴办大棚食用菌、旱地西红柿和园区养殖业三个项目。读后忙给南河村籍、人民日报社前人事局长琚平和寄七言古风二首，相报为贺，此修改入册。

① “开花山”，见本书百尺镇百尺村注③。

# 冯　坡

## 现代诗
## 冯坡村走出了伙80后

啊，改革开放的好春秋，
山村里的新鲜事儿大丰收。
冯坡青年出村走四方啊，
奔赴北上广，飞抵亚非欧。
北影厂雪锋成了名角儿，
中欧公司起楼任职大采购。
小郑坐商汾东经营房地产，
小弓只身跨海东瀛学养牛。
打工小王乘坐飞机过了赤道南，
创业小牛十年打拼南美洲……
祖辈们去趟县城即会心花放，
父辈们上府赶会乐得三天侃不够。
如今地球村里任闯荡啊，
五洲四海有咱冯坡80后！
树移千里带着苗圃里的土，
冯坡有咱父老亲邻在等候：
等你周周打个电话报佳讯啊，
等你腊月卅背着行囊走进家门口！

独　秀

冯坡村，位于县南地标名山楼峰山主脉西南延、小松山东南，沿河沟两畔，四赵公路中段西侧。图为村西楼峰山西南麓普照寺旧址上挺拔生长的五针松，据1984年壶关林业调查结果，此五针松为全县唯一一株。

欣逢改革开放的新时代，给冯坡人的思想观念、行为方式、村风民俗带来了革命性变化。尤其是年轻的“80后”“90后”，摒弃了“壶关人古来守家，走不出关门”“小不离父母，老不离故土”的传统观念，不再满足于本乡本土就地创业，跨过黄山桥、宋堡桥，走出壶口关、娘子关，奔向四面八方忙创业；以至飞出国门，飘洋过海去打拼，自称“风风火火闯五洲”。郑杰、弓号舟、王宁超奔赴省、京搞起房地产；李起楼供职中欧公司当了购销员；李雪锋已演出10多部影视剧，尤其是扮演电视连续剧《陈云》中的青年陈云获得圆满成功，成了北影新明星；王喜红飞往非洲的毛里求斯去打工；“80后”的女孩弓路思跨海奔至日本北海道学养奶牛一年多，“90后”的女孩牛泽萍只身越洋飞到既是西半球、又是南半球的巴西创业10年余……据冯坡籍企业家、业余作家弓庆安相告：全村出国创业的有10余人，国内的有50余人。大中专生毕业分配到各地工作、适龄青年参军守边塞人数有上百之多。年轻人出家门、走四方，开了眼界，长了见识，学到了致富本领。欣闻古村冯坡改革开放新时代涌现的新人物，发生的新故事，忙咏这首现代诗咏赞。

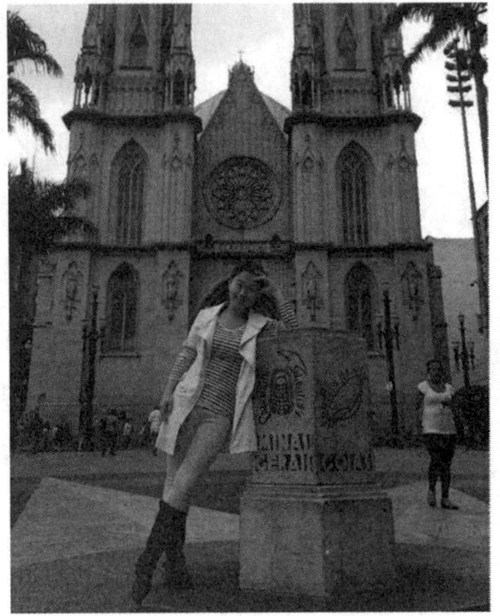

创业巴西的冯坡女孩

# 牛王岭

## 五古·五绝
## 商代陶窑遗址

考古出新彩，陶窑自商代。
距今三千年，县志纪年改。

文明华夏史，符号为陶瓷[①]。
源探花开处，此窑添一枝。

牛王岭村，位于楼峰山山系西北支脉、紫砂坡脊上，四赵公路东侧。缘古时村北有座牛王庙，村名从庙而取之。含小牛王岭、靳家岭两个自然村。

中华文明到底有没有五千年历史？这是一个关系到世界认可、民族认同和增强民族凝聚力的重要命题。2002年开始，国家布署实施“中华文明探源工程”，由多个国家级科研机构的学者和大专院校的数百位教授参与，发掘文物，组织考证，经10年攻关，获成果累累，华夏文明初期的气象日渐清晰，五千年文明史得以链接。有位中央领导称这项“探源工程”是“为中华文明续写家谱”。1995年牛王岭发掘出的商代陶窑遗址，似应补为此间商代文物发现之一。由此，壶关陶瓷文化发祥地似应自“县城西郊清流一带”再往县南，拓展到楼峰山侧的“牛王岭附近”；陶瓷生产史该往前延伸一千多年，上自商代，下至今时，计三千余年。

古　瓮

牛王岭商代陶窑文化遗址与沙窟堖新石器时代文化遗址、绍良龙山文化遗址、五集七亩沟古村遗址，是迄今为止已经发现的壶关四处古文化遗址，堪称四处“最早壶关”。



---

① 英语称中国为China，意译为陶瓷。

# 西　底

## 七　律
## 涸泉复涌

喜闻西底典型新，忙赋诗篇赞干群。
树木年年三十载，护林位位百家人。
四旁四岭荫遮地，三井三泉水润民。
生态还原难不再，高扬西底好精神。

西底村，位于县南楼峰山山系主脉东延、沙窟垴西侧山凹里。因古时村东山上有座龙王庙，山下有股清泉，故曾名“龙泉沟”，后改现名。壶关方言称“底”即“沟”，西底即沙窟垴“西边沟里的村庄”。

新中国成立后，西底村干群一贯重视造林绿化工作。20世纪五六十年代，西底已是壶关县著名林业生产先进集体。1979年春，正值改革开放之初，壶关县时任县委书记张国太带队赴西底大队驻队调研，拟成《壶关县关于大力发展林牧业生产的决定》（以下简称《决定》），经县委常委扩大会议研究通过，颁发全县贯彻执行。《决定》堪称壶关县开展总动员、大规模、可持续造林绿化工作的奠基之策、发轫之举。由此，壶关全民动员，举县兴林，“在万分之一国土上搞绿化”的宏伟工程得以启幕。

西底大队依托基础，贯彻《决定》，举村行动，连年树木，实现了山岭满披绿装，沟坡绿林郁闭，村落绿树成荫，院落推窗见绿，整个村域生态得以修复、改善、提升。1984年初夏一日，县林业局时任局长张平和从西底下乡回来，直奔县政府欣告笔者：“树多了就是能改善生态，涵养水源，西底干涸了的几个小泉眼又有水了！”闻此佳讯，煞是兴奋，颇受鼓舞，欣赋七律一首相赞。此修改、合律、入册、留念。

林茂则泉盈

# 长井头

## 五　律
## 商活村兴

重商传统久，新纪倍兴隆。
摊铺租城里，微超办巷中。
购销呈两旺，买卖讲双赢。
反哺三农壮，山村日月红。

长井头村，位于楼峰山山系主脉东延、东垴山西麓的一条长山壑里。据村中长者言称：因村西北侧有眼老井，掘年久远，井口呈长方形，故得村名。

长井头的亮点是村民历来重商。往时，村中挑货郎担游乡叫卖小百货者多人。如今，迎来改革开放新时期，民营商贸得以振兴、发展，小商小贩愈加活跃起来。全村计有30余人进城承包店铺，在村中街巷兴办小微商店，逢集赶会搭棚设摊叫卖，平时车载百货游乡串村。形式多样，以商补农，商活村兴，小山村日益兴旺起来。

小商贩，大作用。旧时，乡下人的生活必需品往往是一家缺多家皆缺：餐缺盐、灯缺油、衣缺扣、稼缺锄镰、学缺纸笔……如此，农村生产、生活则会多有不便。可谓小商小贩推车挑担，游乡串村，送货上门，善莫大焉。今日，长井头的农村小商店布点街巷，流动小货车走村串户，便民利民，颇受乡下百姓欢迎。

图为长井头村的个体商户在农历六月十五黄山村物资交流会上搭建的一处货棚。

搭棚赶会

# 七　律
## 乐户逢时

牛府名班本事真，精吹细打动人心。
恭听唢呐戏连本，静赏笙弦鸟不音。
此乐古称宫殿乐，村门今比帝王门。
欢欣立传名端正，代际薪传总是春。

沙窟村，位于楼峰山山系主脉东延、沙窟垴东侧向阳斜坡上的一座古村落。沙窟垴遗存一孔沙石古窟，经考古认定，该沙石古窟为新石器时代古人类生活遗址，堪称一处“最早壶关”。沙窟缘古窟得村名，含辛家沟自然村。

上党乐户班社，是中国较早的民俗礼仪器乐团体。与一般民间“八音会”不同，它源自宫廷宴乐，衍为官府春秋祭祀、迎神赛社用乐；后传壶关民间。现演为壶关一带民间年节庆贺、红白喜事、商贾开业用乐。只怨旧时将乐户艺人视为社会底层，不被人看起，乡村、市井间流传的有关蔑称、嘲语很多。改革开放新时期方得到正名。2011 年，壶关县文广局长李国祥主编《上党乐户壶关班社》一书，专为乐户立传正名，资料翔实，图文并茂，艺人们阅览后尽皆欢欣鼓舞、扬眉吐气。

图为著名唢呐手牛全科表演鼻吹双唢呐。

2006年12月，沙窟村的上党乐户“牛府鼓乐班社”，被列为山西省第一批非物质文化遗产代表性目录；2008年6月，又荣获国家级第一批非物质文化遗产扩展名录，2009年6月，“牛府鼓乐班社”的牛其云被评为国家级上党乐户传承人，牛其云之子牛国兵被评为省级上党乐户传承人。这使牛府鼓乐的持续激活、代际传承和创新发展，具备了有利条件。

功　夫

# 神　后

## 江 城 子
## 钢铁战士张三保

英雄北战复南征，勇冲锋，刺刀红。破寨攻城，屡屡立新功。大战徐州身挂彩，残两腿，跪膝行。

英雄荣复至村中，学锄垄，练挑功。跪走山川，曲径尽磨明。钢铁身姿神后立，天不老，太行松。

神后村，位于楼峰山山系主脉东延、沙窟垴北侧山坳。因村址坐落于沙窟垴上的古刹玉皇庙背后一侧，即取名神后。

壶关县原民政局长、张三保的内弟李书科复函称：神后村张三保“1943年参军，参加过抗日战争、解放战争。在解放开封、千里跃进大别山、决战淮海等著名战役中，英勇杀敌，多次挂彩，多次立功受奖。在淮海战役攻打徐州城时，双腿致残，属于一等伤残军人，从此，只能拖着两腿跪着行走。复员回乡后，在膝盖、小腿、脚掌上绑麻袋片，捆废帆布，扎旧鞋帮，坚持以膝当脚，跪着行走，冬夏长天下地跪着干活，担挑耘锄样样参与。村里人感慨相告：“他的膝盖，擦光了全村的远近山路；他的汗水，洒遍了全村的大小地块。”称他是‘铁打的英雄汉’”。1971年，县委通讯组牛建忠曾三赴神后采访过张三保，写成一篇题为《半截身子不当半截革命派》的通讯，被多家报刊、广播电台采用，使共产党员、钢铁英雄张三保的动人事迹得以广泛传播。

英雄千古

1998年3月某日，张三保因病去世。神后、黄山一带百姓心中永远铭记着这位奋进一生、永不停步、“用特殊材料制成的战斗英雄”。

# 斛　市

## 五　律
## “耕三余一”村

耕三余一好，今昔少饥民。
昔靠人勤勉，今凭政策新。
市中斛易磅，百姓面迎春。
岁岁粮丰稔，家家福满门。

斛市村，位于陶清河上西堡水库大坝西南，楼峰山山系主脉东北延、申家岭东侧向阳坳里。相传古时，该村办有粮食集市；集市上粜粮以“斛”为量具，十斗为一斛，后改五斗为一斛，此则斛市村名之由来。现今粮食市场交易用器已跨过两步：第一步，量器改衡器；第二步，杆秤改磅秤。如今磅秤基本普及。

“土地是财富之母，劳动是财富之父”，这句长期用作宣传教育干部群众珍惜、保护土地的箴言，出自英国17世纪著名政治经济学家威廉·配第的名著《赋税论》。马克思在他的经典巨著《资本论》中引用威廉·配第的这句名言，论述土地价值至贵。在漫长的农耕社会里，耕者拥有土地的多寡，决定着家庭的穷富程度。斛市村往时属壶关人均耕地最多村，村民则多温饱、少饥馑、权安居。现今斛市村有248口人，耕地650亩，集体林园地233亩，共883亩，人均3.56亩，仍占壶关全县之最。

“耕三余一”，系指三年的粮食收成食用后，储备的余粮还够一年食用。堪称旧时我国农民为防灾备荒自设的粮食安全线，相当于现今联合国粮农组织主张的世界粮食安全线“年储备粮食应相当于两个月消费量”的整两倍。

深圳壁画上太行

图为斛市村前路口迎面照壁上的巨幅壁画，村民出门即见。

# 神 东

## 七 律
## 神东红提

大棚果业好兴旺，美国红提到小庄。
大紫大红来客醉，满筐满兜员工忙。
农科应用金生地，合作经营路向阳。
巾帼须眉携手富，神东僻壤谱新章。

神东村，位于楼峰山系东南余脉大坳山麓，玉皇庙东侧，则取名神东。

随着以土地流转、建立家庭农场、发展合作经济组织、培育职业农民为内容的新一轮农村改革启动，2013年年初，神东村知识青年郑国华辞掉在县城的正式工作，携妻子郝书芝返乡创业，办起一座红提专业种植合作社，先期租用从8户村民承包中流转出的34亩耕地，聘请山西农大教授王维治作技术顾问，引进美国红提新品种克伦森二代，连续两年获得丰收，亩租金1100元，全部得以兑现。

2016年7月28日，笔者赴神东了解小郑、小郝合作社经营情况，颇受鼓舞。随嘱二位四点为勉：第一，夫妇二人要做有文化，懂科技，会经营，能上网，有大专文凭的新一代中国职业农民。可轮流或同到农大职业技术学院学习，在家接受函授、电教也可，只是都要正式结业。第二，要实施专业化、规模化生产，以克伦森二代红提种植为主，达到50~100亩适宜规模，获取规模效益。第三，要按照绿色食品标准进行规范化生产，取得绿色食品生产资质证书。第四，经济学家讲："质量可以物有所值，品牌可以物超所值。"要创品牌，可称"神东红提"或其他适宜名称。要上广告，要叫响，要质量硬梆梆、品牌响当当，争占县内外的红提市场。

夫唱妇随务红提

## 北兑川

### 七　律
### 农贷英模韩玉金

小额支农惠百村，老韩贷款贵全心。
讲究信用经营好，缩短周期转速匀。
集体工商添动力，农家种养沐甘霖。
得来国奖真模范，诺奖今朝授孟人。

北兑川村，位于乌泉寺山山系西延支脉、松坡凹西坳，含苏掌自然村。壶关方言称粮物堆得高为“不堆”，庄稼长得茁壮稠满，也称作长得“不堆”，北兑川村名则从百姓盼望小平川上庄稼长得“不堆”的丰收梦中演绎出来。

二十世纪五六十年代，北兑川籍、共产党员韩玉金，曾任黄山乡农村信用社主任，坚持发放小额贷款，扶持上、下好牢铁业，冯坡、牛盆煤矿，薛家园柳编，河南庄张罗，小山沟烟花爆竹等农业合作社集体企业及农民家庭养殖业的发展，成绩显著，受到农民群众欢迎。1956年，光荣出席在京召开的全国农村金融先进工作者代表会议，“受到毛主席和刘少奇、邓小平等中共中央负责同志接见”（会议纪念照题头语）。

韩玉金于1997年因病不幸逝世。图为设在黄山街头的山西省壶关农村商业银行照，其前身为黄山乡农村信用社。

小额贷款支农扶贫是一世界性题目，事关小微企业发展与农民脱贫致富，多国都在组织探索、着力推进，以至作为国策贯彻执行。孟加拉国穆罕默德·尤努斯创办乡村“穷人银行”，发放小额贷款，扶持乡村穷人脱贫有绩，缘此获得2006年度诺贝尔和平奖。初悉此讯，笔者遐想：如若韩玉金主任健在，坚守小额农贷正确方向，半个世纪业绩累加，同尤努斯一样，荣获诺贝尔奖不无可能；如能，那会是家乡又一“大喜临壶”。

仍旧姓“农”

① “诺奖”，为诺贝尔和平奖简称；“孟人”，指孟加拉国穆罕默德·尤努斯。

## 油坊河

### 绕口令

### 油坊河说油

说油坊，道油坊，油坊河古传有油坊。
人盼油油坊，村名名油坊。
辈辈想油香，天天少油香。
如今村里没油坊，家家顿顿烹油香。

油坊河村，位于黄山乡正东界处，乌泉寺山山系西延支脉、岭底山下沟谷中。含石道碣自然村。民间广有传说称油坊河村因古时开过油坊而得名。物以稀为贵。旧时，百姓称道东西贵重，常拿短缺的食油与稀有的黄金作比方，如“贵如油”“金不换”等。村名叫油坊河则是寓意村庄富得流油，以至会像流淌油河一样大富大有。

往时，壶关山乡百姓说到伙食好坏、饭菜质量高低，即讲“有无油水、油水多少”“有油水则好，油水多则更好”，今人言及，即谐称这种“以油水论饭菜”的说法为“唯油水论”。这种祖祖辈辈、家家户户、老老少少、天天顿顿有油水的渴盼，在改革开放以后得以实现。

图为村民王建国手提两件瓶装油，满面春风回家的情景。

事皆有度，物极必反。如今在油坊河一带农村反倒由于一些村民嗜好高油高盐，膳食结构失衡，导致病谱发生变化，痢疾、结核、急性肝炎等传染病发病率大幅下降，三高（高血压、高血糖、高血脂）、肥胖症、心脑血管病、癌症等慢性病多发起来。山区农民群众日常饮食行为急需科学指导，合理调整，平衡膳食结构。当务之急是从减盐、限油、戒烟做起，以防疾病，保健康，享小康。

“有油水”啦

## 三 字 谣
## 有座虫蝗庙

旧岁年，文化浅。将蝗虫，当神仙。
建蝗庙，忙祷告。求蝗神，莫伤苗。
烧高香，岁岁旺。蝗虫灾，仍难防。
灭蝗招，有几条：一生物，二农药；
三人工，齐扑扫。此三招，都有效。
虫蝗庙，独一处。当文物，来保护。
留后嗣，作事师。讲科学，兴稼穑。

杜家掌村，位于乌泉寺山山系西延支脉、东凹山下沟壑中。含吴家寨自然村。属黄山东南乡俗称“四掌夹一寨（杜家掌、王家掌、郑家掌、牛家掌、吴家寨）”5个小山村中的两个。

旧时，杜家掌一带蝗灾频发，害庄稼，毁树木，逢青必食，严重时蝗群飞起几近遮天蔽日。庄稼过蝗后，可造成大幅度减产，以至大面积绝收。有老乡讲：“蝗虫大发生年连糊窗纸都要吃掉。”致使人们惧蝗如虎。为防蝗灾，杜家掌村民则集资建起一座“虫蝗庙”，将蝗虫当神灵敬奉。年年春夏之交，召集全体村民入庙烧香叩拜，祈求神仙保佑，免受蝗灾，五谷丰稔，岁无饥馑，举家太平。如今虫蝗庙尚存，但香火早绝（见图）。

与此相似，而建制恢宏、影响广远的当是县中名刹——店上镇寨里村北隔沟山上所建的“蝎神观”，将蝎子当神敬。旧时由当地石门口河小流域的九庄十二社百姓筹集善款建成。可见这种视虫为神的现像，在民众尚未实现科学启蒙的年代无独有偶，不足为怪。

今日敬蝗香火断

## 王家掌

### 竹枝词
### 庙柏同庚

难考何年庙建成，唯传庙柏本同庚。
钻来古柏年轮芯，庙柏年庚两尽明。

王家掌村，位于乌泉寺山山系西延支脉，东岭山之东、碣起山之南沟壑里。含后沟自然村。毗邻王家掌的还有杜家掌、郑家掌、牛家掌、吴家寨，这5个小山村并称黄山东南乡的“四掌夹一寨”。5个小山村皆是以最先落户人家的姓氏、或住户多的姓氏冠以村名之前，供作村与村之间的区别的。

王家掌有座“祖师庙”。庙中碑石年久风化，字迹模糊，建年难考。村中长者言称：庙院所长3株古柏，为建庙时所植，庙柏应同龄，知柏龄则知庙龄。笔者闻后忙告村人：“市、县林业局有种手动小工具，叫‘树木年轮钻’，可解此难题。”

20世纪80年代中期，笔者任职壶关县政府分管林业生产工作那几年，恰逢省林业厅派遣专家长驻壶关作技术指导，幸亏有机缘跟随专家们下乡上山，考察林情树况，学习些林业知识。是时，屡见专家们用年轮钻测量树木生长年数。操作方式是：①先手摇年轮钻把柄，待管状钻杆钻入树干基部正中心；②钻过正中心后，抽出钻杆；③从钻杆管中取出柱状年轮木段；④由年轮木段中心点向外数年轮圈数，至边，则可得出年轮数，也即树木的生长年数。

庙柏共春秋

## 诉衷情
## 圆梦自来水

古来旱井水常污，传染病缘途。天天挑水劳苦，夜梦水来厨。
逢盛世，绘新图，水先谋。管通家户，一摁龙头，即满茶壶。

郑家掌村，位于乌泉寺山山系西南支脉、小麦山西麓。含牛家掌自然村。郑家掌、牛家掌属黄山东南乡俗称“四掌夹一寨（杜家掌、王家掌、郑家掌、牛家掌、吴家寨）”5个小山村中的两个。

多少年来，壶关农民羡慕长治市民的生活方式，尤羡自来水。自来水一卫生，二省力，三方便。何年何月能同市民家庭一样，安上水龙头，饮用上自来水，放弃祖祖辈辈乡下人离不开的辘轳、井绳和水担，历来都是乡下人家家户户、老老少少、实实在在的一个梦。

2009年，郑家掌村党支部、村委会把村民饮用上洁净、卫生、方便的自来水，作为建设社会主义新农村的第一要务、改善民生的首件村政实事来办。上级立项补助，干部全心经办，村民专项投工，如此“三龙治水”，两年实现全村自来水入户。村民圆了饮用自来水的好梦，交口赞做“三好”：“改革开放好，党的政策好，村里干部好。”

图为村民郝落则取用自来水。

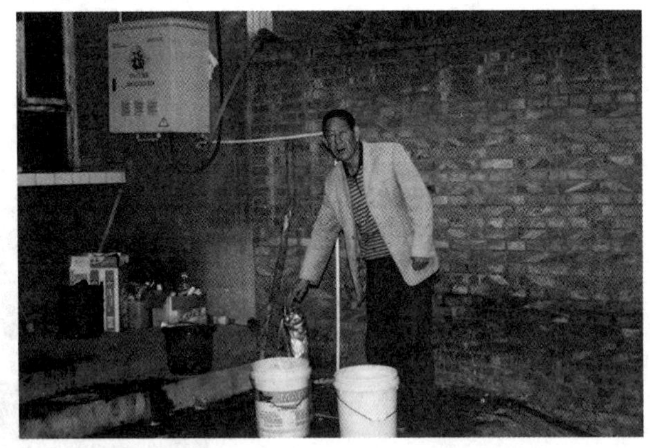

轻摁龙头水哗哗

## 小山沟

### 五言诗
### 百年鞭炮

祖辈居沟沿，火工数代传。
鞭炮捻不熄，焰火彩铺天。
婚庆添喜气，开业保财源。
今虑安全事，转型作放燃。
二产变三产，磨合待时间。
公司运作稳，待闯市场关。

小山沟村，位于楼峰山主峰东南麓前一条小河沟岸上，故称小山沟。

燃放鞭炮是中华民族由来已久的一种传统文化现象。鞭炮与迎新、吉庆、平安是同义语，鞭炮声即吉祥声、喜庆声、欢乐声。过年要“鞭炮声中一岁除”，婚嫁要“鞭炮迎送添喜气”，厂店开业要“鞭炮声声财源开”，修房盖屋要“上梁大吉鞭炮鸣”，子女高考及第要“鞭炮助庆子成龙”……往时，焰火鞭炮有广阔的市场空间。百余年来，小山沟村鞭炮厂坚守“炮不熄捻，焰火上天”，以质量取胜的生产理念，所产焰火鞭炮质优价廉，畅销远近。村民农忙务农，农闲务工，四时无暇，勉得俭朴温饱时光。

2007年，为保障村民安全，小山沟焰火鞭炮作坊遵令停产；遂注册焰火鞭炮燃放公司，实现由制造业到服务业的转型。目前燃放公司运作尚在磨合，有待走上正常轨道，以期成为村民脱贫增收的一条新路。

炮库静待年根空

图为往年小山沟鞭炮厂的鞭炮、焰火产品满摞库房，等待新正腊月旺季集中销售。国家明文规定，对鞭炮库房选址、建筑结构、使用建材与产品码放高度、方式，存储时间诸多方面都有严格的安全标准规范。

## 现 代 诗
### 移 民 新 村

漫山的野花昨夜里开啊，
申家岭的百姓喜心怀。
村口的人群面沐晨曦翘首等啊，
欢迎大山里的兄弟进村来。
一阵阵的鞭炮震天响啊，
庄稼汉的大手紧紧相握放不开。
一人先分一亩口粮田啊，
一起住上砖瓦房子一排排。
电通、水通、路也通啊，
羊场、猪场、材料厂已剪了彩。
主籍客籍亲如一家人啊，
包容发展奔向那新时代。

申家岭村，原址位于申家岭东侧沟里。申家岭为楼峰山山系主脉东北延与沙窟垴南北并排连脉的一座著名地标山峰。

国家着力提倡并大力资助的易地搬迁扶贫方式，是最为有效的扶贫措施之一。具有一合精准精神，二达扶本要求，三利实现生态修复的目标，能够产生一系列综合效益。申家岭移民新村即是一个成功好例。

申家岭人均耕地较多，且村侧岭头蕴藏有铁矿资源，村民生活质量较周边村庄为优。确定为移民搬迁扶贫村后，申家岭村党支部、村委会遵照县上安排，认真筹划，主动工作，热情迎接从壶关县东山区石河沐、桥上、鹅屋等贫困乡村迁入的67户，计227位新村民。不到一年时间，在国家大力资助下，申家岭村西岭头上建起

安居乐业，合谋家计

一座移民扶贫新村，皆是一街两行，一户一院，主屋正面朝南的向阳人家。如今主、客籍村民和谐相处，安居乐业，共建新村，同奔小康。移民迁走后的贫困山庄窝铺旧址所在范围的山岭沟壑坡面，减少以至停止了人的生产、生活活动，草木逐年繁茂兴旺起来，实现自然退耕还林、封山育林，生态得到较快恢复、还原。

上页图为原石河沐乡南石窑村移民赵喜忠家乔迁申家岭的新屋院。

下图为申家岭搬迁扶贫村局部照。

向阳门第，一户一院

## 三字谣

## 拥军英模李奶奶

八路军，独立营；曹连长，真英勇。
抗日寇，守山峰；护战友，舍生命。
李奶奶，拥军情；献棺木，葬英雄。
抗日史，好典型；小垴山，俩碑耸。
全村人，记双英；齐拥军，保和平。

黄家川村，位于小垴山西南小平川上，四赵公路从村中通过，距壶关城10公里。2001年1月撤并乡镇前为黄家川村乡政府驻地。小垴山属楼峰山山系北延偏西余脉中的一座山头。

1942年某日，八路军一二九师新编十一旅三十二团独立营曹连长，带领战士与来犯日军在黄家川村小垴山展开激战。为掩护战士撤退，曹连长不幸中弹牺牲。村民宋双法的奶奶李氏，听到曹连长牺牲的消息，毫不犹豫地把儿子早已为自己准备现成的棺木献出，供英烈装殓后安葬在小垴山上。人们只知英烈尊姓，不知其尊名、籍贯。至今，英烈曹连长和拥军模范李奶奶的故事仍在黄家川一带百姓中传诵。图为小垴山山巅草木葱笼貌。

自古以来，壶关一带老年人有生前为自己准备现成棺木的习俗，俗称“扎喜板”，讳称“做寿棺”。老年人对晚年有寿棺视同成人家有屋居般重要，久久放置家中，天天亲眼看见，时时得以心安。黄家川村李奶奶献出寿棺安葬英烈，堪称非凡壮举，精神可嘉，当尊为拥军英模，载入史志，流芳百世，传诵千秋。

芳草绿树佑英灵

## 北阳护

### 七 律
### 抗日模范村

举村抗战拒维持，保卫家乡发誓词。
日伪疯狂频扫荡，干群至死不屈肢。
民兵奔袭成功夜，百姓支前踊跃时。
惨重牺牲英烈众，太行铁脊汗青诗。

北阳护村，位于池岭山东麓、羊垴山南坳，与南阳护村相隔南岭山对应为邻。唐代南岭山上曾建座“阳护城（堡）”，道光版《壶关县志》载：“阳护城，在县南二十六里。”村名随城名取之。池岭山、羊垴山、南岭山均为楼峰山山系北延余脉中的三座连脉山岭。

北阳护村籍、县史志办公室原主任武发好抄予资料称：日寇侵占壶关城后，将北阳护周围村庄划为建立维持会范围，遭到北阳护村民坚决抵制，举村百姓一致发声“誓死不建维持会”。1940年，北阳护村民兵战斗班夜袭日伪据点26次，歼灭日伪军37人。日伪疯狂报复，数番侵犯北阳护，实施“三光”政策，共计惨杀村民68人，打残7人，围困饿死56人，烧毁房屋126间，抢粮2263石，洗劫商户4家，抢走牲口72头、羊312只，境况十分惨烈。在极其艰难的环境中，北阳护村民在中共地下党组织的坚强领导下，始终不屈不挠，英勇抗日，直至取得最后胜利。由此，壶关档案资料中称北阳护村是“抗日模范村”。

图中手持奖状者为北阳护村田汉则，86岁高龄。抗战时期，曾是村上儿童团成员，站岗放哨，参加抗日。后光荣参军，在淮海战役中英勇杀敌记大功，被授予“人民功臣称号”。

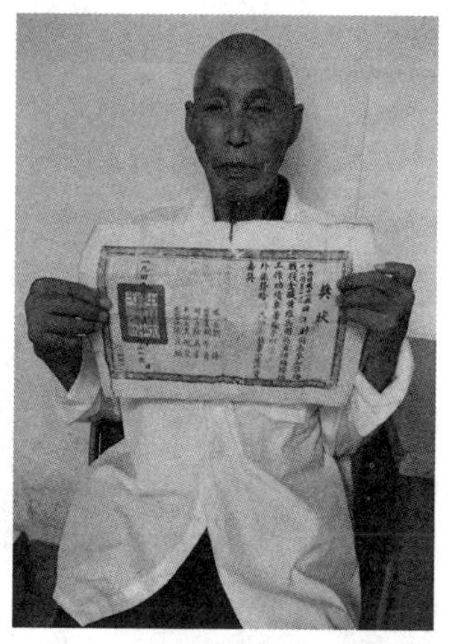

功臣不老

## 七 律

## 国级宝刹三峻庙

远来金代渐千秋，历尽人间喜与忧。
狂热几番神像去，善良数代殿门留。
欢欣盛世颁新政，承泽恩资作复修。
仰瞻殿前标志立，邑南国宝理当讴。

南阳护村，位于壶关城南8公里处。曾是原南阳护乡政府机关驻地。唐代村北南岭山上曾建阳护城（堡），村名随城名取之。含冯家岭自然村。

南阳护是座古村落，村里村外古建多多，曾有“三池八卦九庙宇”之说，最著名者还是三峻庙。三峻庙位于南阳护村北，座北向南，创建年代不详，现存正殿为金代遗构，余皆清代遗构。据庙内数通碑刻记载，宋崇宁二年(1103)赐额，金大定十五年(1175)重建，元代、明正德年间（1506—1521）、嘉靖三年（1524）及清代均有维修。中轴线上由南向北依次建有庙门、献殿、正殿；两侧陪有钟、鼓楼，东、西廊房，东、西耳殿。庙内立有重修碑一通。2001年，国务院公布三峻庙为“第五批全国重点文物保护单位”。

2015年夏一夜，壶关县时任副县长赵文栋打来回复电话称：“山西是文物大省，壶关是文物大县。至今已有县级文物保护单位103处，市级10处，省级5处，国级3处。国级3处分别为神北真泽宫、南阳护三峻庙、庄头天仙庙。壶关历代文物浩繁，保护任务繁重。2015年县政府出台多项保护措施，包括年预算拨款30余万元，雇用346名文物管护员，其中，国级文物一处定3名，省、市级文物一处定两名，县级文物一处定1名。”

国 宝

## 五　古
## 宜谷宜居向阳庄

村形大簸箕，宜谷则宜居。
围岭三厢凸，朝阳一面低。
春苗迎雨早，秋穗遇霜迟。
地利加新政，家家庆有余。

簸箕掌村，位于东脚垴西北山凹，四赵公路东侧。东脚垴为楼峰山山系北延余脉中的一座山岭。

簸箕掌村址坐西北朝东南，东北、西北、正北三面山岭连脉隆起、高围似屏，东南一面趋低、开阔、朝阳，地势总体呈巨型簸箕状，此乃村名之由来。朝阳敞开的东南面为大片耕地，田连阡陌，迎雨避霜，土沃膏腴，五谷皆宜，丰岁常连。依此地利，世居百姓辛勤劳作，凡逢风调雨顺年景，则可勉得温饱天气。如今，簸箕掌村逢改革盛世，得政策惠农，获科技加力，坚持以地为本，以农为主，“种养加劳”①多元发展，村民生活水平堪如“芝麻开花节节高”。

壶关县约有三分之二左右的村庄处址地形、坐落方位都与簸箕掌村相仿，即建在坐北朝南的向阳山凹里、沟岸上，世代宜谷、宜居，充分显示了先祖们“择地而居之，向阳为上选；向阳则宜谷，宜谷方宜居”的立村观。这种才智与远见，正合乡村中偶见古宅门楣上镌刻的两副古楹联——“近水楼台先得月，向阳花木易为春”的美好意境和“向阳门第春常在，积善人家庆有余”的美好企盼。

背山朝阳“大簸箕”

① “种养加劳”为种植业、养植业、加工业与外出劳务“四业”并列简称。

## 如梦令
## 蚕 妇

采叶日中冒暑，夜半饲蚕茹苦。汗浸布衣人，始有绫罗飞舞。知否，知否，当谢辛劳蚕妇。

沟洞村，位于大岭山、南垛山两山北麓。古时，先祖在沟边崖侧掘洞而居，村名即称沟洞。大岭山、南垛山属楼峰山山系北延余脉中的两座山峰。

20世纪60年代初中期，壶关县贯彻中央调整方针，发展多种经营，推广南桑北移，增加农民收入。全县桑蚕业进入快速发展期，一度与同属原晋东南地区辖属的沁县、武乡两县并称“南桑北移的山西三个新蚕区”，同时受到省、地领导的肯定与表扬。时任南阳护公社党委书记张乃群率先觉悟，组织带领全公社干部群众冲破粮食单一生产樊篱，利用地埂、三类田大栽其桑、大养其蚕，增加农民收入，成为全县栽桑养蚕先进公社。1965年，华北五省、市、自治区在壶关召开蚕桑生产现场会，观摩南阳护公社南阳护、北阳护、沟洞、向掌、南头等几个生产大队的栽桑养蚕现场，听取经验介绍，与会代表异口同声，反映佳好。后因市场变化，蚕茧比较效益下降，南阳护蚕桑产业趋萎。

当年，南阳护公社中东部的沟洞、东脚、向掌、南头、长井头等几个相邻大队栽桑多，养蚕多，收入多。这一带农户几乎家家有一两位勤采桑、善养蚕、会整茧的蚕妇。蚕妇们视桑如粮，视蚕如子，视茧如宝；昼采桑，夜饲蚕，昼夜辛劳，实实令人起敬。当年集体经营时期，她们收的蚕茧要统一交给队里统一出售，本人即按所交蚕茧的数量与等级记工分，年终参加队里统一分配。分配所得比实际售茧收入要低很多。对这帮有技术、有辛劳、有贡献的“三有”养蚕能手、劳动妇女，其尊姓大名当入乡志、村志正册相记。

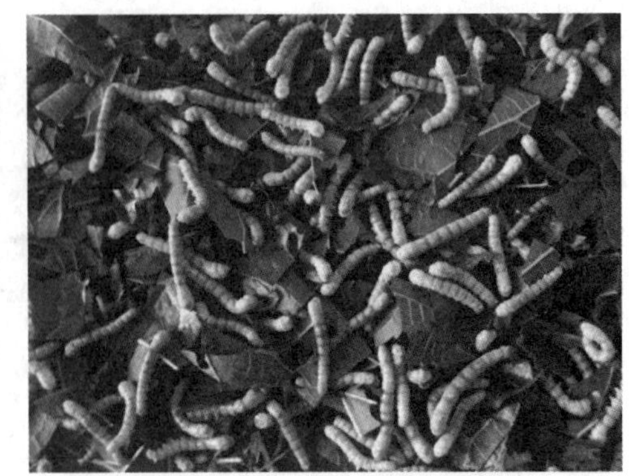

蚕食桑叶图

## 山则后

### 五　律

### 舞　狮

山庄狮劲舞，锣鼓助威风。
单只追球急，双头格斗凶。
四时襄庆典，正月伴灯笼。
狮舞回回好，山村岁岁红。

山则后村，位于季节性陶清河之南，楼峰山山系北延支脉末端、虎头山之阴山凹，始得村名山则后。

古来壶关一带民俗文化中，古老的狮文化跟古老的龙文化一样，并兴于乡村民间。人们视狮为百兽“兽中王”、年节“吉祥物”、众生“保护神”。于是，门前置狮以护宅，衣物绣狮以携吉，正月舞狮以添喜，开业舞狮以招财……成为城乡常见常闻的一种普遍现象。其中，最为生动感人的是多个村庄保留有舞狮的社火节目。

山则后舞狮狮体雄壮，妆扮古朴，套路多样，名弥乡里，如若排起队来，当列全县20多家舞狮之前茅。正月十五元宵节是壶关乡间百姓的“狂欢节”，村里、乡里、县里闹元宵少不了观看山则后的舞狮表演。如今，十里八庄店铺开业、各种公私庆典，时或请山则后舞狮队助兴。山则后舞狮作为文化产业项目，正在谋划改制发展，逐渐走向市场运作，成为增加村民收入的一个门路。

双狮劲舞图

① 舞狮表演时导舞人舞动彩色绣球，戏狮追逐，俗称“狮子滚绣球”。

# 向　掌

## 五　律
## 迎宾白皮松[①]

山麓白皮松，迎宾势曲躬。
百年根木固，四季叶青葱。
人悦松皮雅，药疗传语空。
君当爱村宝，护树作先锋。

向掌村，位于西垴山西麓，距中心村黄家川东北两公里处。西垴山为楼峰山山系主脉东北延一座山岭。

白皮松在壶关属稀少树种，县东紫团山上分布有白皮松与油松小片混交林，其余少数地方有零星生长。2015年初夏时节，笔者有幸到县西南山区的向掌村东北山坡上，观赏白皮松生长胜景。是时，乐见10余株白皮松干高丈余，胸径尺许，松皮斑白，松针葱绿，松塔朱红，三色相间，绚丽多姿，分外悦目；风过树梢如有箫音低鸣，似是乐起宾至，惹人欢心。为该村一道靓丽风景与村志符号。

2012年秋一日，笔者曾约向掌村籍、壶关县粮食局原副局长李贵喜面晤，询问白皮松近况，他忧心忡忡地诉说："近年传言，白皮松树皮可治某种顽疾，于是，到向掌村偷剥白皮松树皮的事时有发生，已致4株枯死。"皮者，树之命脉也；皮之不存，树何生焉！为此，笔者曾咨询省城一著名老中医，得权威答复："白皮松之皮，读过的中药典中无此药名讳。"2015年初夏一日，那次向掌访松时，笔者特将老中医所复转告村支部书记李岩方，嘱他广为宣传，以保护白皮松自在生长，使向掌山岭风光隽永。

向掌"图腾"白皮松

① 《辞海》注释：〔白皮松〕松科，常绿乔木。中国特产，喜光。木材有光泽和花纹，供细木工用。树姿优美，树皮奇特，可供观赏。

# 东　脚

## 七　古
## 农民健体赞

山乡故事晒新鲜，体育器材村里安。
青壮双休办球赛，妪翁闲空荡秋千。
农活劳体体难壮，体育健身身比猿。
原本城人专享事，欢欣鼓舞进深山。

东脚村，位于黄山乡东北边界处，中堖山西脚下，故得村名。中堖山为楼峰山山系主脉东北延一段山岭。

长久以来，农村体育活动普遍不易开展。究其原因有三：一是农活重，无兴味；二是器械缺，无条件；三是认识有误，错误认为田地就是运动场，各种农具就是体育器材，田间劳作即能代替体育锻炼。进入21世纪以来，党和政府把扶持农村体育事业发展，作为全面建设小康社会与搞好社会主义新农村建设的重要内容之一，资助乡村安装体育设施。东脚村借东风、整村容、办体育。将村中水池加盖建场，场边安装篮球架、小秋千、跑步器等多种体育器械，成为村民日常兴聚健身的活动场所。

新中国成立后，毛主席、党中央高度重视群众体育事业，提出了“发展体育运动，增强人民体质”的十二字方针。2014年10月，以习近平同志为核心的党中央将建设“健康中国”正式上升为国家战略，提出了“发展体育运动，推广全民健康，增强人民体质”的十八字方针，特别要求“人人参与、人人健身、人人快乐、人人健康”。我们必须看到建设“健康中国”，农民体育是弱项，农村体育是短板。“健康不健康，关键看老乡”。贯彻中央十八字方针，建设“健康中国”，应当抓弱项，补短板，让东脚农民健体的做法普及到全县村村庄庄。

愉快健身图

# 南 头

## 七 字 谣
## 三八水库颂

巾帼大战葡萄山，壶关女子不让男。
推车队奔佘太君，爆破连跃刘胡兰。
三季奋战起高坝，一库建成挡洪川。
平湖蓄水波粼粼，须眉翘拇赞连连。
三八红旗众手擎，妇女撑起半边天。
时光将满一甲子，水利志中应有篇。

南头村，位于楼峰山山系主脉东北延、东垴山西麓。旧址坐落葡萄山东侧沟壑南岸上，缘此取村名。含西边儿自然村。

1958年“大跃进”时期，壶关县以青壮妇女劳力为主体，组成千人突击队，由时任县妇联主任王改云任总指挥，在南头村西葡萄山河沟建成一座“三八水库”，时震上党诸县。据南头村籍、壶关县文联原主席李长胜，壶关县老干局原局长李海生二位相告：他们村作为库址所在地，全村妇女及百姓付出了更为艰辛的劳动，做出了更为突出的奉献。

社会主义建设时期，壶关县“青妇武”三大群团组织围绕中心，开展活动，大有作为。尤为值得称颂的是青妇武主要领导分头挂帅，领军出征，修筑了三座水库：龙丽河“青年水库”、葡萄沟“三八水库”和磨掌河“民兵水库”。人们夸赞：这三座水库是壶关共青团员与青年、妇女、民兵“用小车推出来的、用扁担挑出来的、用石夯夯出来的”。获悉此情，笔者忙嘱正在编纂《壶关水利志》的赵茂发、侯福则、王金顺、秦新贵四位：“这三座水库在壶关水利史上有特殊意义，水利志中应有专章记载。”

巾帼大坝雄风犹存

# 辛　寨

## 满江红
## 醋香千秋

陈醋何来？楼峰水、总难复拟。黄小米、独家用料，古坊工艺。进贡宋皇来历远，猜谜市井单方奇。古碑铭，百代品牌红，香千邑。

游乡汉，工匠女；全村业，民生计。醋缸曾蹬倒，三中扶起[①]。整合流程优管理，转型应用新科技。齐协力、好梦再圆时，歌新续。

辛寨村，地处楼峰山山系西北支脉、老北沟西北山坳上。距壶关城11公里。含小北街、沟北两个自然村。

著名历史学家、国学大师陈寅恪先生曾言："华夏民族文化，历数千载之演进，造极于赵宋之世。"意思是中华传统文化的发展、演进，在宋代达到了巅峰。辛寨陈醋作为一种酿造技艺结晶、饮食文化承载，也是自北宋成名，曾进贡朝廷的。此事原有一通古碑碣铭记，后遗失，今未得，成大憾。民间尚传一首宋代由朝中传出咏赞辛寨醋的字谜诗："立冬十日种冬谷，家里有井栽大木。风流女子并行走，酉时二十一日出。"每句谜底为一字，连成四字，即为"辛寨好醋"。

辛寨陈醋他乡不可复制。那里有楼峰山西麓石隙中涌流出的上佳泉水，有微酸性红壤土种植的黄谷子碾出的优质小米，有小环境中繁衍生息的益醋菌群，有积累千年的独特酿醋工艺，使辛寨的小米陈醋以香酸、味醇、色褐、伏不霉、九不冻，营养丰富，兼有养生健体功能而佳誉远扬。集体经营时期，人们送称辛寨的赞语是"队队有醋坊，家家有醋缸。女人当醋匠，男人去游乡。"鼎盛

陈醋样展

时，辛寨陈醋曾远销到10多个省、市、自治区。党的十一届三中全会以后，迎来改革开放好时期，辛寨醋业重新整合、恢复发展起来。

2011年，辛寨陈醋被列入“山西省非物质文化遗产”代表性项目[②]。

伏日晒醋忙

① 壶关百姓简称党的十一届三中全会为“三中”，“三中”成了改革开放的代名词。

② 壶关申遗简况，见百尺镇鸦村《迓鼓申遗》注①。

## 南宋壁

### 打油诗二首
### 太阳迟出两分钟

县域西端比县东，太阳迟出两分钟。
鸡未报晓钟敲响，宋壁十群早上工。

相差半度日迟升，早出晚归分秒争。
农牧林文齐发展，年年榜上满堂红。

南宋壁村，位于壶关版图西至，县城西南10公里处，村址西北与长治县北宋壁村相隔陶清河谷对应为邻。含马家河自然村。季节性陶清河至此出境壶关，西入长治县境内，汇入浊漳南源中。

南宋壁村位于东经113° 10'，较县域东南隅东经113° 40'的鹅屋乡东土池村土峰沟自然村差30'，合0.5° 。按地球自转一周24小时计算，南宋壁见到太阳升起要比土峰沟迟两分钟整。笔者试用算式演示为：

60分钟×24（小时）÷360（度）×0.5（度）

=1440分钟÷360（度）×0.5（度）

=4分钟×0.5（度）

=2分钟。

新中国成立后三四十年间，南宋壁党支部领导坚强有力，全村农民群众勤劳智慧，村里农林牧副各业、民兵武装、学校教育、农村俱乐部及“八音会”等项工作，均占县、乡前列。农村改革之初有日，笔者到南宋壁下乡，跟几个干部群众议论起县东至与县西至，因经度造成的两分钟时差，众人或仰面、或击掌爽朗笑答：“两分钟算个什，早起半个钟头，等于15个两分钟！”

迟落两分钟的夕阳

## 河南庄

### 民谣二首

### 安纱罗[1]

粗糕细煎饼，馍馍囫囵蒸。
若要待女婿，铜罗罗面精[2]。

粗细靠纱罗，应市型号多。
游乡吆村讳，顾客比穿梭。

河南庄村，位于楼峰山主峰西侧小平川上，季节性陶清河南岸，村名依所处地理方位而取之。

河南庄传统手工业项目有二：一是柳编，编造簸箕、栲栳、管箩、箢子等；二是安纱罗，亦称“张罗”。两种产品皆是往时家户的日用必须品。其中，张罗作坊盛时达13座，包括备料、制作、销售等产前、产中、产后三个环节在内，计有从业人员达上百之众。

纱罗按罗底材料区别，原有铜丝罗、马尾丝罗，后又有了尼龙丝罗；按网眼大小区别，又有粗罗细罗之分。家乡百姓用罗尤为讲究，加工不同食品的面要用不同的罗罗，即面与罗要因事制宜，一一配对。例如，做油糕的黍米面要用粗马尾罗罗；做馍馍的玉米面要用更粗的马尾罗罗；做煎饼的小米面要用细马尾罗罗；正月招待亲戚用的小麦面则要用更细的铜丝罗罗；待新女婿回门、住九的精白面要用最细的铜罗罗。当年，河南庄安的纱罗各种型号一应俱全。

2014年11月1日，据黄山乡副乡长王湘澎相告：“如今，农村普及机械加工粮食，用纱罗越来越少，河南庄也就只剩两家张罗作坊了。”图为老张罗匠李胜则正在作业。

掌罗工匠

---

① 此处“安”字，壶关方言读四声“àn”，属动词，意为制作，“安罗”同“张罗”。

② “罗罗”中前一“罗”为名词，即纱罗；后一“罗”字为动词，即“筛”的意思。以下同。

# 辛　庄

## 五绝二首

### 窑改楼

往昔居窑洞，崖头掘作家。
夏凉冬暖好，只怕雨哗哗。

发展运新筹，宜居建小楼。
通风朝丽日，福享小康秋。

辛庄村，位于季节性陶清河北岸上，长治与壶关环城高速公路北侧，西与长治县毗邻。

近年，辛庄是黄山乡的新农村建设先进典型。贯彻党的十一届三中全会精神以来，辛庄村党支部坚持以经济建设为中心，在集中精力转型调产，发展规模种养业的同时，因地制宜，统一规划，改窑为楼，建设新辛庄。如今，全村百户人家均已告别旧窑洞，实现整体乔迁，多数户住上了二层小楼，少数几户也住上了砖瓦平房。辛庄窑改楼、改房先走一步，“辛庄变新庄”，对邻近村庄起了良好的示范、促进作用。

壶关域内西北边沿辛村、集店、城关、阳护、黄山一带乡村，多与辛庄近俗，古来百姓多住窑洞。家庭富裕的碹座砖窑，不富裕的靠崖打个土窑，掘洞而居。其好处是因地制宜，因陋就简，冬暖夏凉，少用木料，不花大钱。而辛庄等村庄窑改房、改楼的实践说明，窑较之房，在安全、通风、采光、方便、美观等诸多方面为逊；房，更适宜现代生活，安居乐业。对于壶关县西农村窑改房、改楼应视作农村住宅升级上档，实现居住条件“代际”之变的一场住宅革命，堪称另一种意义上的“房改”。时至今日，这项事关民生的“房改”工程，壶关全县业已基本完成。

弃居窑洞群

# 靳　庄

## 五 言 诗
## 给扎灯笼巧妇进言

靳庄扎灯妇，艺高名村外。
劝言应当业，致富门快开。
闭户一冬忙，开门年根卖。
灯笼挂街门，正月迎喜来。
红兆祥如天，圆迎福比海。
巧妇一技长，两手不懈怠。
技艺入市场，小康步伐迈。
妇女要解放，一技当出彩。

靳庄村，位于季节性陶清河北畔，长治至壶关环城高速公路北侧，壶关城南7公里处，黄山乡域北至，西与长治县接壤。

改革开放以来，农村政策放开、搞活，农民都在寻觅致富的门路。靳庄村农妇郑志景心灵手巧，久有制作灯笼的手艺，只惜所做灯笼唯供自家及白送亲邻家挂用，或供乡、村集体单位展出无偿挂用，从无以此为业、赚钱致富的观念。2016年初春一日，笔者赴靳庄，上门造访郑志景，建议她农忙耕种务稼，农闲扎灯笼赚钱，一家人小日子过得当同正月门上高挂的灯笼一样，红红火火、圆圆满满。

郑志景的事例说明：要在广大农村全面贯彻落实关于男女平等的基本国策，真正发挥妇女“半边天”的作用，农村妇女须当实现“两个解放”，掌握“一门手艺”，即从传统观念中解放出来，从单纯家务中解放出来；再瞅准市场，学习、掌握致富一技。这样，家庭则会实现真正意义上的男女平等，生活也会先期脱贫、致富、达小康。

腊月扎灯笼

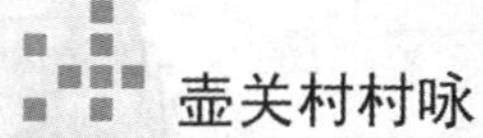


壶关村村咏

大井
东掌
南岸上
碾谷驼
上庄
东垴后
石盆
东井岭
南湖
郭堡庄
口头
高岸上
三郊口
牛家掌
北行头
塔店
贾庄
盖家川底
南行头
南凹
崔家庄
西坡
常行
罗掌
西河沟
城寨
合观
岭后
西马安
东马安

# 东井岭乡

# 东井岭

## 七 律

### 分水岭上“旱码头”

太行屋脊正中间，壶树荫林两路掺。
车辆东西接鱼贯，山乡表里换装鲜①。
昔称丘壑贫寒地，今作物流枢纽关。
凭仗交通兴百业，文明之母路当担。

东井岭村，坐落于太行山分水岭中段，箭豁岭山系主脉南延、崇王山东侧，距壶关城东南31公里。现为东井岭乡政府驻地。含连掌池、东沟等两个自然村。

北宋文学家、书画家苏东坡所填《浣溪沙·送梅庭老赴上党学官》词中有名句称“上党从来天下脊”，民间也广有俗称“太行屋脊”，皆是形容上党境内的太行山分水岭如同屋顶瓴脊一样高耸陡峻。壶关境内的太行山分水岭段北从平顺县境磅礴而来，始自壶关东北界最高峰大虎岭，中经庄向阳、盘马池、安口、郭家驼、大井、上庄、东井岭、连掌池、塔店、侯山凹、北行头、南行头、盖家川底、常行、城寨、合观、东马安、西马安等，坐落在高耸陡峻“太行屋脊”上的18个村庄，出马安豁，南入陵川县境逶迤而去。太行山分水岭将壶关拦腰分成县东山区与县西半山区、盆地区两个扇面，东扇面属淅河流域，淅河东流入淇河；西扇面属陶清河流域与石子河流域，陶清河、石子河西流入浊漳南源。漳河与淇河皆经河北，至天津，汇海河，入渤海。壶关全域则皆属海河流域。

东井岭地处壶关境内的太行山分水岭正中，古来既为通达东部山区、上下太行山分水岭、出入山西省境，东达豫北及其以远冀南、鲁西、淮北等广大地区的交通要冲，又为县东的东井岭、石坡、树掌、常行、桥上等数个乡镇山区百姓下山、进城、入市的必经之地。如今，荫林、壶树（长平公路中间壶关至树掌段）两条干线公路在东井岭村交会，西承潞泽，东达豫鲁，车来车往，川流不息，人流物流，络绎不绝，成了壶关东部山区最大的交通枢纽，获称“旱码头”。改革开放以来，交通条件大为改观，引来山区经济发展、民生改善、社会巨变。2012年初夏一日，笔者赴东井岭村，与东井岭乡时任党委书记闫晓陵相伴，在街头路口徘徊观望，满目村新山绿，车水马龙，人面春风。两人抚今追昔，深感孙中山先生的治国箴言“道路者，文明之母也”，实为经国之方略，强邦之旨要，富民之路径。

分水岭上交通枢纽

---

① 《辞海》注释：鱼贯，像群鱼游水一样先后相续，鱼贯而行。例：交通规则规定单行道上的车辆要鱼贯而行。

## 郭堡庄

### 竹枝词
### 教育扶贫典型村

教育扶贫模范庄，一村百户没文盲。
家家出个非农者，稳定脱贫奔小康。

郭堡庄，位于羊角掌山西北麓，五指河谷北岸，距乡政府驻地东井岭村1.5公里处。羊角掌山属箭豁岭山系主脉东南延一座山峰。

东井岭乡办中学原设郭堡庄关帝庙里。郭堡庄因原有高小、后有初中设在本村，儿童能足不出村，就近入学，接受普及教育；且长期有贤长治校，良师严教，学生勤学，名校实至，教学质量上好而大得其益。至20世纪80年代末，郭堡庄村中仅中小学教师（含代课）、国家工作人员就出了近30名，还有升入职业技工学校及初中毕业后进城就业的职工达40多名。于是，该村近三分之二的家庭有了固定工资收入，基本上实现稳定脱贫。同时，先行“普九”，在家务农的村民文化程度整体比周围村高出一截，他们有知识支撑，思想解放，信息灵通；脑筋活，门路多，脱贫快。幸逢改革开放新时期，致使该村成了发展种养加业的先进典型。

1988年初秋，壶关县委、县政府组织县乡干部巡回观摩农业秋景、村办企业与教育工作，在郭堡庄现场听取时任东井岭乡党委书记栗相堂介绍教育扶贫体会说:“给钱不如给个好教师，扶贫先要扶座好学校。”郭堡庄教育扶贫的实践，正合我国著名现代教育家陶行知先生最先提出，全力倡导并坚守终生的理念：“人民贫，非教育莫与富之；人民愚，非教育莫与智之。”

为求校址位置居于乡域中心，郭堡庄中学于1989年搬迁到乡政府所在地东井岭村新址。

名校记忆

# 口　头

## 七　律
## 上党名师贾治安

山腹小庄生俊彦，太南教界誉名传。
先奔汪小支柱立，后赴长师烛炬燃[①]。
讲学纵横今自古，为师先后践同言。
万千桃李承风节，四化征程不止攀。

口头村，因地处箭豁岭山系主脉东南延、羊角掌山西麓，沿东西两山夹一沟的五指河谷狭口处，依地理实体，即取此村名。含东河、杨家、南沟等3个自然村。

上党名师贾治安，系口头村东河自然村籍。1937年上党乡村师范毕业，1952年北师大进修结业。1939年参加抗日游击队，之后相继担任马家庄小学、汪流水国民高小、牛居抗日高小、张庄师范教师，晋东南专署教育局视导室主任，长治师范副校长、长治二中校长。1983年离休。可谓终其一生从教，倾其全力办学，悉心培育人才。在汪流水国民高小、牛居抗日高小，先后与国民高小校长李友芝、抗日高小校长刘杰（外省籍）等贤杰、名师默契配合，因陋就简，创造条件，刻苦办学，勤勉施教，延续了抗战时期的壶关高小教育。在长治师范，精心培育中小学合格师资，为晋东南地区普及小学教育做出了突出贡献。在长治二中，幸逢恢复高考，教育回春新时期，与时任教导主任、山西名师缑国禧等校领导一起，组织带领全校教师搞教改、上质量、创建山西名校。生前曾出资为家乡口头村学子设立奖学金。贾治安与壶关抗日高小校长刘杰、汪小校长李友芝，当列抗战时期壶关教界“三杰”，入志永留芳名。

名师贾治安遗照

① “长师”，为长治师范简称；上句“汪小”，为汪流水国民高小简称。

## 七 古
## 连理松榆

松榆绕作连理枝，根错节盘共扶持。
最是一生风流日，清泉厅长拍照时。

高岸上村，位于艾长则山南侧，五指河[①]谷北岸上，村名缘此地理实体取之。艾掌则山为箭豁岭山系主脉东南延一座山峰。

高岸上村东崖畔路口坡头，生一古松、一古榆，二树相互盘根错节，缠绕生长。其势由根部自下而上，继而相携搭架过路，后而垂至崖下，枝梢呈孔雀开屏状展开。树冠上松枝、榆杈缠绕，粗细曲直共扶，针叶、阔叶掺搅，苍翠色彩相间，整体如搭建精致的一座节日彩门。这般别致、生动树相，诱人观瞻，令人叫绝，让人铭记不忘，老乡称之为“龙凤树”，文人谓之曰“连理枝”。

1986年8月8日，笔者与时任县林业局长张平和、时任东井岭乡党委书记栗相堂，陪同全国著名古树专家、山西省林业厅原厅长刘清泉至高岸上，察访“连理松榆”。刘厅长兴味十足，当场高声赞道：“走遍全省，单松、单榆巨树多有，则不奇；巨松巨榆结作连理数百年，此独有，则为奇。”遂欣然为之拍照、测量、记录。之后，回顾频频，不舍离去。“连理松榆”树照已入册清泉厅长生前的专著《山西古稀树木》中。

1988年，高岸上“连理松榆”列入壶关县政府明令特护40株古树名录中。

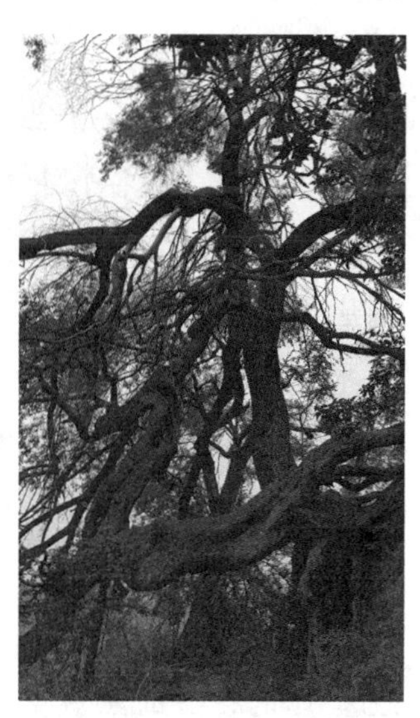

松榆恋

① 季节性五指河，发源于太行山分水岭东侧、塔店村侯山凹自然村东南山壑，流经东井岭、郭堡庄、口头、高岸上、三郊口、马家庄、福头，于芳岱东北河谷与郊沟河汇合，流入太行山大峡谷，为淅河主要支流之一。

# 三郊口

## 五　律
## 文 化 山 门[①]

一堂三教纳，教化世从良。
民盼嘉年月，楣书善主张。
源为儒道释，流乃共和纲。
并作三加一，小村文脉长。

三郊口村，位于柳树碣山东麓，五指河谷北岸上。村址坐落于三条季节性小河交汇处，即取此村名。含西庄上自然村。为东井岭乡域东至。柳树碣山属箭豁岭山系主脉东南延一座山峰。

三郊口村庙三教堂，敬奉儒、道、释三教于一庙[②]。民国二十四年（1935），庙门正中门楣上方添写“主张公道”四字，源自阎锡山在山西组建“主张公道团”名称中的主题词句；左右两边门楣上分别添写“忠孝仁爱”“信义和平”八字，源自中国民主革命的伟大先躯孙中山先生论著《三民主义之民族主义》里所倡导的国民道德规范“八德”之内容。这12字系山西大学教授、著名书法家孙晋祺先生手书，至今笔迹清晰、完整遗存。有书法界业内人士慕名赴此观瞻后，感称：“字体蚕头燕尾，圆润饱满，柔中带刚，端庄无邪，乃楷书之珍品、当摹、当传矣。”于是，三郊口的三教堂村庙则成了儒、道、释三教文化与民国时代文化“三加一”相互包容的共同载体。这在壶关县28座登记在册的三教堂中，是特有的一种文化现象。

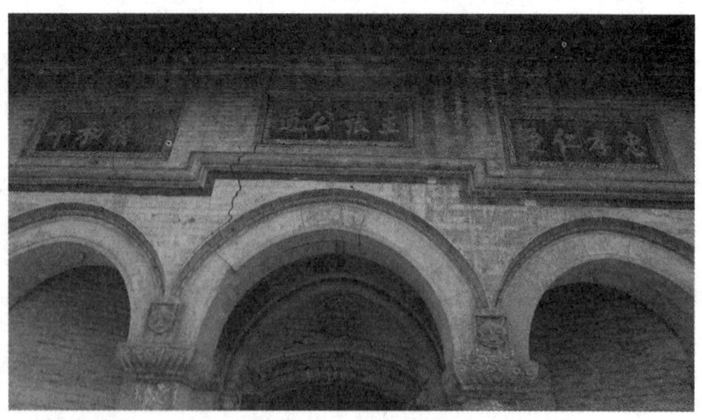

山门上的“3+1”文化

---

① “山门”，见本书龙泉镇秦庄村《药王庙》注②。

② “三教”，见本书店上镇关帝村《村庙三教堂》。

# 东垴后

## 七 绝 二 首
## 笑话·智慧·信息

（一）

四山屏闭一孤村，笑话连篇岁续新。
逆向思维吃亏少，智商不逊万荣人。

（二）

四山难闭一孤村，网络电波争百门。
信息频频来八面，城乡共享不差分。

东垴后村，位于箭豁岭山系主脉东南延、双碣山后一条深沟长壑尾部，即取名东垴后，含西岭、东岭两个自然村。图为东垴后北部山顶紧邻的新高山寨林区护林防火哨塔。

山西人尽知万荣笑话最多；晋东南人讲壶关笑话最多；壶关笑话又大多源自东垴后一村——不同于万荣笑话那般不分朝野，不别城乡，举县皆源；连篇累牍，内容浩繁，传播广远而绵密。东垴后村四面环山，旧时交通闭塞，信息不灵，有出笑话的环境因素。但细细品味每则笑话，又让人顿悟东垴后人凡事逆向思维，“反弹琵琶”，总不会吃亏，堪为智力超常，聪明过人，与人相辩的各类语境中屡屡反败为胜，遇事时常常胜券终握。

如今的东垴后村，修通了公路，村里新房成排，家家户户都安了电视，多数家户安了电话，多数村民有了手机；多数年轻人进城打工，如此“一个家家户户”与“三个多数”使东垴后人追赶时代列车，与城里人信息共享、时事同知。当年的东垴后笑话，日渐成为乡里人的一种乡村俚俗文化记忆。

护林哨塔

# 石 盆

## 江 城 子
## 牛保才英名入《辞海》

老区跃出好儿郎，食糠汤，志铿锵。娘教勤劳，党引路明光。卫国保家穿鸭绿，雄赳赳，气昂昂。

上甘岭上战凶狂，腿残伤，血喷扬。口咬肢连，电话接前方。英烈升华天地彩，光《辞海》，耀家乡。

石盆村，位于箭豁岭山系主脉东南、北拦掌山东凹，属抗日根据地、老解放区，简称“老区”。为抗美援朝上甘岭战役中英勇牺牲的“黄继光式战斗英雄”牛保才的家乡。

1994年国庆节前夕，时任中共壶关县委书记姚保维先生寄简笔者，称“牛保才是1989年版《辞海》条目中收纳的唯一一位壶关人”。阅毕即查，1989年版《辞海》第1443页载：“牛保才（1927—1952），山西壶关人，中国人民解放军战士，1945年加入中国共产党。1951年参加中国人民志愿军，任电话班副班长。1952年10月14日，在朝鲜江原道金化郡上甘岭战役中，他冒着激烈炮火抢接电话线，左腿被敌人的炮弹片打断，仍忍受剧痛爬到断线的地方，用嘴咬着一个线头，手拉着另一个线头，让电流通过自己的身体，保证了通信联络，直至壮烈牺牲，中国人民志愿军领导机关为他追记特等功，授予‘中国人民志愿军二级战斗英雄’称号。”

英雄戎装照

手捧《辞海》，开卷恭读，阖卷涌思，感慨串生。一感:为家乡壶关有牛保才这样惊天地、泣鬼神的英雄而自豪；二感：自己本是壶关人，曾是壶关“官”，却迟悉壶关有牛保才这样的英雄而心负愧疚；三感：当须赶紧宣传牛保才的英雄事迹，让全县人民从中受到教育与鼓舞。即忙感填《江城子·战斗英雄牛保才》词两阙，一表英雄，二补愧疚，三参宣传；先寄呈姚保维先生留念，后投稿《壶关报》刊发。

# 大 井

## 七 律
## 朱总划界处

安攘阴谋引祸端，太南摩擦屡生烟[1]。
征程朱总兼昏晓，划界岭头分北南。
三足鼎成形势转，两军犄抵力量添。
壶关时局呈新布，统战勋劳载志篇。

大井村，位于箭豁岭山系主脉南延、三里向阳岭坡北端，荫林公路西北畔大山凹里。含土寨、东山沟、马家坡等6个自然村。为东井岭乡域北至。为老解放区，抗战时期一度作为壶关县抗日民主政府驻地。

1998年新版《壶关县志》载：“1940年4月，朱德总司令赴洛阳路经新一旅驻地郭家驼村，与国民党高级参谋王葆贞订立划界协约，时称大井划界。”从此，以东井岭往东的河谷（五指河谷[2]）为界，民国政府与军队驻界南，抗日民主政府与八路军驻界北；对日伪侵占的壶关县城及其周边县西地区形成犄角之势。这次划界，促进了国共合作，减少了双方之间的摩擦，推动建立抗日统一战线，促成了壶关及至整个太南地区全民族团结抗日的新局面。

朱总“大井划界”与彭总“树掌说服孙殿英”，是抗日战争时期发生在壶关的两大事件。

大井全貌

① 安攘策，系指抗战初期，蒋介石给部属密下手谕“攘外必先安内”。

② 五指河谷，见本书东井岭乡高岸上村《松榆连理》注①。

# 东　掌

## 三 字 谣
## 单身汉的春联

单身汉，好乐观。年三十，贴春联。
自己写，自己编。合时势，吐真言。
昔苦涩，今甘甜。老李联，村人观。
新正月，文化宴。观赏后，笑开颜。
学老李，自编联。添喜气，中国年。

东掌村，位于箭豁岭山系西南延支脉、对脸山东北沟蹩旮旯里。另含黄家掌、反帝两个自然村。反帝原名“凡地”，1967年年初改称“反帝”，至今未复原名。如此保留了一个时代的小小印记，当有警示、教化作用。图为反帝村前新办的雨田农庄，为一处山野放养鸡场。

东掌村有位名为李书保的老人，鳏居度日，生性乐观，人们称他为“快乐的单身汉”。虽然李老汉文化程度不高，但他过年编写出的对联紧密联系自身的生活实际与即时心境，却很有意思，人们爱看爱传。往昔有一年过年，他曾写过一副对联，上联：“一人一碗一口锅”；下联：“没儿没女没老婆”。横批：“日子难过。”近些年，幸逢改革开放新时代，党的惠民政策好，给他办了社保、医保，李老汉心花怒放，笑逐颜开，门上的对子遂出新意。初享社保那年过年，他贴出一副对联，上联：“老有所养胜儿女”；下联：“光棍过上好天气”。横批：“日子好过。”凡逢大年初一，东掌人总记着要去看看李老汉门上贴出的新对子，给李老汉拜年，共享新春快乐。

三里野岭鸡鸣咕咕

# 南岸上

## 七　律
### 山庄棋牌热

盛世勿忧衣食难，山庄娱乐呈多元。
长围麻桌哗哗响，少甩华牌嘎嘎喧①。
春种秋收玩活后，新正腊月要长天。
不图胜负图心畅，自在农家不羡官。

南岸上村，位于箭豁岭山系西南延支脉、小池岭西麓下，因坐落于季节性陶清河支流东南河河谷南侧岸上，依地理实体得此村名。含当崇自然村。

改革开放以来，我们国家经济发展，社会进步，进入中国特色社会主义建设繁荣昌盛新时期。在广大农村，农民群众物质生活丰富，文化生活活跃，各种文化娱乐项目，包括麻将、象棋、扑克等棋牌活动随之兴腾起来，日益成为人们农忙后的重要休闲方式。

2015年秋后农闲一日，笔者赴南岸上村搜集“村村咏”资料，欣逢十几二十位老人兴聚一屋内，3桌麻将打得正火；又见另一屋里，八九位年轻人扑克玩得正兴。两处棋牌场上洗麻将声、甩扑克声、坐庄叫牌声、围观帮言声，嘈嘈切切，潮起潮落，煞是红火热闹。临此场景，颇有感慨：认为这种群众性棋牌娱乐活动与赌博行为要严格区别开来，后者要依法禁止，坚决取缔；前者要正确引导，健康发展。正如陈毅元帅生前兼任中国围棋协会名誉会长时，给中国棋院寄言“国运盛，棋运兴”，这短短6个字不仅是这位老革命前辈、开国元勋对我国棋牌竞技项目的概括与希冀；也该是他对群众性棋牌娱乐活动的写照与企盼。

村前大路平如砥，柳成荫

① 上句“长”读zhǎng，系指长者、即老年人；下句“少”读“shào”，系指年轻人。扑克游戏中的“拱猪”赛场正式名称叫“华牌”，这里泛指各类扑克娱乐活动。

## 五　律
## 半盏油灯的故事

山前碾谷驼，勤俭美名播。
地土耕耘细，村人节约多。
泥糊灯座座，椅借木砣砣。
今享小康福，续吟勤俭歌。

碾谷驼村，俗称“碾圪驼”。位于箭豁岭山系西南延支脉、马王庙山西麓，东南河[①]河谷东北岸上。含碣则上、南头两个自然村。

集体经营时期，碾谷驼大队是壶关县“旱作农业”“勤俭办社”双典型，村民古来经营庄稼勤于精耕细作，长期与晋庄、寨里并称壶关县北、县中、县南三个旱作农业先进典型大队。同时，当年的碾谷驼大队在县劳模、原党支部书记李侯孩为首的“一班人”带领下，牢记“两个务必”，坚持艰苦奋斗，勤俭办社，成绩显著，名扬壶邑城乡，人们传诵的有关具体事例很多。比如，大队办公室的玻璃罩煤油灯打了底座，即捏了块红泥疙瘩安作底座，继续使用；还摆放有几个截开的木头墩子，当椅子坐。1972年年初一日，县委通讯组牛建忠到碾谷驼下乡采访回来后动情地讲：在碾谷驼大队办公室里，“一挨坐，一点灯，都会受到勤俭节约、艰苦奋斗优良传统的濡染、感化、教育”。

图为碾谷驼小学教室里，讲台黑板上方，并列贴着的六位伟人标准像

敬爱领袖

① 东南河，为季节性陶清河中游的主要支流之一，发源于北行头岭后自然村北山壑，流经牛家掌、南湖、碾谷陀、南岸上、长林、梁家碣、中桥、瓜掌、郊界底，至崔家掌，汇合石门口河后并入陶清河。相对于发源于地南头，位于陶清河干流西南的支流西南河，则称东南河。

# 南 湖

## 七绝二首
## 祈雨何若掘井

祈 雨

庙中三日拜龙王，孀妇高烧百炷香。
赤日当空旱仍旧，老天原本自遵常。[①]

掘 井

回头掘井石山旁，井水清清润渴肠。
管网井池三配套，清泉入户抵琼浆。

南湖村，俗称“mā湖的”。位于行头岭山系主脉北延、大庙碣山西南。季节性陶清河支流东南河谷东北岸上。

壶关域内十年九旱，三五年一大旱。旧时，逢大旱，即闹“两荒”：当下闹水荒，随后闹粮荒。于是，凡逢大旱，乡村多要举办祈雨仪式。祈雨仪式大体雷同，而细节有别。南湖祈雨则是集中全村孀居妇女，赤双脚，戴柳条帽，在村中关帝庙院里集合，暴晒在骄阳下焚香、跪拜、念词：“老天老天，可怜可怜，清风细雨，下到田间……”反复诵念，历时三日。

祈雨无果的严酷现实让南湖人得教训，转观念，改掘井。用铁镐、钢钎、炮锤等“冷兵器”，在村西南山下石脚上掘井及泉，称“老石井”。从此，山庄水荒初解，村人渴肠浅润。农村改革之初，政府资助，干群协力，建成石池一座，引老石井泉水入池蓄储，方得解除“吃水难”。2013年，再次得到政府资助，安装管网，引水入户，圆了百户村民吃上自来水的世代梦。人们欣言：“祈雨不灵打井灵，自己动手抵老龙。”

引泉润民

① “常”，即自然规律。荀子《天论篇》名句：“天行有常，不为尧存，不为桀亡。”

## 七 律
## 旱地番茄咏

嗜水番茄自美洲，壶关旱地亦风流。
多多日照添红色，担担农肥保质优。
伏雨纷纷少污染，熟期缓缓恰中秋。
远销郑汴京津石，百姓增收日子牛。

牛家掌村,位于行头岭山系主脉北延、黑麦掌山西鏊。含西牛家掌自然村。

番茄，又称西红柿，原产于美洲，清光绪年间传到中国，至今仅百年略余，现早已进入全国城乡的饭店、居民的厨房。番茄的营养极其丰富，营养学家称之为“营养冠军”。近年，壶关县农业调产，发展旱地番茄大获成功。旱地番茄的优越性在于裸地生长，雨水滋养，污染甚少，品质优良；生长期长，可延秋占领淡季市场；硬度大，宜于长途贩运。由于质量上佳，再加上精心打造“壶关旱地西红柿”品牌，市场叫好，畅销外埠。如今，老顶山东麓垛地、陶清河沿岸、分水岭西麓梯田、石子河阳面凹坳等地带渐具规模生产，年种植保持5万余亩。“壶关旱地西红柿”品牌业已叫响，誉名远扬，市场广拓，菜农增收，举县上下皆大欢喜，现已成为壶关县的一张名片。“壶关旱地西红柿”的发展过程，再次佐证了经济学家关于“质量可使物有所值，品牌可使物超所值”结论的权威性、正确性。

2012年，壶关旱地番茄获得大丰收。县农委主任赵保忠、技术员张相林二位欣告一例：2012年，牛家掌村共种番茄80余亩，总收入100多万元。菜农赵贺兵种植30亩，收入25万元，购置小卧车一辆。笔者听后兴奋不已，咏诗为赞。

图为赵贺兵夫妇擦抹小卧车，准备驾车出门兜风。

小康人家

① “郑汴京津石”，见本书百尺镇韩庄村《三次创业》注①。

# 塔　店

## 竹枝词二首
## 八朵向阳花

（一）

壶关抗旱万家忙，打井挖池解水荒。
跃出先锋南岭后，户均一井誉名扬。

（二）

山庄八朵向阳花，挑担推车赛男娃。
大寨姑娘为榜样，抗灾打井叫呱呱。

塔店村，位于行头岭山系主脉东北延，北磨盘山、红土岭山两山相夹沟壑北岸上，含南沟、侯山凹、南岭后等6个自然村。南岭后坐落红土岭山背后向阳凹中，距塔店主村1公里许。居住20余户，均为河南移民后裔。

壶关地处太行山区，十年九旱，人称“干壶”。旱年常闹水荒，很多村庄要出村10数里外找水吃；冬末春初，还有一些村庄要赶牛车走一二十里到水库里拉冰块化水吃。20世纪中后期三四十年间，壶关人民发扬愚公移山的精神，打旱井，建旱池，蓄雨水，在很大程度上缓解了水荒。南岭后生产队即是那时涌现出的自力更生、艰苦奋斗打井抗旱，实现“一户一眼旱井”的突出典型。不仅解决了人畜吃水困难，遇到春旱，尚能点浇保种；遇到伏旱，尚能点浇保苗，减轻旱灾损失。

一桶水救十株苗

当年，南岭后的打井抗旱经验得到了省、地、县领导的充分肯定。其间，由妇女队长程计则——后任至长治市人大副主任——带领生产队里路民牛、程金兰、程雪计、程春先、侯英则、侯爱则、侯藏先等7位年轻姑娘组成打井抗旱突击队，以郭凤莲为首的大寨铁姑娘队为榜样，与村民一起起早贪黑学毛著、打旱井、抗干旱，时称“八朵向阳花”，经媒体跟踪宣传报道，一时名播上党。

## 五　绝
## 村小庙宇多

山庄五庙全，主客共祈安。
香火今朝熄，新房把庙圈。

上庄村，位于大尖垴山东侧，荫林公路东南侧向阳山凹。相距中心村郭堡庄西北上方不足1公里处，遂名取上庄。大尖垴山属箭豁岭山系主脉南延一座山岭。

上庄旧时30余户人家，是个小山村，却建有5座庙宇，分别为：三官殿庙、阎王庙、佛爷庙、山神庙、土地庙。往昔，壶关一带百姓恭称神仙为“老爷”，达时应节叩拜神仙为“敬老爷”，家里若出了悲事，即说是“惹了老爷”；有了喜事，即说是“为下了老爷”。于是，人们送称上庄是附近十里八庄“老爷最全的村”。传说那时，每逢大年正月初一、十五，邻近的三郊口、郭堡庄、东井岭等几十百把户人家的较大村庄，都会组织村民先要到上庄村的几座庙里，给“老爷”上香叩拜，敬献故事[①]，祈祷保佑；然后才返回本村庙里，给“老爷”上香叩拜，敬献故事，祈祷保佑。是谓村无大小，以神论尊；先后依序，以诚求灵。

旧时，壶关村村有庙，而像上庄这样村小、庙多、“老爷全”的村却为罕见。今逢改革开放新时代，小山村上庄巨变，新房鳞次栉比，整村全然新貌。昔日的5座庙宇已坍塌不全，被新建民居群围绕、遮掩。

新屋绕庙

① “故事”，见本书店上镇东方上村《巾帼护林队》。

# 南行头

## 七　律
## 神山岭上四望

四围群岭争相拱，始信神山势不孤。
勤勉换来千岭绿，政通赢得万家舒。
至高尚有超高处，初富应描更富图。
地势高低何足论，真抓实干小康谋。

南行头村，位于壶关县域东南行头岭山系主峰、地标名山神山岭南麓。与北行头相隔神山岭对应为邻，两村村名分别以所处地理实体与方位组合称谓。距壶关城40公里。2001年1月撤并乡镇之前为原常行乡政府驻地。含万山坡自然村。图为万山坡梯田秋景，图中上部隆突处为神山岭主峰。

古时，乡人将神山岭连同岭北连脉山岭共称为行头岭，顾名思义即“太行山之头”。往时，当地民间盛传晴天登上神山岭之巅，朝南纵目，即可眺望到几百里之外的黄河。这种传说直到新中国成立后普及中、小学教育，人们有了地理知识，始方渐息。如今，人们得悉原来太行山的头是五台山，海拔3061米，人称“华北屋脊”；神山岭海拔1508.9米，仅为五台山之半。即使在壶关境内，论高度神山岭也低于海拔1872米的大虎岭，次第低于天狮岭、轿顶山、高山寨、小庙岭、安口岭、庙岭、洪掌岭、十里岭、曹章岭、老阴山等高岭，屈居于20位之后。但是，由于这些高山相距神山岭都有一定的距离，近处周围的山岭与神山岭是支脉与主峰的关系，支脉低于主峰。因之，上了神山岭顶头，仍有那种身处十万大山之巅，“一览众山小”之感。

万山坡上读梯田

## 七绝二首
### 山庄享凉伏如秋

古来称谓太行头，七月清风顺岭流。
赏戏担忧凉袭背，添衣兴看闯幽州。

躲开兄长一奸王，西燕末皇登太行。
避暑山庄微世界，与天为党享清凉。

北行头村，位于壶关县域东南地标名山、行头岭山系主峰、海拔1508.9米的神山岭北侧正脊上。与神山岭南麓的南行头村对应为邻，两村村名分别以所处地理实体与方位组合称谓。含岭后、豹则沟、马圈沟3个自然村。

北行头地处“太行屋脊”正巅上，山高风多，气候冬冷夏凉。农历七月正值伏内暑热天气，而七月初十北行头传统庙会上，人们却在身沐山风，赶会享凉；晚上穿夹衣、着棉袄、披大氅看戏为常，邑人传为佳话。

北魏时，西燕中兴元年至中兴八年(386—394)，末帝慕容允为拒其兄慕容垂谋位篡权，即东上太行，选址于居高临下、易守难攻、粮草充足的北行头筑城，名曰“益阳”城。这段史实，道光版《壶关县志》有载：“益阳城，在县东南六十里，今城头村。慕容允筑，以抗慕容垂，址湮。”北魏后，北行头一度做过壶关县衙驻地，称“城头”。

古来有村必有井，乡村称乡井，井古即村古。图为北行头村南一处古井井口，井口周边呈连圈绳磨石豁状，佐证北行头村村古岁老，历史悠久。

绳锯石豁岁几何

---

① 《闯幽州》，为杨家将戏，是上党落子剧种中的保留剧目。剧中人物有杨继业与他的八个儿子，老乡们则谐称为“七狼八虎闯幽州”。

# 贾 庄

## 五 律
## 年终兑现早

兑现佳音报，贾庄拿冠军。
务农基稳固，兴牧畜成群。
骡马增收好，工分保值真。
重农加重牧，殷实小山村。

贾庄村，位于井西坡山西麓凹里。井西坡山属行头岭山系东侧支脉一岭。

贾庄四面环山，石厚土薄，无霜期短，农业生产条件属偏下水平。集体经营时期，贾庄大队从实际出发，讲究经营管理，坚持农牧并重，实施以牧补农，取得良效。最好招数是每年畜牧业上都会卖出几头骡马，赚回钱来供扩大再生产，一能购置种子、化肥、农具等生产资料，备耕下年；二能充实劳动日工分值，保证一个劳动日分红八九角块把钱，进入腊月全部分配兑现，赶上家家户户大年前购买年货，社员[①]权为满意，生产劲头得以维持。贾庄大队分配兑现在常行公社几乎年年是最早的一家，在全县屡屡名列前茅。

集体经营时期，农民把年终分配兑现看得事比天大。他们辛苦劳动一年，至盼腊月能及时分配兑现，赶住过年买年货。但相当一部分大队、生产队由于政策限制，门路单一，经营不善，集体经济收入很差，一个劳动日三五角钱都不能按时分配兑现，少数大队、生产队屡有“打白条”现象发生，使得农民生产情绪低落，说是“起早搭黑受一天，挣不到一盒火车烟（当年农村畅销的一种廉价卷烟）”。贾庄大队以牧补农，保证年终分配兑现，维护与调动农民生产积极性的经验在当年确有借鉴、推广意义。

村东曦照

① 从1958年到1983年的25年间，农村实行人民公社体制，下辖生产大队、生产队，农民身份称“社员”。

## 五　古

## 侯家大宅院

侯家豪宅第，堪比乔家奇。
瓴陡苍鹰掠，居深曲径迷。
雕荷曳户阔，镌鲤跃楣低。
张导挑新景，侯家当不疑①。

崔家庄，位于行头岭山系东南支脉、长河掌山向阳坡面上，马江河谷北畔，长平公路北侧。含长河掌自然村。道光版《壶关县志》载：“马江河出县南岭底村东北，经流崔家庄，又东十里经大会村，又东十里至树掌村，又五里入神郊河②。”所载岭底村，今查无此村名；神郊河今称郊沟河。

2014年10月7日上午，崔家庄籍、正在编纂《崔家庄村志》的长治市博物馆原馆长侯福兴电话相告：“640年前的明代洪武七年（1374），侯氏弟兄仨从河南省某县侯家坡逃荒至壶关县南，分别落户到琚家庄、土头寨、崔家庄相距不远的三个山村。落户崔家庄的侯氏兄弟，至侯魁生一代，繁衍成了该村第一大旺族。侯魁生一家耕种200余亩耕地，良田满川，牛羊满圈，粮食满廪，绫罗满箱；长治荫城、陵川平城、河南安阳等城镇开有侯家商号多处，为县东富甲一方的经营地主。暴富后，侯魁生精心选址，雇用名匠，累年施工，建成6院、150余间向阳深宅大院。今人称之谓‘侯家大宅院’”。

墀头雕饰

侯家大宅院坐北朝南，背山（神山岭）面河（马江河），基稳壁坚，高低参差，雕梁画栋，煞是豪华、气派，至今保存尚好。有来者参观后，送称其为“壶关的乔家大院”。崔家庄侯家大宅院与左、右、背后三面毗邻的二三十处“次大宅院”，宏观上看，主从相拱而错落有致，曲直相衔由甬路通达，规模浩繁且宏微并精；微观上看，朱门铁裹，侧置石狮，窗饰松鹤，檐贴荷鲤，墀头镌刻武士、门神等图案，活灵活现，古色古香。从宏到微，构成一处保留基本完整的古村落建筑群。

2015 年 12 月 26 日夜，壶关县住建局长贾风鸣打来作复电话称：2014 年12月2日，崔家庄已由国家住建部批准列入“中国传统村落名录”保护项目。

侯家宅院赛乔家

① “张导”，系指著名电影导演张艺谋。张艺谋曾以名闻中外的祁县乔家大院为场景，拍摄过电影《大红灯笼高高挂》。

② 季节性马江河源头在南行头村西南、太行山分水岭东麓南岭山的沟壑里。流经崔家庄、大坪上、碣则上、大会、磨掌，至树掌汇入郊沟河。

# 罗　掌

## 五 绝 二 首
## 罗掌古树·罗掌响石

罗掌古树

高龄几百年，本固叶枝蕃。
巨伞撑村口，荫民过暑天。

罗掌响石

一石光如枕，轻敲发磬音。
疑来天外客，陨落到山村。

罗掌村，位于龙王山东北麓山腹里。因环村皆山，酷似巨型罗圈，中间村址凹下，恰如巨型罗底，即依此地形取得村名罗掌。含窑河自然村。龙王山属肖火山山系西延余脉边缘的一座山岭。

罗掌村世代传承两件村宝：古树与响石。古树生长在罗掌村南坡头路口，胸径近1米，冠宽约20米，本固枝繁，叶茂荫浓，树相威仪，为罗掌村第一标识。凡来者远望即见树，近树即见村，见树、见村即开颜。村民进出村时，常在树荫下纳凉小憩，往来客人也多驻足观赏。该树品种为棠梨。棠梨苗期可作梨树砧木，壶关多地有长，而长作如此巨大乔木，则为全县唯一，人称“罗掌古树”。1986年，县政府将其列入明令特护40株古树名录中。

罗掌古树对面路西小亭里，置石一块，长约2尺，宽约尺半，厚约半尺，表面光亮，颜色青黑，看似如常。以卵石击之，发声如磬，清脆响亮，煞是动听，人称“罗掌响石”。过往人们多喜敲击取乐，饱人耳福。

罗掌百姓将古树与响石视作两件镇村之宝，时加爱护，常作夸耀，代为传承之。

好大一棵树

# 岭　后

## 七　律
## 小炭窑记忆

千里闻名小炭窑，鲁人不畏路迢迢。
拉车常把太行越，踏雪曾经昼夜熬。
煎饼怀揣能换炭，被单帆举助攀高。
一车一吨周身汗，方得居家度冷宵。

岭后村，位于东井岭乡南界，坐落陵川县和村岭（也称北豁山）之阴凹里。因古属陵川县辖，相对于陵川县方位，则取名岭后。

岭后煤矿因产炭率高，乡人惯称“小炭窑”。加之，百姓坑下辛勤劳作，坑上悉心经营，以致声誉远扬，市场广拓，数代不衰。改革开放之前，出境路况很差，机动车辆稀缺，生产、生活用煤主要依靠畜力、人力拉运。秋暮冬初，进入生活用煤旺季，在常行、树掌、鹅屋、桥上等乡村通往豫、鲁两省的简易公路上，时或会碰到河南后生、山东大汉不远数百里，三五结伴，人力驾平板车到小炭窑拉煤炭的艰辛景况。他们跨黄河，越中原，攀太行，风餐露宿，日夜兼程，辛苦非常。日间爬山上坡，即在车上撑起被单当帆，借助风力，艰难登攀；夜半拉车困乏，即在路边搭盖被单打盹儿稍息，醒后继续负重前行。怀揣煎饼、锅盔、大蒸馍作干粮，除了自食外，还要给窑上装炭工送上三两个，以求换取多装几块炭块。那时节晋人缺吃，鲁人豫人缺烧，如此物物交换，互通有无是见怪不怪、当羞不羞的平常事儿。

如今，改革开放的好政策释放出巨大正能量，晋豫鲁三省广大城乡同全国一样，经济发展，交通畅达，能源多元，生产条件改观，人民生活改善，豫鲁人力拉运晋煤现象已成为永远掀过的历史一页。

图为今时岭后煤矿改造项目工地门前标牌。

坑采待改露天采

# 常　行

## 破 阵 子
## 窑洞保卫战

日冠疯狂来犯，干群众志成城。弯曲矿坑修堡垒，智勇民兵战寇凶。双英立首功。

毒气攻来褥堵，弹头打下墙封。我长敌消持久战，昼守夜攻游击经。太行一帜红。

常行村，位于小米山北麓、老松坡山东凹。常行籍、壶关县外贸局原副局长徐迷秋言称：相传唐代，村中寺庙里有位主持僧人名常兴，乐善好施，禅誉远传，村庙香火隆盛，村名则从僧名，称“常兴”，后演为常行。小米山、老松坡山为行头岭山系主脉南延的两座连脉山岭。

1944年7月23日至26日，时任常行村武委会主任徐顺孩、民兵队长张小保组织带领全村民兵、群众，凭借矿坑巷道，坚持四天四夜保卫战，歼灭来犯日伪56人，终于粉碎日寇围剿，取得战斗胜利。1944年底，晋冀鲁豫边区政府在黎城县南委泉村召开太行区群英会，分别授予徐顺孩、张小保“腹心地区一等民兵杀敌英雄”光荣称号，各奖给奖章一枚、手枪一支，奖励常行民兵集体锦旗一面。常行窑洞保卫战是一场贯彻毛泽东持久战、游击战思想，坚持“村自为战，保卫家乡”的典型战例。如今，常行窑洞保卫战原址已被确定为壶关县爱国主义教育基地。

这场卫村保家战斗，作家申双鱼1958年编著《窑洞保卫战》有翔实的记述。在省城，笔者与常行籍、山西省委党校原教授徐阳生小聚时，常会议及家乡壶关抗日战争史上这一光辉篇章。

右图左为徐顺孩，右为张小保。

太南抗日双英模

## 城　寨

### 七　律
### 铸　锅

炉火熊熊铁水流，砂型静静待浇投。
大锅饭供千人食，小鏊饼应一户求。
汗炭掺污工匠额，烟尘弥漫作坊周。
翻砂千载名声远，当入志书浓墨留。

城寨村，位于行头岭山系主脉西南延、小庙豁西侧，陶清河谷东畔，壶关县南古刹宝相寺（俗称城寨寺，见图）南侧1公里处。因古时村西南曾高筑寨墙以护村，而得村名城寨。含南坡、城寨寺两个自然村。

城寨村翻砂铸造业约有上千年历史。以铸艺高超，质量上乘，铸件品种齐全，而名满壶邑，尤以铸锅见长。既能铸造鏊、铛、笼屉等户用各式小件灶具，又能铸造厂矿、机关、学校食堂灶用大锅。客户所求，大小由之，皆能满足。1958—1959年，农村普遍办起公共食堂，村村要安大铁锅，吃大锅饭，城寨铸造的大铁锅一时供不应求。笔者家乡寨里管理区（后改称生产大队）[①]公共食堂灶用大锅即是城寨翻砂厂所铸，能供全村近400口人煮稀饭、熬菜汤使用。

近年，因城乡居民所用炊具更新换代，城寨传统翻砂铸锅停业。而今，城寨村中年过花甲、古稀的老铸工们，都还清晰地记忆着当年在宝相寺侧旁、老里沟炉坊的翻砂作坊里，挥汗如雨，满脸涂炭，围炉铸锅，终年劳作，创造辉煌劳动成果的艰辛岁月。

古寺沧桑

① “管理区”，见本书石坡乡石坡村《七绝二首·马如龙解散公共食堂》注①。

# 合　观

## 竹枝词二首
## 炼　磺

土法炼磺

煤磺二物一山藏，市场煤磺两吃香。
熊掌与鱼谋兼得，只悔遍岭毒霾狂。

政府叫停

遍岭土炉毒不轻，熏枯庄稼肿喉咙。
民生大事当先计，停炼硫磺亦业功。

合观村，位于行头岭山系主脉西南延、小木界山东南凹里，陶清河谷上游东畔。东井岭乡政府分管地名工作的副乡长侯建国相告：相传远在唐代，该村修建一座庙宇观音堂，正待合龙口，却缺工钱、料钱，将要停工。此时，有郭、李两家富户迁来入村居住，随即解囊捐赠银两，恰供合龙口应急之需，观音堂终得竣工。合观村名即由这则故事演绎而来。

合观、城寨一带地下矿床为煤炭与硫磺共生。20世纪60年代初，壶关县办起城寨磺矿手工业生产合作社，属集体企业，实施煤炭、硫磺共采。在合观、城寨连脉山坡上建起群炉，土法炼磺。因工艺落后，烟雾浓重，周围空气中硫化物含量严重超标，以致附近大面积田禾枯萎，村中居民挨呛，引起呼吸道不适，遭来合观、城寨等村居民强烈不满。1983年，壶关县政府听民声、纳民意，研究决定磺矿停产，将磺矿工人分别调入其他厂矿上班。

矿产为不可再生资源，应开采、保护并重，先行保护。合观、城寨一带的磺矿现阶段须加以保护，待今后引进科学方法再行开采、提炼。

手工脱粒忙

# 东马安

## 七　律

### 矿停待新谋

十年煤矿好兴隆，论户说村两火红。
巷巷街街墙壁易，家家院院宅房更。
矿停一日愁三载，业待两天熬五冬。
何岁谋成新产业，精神重抖上征程。

东马安村，位于著名地标马安豁东北侧山半。行头岭山系主脉南延尾部与开花山山系主脉东南延尾部在马安豁相衔，横贯壶关南北的太行山分水岭由此进入陵川县境。因马安豁东、西两头凸起，中间凹下，状如马鞍则得地名；村址坐落豁东的得村名东马安，坐落豁西的得村名西马安。东马安村距离东井岭乡政府驻地18公里，为该乡所辖最远村庄。马安豁北凹为壶关境内流程最长的季节性河流陶清河源头处。

东马安原有一座村办小煤矿，年产10万吨左右。20世纪末至新世纪初10余年间，随着煤价连年暴涨，村集体与村民家户收入双陡增。于是，家户忙更旧房舍，集体急建新街道，仅历几年，整村易貌，里外一新，屡获县、乡褒奖，引得邻村人眼热不断，心羡不已。

2011年山西从保资源、保安全、促转型发展出发，实行煤矿整合，东马安小煤矿即行关停，随之务矿村民待业，家庭与集体收入双锐减。2011年7月19日，笔者与壶关原常务副县长牛建忠相伴，由东井岭乡时任党委书记李爱民相陪，赴东马安村了解情况，跟时任村党支部书记李秦书，提及小煤矿停业后应创办替代产业的事，只见他锁眉搓手，愁无良策，心绪难安。

县南要隘马安豁

# 西马安

## 七　绝
## 赵长城遗迹

太行脊上石长城，难抵秦皇铁甲兵。
不用廉颇用赵括，谈兵纸上万年铭。

西马安村，因位于壶关、陵川两县界山——著名地标马安豁西而得名。马安豁东西两头凸起，中间凹下，状如马鞍，乃获此地名。为壶关境内太行山分水岭段南向终端，行头岭山系主脉南延尾部与开花山山系主脉东南延尾部分别落位于马安豁东、西两帮。季节性陶清河从马安豁北凹里发源。

战国时期，壶关一带归赵国辖，都城为邯郸，距壶关东界约150公里。是时，赵国为抵御秦国来犯，在西面边界连绵山岭上修筑石长城，西起高平（时称长平），中经陵川，东至壶关南部，逶迤百余公里；在壶关境内始自马安豁，经东马安、城寨、南行头、教掌到神北关掌岭上，长达28公里。

公元前262年开始，秦国与赵国在长平（今高平）一带开战，历时三年，一度呈攻守、进退胶着状态。公元前265年，赵国国君听信奸佞谗言，撤下智勇双全、战功赫赫的廉颇老将，另起用只会屋中论战、纸上谈兵的一介书生赵括，与来犯秦军在长平决战，结果一败涂地，40多万赵军被俘后尽遭秦军坑死，史称长平之战。自此，赵亡国之势不可逆转。秦终统一六国。

图为赵长城经年长日久，现呈坍塌之状。

壶关史志办副主任王林茂如是说：他与秦尧于“2001年10月、2006年10月两次步行登山考察过这段赵长城。在那些连绵不断的山岭上，尚能清晰看到时断时续的石墙遗址与坍塌下的石块”。他俩认为:赵长城该是我国古代修筑最早的长城；赵长城遗址应申报国家级文化遗产代表性名录加以保护。

赵长城遗迹

# 西河沟

## 五 古 二 首

## 禁采矿石古碑示

（一）

清代石碑安，村规施重典。
罚款并送官，登山谁个敢！

（二）

只禁采矿石，不论赈饥荒。
村民难度日，何觅盐和粮？

西河沟村，位于斗枕山东北侧，季节性陶清河上游西畔，依此地理实体与方位取村名。含原庄岭自然村。斗枕山形似巨枕则得名，属开花山山系主脉东南延一座山岭。

2011年7月14日，壶关县人民政府发文公布第三批县级文物保护单位名单，内中有通石碑，碑文题为《西河沟禁止取矿石碑》。碑文句云："於乾隆贰拾叁年公立合同六纸，永禁石矿。近日，年荒民饥，竟有任意开掘，不循古规者……自今以往，立碑永禁。山，永不得胡刨乱掘，如有强取矿石者，罚银十两入社公用，如若不遵，送官究治。乾隆伍拾年元月初一日，西河沟村合社人同立。"

2011年国庆节前夕，笔者将西河沟《禁止取矿石碑》碑文抄件寄予壶关东街籍、时任泽州县人大常委会主任、颇具古文造诣者赵贵喜，欣得他作句读。此处"句读"，读"句dòu"，也称"句逗"，系指用句号与逗号来标点原无标点的文言文。

村口六元：房、田、路、涵、岸、电（杆）

① 乾隆二十三年为公元1758年，下文中乾隆五十年为公元1785年。

# 西 坡

## 摊破浣溪沙
## 产粮售粮“双状元”

垛垛洼洼五谷蕃，户均破万售三千。粮食状元旗一面，耀壶关。
不只地多人口少，并非雨好伏天偏。科学种田加苦干，夺丰年。

西坡村，位于开花山山系主脉东延、天池山东南山坡上，季节性陶清河上游西畔，依偎这一山一河两个地理实体，即取名西坡。

20世纪70年代中后期，壶关与全国同步，大张旗鼓开展农业学大寨运动，基层出现了一批先进单位和模范人物。其中，模范党支部书记有：寨里刘满龙、卫家庄卫二太、南平头坞郭立顺、西坡郭旺盛、东柏坡杨保妞、土河赵天有、大坪上王七则、下好牢李根生、黄家川张有书、晋庄刘保则等，时称“壶关县学大寨十标兵”。

常行公社西坡大队干部群众，在郭旺盛为党支部书记的“一班人”组织带领下，发挥耕地较多、人均近三亩的优势，认真贯彻落实以“定额管理”为内容的按劳取酬政策，调动农民群众的生产积极性，大办农建，力推优种，科学种田，连年夺得丰收，创出户均生产万斤粮，户均交售国家征购粮三千斤的佳绩，被评为农业学大寨先进单位，郭万盛被评为“壶关县学大寨十标兵”之一。连续几年在年终召开的全县县、乡、村三级干部大会上，西坡大队都被县领导称赞为“壶关产粮、售粮双状元”。据时任常行公社党委副书记刘书茂回忆说：那几年，他在西坡包队，“连续几个秋后，都要去县里找到分管工农业生产的县委副书记许政友，请求县上增派汽车到西坡给国家粮库拉运征购粮，解决‘运粮难’。”

西坡——米粮庄

① “伏的偏雨富了村”，壶关农谚，意为伏天里雨水多，庄稼好，年景丰。

# 南　凹

## 五古二首

## “狼凹”易南凹

### 易　名

汉语谐音妙，用妥出奇效。
狼凹易南凹，百姓齐呼好①。

### 易　貌

三中艳阳照，农民得温饱②。
今日南凹村，易名并易貌。

南凹村，位于塔八沟山东麓，季节性陶清河上游西岸。含西垴自然村。据2010年版《壶关地名志》中南凹条目载：“相传此地荒草丛生，常有狐、狼出没，故名狼凹。后演为此名。”至今，正式公共场合皆称呼南凹；日常生活中仍有老乡将南凹习惯称呼为“lāng凹”，书写时即写作南凹。塔八沟山属开花山山系主脉东延尾部一道山岭。

欣逢改革开放新时代，南凹村巨变。荒山绿化，道路硬化，水、电双通，新房成片崛起，小山村面貌一新，村民的衣食住用行五大生活行为幸得全面改善。睹村容，享生活，思村名，今昔对比，新旧昭然，老乡们众口一词，满意称赞：“当年改称叫‘南凹’，改得好！”

南凹村名的来历，正合我国春秋末年的政治家、思想家、教育家孔子在他的儒家经典巨著《论语》中提出“名不正，则言不顺”的正名思想，即“名正，则言顺”。

相偕出村口

① 壶关县西一带方言读ān为āng，于是“南”与“狼”同谐āng。

② “三中”，见本书黄山乡辛寨村《醋香千秋》注①。

# 盖家川底[1]

## 七 律

## 阳坡绿化"五全法"

阳坡绿化古来难，壶邑东南出树仙。
岭上风霜衰鬓发，手中镐铲折钢尖。
陪山日日知山意，伴树株株结树缘。
不别阴阳林木茂，太行屋脊绿连天。

盖家川底村，位于行头岭山系西侧支脉、五里坡向阳凹里。因坐落于季节性陶清河上游东畔，即原名"川底"。因村中盖姓居多，原来即广有俗称"盖家川底"。1983年地名普查时，为了避免与县内另两个川底重名，遂将俗称转为正式村名。

荒山阳坡日照强度大，水土流失多，立地条件差，从来多呈岩石裸露，草木稀疏，生态环境恶劣之相，多被林业专家们称作"暂难利用地"。因之，阳坡植树不易成活，这是个普天之下的老大难问题，在太行山石质山区尤甚。过去壶关域内有些村庄的山岭阴坡上长有小片松林，对应阳坡上却多是寥无株树，呈童山秃岭状，老乡们形象地叫作"阴阳山"。以至往时说起家庭生活困难，乡间即有了一句歇后语："阳坡上栽树——这天气难活！"

全国林业劳模王五全，在大队党支部组织安排下，带领大队的林业队爬山务林，艰苦创业，坚持几十年如一日，摸索出"阴坡育苗阴坡栽，阳坡育苗阳坡栽，就地育苗就地栽"为核心内容的一整套荒山育苗移栽油松经验，人们将这套做法称为"五全法"。"五全法"首先在本村五里坡、小背凹等处，近400亩的阳坡上育苗移栽成功；继而在省内外，尤其是在太行山石质山区引起了极大的关注与反响。从此，五里坡、小背凹成为乡、县、市、省、部各级组织参观、研讨、培训现场，对绿化壶关乃至整个太行山起到了样本示范作用。1989年9月下旬，山西省人民政府在壶关召开全省造林绿化会议，其中一项议程即是组织与会全体代表观摩盖家川村五里坡阳坡造林绿化现场，学习、推广"五全法"，以期提高全省大面积荒山阳坡造林成活率，加快全省造林绿化步伐。

图为1988年4月，壶关一中师生在书记靳福山（前左五）、副校长王前忠（前左三）带领下开门办学，赴盖家川村学习荒山造林技术，在五里坡现场倾听王五全介绍阳坡植树造林“五全法”。

林业课堂五里坡（正中指手者为王五全）





① 盖，多音字，常用读gài，用作姓氏即读gě，盖家川底即读gě家川底。

分水岭上今胜昔　　东井岭

壶关村村咏

# 石坡乡

盘马池
双井
安口
申家庵
西黄花水
东黄花水
郭家驼
石坡
杜家岩
庙郊
西掌
西河
龙尾头
沙驼
北平头坞
西沐浴
仙居
寺尾沟
南石窑
东沐浴
南平头坞
城会
孤山沟
安居
石河沐
子良庄
板安窑
苇则水
前山庄
辘轳城

# 石　坡

## 七绝二首
## 马如龙解散公共食堂

（一）

公共食堂离谱深，一村一灶怨声纷。
砸锅炼铁违民意，刮囤搜粮背党魂。

（二）

食堂解散得民心，户复炊烟第一村。
宗旨铸魂天大胆，壶关骄子邑人尊。

石坡村，位于猪鼻山向阳麓前，古址坐落于一处石脚坡上，缘此取名石坡。另含段陀、井沟、后沟三个自然村。距壶关城41公里。为石坡乡政府驻地。石坡乡总面积为143平方公里，约占全县总面积的七分之一，为壶关县辖12个乡镇中面积最大者。猪鼻山为壶关域内海拔最高峰大虎岭南延支脉中的一条边峰。

1958年，大刮“共产风”，农村大办公共食堂，一般一个管理区①（后改为生产大队）开一灶，人口多的管理区也有开两个灶三个灶的。当时，百姓负担繁重，食堂伙食很差，生活相当困苦。1959年秋后，石坡村籍、时任晋东南地委书记办公室主任马如龙回老家调研。他倾听家乡父老的强烈呼声，大胆提出解散公共食堂的建议，让各回各家，起灶吃饭。一村带头，百村呼应。跟着石坡，一下子壶关县90%的管理区解散了公共食堂。为此事，马如龙被戴上“右倾机会主义分子”的帽子，受到被撤销职务、连降三级的处分——降职为高平公社②副主任、米山公社主任。后经甄别，恢复了职务。如今，马如龙实事求是，关注民生，胆略过人，解散公共食堂的佳话仍在壶关百姓中广为流传，人们称赞他“和彭总一样，敢讲真话”。

马如龙先后担任过高平、壶关、黎城、潞城、长子、繁峙等六县县委书记，凡提及这段经历，时有朋辈老干部谐称他是“县委书记专业户”。后又任忻州地委书记、省绿化委常务副主任等职。离休后享受副省级医疗待遇。现逾90岁高龄，仍与时俱进，笔耕不辍，认真学习党章，学习、宣传习近平总书记关于“全面建成小康社会，全面深化改革，全面依法治国，全面从严治党”“四个全面”的战略布局与“创新、协调、绿色、开放、共享”的“五大发展理念”等一系列重要论述，为实现“两个一百年”的宏伟目标不忘初心，继续前进。

图为今日石坡村西的大面积地膜覆盖玉米景象。

春银秋金大西坪

① 1958年实行农村人民公社体制时，村级组织称管理区，1961年改称生产大队，1983年10月改称建制村。

② “大跃进”时期，高平县办起一县一社，称高平公社。

## 东黄花水

### 五　律

### 李金和与“东水三条”

小村迎幸临，李老惦村民。
慎议工分值，悄播潞党参。
打工城市里，种薯大山根。
三策传宗旨，为民贵一心。

东黄花水村，简称“东水”，也称“下水”。位于长沟山向阳山坡上，与西黄花水村（西水）山连脉、地接畛为邻。长沟山属大虎岭山系南延支脉中的一岭。

20世纪70年代初，东黄花水籍、曾任壶关县委常务副书记的老干部李金和，离休后回老家定居。当时，李老天天和乡亲们在一起，听乡亲们诉说“吃工分，穿工分、工分是咱的命根根”。而工分值太低，一工三四角钱年底还兑不了现，时有米盐衣被之困。了解到乡亲们生活异常困苦的实情，李老当即决定帮助谋划解决。于是，他秘密给东水大队提出发展多种经营的三条建议：调出三类田：一种山药蛋，二压党参；再派副业队，上长钢西安里矿山包工程、采矿石，增加集体收入，提高工分值。在当时“左”的错误占主导地位的形势下，冒着被批“反大寨”“走资本主义道路”的风险提出这三条，展现了他的胆识、魄力、领导水平与求实、为民、恤民的宗旨观念。1975—1976年，石坡公社各大队悄悄推广“东水三条”，工分值均有增加，进入腊月，多数大队按时分配兑现，能赶上大年前买年货，农民群众权为满意。

李金和于1977年4月16日病逝。东、西黄花水，石坡一带的父老乡亲都很怀念这位党的好干部。

图为东黄花水李金和故居

睹屋忆斯人

# 西黄花水

## 五 律
## 大贾徐秋盛

大贾徐秋盛，博通生意经。
区差千里赚，时利两天生。
半座荫城镇，一通徐记名。
解囊常恤弱，人去口碑铭。

西黄花水村，简称“西水”，也称“上水”。位于老牛凹向阳坡上，与东黄花水（东水）村山连脉、地接畛为邻。老牛凹属大虎岭山系南延余脉一岭。

抗战时期，西黄花水出了一位著名工商企业家——徐秋盛。徐秋盛爱国、爱乡，为壶关县抗日民主政府开设胜利号商店、志兴城转运货栈等企业，还办起卷烟厂，生产五台山牌卷烟，赚钱补贴政府机关抗战、办公与生活费用。新中国成立后，徐秋盛奔赴荫城、长治一带开办志兴号货栈，主营铁货。他眼光独具，经营有方，数年大富，声名显赫，成为上党为数不多、壶关最大的私营企业家。徐秋盛富不忘乡，乐善好施。他生前的“让屋办学”“出资修路”“助村救灾”“解囊济困”等故事，如今仍在西黄花水一带百姓中流传。2013年初夏一日，西黄花水籍、壶关县政协文史委员会原主任王贵祥面告：他“童时就是在徐秋盛让出的宅院里读书的，直到小学四年级毕业”。

今西水非昔西水

# 盘马池

## 卜 算 子
## 大虎岭前老先进

海拔最高村，百姓迎初旦。粮菜支援八路军，送子奔前线。
干部打冲锋，百姓埋头干。创业太行屋脊中，高处春风暖。

盘马池村，位于“壶关屋脊”大虎岭主脉分水岭西南延、狗腰陀岭西侧向阳山坳。大虎岭为太行山形成期，壶关境内一期岩浆地带，主峰海拔1872米，为壶关海拔最高点，被人们称为“壶关的珠峰”。盘马池村海拔1620米，为壶关海拔最高村，实乃“与天为党”①之地。盘马池村所属西沟河自然村，为壶关域内第二条季节性河流——石子河发源处。

盘马池村为抗日根据地、老解放区，简称“老区”。1940年3月，壶关县抗日民主政府在盘马池村成立，盘马池村及其毗邻乡村百姓积极支前，踊跃抗战，为争取胜利做出巨大贡献与牺牲。新中国成立后的建设与改革时期，盘马池村党支部带领全村父老乡亲发扬老区光荣革命传统，自力更生，艰苦奋斗，与时俱进，农业生产、造林护林、山村教育、新农村建设等多项工作走在县、乡前列，被人们赞为“老先进”。抗日根据地的光荣革命传统，正是“老先进”盘马池村与时俱进，建设社会主义新农村用之不竭的正能量。

图为盘马池村局部照，图中背景为大虎岭西翼。

盘马池村貌

① “与天为党”，出处见本书东井岭乡东井岭村《分水岭上“旱码头”》。

# 安　口

## 四 字 谣
## 人造小平原

村前河沟，长满蒿莠；
乱石滚滚，村貌蒙垢。
学习大寨，山河重排；
碹洞造地，搭起擂台。
天寒地冻，踏雪顶风；
起石崖半，推车挑灯。
连战两年，建小平原；
复盖熟土，玉米丰产。
县上观摩，表扬广播；
安口干群，群体劳模。
支书小孩，任职卅载；
连任连捷，难得人才。

安口村，位于大虎岭山系主脉西南延、安口岭东侧向阳坡半。村前有座古道必经的山口，先人们出门上路求吉祈安，缘此起名安口。含狼洼掌自然村。为石坡乡域西至。安口岭为太行山分水岭的一个重要地理节点，岭西麓为陶清河支流石门口河的源头，岭西北麓为石子河支流十里河的源头，岭东麓为淅河支流王八河（王莽峡）的源头。石门口河、十里河、王八河均为三条季节性小河。

农业学大寨时期，安口大队党支部书记郭小孩为首的“一班人”带领村民学大寨，自力更生，艰苦创业，建设山村。1975—1976年，开展农田基本建设，用锨、镢、箩筐、独轮车等“冷兵器”，苦战两冬春，碹成一

村前小平原（局部）

条高约两米，长约500米的石洞；洞上垫土，开发出3台共约30亩面积的小平原，为全村面积最大、地面最平整的地块。壶关县农建指挥部派员现场检查验收后，称其为“石坡公社的头块‘大寨田’”，邻村老乡称其为安口的“捞饭不贴”[①]。1976年，安口大队获得“学大寨先进大队”称号；郭小孩前后担任党支部书记33年，任内连年被评选为“模范党支部书记”。

① 捞饭，为一种小米干饭，壶关方言称饭锅为“不贴”。“捞饭不贴”组合成词组常用来比喻能让人吃上小米干饭的那样的高产地块。

# 郭家驼

## 七　律
### 护 林 墙

万壑千山绿海洋，海洋跃出白龙长。
垒墙砌石八千里，绕树围山九百庄。
壶邑精神变物质，愚公后代创辉煌。
护林护出新高度，基尼斯中占一章。

郭家驼村，位于壶关域内太行山分水岭主脉东侧、箭豁岭山系主峰北畔。箭豁岭位于石坡、东井岭、店上三乡镇交界处，主峰在石坡乡域内，海拔1584.9米，为壶关一处著名地标性山座。

至20世纪末，壶关基本完成大面积荒山造林的任务，建成绿化太行山示范县。植树造林要成功，有一个朴素的道理是“三分造，七分管”。在林木管护上，壶关人民继续发扬坚韧不拔、拼搏奋斗的壶关精神，举县动员，全民参与，顶风冒雪，苦干实干，时称“一碗方便面，一米护林墙”，于1999—2000年，建成长约4000千米的石质护林防火墙，再次创造了人间奇迹。时任常务副县长、挂帅征战护林防火墙的主将牛建忠相告：“2001年7月，壶关护林防火墙被授予上海大世界吉尼斯证书。”图为以吉尼斯纪录证书为蓝图镌刻的纪念碑，屹立于郭家驼村东高垴岭上。

权威佐证

是时，郭家驼百姓在岩石嶙峋、起伏跌宕的太行山分水岭正脊上艰难地段，共计建成长约3千米的护林防火墙，跟同在分水岭上的北边安口、南梭，南边大井、南沟，东边石盆、东垴后，西边关帝、角脚底等9个山岭连脉的四邻村庄所建的护林防火墙无缝衔接，浑然一体。如今，举目皆绿、松涛长啸的太行分水岭山林边上，石墙蜿蜒盘绕，近观是墙，远眺若龙，蔚为壮观。

# 西　河

## 七　律
## 割蒿记

万人挥臂舞镰刀，大寨麾前胆气豪。
近岸割光割远岭，白天铡罢铡通宵。
蒿多当胜化肥好，粮缺更须干劲高。
来岁丰收纲要达，返销帽子照天抛[①]。

西河村，位于箭豁岭东延支脉、王字头山之阳，荫林公路北侧。方位在王八河（王莽峡）上游西侧，故取名西河。含草帽郊自然村。

往时夏秋之交，壶关山区农民有项不可或缺的农活——割蒿积肥。1976年7月中旬至8月中旬，石坡公社党委、革委组织动员全社干部群众开展“割蒿积肥月”活动，决计“一年庄稼二年闹，打响积割蒿肥头一炮”，以解决贫困山区老百姓“填饱肚子”这件头等大事，走出一条不吃或少吃国家返销粮的路子。其间，蒿割得多了，铡刀不够用，即在西河大队召开全体社队干部参加的现场会，推广该大队的“倒班铡蒿”经验。当年时兴“口号农业”，又值中苏关系紧张，苏联在中苏边界陈兵百万，中方媒体称苏联为“新沙皇”。于是，会场墙上即贴出这样一条标语：“加班来铡蒿，歇人不歇刀。铡蒿好比铡沙皇，割来多少铡多少！”

村前柳荫下

蒿肥属绿肥类，是最好的有机肥料。如今农民很少割蒿积肥，农家肥施用量整体大减，化肥施用过量，造成农本上升，农产品品质下降。恢复割蒿积肥，应是壶关山区乡村生产优质农产品，增加农民收入的有效措施之一。

① 上句“纲要”，见本书鹅屋乡东壶陵水村《牛返圪筒“过黄河”》。下句“返销粮”，指统购统销时期，秋后当年人均口粮不达260斤的大队、生产队，国家不派购粮食征购任务，次年春夏国家还要适当补给农民生活用粮的政策。

# 北平头坞

## 清平乐
## 壶关首届党代会会址

井冈星火，燎到太行壑。七十拳头齐楚楚，县委成功选出。
夜来夜去匆匆，带回革命真经。组织人民抗日，太行山上旗红。

北平头坞村，俗称“北头”。位于高山寨山系主脉南延、小垴岭西侧，与南平头坞村（南头）之间相隔小寨岭对应为邻。《辞海》注：坞为“四面高而中央低的山地”，南、北平头坞的地形则大体合此字义。含鸡叫沟、南柴窝等3个自然村。

北平头坞一带属抗日根据地、老解放区，简称“老区”。1939年7月1日至3日，中共壶关县第一次代表大会在北平头坞村秘密召开，出席代表70余人，代表全县近千名地下党员[①]。会议听取了时任县委书记戴苏理作的题为《关于当前形势的分析和今后工作的任务和方法》的报告，选出了中共壶关县第一届委员会，还选举了出席太行特委和晋冀豫边区党代会的代表。从此，壶关抗战有了坚强的领导核心。

2012年初夏一日，笔者在壶关街头欣逢北平头坞村原党支部书记申修德，他复告：“中共壶关县首届党代会会址房舍保存尚好。”笔者让他给村党支部、村委会主干捎个建议：“这个党代会会址很有意义，既要保护好，又要发挥好革命传统教育的作用。可先通过乡里，给县文物馆申报县级文物保护单位，给县文明办申报爱国主义教育基地这样两个名称，批准后大门上要挂这样两块牌子。”

光荣门

① “地下党员”，是指革命时期，中国共产党不公开党组织，不公开党员身份，进行秘密活动与斗争。壶关县宣布中国共产党组织、党员身份公开的时间是1947年7月1日，即中国共产党成立26周年纪念日。

## 南平头坞

### 七　律
### 苏绣进太行

疑当吴越绣坊间，贪赏精工绣品鲜①。
彩蝶双双花伴舞，峭崖面面瀑悬帘。
帧帧作品天宫景，位位绣娘地上仙。
改革当称原动力，引来项目富深山。

南平头坞村，俗称“南头”。位于荫林公路北畔，高山寨山系主脉南延、鹰嘴山西南侧坡面上，与北平头坞村（北头）之间相隔小寨岭对应为邻。《辞海》注：坞为“四面高而中央低的山地”，南、北平头坞的地形则近合此义。含南寺尾沟、后沟等两个自然村。

旧时，壶关东部山区一带妇女有做女红的习俗，农闲时为家中老少衣着计，忙于缝纫、绣花、做针工，但无以此为业者。南平头坞村能人郭志强思想解放，头脑灵活，善于经营。2000年年初，他牵头以专业合作经济组织的形式，组织本村及邻村年轻妇女80余位，办起飞蕾手工绣品公司，本着“先培训，后上岗”的就业规则，请来苏州师傅，传授刺绣手艺，人们称这些学习刺绣的年轻妇女为“太行绣娘”。“山中出俊鸟”“沟里生佳卉”，山沟里的绣娘们个个心灵手巧、聚精会神，半年出师上岗；一年后公司实现批量生产。产品除了一般花鸟虫鱼画幅外，还有山水人物大型画屏，在全国多地畅销。

我国四大名绣为苏绣、湘绣、蜀绣、粤绣。南平头坞飞蕾手工绣品由苏州师傅培训员工，传授绣艺，属苏绣系列。

太行绣娘

① 上句中吴、越为古国名。吴辖今苏南一带，越辖今浙北一带。今分别作江苏、浙江两省的别称，为苏绣传统产地。

## 五 绝
## 黄花黄，种地忙

东风一夜起，岭上万花黄。
节令传呼急，农家种地忙。

寺尾沟村，壶关方言称“四yī沟”。位于高山寨山系主脉南延、架上岭阳面山凹处，与南平头坞村的自然村南寺尾沟隔河（王莽峡）相望，因此，又名“北寺尾沟”。距中心村南平头坞东北1公里处。

《孟子·梁惠王》中讲道：“不违农时，谷不可胜食也。”即是说，只要按照农时节令种庄稼，就会五谷丰登，岁年有余。往时，山里百姓是靠各种物候现象获悉农时节令的。古诗云“廿四番花信风”，是讲春夏之交百花相继开放，24候[①]中每候都会有相应的一种花信来报的。这个时段，在壶关东部山区不少野花会随着节令应时开放。老乡自在乐曰：“城里人的挂历挂在家里墙上，咱山里人的挂历挂在野外山坡上，山坡有多大，挂历有多大。开一种花掀一张，掀一张干一样农活。”寺尾沟村周围山坡岭头上生长着成片成簇的连翘，老乡们称其为“黄花”，城里人称其为“迎春花”。烂漫山花中连翘先期开花报春，则是一年当中最为重要的一个物候现象。妇孺尽知的农谚“黄花黄，种地忙”，即是告示人们：春争日，夏争时，一年农事不宜迟。

连翘开花可报春，又可招揽游客观赏，连翘结实还是一味重要的中药材，山里老乡采集连翘是一笔不匪的收入。一花三惠，理当厚戴。2012年12月4日，壶关县人大常委会通过决议，确定连翘花为壶关县县花。

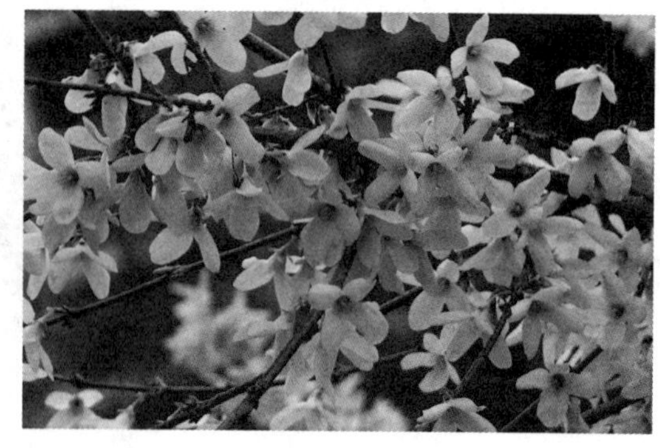

报 春

① 《辞海》注：〔候〕我国气象统计规定阳历每月1日起算，5天算1候，但每月26日至月底也算一候，一月6候，一年72候。

# 杜家岩

## 七　绝
## 红色标语六十秋

六十年前庙后墙，一间一字耀山乡。
年年涂盖新红色，万众一心朝太阳。

杜家岩村，简称“杜jiè”。位于高山寨山系主脉南延、西沟岭东麓，一条从上游双井下延的石质河谷东西两岸上。属抗日根据地、老解放区，简称“老区”。

1953年“七·一”前夕，杜家岩村北口、村庙孝华观大殿背后墙上刷写出一条大字标语“中國共産黨萬歲”，为繁体字[①]、殷红色、敦厚端庄，一间一字，气势浩然，进村出村，举目即见。这条标语道出了山区百姓的心声。从此以后，每隔一两年，村民总会用红土颜料将标语刷新一遍。日久天长，红土斑驳脱落，字面凹凸不平，凹处竟达一二指深，唯殷红底色经年不变。这条标语已成为杜家岩村的第一标识。

该标语系壶关著名书法家、中桥籍郭恒裕书写。当年郭恒裕在杜家岩小学任教。当时，他每写一两笔，就要跨过河沟，登上对岸，看笔画是否周正，结构是否得体，返回来扒上脚手架再做修改，如此反反复复，难计其遍。课后耗时近仨月，终成壶关墙书大字标语的经典书法之作。杜家岩籍、郭恒裕的学生、博导、山西名医鲍民生相告：“那时下了课，我们小同学都抢着给郭老师搬凳子、端红土盆，看郭老师写那条标语。如今凡回老家，进村第一眼即能看到那条标语还在。只惜时经一甲子，加之年年涂改，笔画走形许多，大非郭老师原创面貌，且将‘黨’字改作简体，真不应该！”

心　声

① 1956年1月31日国务院公布《关于〈汉字简化方案〉的决议》和《汉字简化方案公布》，按照规定，“中國共産黨萬歲”简化为“中国共产党万岁”。

# 城　会

## 民　谣

### 紫皮山药蛋

紫皮蔓菁绵又沙，论白不比蒸馍差[①]。
种田有了自主权，一户一亩有钱花。

城会村，位于高山寨山系主脉东南延、扁嘴窑山岭头正顶上，距乡政府驻地石坡村东南6公里处，是座只有40来户人家的小山庄。有来人生疑，曾问："城会城会，无城无会，一小二穷三偏僻，何以称作城会？"村人即会作复：相传，古时先有三家陈姓村民在此定居，故名"陈会"。后陈姓人家迁走，世居城会人心中一直有个改变穷困落后面貌的梦，村名则改称城会。

城会山高风畅，气候冷凉，土质松软，含钾素丰富，这样的土地里产出的农家品种紫皮蔓菁个大、粉白、质沙、味美，卖相好。石坡一带有谣称："山药蛋论好数城会，一白二沙好口味，吃了一回想两回。"如此好品种、好环境的匹配，正合优质农产品生产公式："遗传+环境=优质化。"

农村改革初期，农民自主安排作物种植，城会百姓放开胆量，户种一亩山药蛋。山药蛋丰收了，或兑换河南、山东的大米、白面，改善伙食；或赚得现金，修房盖屋，改善住宅，自此，山区随出新谚："种的山药蛋，吃的大米面。""种山药蛋是开砖瓦厂，能盖砖瓦房。""卖了山药蛋，吃住双改善。"

"种的山药蛋，吃的大米面"，是典型的社会主义市场经济条件下由市场配置资源的结果，促进了农产品的商品化，增加了农民收入，提高了生活水平。

丰　收

① 蔓菁，音mán jīng壶关方言，即山药蛋，学名马铃薯。方言别名很多，加上国外叫法，略计有30多个名称。

# 双　井

## 浣溪沙
## 衣着时尚的“双井现象”

不复当年碗里羞，欣逢改革好春秋。衣着时尚更加牛。
男着西装妞染发，叟披大氅少搽油。双井百姓自风流。

双井村，位于“壶关屋脊”大虎岭主峰东麓沟岔里，另含张至沟、庄向阳、川不池、社沟、后沟等7个自然村。为石坡乡人口最多的建制村，现计1800多口人。距乡政府驻地石坡村东北4公里。

石坡一带民间曾经盛言“双井人男女老少都爱跩[①]”。男青年家中再穷，“床上少铺没盖，三餐吃糠咽菜，出门都要披件小大衣跩跩”；女青年打扮得更为出众，衣着很潮，发式很前卫，这在短缺经济时期的石坡一带贫困山区，是独无仅有的“双井现象”。衣着打扮成了双井人的标识，跟其它村的男女青年混在一起，人们一看衣着打扮、一瞅发式颜面，即能认出那是双井人来。

改革开放后，双井村谋发展，达温饱，盖新房，整村貌，生巨变。男女青年思想活跃，观念更新，生活向好，穿戴更潮，款式更新颖，色彩更绚丽，愈加引人注目，仍在山区引领着服装穿戴的新潮流。如今，再也没有人嘲讽双井人“白天穿大衣，晚上盖簸箕”了，而是说“双井村年轻人的衣着与长治市英雄街年轻人的衣着没有什么差别，是一个档次”。“如今的双井人跩出了新水平”。

图为双井村民着时装，扭秧歌，闹元宵的欢乐场景。

歌舞元宵

① 《百度百科》注：zhuǎi跩，四川、东北方言，拿架子，摆谱的意思。壶关方言称“爱穿戴、打扮的人为爱zhuǎi”，与《百度百科》所注的“跩”近义。

## 申家庵

### 童　谣
### 咩咩羊，豆豆羊

咩咩羊，豆豆羊，割了尾巴不成羊。
黑山羊，白绵羊，黑羊白羊都是羊。
上山羊，下崖羊，白羊没有黑羊强。
弯角羊，斜角羊，牴头牴出羊中王。
领头羊，压尾羊，绕开庄稼上山岗。
屙粪羊，卧地羊，有羊谷穗长得长。
褥靠羊，袄靠羊，老人御寒暖身上。
赞老羊，夸羔羊，羔羊跪乳感恩娘。
卖大羊，留小羊，赚钱补贴盐与粮。
少放羊，多站羊，保护生态转圈养。
秸养羊，叶养羊，农林牧业并兴旺。

申家庵村，简称“申jie”。位于大虎岭主峰东南延侧峰、高山寨北麓深沟里，距东北侧的中心村双井不足1公里处。相传，古时先有申姓人家逃荒至此，搭庵居住，掘井解渴，垦荒得食，始取村名申家庵。

1966年，笔者在石坡公社任革委主任。是年秋后，下乡到申家庵大队督促秋收，返时在路口碰到五六位男童跟着晚归的羊群齐喊：“咩咩羊，豆豆羊，割了尾巴不成羊。”笔者童心未泯，想起儿时跟着羊群喊这首儿歌的情景。当晚即续写成这首儿歌，曾想再到申家庵下乡，好交给老师让儿童唱唱。不日，接到回县工作调令，只得压下取回县里。在县家中，念给小女儿听，她没见过羊群，无那种兴味，听不进去，只好重新收起压下。今翻出、修改、添句入册。

牧羊归晚

## 石河沐

### 古 风
### 掘隧出山

僻乡石河沐，坐落大山窝；
世代行路苦，进出攀高坡。
穷则人思变，选将二百员；
誓作愚公后，力掘太行山。
雨雪不停忙，三餐玉米黄；
长钎磨寸短，锤柄折经常。
苦战三夏冬，大隧终掘通；
车辆往来畅，人面荡春风。

石河沐村，位于沙陀岭山系南延支脉、孟界碣之南，北从沙陀、孤山沟延伸而来的一条干河沟东西两畔岸上。含陈子凹、荒地圪倒等3个自然村。距壶关城50公里。2001年1月，撤并乡镇前为石河沐乡政府驻地。太行山大峡谷从中部将壶关县东部山区区隔为南山、北山两大板块，北山板块为原石河沐乡所辖的16个建制村，南山板块为鹅屋乡所辖的18个建制村。

石河沐村四面环山，交通闭塞，世居百姓古来出行困难。1978—1980年，在党的十一届三中全会“团结起来向前看，一心一意干四化”主旨精神鼓舞下，石河沐公社组织专业队，在石河沐村南半山腰支节沟石脚上修筑了一条长5公里的公路，凿通了一孔长210米的隧道，链接上了出省干线壶林公路。是时，晋东南专署交通局组织巡回观摩后，带队局领导称赞这项工程是“晋东南地区社队公路建设中隧道长度之最、难度之最、质量之最”。至此，高山敞口，僻乡开放，车辆进出，物流畅达，往来百姓无不翘拇称善。

隧口夕照明

## 七 律
## 上民校

天上云遮月躲崖，翻身百姓读书来。
沟南岭北呼邻友，火把灯笼举岸台。
加减乘除珠算响，波坡磨佛嗓门开①。
三冬摘掉文盲帽，正月拜年晒学才。

孤山沟村，位于沙陀岭山系南延支脉、大石头碣山南半坡上。含井背、沙壑、山神庙碣等3个自然村。2015年国庆假日，笔者回县，倾听壶关县田园数码测绘公司、从事地质测绘的工程师申月明讲解：“大石头碣山是太行山形成期的岩浆地带。大虎岭为壶关域内一期岩浆地带，这里是二期。”

新中国成立之初，农民经济翻身之后渴求文化翻身。人民政府审时度势，兴办民校，扫除“文盲”，群众踊跃参加，争相识字脱盲。是年，凡冬夜，孤山沟村所辖井背、沙壑、山神庙碣等几个相距二三里的自然村村民打灯笼，举火把，喊山相约，结伍爬崖，汇集主村孤山沟民校学文化。坚持10多年，扫盲成绩显著，首批得到县政府颁发的“无盲村”证书。后转办农民技校。壶关法院前院长徐书录生前在县委通讯组工作时，岁年正盛，才华横溢，文佳笔健，时为邑中人才翘楚。于1972年年初，他赴孤山沟采访，写成一篇题为《太行山上文化村》的长篇通讯，时任山西日报社驻晋东南记者站站长赵克明（后任总编）阅后大加赞赏。

新中国成立后农民经济、文化先后“两翻身”。农民文化翻身，民校功不可没。2005年一夏日，笔者赴孤山沟调研，逢两位耄耋老人，问及当年上民校事，二位兴冲冲地相告：“咱肚里的字，就是当年在民校念波坡磨佛识下的！”

山腹崛楼群

① “波坡磨佛”，为汉语注音字母“ㄅㄆㄇㄈ”仿音，对应汉语拼音为“bpmf”。

# 安　居

## 竹枝词
## 香椿庄

房前屋后植香椿，初夏椿芽喜煞人。
鸡蛋椿芽相烩炒，黄金搭档抵山珍。

安居村，地处沙陀岭山系主脉南延、窑怀凹东侧向阳山坳。村名取安居乐业之义。含小岭上、道碣两个自然村。

以太行山大峡谷为界，壶关县东南域分为南山、北山两个板块，南山板块指鹅屋一带，北山板块指石河沐一带。两个板块上的山村均产香椿，又以北山板块上的板安窑、苇则水、辘轳城、子良庄、安居、前山庄等靠近大峡谷崖头上、一拉溜向阳山村为盛，房前屋后、沟岔地头多有生长。香椿属木本蔬菜，富含维生素C、维生素E、钾等多种营养素，蛋白质含量居蔬中之冠；口感鲜香，烹炒、腌制皆宜；而且采摘期在青黄不接、鲜菜匮缺的春夏之交，显得愈加珍贵。

图为安居邻村辘轳城一株秋后落叶已尽的老香椿树。

鸡蛋炒香椿打卤面，是安居一带山区的名吃。鸡蛋富含高生物价的蛋白质及多种维生素和矿物质，其蛋白质的氨基酸组成与人体组织蛋白质组成最为接近，与香椿的营养互补性极强，堪称“黄金搭档”；而且炒鸡蛋的香味与炒香椿的鲜味，二味叠加，能诱人胃口大开，是为“最佳伴侣”。1965年端午节前夕，笔者以壶关县教育局视导室视导员身份下乡安居村，督查小学教育普及工作。一日中午，在老乡家吃派饭：三合面条配鸡蛋炒香椿芽卤，直觉得是平生第一顿可口的饭菜，食毕，忙跟做饭主妇感言：“安居鸡蛋炒香椿，赛过海味和山珍。”

百年老椿发嫩枝

## 五字谣
## 包产到庄不姓“资”

包产到庄好，地里没有草。
秋后五谷丰，农忙敢吃饱。
上头说姓资，批判戴了帽。
恢复队核算，人成瞎捻炮①。
如今包到户，更比到庄好。
姓啥没人问，老邓定的调②。

苇则水村，位于沙陀岭山系主脉南延终端、小奎岭西麓，太行山大峡谷区隔的北山板块崖头上。古时村侧流有股泉水，泉水渍处长有成片芦苇，缘此二由，则取此有“苇”有“水”的村名。含大魁、尖掌两个自然村。

1972—1973年，石河沐公社党委从偏僻山区百姓居住高度分散，山庄窝铺、孤庄独户多，集中大队、生产队统一经营、集体核算不利于生产、生活的实际情况出发，倾听群众呼声，研究决定西沐、龙尾头、马安驼、西掌、板安窑、苇则水等6个大队的9个山庄窝铺，试验实行耕地包产到庄(户)，以庄(户)分配。因为这些小山庄多是孤庄独户，说是到庄，实是到户。当时的县委主要领导认为，这样做“破坏了三级所有，队为基础，是资本主义倾向”，立即派员查处，责令恢复生产队核算，并大会点名批判石河沐公社主要领导“走资本主义道路”的严重方向路线错误。直到党的十一届三中全会之后，实行家庭联产承包责任制，即“大包干”为止，当年的错误批判才得以彻底纠正。

此事1999年版《壶关县志》有载。

实际上由于居住分散，不宜统一经营；也由于口粮不足，农民生活困难，山区乡村对零星农户的包干到庄、到户一直在悄悄进行着，只是“下级不报，上级不知”；或者上级领导知道，也是“睁一眼，闭一眼”默许罢了。在《中国共产党壶关县组织史资料（1938—1987）》中查阅得悉，石河沐公社搞包产到庄（户）那两年，任职该公社党委书记是程孝德，革委会主任是殷生民。

据新华网报道：2016年4月25日，习近平总书记考察安徽省凤阳县小岗村，联系当年18户村民摁下红手印，签订大包干契约的情况，总书记感慨讲道：“当年贴着身家性命干的事，变成中国改革的一声春雷，成为中国改革的标志。”强调“今天在这里重温改革，就是要坚持党的基本路线一百年不动摇，改革开放不停步，续写新的篇章。”总书记这番重要感言，需当成为我们对当年农民搞“大包干”应持的唯一正确态度与今后全面深化农村改革的重要指导思想。

粮囤满满

① 壶关方言“炮”即爆竹，“瞎捻炮”指爆竹的捻点不着，响不了，比喻事情办不成，泄了气之意。

② “老邓“是改革开放后，壶关一带农民群众对邓小平同志的爱称、敬称。

## 三 字 谣
## 核桃专业合作社

合作社，三十户；选项目，核桃树。
订社章，搞社务；挂牌子，国资补。
入自愿，退自主；人一票，讲民主。
产前后，搞服务；论分配，全清楚。
按交售，直到户；新体制，新套路。
生产队，旧规除；靠合作，奔共富。

板安窑村，别称“bà窑”。位于太行山大峡谷区隔的北山板块崖头边上。崖头为沙陀岭山系主脉南延边缘，崖下与桥上乡庄则上村有条古道险径相通，人称“阎王鼻”，言其险峻也。往时山崖阻隔，交通不畅，无机动车拉烧煤，板安窑及邻村百姓要赶毛驴，经“阎王鼻”陡崖去县南常行、岭后一带产煤区驮煤，下崖时拽驴尾巴防滑，上崖时推驴屁股助力，上下皆十分艰险。含东岭上、油坊凹两个自然村。

板安窑村有农民自愿成立了个核桃专业合作社，方向对头，产业也符合壶关一贯坚持的经济林发展“东干果、西水果”的区划要求。只是管理上还有成员权利、理事长职责、董事会议、核桃生产标准、奖罚制度、退出机制等关于各方责权利的具体规定尚待完善。笔者写《三字谣》至嘱板安窑村干群，遵照2006年国家颁布的《中华人民共和国农民专业合作社法》的条款，完善章程，依章办社，勇闯新路，共同致富。

农民专业合作社适应当前广大农村的生产力发展水平，是提高农民群众组织化程度，提升农产品商品生产能力，实现广大农民共富的适宜组织形式，也是当前启动的农村新一轮改革的重要内容之一。笔者认为：现在的农民专业合作社与农村改革前的生产大队、生产队体制从表到里，全然不同，农民专业合作社自少有以下五个方面的优越性：一是入、退自愿民主化。遇事所有成员一人一票，即董事长、理事长、股东与成员一样只有一票的权利。遇较大事宜民主投票决策，少数服从多数。二是生产商品专业化。只生产经营一两种农产品，目的为上市出售，赚取利润。三是经营管理企业化。

一社一企业，自主经营，自负盈亏。四是利润分配最大化。可以根据当年的收益、经营状况，决定留多少积累，或遇受灾减产等特殊情况，还可以决定不留积累。五是国家资助最惠化。国家补助启动经费，享受农业企业所有的优惠政策，连办营业执照都免除费用。

核桃林环绕新山村

# 子良庄

## 五　律
## 膜盖玉米始自此

老董千斤地，膜铺玉米佳。
农肥亩百担，密度四千茬。
春到银倾地，秋来玉满洼。
包干加技术，开出报春花。

子良庄，位于沙陀岭山系主脉东南延、火莲山南麓山坳里。原名“籽粮庄”，寓意“籽饱粮丰”之乡。含盘垴、石井背、八里凹等7个自然村。

20世纪80年代中期，县劳模、子良庄村时任党支部书记董来顺，最先应用地膜覆盖技术，创造了施猪粪、盖地膜，杂交玉米“山区非禁区，亩产破千斤”的种植模式。笔者时任壶关县长，与县农业局长马书勤、林业局长张平和、县政府办公室干事李国强及农技人员先后下乡调研总结子良庄这个典型，提出“一年布点，两年到面，三年普及，力推地膜覆盖与杂交玉米优种两项技术‘结亲上山’。缓解山区缺粮困难，少吃乃至不吃国家返销粮”的工作目标，列为全县扶贫主推项目，依照农业技术推广规程，按试点、示范、推广三步骤程序，在石厚土薄、无霜期短的东井岭、树掌、石坡、常行、鹅屋、桥上、石河沐等7个县东山区乡镇强力推进。几年后，终达全县每年膜盖玉米6万亩的目标，为解决山区群众“吃粮难”闯出了一条路子。

农业部原总农艺师、农业技术权威崔世安称：“地膜覆盖可列为继应用水利灌溉、化肥农药、推广良种之后的又一项农业技术革命。”在壶关，“膜盖玉米增产”与“荒山造林绿化”“旱井旱池解旱”“牛羊改良增收”等一起，堪列20世纪80年代中后期，壶关县上统筹，农口干部、技术人员与全县农村干群形成共识共举、干得有声有色、结果可圈可点的农林水牧四项生产工作。

膜盖玉米发祥凹

## 前山庄

### 七　律
### 攀崖·喊山

崖矗村前百丈高，挂条险径入缝壕。
东西呼答音能辨，上下登攀路却遥。
新客初临晕两目，老乡常履稳千遭。
出门三步悬天半，崖上人家自逍遥。

前山庄，位于太行山大峡谷区割的北山板块东沿，金钱崖头上，缘此取村名。距离乡政府驻地石坡村30公里，为石坡乡域东至。含南坝、马池凹等3个自然村。金钱崖为沙陀岭山系主脉东延终端一道山崖。

前山庄西北靠大山，东南面的南坝自然村紧临大峡谷北侧高崖。高崖石缝中挂条险径，通往崖下小镇桥上，称石节青嵝[①]。石节青嵝特点有四：一高——崖上崖下相对海拔相差八九百米之多。二长——蚰蜒弯曲的山径长约两公里之遥。三陡——老乡称作“上山山碰嘴，下山山靠背”，险处需手脚并用，腹背贴崖爬行。四近——南坝与桥上村坝立自然村两村之间水平距离仅四五十米。据当地老乡讲述：前山庄早饭后有家长送小孩下石节青嵝，到桥上小镇走亲戚，至南坝崖头，引颈掬口长呼，竟可喊应崖下亲戚家让做上午饭；小孩下到崖底，正好会赶上吃午饭。

村　隅

类似以上这种“对面可问安，走走得半天”的喊山现象，在窄谷深沟的壶关东山鹅屋、桥上、石河沐一带山庄窝铺为平常事儿。

① 壶关东部山区方言称山崖险径为lǒu，《新华字典》《辞海》里查无此字，权以同音字“嵝”字借代。

# 辘轳城

## 浣溪沙
## 李其兴双匾耀门庭

战场拼刀敢见红，返乡挥镐赛愚公。十年树木满山松。
俩匾高高挂门上，勋章闪闪缀前胸。从军复员获双荣。

辘轳城村，位于沙陀岭山系主脉东南延终端、小豆凹西侧，太行山大峡谷区割开的北山板块崖头边缘上。相传唐代李晋王驻军沙驼国时，曾令人在此处崖头边沿上安装辘轳，从河郊沟底往上提过水，缘此传说取此村名。含梨树郊、小豆凹、前后圪倒等6个自然村。

在“母亲叫儿打东洋，妻子送郎上战场”的抗战时期，辘轳城村李其兴踊跃参军，在抗日战争、解放战争中英勇杀敌，数度挂彩，屡立战功，获得上级授予的“真英雄”匾额一面。新中国成立后，李其兴光荣复员回村，踊跃投入家乡社会主义建设，带头植树造林，绿化荒山，义务护树，跟群众一起艰苦努力、累年创业，使一个童山秃岭，乱石、黄土到处裸露，水土流失严重的少林村，变成了满目青翠、绿树成荫、水土保持的造林绿化先进村。李其兴因此又获得中共壶关县委、壶关县人民政府授予的“造林功臣”匾额一面，成为壶关县13名“造林功臣”①中首批6名里的一员。

1984年雨季的一天，笔者以分管林业副县长身份与时任县林业局长张平和到石河沐乡检查雨季荒山造林情况，专程奔赴辘轳城村，上门看望英模李其兴，欣睹他家宅院大门上高挂着的两面立功匾额，煞是动情，当众站在台阶上，即兴高赞：“老李抗战是英雄，造林是功臣。一人双功，一门双匾，这是咱们全壶关县最为荣耀的门庭！”

1989年4月5日，李其兴病逝。乡人都很怀念这位曾获俩匾的“双功臣”“真英雄”。

1990年，时任壶关县政府办公室副主任（现任屯留县县委书记）马先明，采写过一篇题为《其兴其人其事》的人物通讯，对李其兴在战争与和平两个时期的英雄模范事迹，做了翔实、生动的记述，有史料、文学双重价值。

首批六名林业功臣组照　　李其兴遗像

① 20世纪80年代中后期，壶关县委、县政府授予13名林业功臣称号的有：盖家川村王五全、黄角头村路其昌、辘轳城村李其兴、西土池村刘发顺、东壶陵水村任赵成、常家池村常反德、北庄村杨李德、北凰村余永富、盘马池村侯松怀、方善村王树金、油坊河村王满仓、岭后村李爱忠、马驹村平书忠。

## 五 绝 二 首

### 仁医王进成

仁医王院长，德术两馨香。
语出春风沐，方开保健康。

百姓唤仁医，仁医德作基。
双馨旗不倒，医界永思齐。

南石窑村，位于沙陀岭山系主脉东延、火莲山阳面，太行山大峡谷一大支峡、著名八泉峡景区西侧崖头上，为距离乡政府驻地石坡村最远的村庄，相距31公里。含黑山背、割漆窑等7个自然村。割漆窑一带山野坡面上长有零星漆树，昔居百姓曾割漆卖钱补贴生活，即得村名割漆窑。

壶关名中医王进成，原籍南石窑村，后迁子良庄村。王进成青壮年时，师从名医，刻苦钻研，终怀良术。山里老乡盛传他在大山区爬山越岭，攀崖下沟，采集多样中草药材，如法炮制多种丸散膏丹，悬壶行医，救死扶伤，惠及山乡百姓。对待患者不分官民，不分贫富，一样望闻问切，细心诊疗，对症下药，从不马虎。新中国成立后，王进成长期担任壶关县人民医院院长。王院长医德高尚，医术精湛，医患和谐，亲如家人。当年他回老家，要一路为病人号脉、开方，一两天路程往往走三五天才能到家。在壶关城乡形象佳好，影响广远，一度为全县医药卫生界的代表人物。

王进成于1983年病逝，其仁医音容宛在，风范长存。

图为南石窑村树林深处的王进成故居。

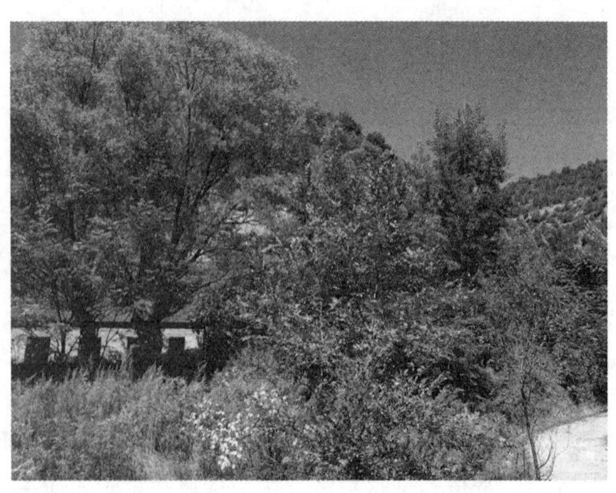

密树护仁居

# 仙　居

## 七　律
## 林涛依旧

万亩栎林远古来，世居百姓爱心怀。
伏中逢雨忙收蕈，九内驱寒惜砍柴[①]。
大胆护林勇加智，小心用火父传孩。
林涛依旧呼群岭，百姓应登领奖台。

仙居村，位于沙陀岭山系主脉东延、黑山背之阴，壶关县域东北角与平顺交界处，为壶关境内流量最大的泉水八道水群泉源头。相传，古时村东有寺，寺院植菊，菊开腊冬，人称仙菊，村随菊名，即称“仙菊村”，后演作仙居。含南坪上、棠梨树凹等3个自然村。

仙居与南石窑、黑山背一带，地处深山老岭，交通闭塞，人烟稀少。世居百姓除了耕种少量山坡薄地外，靠山吃山，吃山养山，用力、用心守护着万亩山林。农闲时百姓多从事打猎，割荆条，采集中药材、蘑菇等山货，卖钱以补米盐之缺。山林是当地百姓的圣地，山前建有庙宇，敬有山神，年节要烧香叩拜，祈祷高山常青，福祉普惠，恩德永赐。一有火情，数村共赴，蹈火灭之。现今这一带百姓大多迁徙他乡。

壶关县政协原主席、林业工程师张平和告知：“咱县有两处天然次生林古林区：一处是地处树掌镇东南域的紫团山古林区，约有三万余亩，树种多属油松；另一处是地处石河沐乡（今并入石坡乡）东北域的仙居、南石窑、黑山背那万亩古林区，树种多属辽东栎。”黑山背古林区山高林密，发挥着八道水群泉的水源涵养林功能，堪称八道水群泉的“水塔”。

图为在仙居栎林下的八道水源头处新建的虹鳟鱼鱼池。

扶贫予“渔”

---

① 《新华字典》注：蕈xùn，即香菇、蘑菇。

## 竹枝词二首

### 野生大豆是个宝

大豆人称蛋白王，古来中国认故乡。
家生原为野生后，壶邑东山野豆香。

美国悄然采种忙，五洲豆市称霸王。
振兴豆业种当首，种质资源是宝藏。

东沐浴村，位于沙陀岭山系西南支脉、东凹地岭西侧河谷中，与西沐浴村相隔一条名为汉河的河沟对应为邻。含东凹、南庄上、北庄上、弯腰地等6个自然村。相传唐末，李晋王驻军沙驼国，在东沐浴、西沐浴两村溪流畔建起行宫沐浴，随赐予这两个村名。图为村口护林标牌，上书“齐抓共管”四字。

2013年初秋一日，逢壶关县农技中心主任杨明则讲述：2013年夏，在东沐浴村东北1公里外一处山坡上，发现有几处野生大豆群落生长，随即采集样本，按规定程序报送省农业厅并报国家农业部，经审定被确定为保护点，时已采种上交国家野生大豆种质资源保护库永久保存。

听毕此讯，笔者想及20多年前《参考消息》刊发一则报道称：美国已将我国上千个大豆品种，包括野生豆种搜集到美国，成功组配多个优良豆种，促使产量大增，占领世界大豆市场。我国原为大豆故乡，产量久居世界第一，为中华民族世代繁衍提供了优质蛋白质来源。近二三十年却丢掉桂冠，如今已沦为大豆、豆油、饼粕等纯进口国。《人民日报》载文称，我国大豆对外依存度已接近80%。如何振兴民族豆业？“一粒种子可以改变世界”，还得在大豆品种上做文章。企盼家乡壶关的野生豆种能在振兴民族豆业中发挥作用，做出贡献。

山重水复路入村

# 龙尾头

## 临江仙
## 红豆焖饭尖饥

细做粗粮厨艺巧，农忙干饭尖饥。慢熬米豆两相宜。互掺能互补，营养适人需。

节日犒劳加烩菜，粉条豆腐烹齐。饭香菜美庆丰余。先圆温饱梦，再盼小康期。

龙尾头村，俗称“龙yì头”。位于虎头、龙尾两座山岭西北麓前，龙聚水山凹西侧，遂取此寓意吉祥的村名。虎头、虎尾、龙聚水三座高山均属沙陀岭山系西延连脉山岭。含水上、大南凹等两个自然村。

壶关中东部山区百姓的传统乡土饭菜，粗粮细做，名目繁多，色美味佳，能诱人胃开。仅小米可做成的即有焖饭、捞饭、米汤、稠饭、撒面饭、油圪转；杂以瓜菜等又可做成菜饭、瓜糊、和子饭；磨成粉还能摊煎饼，蒸馍馍、熬糊糊当代乳品等，达十几二十种之多。其中，小米与红豆掺煮的焖饭，一尖饥，二味美，三有营养，如若加上粉条豆腐烩菜盖饭，则为锦上添花，口福倍增。只是往昔粮菜短缺，生活困顿，百姓们吃顿红豆焖饭叫“改膳”，农忙时节隔几天才舍得吃一顿，逢节或待客才舍得加盖粉条豆腐烩菜。

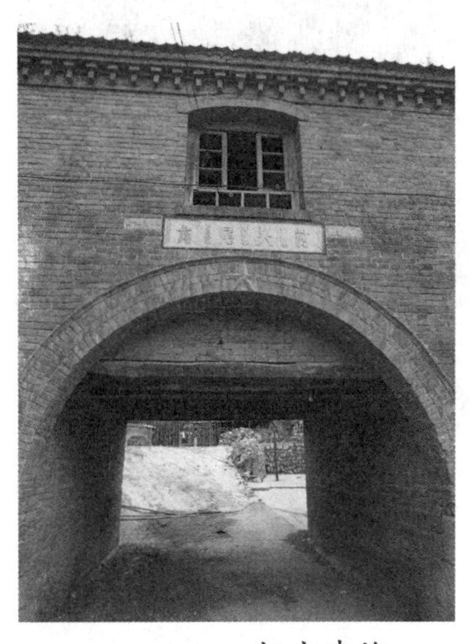

标志建筑

20世纪六七十年代，县劳模马丙秀连续多年担任龙尾头大队党支部书记。在他为首的“一班人”带领下，实事求是，依托村情，建设山区，保障民生，深得全村百姓拥护。马丙秀本人多年赢得县、乡劳模称号，龙尾头大队连年赢得先进集体称号。1976年初冬一日，笔者参加县上农田基本建设流动现场会，到龙尾头大队参观学习，受到很大的启发教育。中午时分，喜飨大锅午餐——一顿地道粉条豆腐烩菜盖红豆焖饭，至今每每忆及，时有“走遍四面八方，论吃还是回乡，红豆焖饭最香”之感。

# 西沐浴

## 六字诗
## 李晋王沐浴处

山村古代溪长，碧水流经两庄。
辟作晋王沐处，赐予村名传扬。
星移斗转生变，时盛政通发祥。
百姓迁移自主，村留人去空廊。

西沐浴村，简称“西沐”。位于高山寨山系东南延余脉、佛爷山东畔河谷岸上，相隔一条名为汉河的河沟与东沐浴村对应为邻。

壶关县东山区石河沐一带民间，从古至今广传着沙驼国与李晋王的系列故事。其中一则故事讲道：唐末李晋王驻军沙驼国，沙驼地处高山之巅，地势陡峻，实乃居高临下，易守难攻，堪作称王称霸之地。但此处为沙质山地，多有细微缝隙渗漏，井池存水有限，勉供日常饮用，实无条件沐浴。为此，李晋王下旨，命西下高山，到五六华里远的东沐浴、西沐浴两村交界处的溪流边建筑行宫。行宫建成后，凡逢盛夏暑热天气，李晋王即率领官员、部将、嫔妃移驻此间，避暑、沐浴、享乐，遂赐予西沐浴、东沐浴这样两个村名，后人简称为东沐、西沐。

今时，因大环境气候变化，雨量减少；又因山林受损，水源难以涵养，致西沐浴村边四季长流的小溪早已干涸，沦为一条季节性小河沟。村民大都迁徙他乡，村中则人烟稀少，显得冷清。

青山屏古刹

# 西　掌

## 七　律
## 坚壁清野，安藏山洞

天然石洞落村旁，日寇攻来好躲藏。
老少依规皆守序，牛羊随主紧跟缰。
粮藏物匿人无影，石挡林遮口不详。
鬼子扑空怕遭袭，临逃气急放瞎枪。

西掌村，位于张背凹之阴山沟里，距中心村石河沐5公里处。含西岭凹自然村。张背凹属沙陀岭山系西延支脉一座山峰。

西掌村的老窑沟有孔天然山洞，洞长20多米，宽约15米，高约7米，整体口窄内阔，呈倒放巨瓮状。旧时洞外林密蒿蓄，遮庇洞口，不易被发现。距村1.5公里，人迹罕至。据长辈人讲，洞里曾有狐、狼等野生动物栖藏，于是有老乡称其作“狼洞”。抗日战争艰难时期，西掌村民响应抗日政府号召，实行坚壁清野，人、畜、粮、物尽藏山洞，日寇来犯时，人无伤亡，畜未掠走，粮、物少损失，如此一直坚持到抗战胜利。

《现代汉语词典》注释：坚壁清野是一种战时对付敌人的策略，转移人、畜、财、粮，使敌人攻不下据点，抢不到东西。抗战初期、中期的艰难时段，根据地军民遵照抗日政府指示，广泛采取坚壁清野策略，机智勇敢地对付日本侵略者的疯狂扫荡，保护根据地人民群众的生命财产尽量减少损失。西掌村民安藏山洞则是当年壶关抗日根据地人民贯彻坚壁清野策略，反抗日寇扫荡的成功一例。

山洞当入志

图为老窑沟山洞洞口今景，洞口周边茂林古树已遭皆伐，呈山体岩石裸露状。

# 庙 郊

## 破阵子
## 庄户剧团演大戏

下地挥镰当剑，歇时坐场开班。忙不铅华惜分秒，闲戴行头演整天。农家好剧团。

台上四功精湛[1]，团中五角齐全，义唱邻村赢彩满，商演他乡获幔鲜[2]。民呼重振年。

庙郊村，位于瓦门山西半坡上。相传村址坐落一座古寺庙附近，名称即得之。含庙沟、好地坪等3个自然村。瓦门山属沙驼岭山系西北支脉中的一座山峰。

上党地区有两个主要地方剧种，一为上党落子，一为上党梆子。壶关一带老乡称上党落子为“闹戏”，称上党梆子为“大戏”，是言梆子比落子高雅、恢宏，唱腔丰富，程式严细，宜演整本、连本大戏。庙郊戏班子班名称“庄户剧团”，剧种即为上党梆子，是老乡们高看、爱看的“大戏”。

2012年初夏一日，跟庙郊村籍、壶关县紫团公司董事长李兵芳，提起他们村的戏班子，他欣喜相告：“长辈人只说村里的戏班子经办很古，但无人知晓具体始自何朝、何代、何年、何月。解放后，曾涌现出过生角王松勤、旦角李怀则等名角。往日，新正腊月在本地几十个邻村巡回义演，春种秋收之外的农闲、半农闲大量时间即到外地庙会、集市上进行商业演出。保留剧目多，一角数演员，戏班行规严，能够十天八日不重本，当年在潞安府所辖8县享有盛誉。”

粉墨春秋之场所

① “四功”，指“唱做念打”四种戏功。下句中“五角”指“生旦净末丑”五种角色。

② 幔，指隔开戏台前后场的幕布，一般为丝织品，常由写戏方给演戏方赠送。

# 沙　驼[1]

## 竹枝词
## 城乡两栖沙驼人

快富依凭矿窝窝，置房入市富家多。
放开户籍成候鸟，城逸乡劳新生活。

沙驼村，位于壶关、平顺交界处的北洛峡西安里铁矿区、沙驼岭山系主峰西侧、窑凹山岭端。沙驼岭山系主峰寨背海拔1666米。沙驼村位居高岭，石厚土薄，气候冷凉，生产条件很差，粮食产量很低，曾经为全县特贫村之一。村址坐落于一处沙石山鏊上，村里村外地面多沙，即称沙驼。传说沙驼秋天打场碾下的谷子，会有细小的沙粒簸不干净，致使碾出的小米熬粥，常有沙磣嗑牙。

改革开放之初，上面曾一度主张"有水快流"，于是，冶炼业大兴，铁矿价大涨，矿产区大火。沙驼村地处壶关境内唯一储藏高品位磁铁矿的矿区，举村劳力蜂拥投入铁矿开采，不过几年家户大有，生活大富，村情大易。2013年中秋节，笔者回乡，遇到石坡乡副乡长、在沙驼驻村的刘雷方相告："随着城市户籍管理逐步放开，至2012年，沙驼全村84户中除5户外，其余79户（含十几户父母与子女分列户头，共买房户）已先后在咱省长治市、壶关县城，河南省安阳市等城市里置办房产，入城居住。"如今，沙驼村民生活方式大变：妇女们多是长年在城里居住，儿童随城里上学读书；男人们转变为城乡两栖——白天上班在村里挖矿、运矿；下午下班后、倒班工休时、节假日则回城里家中休息、务家、团聚。

开矿劈除半座山





① 驼，见本书龙泉镇驼底村《干板秧歌传承村》注①。

新村崛起太行腹　　石　坡

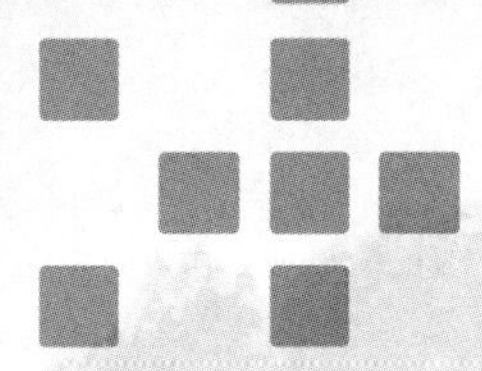

壶关村村咏

# 五龙山乡

西河南
西沟
刘寨
欢掌底
迎乐
水池
杨家堆
石门
池后
向庄
上内村
三王头
五龙头
北塔底
大端
东归善
东黄野池
西黄野池
道安
程庄
南塔底
朝阳
南庄
刘家庄

# 五龙头

## 太 常 引
## 两战五龙山

万人会战五龙山，铁手攥钢钎。石穴土还填，植五果、红旗遍山。

人违环境，树违地理，五果总难鲜。重战鉴车前，植松柏、林涛阵传。

五龙头村，又称“五岭头”。位于邑东地标名山五龙山正巅顶上。五龙山海拔1340.3米，由五个形似龙头状的山岭相碰组成，俗谓“五龙碰首，吃穿不愁”的福地。据此地理实体，则得五龙头村名。距壶关城7.5公里。为五龙山乡政府驻地。

“大跃进”时期，1959年暮秋，壶关县组织万人会战五龙山。是时，山前山后，山上山下，汇聚人海，开山放炮，起石换土，大栽果树，发誓要将五龙山建成“五果山”。笔者时在壶关一中上学，全校师生曾停课数天，奔五龙山上参加会战，打坑栽果树。还迎来了由国家林业部主办，华北五省、市、自治区代表参加的造林绿化现场会。这场“人海战术，运动造林”由于技术上没有适地适树，政策上树权不明，有违自然、经济两方面的规律，结果事与愿违，费宏效微，几年后仅留下五龙头、东归善林场数处耕地果园，约百余亩，整个五龙山境内童山秃岭，面貌依旧。凡言及，即引人嗟叹不已。

从1983年开始，五龙山乡党委、政府记取“大跃进”时期首战失败的教训，组织群众按照县上林业区划规划，因地制宜，适地适树，山栽松柏，沟植刺槐，向阳凹建小片果园。坚持数年，终于实现了全境绿化，取得了再战之胜。

此以地处五龙山中心的五龙头村挂衔相记。

荫及行人

# 杨家堆

## 七绝二首

### 向阳柿树凹

柿树朝阳忌冷霜，河郊沟底认家乡。
金钟凹内背风处，柿树悄然报吉祥。

海拔虽高贵向阳，三围峻岭竖屏墙。
挡霜保暖微环境，柿熟深秋格外黄。

杨家堆村，位于金钟山南坳。含小河、南岸上两个自然村。金钟山海拔1286米，为五龙山山系西延一座侧峰。

杨家堆村北金钟山凹，三面环山，背风朝阳，光照充足，气候温暖。凹里祖居的数户农家房前屋后植有10余株柿子树，年产柿子数千斤。柿子树属暖温带树木，在壶关域内唯有太行山大峡谷的河郊沟及鹅屋乡东南黄崖底、五里沟、沙岗沟等少数海拔千米以下的河谷地带生长，其余区域只见栽活过柿树的砧木软枣树，而未见移活或接活过成树。1984年笔者在壶关任副县长分管林业时，曾提出过将海拔一千米设为县域内“柿树栽植红线”。

柿子系木本粮食作物，秋冬可食熟柿，常年可食柿饼，灾年可碾柿糠面代粮度荒，人称“铁杆庄稼”。大峡谷以上广大地区老农想柿成梦，谋柿成痴，但移之者众，成之者罕。杨家堆柿树移植成功，推翻了当年设置的那个“千米红线”的错误结论，诠释了“共性存在于个性之中”的哲理。由此思及，壶关一些乡村还有类似金钟凹的小环境、小气候，可不可以充分利用、移栽柿树？这是一件须得重新认识与实践的有意义的林事。

图为2013年晚秋时分，金钟山凹居民门前的柿子压坠枝头。右为户主张志云。

柿熟向阳凹

# 水 池

## 浪淘沙
## 车轮滚滚运输忙

小辆大车群，鱼贯前村，货输客运各驰奔。证照齐全车况好，一路欢欣。

政策贵为民，二次翻身，城乡不再两元分。昔日赶车今驾驶，新式农民。

水池村，位于龙王山岭下沟蹩里，老东河源头处。依村北路口有一水池而得名。含龙王山岭上的水池垴自然村。龙王山属五龙山山系主脉西南延一座山岭。

改革开放之后，水池村民营机动车辆连年发展很快。据五龙山乡时任常务副乡长王巍提供的资料称:“百把户人家的水池村一度计有户营卡车15辆、载客面包车6辆、农用三轮车40余辆，相关从业劳力近百人，半数年轻人有机动车驾驶执照，是远近有名的汽车运输专业村。”开车的年轻村民不无感慨地说：“现在国营、民营在一条起跑线上比拼，同样对待，平等竞争，优胜劣汰，人人都开足马力，争着脱贫致富，还是老邓[①]的政策好！”从事装卸车辆的村民们不无自豪地说：“三十几年前壶关县国营汽车运输公司也没有今天咱们水池一个小村子兴腾。”

图为水池街头出发的箱式货车与进城归来的小客车即将会车的场景。

客车来，货车往

① “老邓”，见本书石坡乡苇则水村《包产到庄不姓“资”》注②。

# 石　门

## 七 绝 二 首

### 饲养奶牛第一村

逢时百姓不蹉跎，争先创业富路多。
最喜石门牛业旺，入城送奶驾摩托。

营养平衡奶最佳，城乡饮奶入千家。
中华强健临天下，农户养牛年月华。

石门村，位于五龙山山系主脉西南延、锥岭山之阴，县城东南3公里处。

20世纪五六十年代，壶关县仅有国营农场饲养的几头奶牛，所产牛奶特供数位体弱多病的县级老干部保健饮用。党的十一届三中全会以后，石门村首开壶关农民饲养奶牛之先河，县政府立作扶贫项目予以资助，促成规模发展态势。近年，奶牛饲养头数随市场调节，呈动态变化，一度存栏达70余头。如今壶关全县养奶牛的村、户多了起来，城乡居民饮用牛奶的人数随之与日俱增。正可谓“旧时王谢堂前燕，飞入寻常百姓家”。

年人均饮用牛奶量是衡量一个国家或地区城乡居民生活质量、营养水平、以及预测身体健康状况的重要指标之一；我国已将年人均饮用牛奶量列入建设全面小康社会指标体系之中。据有关资料讲，2014年我国城乡居民年人均饮用牛奶27.2千克。国务院办公厅发布的《中国食物与营养发展纲要（2014—2020）》中规定，2020年我国城乡居民年人均饮用牛奶目标为36千克。距离世界年人均饮用100千克的水平差距仍然很大，与欧、美、加、澳等发达国家相比差距更大。差距即市场空间，即奋斗目标。当前还是需要在牛种、饲养、加工、营销等一系列环节上做足功课。

自在奶牛群

# 上内村

## 浣 溪 沙
## 文化大院乐

锣鼓喧天乐起来，你方唱罢我登台。孰观孰演分不开。
小戏赢来全场彩，秧歌扭出好身材。山村百姓乐开怀。

上内村，位于五龙山山系主脉南延、垴坡山向阳凹里。村西南相隔一条1公里长的山径，下方与龙泉镇下内村对应为邻。

上内村与龙泉镇盘驼底村近同，是著名地方小戏、人称“县戏”、赞作“太行山上小黄梅”的壶关干板秧歌正宗传承地之一。村里旧时办有戏班子，演出《三顶灯》《打酸枣》《苏姐姐梦梦》等壶关秧歌保留剧目，村民们历来爱演戏、爱看戏、爱评戏。2015年7月4日上午，笔者赴上内村下乡走访，村口逢一位中年妇女，趋前问她：“外村人说上内村人男女老少都会唱秧歌，你会不会唱？”她含笑相告：“会！小时候听我妈在油灯下、针线笸箩旁缝补衣服时，口里哼唱《打酸枣》，就跟着学会了，十几岁就上台演出过，现在还参加演出。”

改革开放以来，上内村党支部、村委会愈加重视农民群众的文化生活，坚持以举办文化大院的形式开展业余文娱活动。文化大院活动安排体现了“农闲密，农忙疏，年节保证闹红火”的约定。平日在文化大院里娱乐，逢年节上村中群英舞台演出。除传统壶关秧歌选场、选段外，新添许多时代歌曲、广场舞等文娱节目。倾村参与，老少咸集，干群同乐，其乐融融；锣鼓铿锵，管弦悠扬，载歌载舞，煞是热闹红火。

待演下场

## 汉俳四首

### 户养生猪好

户养生猪好，利用粮菜下角料，低碳效益高。
户养生猪好，耕地施肥有依靠，绿色牌不倒。
户养生猪好，补充场养数量保，肉价波动小。
户养生猪好，种田捎带挣票票，打工比不了。

东归善村，位于老洪岭山系东南支脉，寺坡垴、南岭两山相夹沟鏊岸上。相隔小庙凹南岭与龙泉镇西归善村对应为邻。含东岸上自然村。

壶关一带老乡指肉一般即为猪肉，说吃肉通常即是说吃猪肉。汉字“豕”即猪，“家”字是象形字，即是指在房舍下养猪。足见养猪业之久远、之普遍、之重要。一粮二猪，事关国计民生，往时上面曾强调发展畜牧业要以“猪为六畜[①]之首”；多年以来粮与猪要由农业部下达给各省、市、自治区指令性生产指标。据新闻媒体报道：2014年，我国城乡居民肉食消费量已达年人均62.4千克，其中，猪肉41.5千克，占2/3。近些年，城乡市场上年际间猪肉价格高低波幅过大，人称“过山车”，城乡消费者反应强烈。

东归善长期以来是壶关有名的养猪专业村，以户养为主。一位乡领导相告：“多年来，东归善一般户养5至10头，养百头以上的一度有40户，年出栏约三四千头。”推广东归善户养生猪方式，实施场养、户养互补，稳定猪源，当是千方百计解决猪肉市场大起大落、激烈波动问题的一方一计。对户养生猪的“短板”——环境卫生问题，畜牧、环保等部门正在合力帮助饲养户解决，包括采取移圈村外，连片建设养殖小区等有效措施。

简易猪圈

① 《辞海》注：〔六畜〕马、牛、羊、猪、狗、鸡；《现代汉语词典》注：〔六畜〕猪、牛、羊、马、鸡、狗。前者为旧顺序，后者为新顺序。

# 三王头

## 捣练子二首
## 村殇："四·八"惨案

（一）

民兵队，好儿郎，组织联防力量强。
夜袭县城歼日伪，昼操武艺保家乡。

（二）

贼日寇，发疯狂，狂施"三光"赛虎狼[①]。
前事为师资后事，子孙万代记村殇。

三王头村，位于五龙山山系主脉西延、大庙岭向阳凹里，距壶关县城东南8公里处。因村址坐落于山头上，且有传说称立村初始，最先有王姓兄弟仨定居于此，缘此二由，即获村名三王头。

抗战时期，三王头民兵英勇抗日，保卫家乡。1942年联合周围数村成立了民兵联防区，为全县8个民兵联防区之一。抗战胜利前夕，1945年4月8日，侵占壶关县城的日伪军垂死挣扎，疯狂报复，侵入三王头，大肆烧杀抢掠，烟熏躲避在村东南崖头地道内的村民，致18人当场遇难，制造了骇人听闻的"四·八"惨案。

2015年8月底，抗日战争胜利70周年纪念日前夕，五龙山乡时任纪检书记盖瑜刚下乡三王头村，深入调查，详细登计，弄清被当场熏死的有：民兵指导员王和则、民兵王松根、王德胜、王兴则、王四则、王小狗、王士成、王后孩、王秋水、王圪有等10名；村民王反成、王双英、王双柱、王保柱、王光则、王扁则(大)、王扁则(小)、王广付之妻(姓名不详)等8人；同日在村中另处，有王二梁、王贵则两人被日伪惨杀。共计遇害20人。抗战胜利后，10名遇害

村殇处

民兵被追认为抗日烈士。此即三王头“四·八”惨案，是日寇入侵壶关、疯狂惨害我抗日干群所制造的“十二起惨案[②]”中的一起。三王头村党支部、村委会待将“四·八”惨案中被日伪惨害的20位村民姓名刻上纪念碑、写入村志，辈辈相传，代代纪念，永铭村殇，珍惜和平，热爱祖国，建设家乡。

新宅院

① 《新华字典》注释：“三光政策”是抗日战争时期，日本帝国主义对中国抗日根据地实行的烧光、杀光和抢光的野蛮政策。

② “十起惨案”，见本书百尺镇葫芦沟《现代词·村祭》。

## 西黄野池

### 七　律
### 回汉子弟希望小学

汉回子弟一家亲，喜地欢天进校门。
上课同堂学文化，出操共场健身心。
师生勤勉科科好，校友和谐季季春。
爱我中华铸魂魄，成才齐报国家恩。

西黄野池村，简称“西池”。位于五龙山山系南延支脉、南禁坡东南山麓，羊窑坡河①谷西南岸上，含羊窑坡自然村。与东黄野池村相隔羊窑坡水库尾部沟滩对应为邻。西黄野池是一个回汉两族居民杂居村，共123户、327口人。其中，回族居民38户、107口人，占全村户数、人口均约1/3。自古以来，回汉两族居民和处一村，共营仁里，成为民族团结先进村。

21世纪初，壶关县委、县政府贯彻党和国家的民族政策、扶贫政策，确定西黄野池为定点扶贫村。山西省高检院扶贫工作队驻村之后，秉承“扶贫要扶本，扶本先扶教”的理念，将帮助西黄野池村建好一座希望小学列为扶贫工作的首选项目。2005年，名为“西池民族团结学校”的希望小学建成，东、西黄野池两村回、汉学龄儿童全部入校共读。两族子弟团结友爱，相互帮助，携手愉快、健康成长。

近年，西黄野池民族团结小学已迁并至五龙山村乡办寄宿制学校。图为并校之后，团结小学关门落锁，书声停息的清静景况。

书声曾琅琅

① 羊窑坡河为季节性陶清河中游支流之一，发源于五龙头村东南山壑，经北塔底、南塔底、山后河、山后、西黄野池、石岩头、禾登、下川，于西川底汇入陶清河干流。

# 东黄野池

## 古　风
## 回族古村落

东黄野池，回民聚居，
早在元末，豫秦迁徙。
东黄野池，清真古寺，
上党首家，古兰润滋①。
东黄野池，代出英模，
回民中队，抗日保国。
东黄野池，村民辛勤，
五谷丰产，牛羊成群。
东黄野池，传承族习，
文化丰厚，节日祥吉。
东黄野池，民族之花。
回汉一家，振兴中华。

东黄野池村，简称“东池”。位于老洪岭山系南延支脉、王角岭山西侧山坳，与西黄野池村（西池）相隔羊窑坡水库尾部沟滩对应为邻。在国家大力资助下，东、西黄野池两村之间沟滩上修筑一座新桥，从此，两村村民往来步履平地，十分便捷。

元末明初，中原一带战乱频仍，饥荒连年，民不聊生。因躲避战乱、饥荒，先后从河南凤迁、陕西渭南两地李姓、马姓数户回族居民迁来壶关，在东、西黄野池两个紧邻的山村安居下来，成为迁徙至上党地区最早的回族居民。其中，东黄野池村现有回族居民147户、398口人，是山西省唯一的回民聚居村。

清真圣洁

我国是个多民族国家，共

有56个民族[2]，回族在少数民族中人数较多。各民族团结、进步是我国的一项基本国策。东黄野池村的回族同胞爱祖国、爱民族、爱家乡，勤劳、和睦、洁净，善于经营皮革制作、清真饭店等小微型工商企业。抗战时期，东、西黄野池两村回族同胞曾组织回民中队抗击日寇，保卫家乡。改革开放以来，各级党委、政府及东黄野池村党支部、村委会认真贯彻落实党的民族政策，国家扶持，百姓努力，多业并进，经济、社会得到了快速发展与进步，村民生活得以全面改善，村风和谐，安定团结，连年保持了“民族先进村”的称号，多次受到省、市、县三级政府的褒奖。

上页图为修葺一新的东黄野池清真寺。

---

① 《辞海》注：古兰经一称“可兰经”，伊斯兰教最高和根本的经典。

② 我国的56个民族为：汉、蒙古、回、藏、维吾尔、苗、彝、壮、布依、朝鲜、满、侗、瑶、白、土家、哈尼、哈萨克、傣、黎、傈僳、瓦、畲、高山、拉祜、水、东乡、纳西、景颇、柯尔克孜、土、达斡尔、仫佬、羌、布朗、撒拉、毛难、仡佬、锡伯、阿昌、塔吉克、怒、乌孜别克、俄罗斯、鄂温克、崩龙、保安、裕固、京、塔塔尔、独龙、鄂伦春、赫哲、普米、门巴、珞巴、基诺。

# 程 庄

## 五 律
## 规约仁里

邻里和为贵，平安美誉飞。
大无违国法，小不犯村规。
逢弱干群助，见贤童叟追。
村风金不换，仁里放光辉。

程庄村，位于五龙山山系南延支脉、岭西垴山西侧，故此原名“岭西”，与朝阳（原岭东）村相隔岭西垴山对应为邻。1983年地名普查时，为避免与百尺镇岭西村重名，据村中程姓居多，即改称程庄。

程庄村民历来遵纪守法，邻里和睦，逢喜共庆，遇难互帮，是远近有名的平安村、友善村、和谐村。何以如此？原来程庄村订有若干具体、实用、易行的村规民约，力行贯彻，积以时日，融入村民日常生活，渐成举村村民的普遍行为规范，对建设平安、友善、和谐程庄发挥了积极作用。

2013年初冬一日，程庄村籍、壶关县林业局办公室主任程喜堂应笔者问询，曾举例作复：“就拿程庄村民家中凡办红白喜事来说，不论家庭经济条件好坏，不论家庭成员在家在外，不论是干部家庭、还是普通百姓家庭，所用待客烟卷单价一律不准超越村规民约所定标准——原来一盒不准超过3元；现今从实际出发，纳村民建议，修订为一盒不准超过5元。尽管是口头约定，但已宣示全村周知，全村家家户户无不遵从。”

婚庆动村

# 朝　阳

## 七　律

### 驴驮苹果酬老秦

壶邑本无苹果香，迢迢千里远移忙。
向阳选址洼洼好，公正挑人员员良。
岁岁采收新果季，年年驮送小山庄。
缘由书记怜民众，始有果香飘太行。

朝阳村，位于五龙山山系西南支脉、岭西垴山东侧，故原名“岭东”，与程庄（原岭西）相隔岭西垴山对应相邻。1983年地名普查时，为避免与集店乡岭东村重名，即按村址坐向改称朝阳。

壶关境内古无苹果树，诸多乡村却栽植有海棠，俗名“楸的”。楸的果小、味涩、渣多、口感不良，商品性差。但可做苹果的砧木，是发展苹果产业的一个客观有利条件。1958年，县上统一安排布署，在太行山分水岭以西半山区引进苹果树，建设苹果园。店上公社时任党委书记秦富忠认识到位，亲自动手，组织规划，将桥后沟、井则口、井掌底三处向阳凹中150余亩山坡梯田辟作果园，派人从山东半岛、辽东半岛两地调来国光、元帅、黄香蕉、倭锦等数种果苗；精挑人员，培训技术，落实责任，精细栽植、管理，终于经营成壶关县三个最好的苹果园，所产苹果皆称“店上苹果”。20世纪后期三四十年间，“店上苹果”连年名冠壶邑，誉隆上党，成就了一个品牌。

秦富忠退休还乡后，年年秋后果园职工都会赶着毛驴，驮几篓“店上苹果”到岭东村探望“老书记”。乡人闻讯，尽皆称道：“不算送礼，应该！”

饮水思源，食果记园。创建苹果园的人与事应上壶关志书。

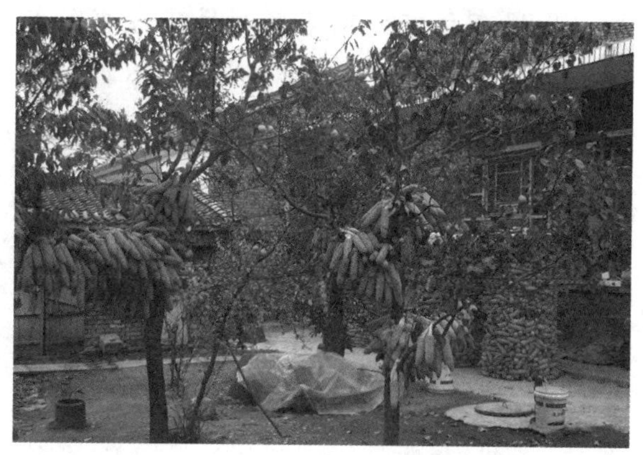

果粮双挂枝

## 七绝二首

### 采松蘑

昔年伏日雨丝丝，松岭采蘑当是时。
老少提篮爬岭急，披蓑冒雨不宜迟。

今朝松树喜荣滋，开发蘑菇正是时。
暂让台蘑今日好，紫蘑来日唱新词。

南塔底村，位于池掌凹西麓前坳中。相传南、北塔底两村间山顶上曾有座古塔，缘此两村村名同称“塔底”，以坐址方位，冠以南、北作区别。今塔无存。池掌凹为老洪岭山系主脉西侧一条边峰。

南塔底村东北侧池掌凹山坡上有片古松林，约百余亩。山林里的松与蘑为共生关系，伏里雨季天气湿热、环境适宜，松林里便会滋生松蘑，俗称“松萼”。于是，凡逢雨季，村民们就有了个上山采松蘑的活计。从20世纪80年代初开始，南塔底东临的老洪岭几十里范围内连年栽植松树，渐次郁闭成林。于是，凡逢雨季，天时地利，松旺蘑繁，村民们上山采松蘑，往时半天工夫采一串，今时一会儿采一筐。

野生松蘑营养极为丰富，堪称“山珍”。往时，山里百姓过年节，以尝到松蘑炒肉片那道菜卤为奢侈。如今，采集松蘑成了山区百姓的一个增收门路。2001年雨季，南塔底村民宋立书给笔者写信，畅谈开发松蘑产业的想法，咨询有关事宜。笔者复信并附以上绝句二首予以鼓励，建议他注册紫团山牌商标，可简称“紫蘑”；至盼几年后，力争壶关产的紫蘑能与业已名满省城太原的五台山产的“台蘑”齐名。

图为百姓家居近侧池掌凹、老洪岭上的茂密松林。

宅偎松山好采蘑

# 北塔底

## 五字谣
## 刺槐沟

村北大荒沟，土崖夹石头。
千亩刺槐林，栽植靠仨村。
槐叶营养富，养羊并喂兔。
五月食槐花，蒸炒味道佳。
蜂采槐花粉，酿蜜为上品。
槐木本性硬，矿坑好支顶。
炊事伐作樵，不怕煤价高。
槐根密如网，获称水保王。
刺槐砍不了，砍后蘖生茂。
用管两周全，槐林及永年。
壶关评县树，松槐双楚楚。

北塔底村，位于五龙山东麓、老洪岭西麓相衔处。相传南、北塔底两村间山顶上曾有座古塔，故此两村村名同称“塔底”，以坐址方位，冠以南、北作区别。今塔无存。起于畅村村西老洪岭山系的山岭从东强势而来，起于五龙头村东五龙山山系的山岭从西迎面而去，在北塔底村南相衔，构成一条分水线，北面为道底沟河源头，为石子河水系、石子河流域；南面为羊窑坡河源头，为陶清河水系、陶清河流域。道底沟河、羊窑坡河均为季节性小河。

碧叶扶琼花

刺槐又称洋槐、德国槐，以与国槐区别。刺槐称德国槐，而原产地并非欧洲德国，而是北美洲，1877年引入中国。因适应性强、繁殖易、生长快、用途广、尤宜水土保持——业内人士称之为“水保先锋树种”——而得到快速推广。不足百年，遍及我国南北山川广袤地区。上世纪80年代，壶关举县动员，绿化荒山，大栽油松；同时，绿化沟坡，大栽刺槐。由此，油松、刺槐成了壶关县造林绿化中的两大当家树种。2012年12月，壶关县开展评选县树活动，笔者曾给县人大常委会写推荐信，力荐将油松、刺槐列为“AA双县树”平等对待，进入县树候选名单之中进行评选。2012年12月4日，壶关县人大常委会开会票决，选油松为壶关县县树。

北塔底村北起始的道底沟，经池后至欢掌底，入石子河，长约4公里。按照县上林业区划规划要求，由沿沟仨村实施五百亩刺槐水保林工程，四五年过后满沟刺槐葱茏生长，郁闭成林，逐年显现了沟坡绿化、生态水保、林牧互利共赢的综合效益。

此即以道底沟水保林工程起始处的北塔底村名义记之。

# 池　后

## 五　律

## 靳瑞萱义修乡池

名彦义修池，解囊慷慨时。
安锅供餐饭，代赈发工资。
三载方成竣，百家皆润滋。
老乡池畔对，语重发人思。

池后村，位于岭后山之阳坳上，距中心村五龙头1.5公里。因村前古有土池，遂取村名为池后。岭后山属五龙山山系东北支脉一道山岭。

历史名人靳瑞萱，池后村籍，在兄弟中排行第四，得号“四先生”。民国六年（1917）官费留日，入名古屋爱知医科大学攻读，获博士学位。回国后任山西督军府少将参事、文化建设委员会总干事、山西私立川至医学专科学校校长、阎锡山私人医生等要职。为山西近代医学的奠基人。民国二十六年（1937），靳瑞萱出资为本村修建一座蓄水池，对上工修池的贫困村民支锅造饭，发放工钱，实施全员以工代赈。蓄水池直径30米，深9米，竣工蓄水后，解决了全村百姓“吃水难”。

2011年7月21日，笔者赴池后村了解“村村咏”资料，在蓄水池东北一侧与几位老乡聊及靳瑞萱修池事。笔者问：“池后人为什么至今还尊称靳瑞萱为‘四先生’？”老乡答：“不管哪朝哪代、哪党哪派，居了官，总得给老百姓办件实事，老百姓才忘不了他。”五年过去了，与池后老乡的那次寥寥只语的“池畔答问”，时或萦绕于脑际，引人久思不却。

池水盈如初

## 五　古
## 刘兴旺助村修池

赤子刘兴旺，官居八闽乡[①]。
忧民挑水苦，节用助资忙。
夏蓄一池水，年滋百姓肠。
人当师老刘，乡事解银囊。

刘家庄村，位于老洪岭山系主峰东麓坡半，缘此即取名西坡。1983年地名普查时，为避免与县南原常行乡西坡村重名，据刘姓居多的村情，改称现名。含西脚沟自然村。

刘家庄村刘兴旺，作为壶关籍71名南下干部中的一员，于1949年3月被编入“长江支队”第三大队四中队，随队奔赴福建开展新区工作。建国后曾长期任职福建省南平专区人民银行行长。刘行长少小参加革命，南征北战，数立战功。和平时期，他牢记毛泽东在党的七届二中全会上告诫全党同志关于“两个务必”的教导，坚持艰苦奋斗，从不居功自傲。长期任职行长，执掌金融，坚守本色，清正廉洁，生活简朴；不忘故土，体恤乡邻，积攒工薪，数番资助家乡刘家庄百姓改善生产、生活条件。1962年，一次资助家乡3万元，在村中修建了一座直径22米、深9米，可蓄水3000方的蓄水池。竣工蓄水后，解决了全村百姓“吃水难”。刘家庄村民饮水思源，有口皆碑，齐声称颂刘兴旺：“树高千尺连着根，刘兴旺万里居官忘不了村。”“是家乡人民的好儿子，党的好干部。”

石池堪作无字碑

① 福建因省内最大河流为闽江，即简称“闽”，遂有别称“八闽”之地。

## 南　庄

### 七 绝 二 首
### “大 学 生 村”

僻壤何由出俊才，南庄村志急掀开。
豁然双目生明亮，才自尊师重教来。

南庄现象引人思，重教尊师不得迟。
上学攻书风尚好，中华崛起仗才持。

南庄村，位于老洪岭山系主峰北面、侧峰老鳖山南坳，村名缘此而取之。距五龙山乡乡政府驻地五龙头村5公里。老洪岭山系主峰坐落五龙山乡、店上镇、晋庄镇三乡镇交界处、五龙山乡界内，海拔1432.4米。

2011年7月21日，笔者赴南庄了解“大学生村”的情况，欣睹村口所立《南庄大学生村碑记》（见图），遂拍摄记录下碑文中一组数据：20世纪50年代初至2005年，南庄村70户，共有受过各类高等教育者100人。其中博士研究生2人、硕士研究生6人、大学本科生52人、大学专科生40人、中专生37人，清华、北大等名牌大学皆有南庄籍学子。具有各类专业技术职称的有44人，其中高级职称9人、中级职称35人。从事教育行业的中小学教师有39人。科级以上领导干部32人，其中副厅级1人、正处级4人、副处级4人、科级23人。碑文末署“2009年10月立”。

南庄铭

南庄村当是壶关全县尊师重教、培育人才的一个范儿，有普遍的借鉴意义。南庄村籍、淮海发动机厂原党委书记郭书忠，在他主编的《南庄村志》、所著的《快乐人生》两本书中，对故里南庄“大学生村”情况皆有翔实记载。

# 道　安

## 竹枝词二首

### 育种佳地

三面环山一面沟，杂交育种好田畴。
天然隔离高纯度，丰产先需种子优。

育种增收分红多，村民尚可学农科。
大田应用庄稼好，道安百姓不蹉跎。

道安村，南、西、北三面由老洪岭山系东延连脉山岭围绕，东临一条沟壑。西山脚下临一条大道，古时初居先民祈求出门吉利，上路平安，故取村名道安。含河西自然村。

科技兴农，种子先行。农业部权威人士称：良种技术占我国整个农业科技贡献率的40%以上。杂交品种的成功培育、推广应用，使世界第一大粮食作物——玉米获得大幅度增产，堪称一场世界性的农业技术革命。杂交玉米制种田要求四面隔离其他玉米田不少于300米的距离，以防止授粉时受到育种田外其他玉米品种雄花传粉的不利影响，从而保证玉米制种的纯度。平川区很难具备这个条件。壶关山区岭峦重叠、沟壑纵横，区隔的小环境很多，符合标准的天然隔离区不少。

道安村的大面积耕地周围三面环山、一面临沟，形成了最佳育种基地。20世纪六七十年代集体经营时期，道安大队每年都要跟县种子公司签订育种合同，育种一二百亩。因有育种收入，劳动日分红较高，年终分配兑现能够得到基本保证。育种田还成了农技培训课堂，百姓在育种田里学得的良种推广、水肥调控、人工授粉等栽培技术应用到大田，大田照获丰收。

村口即景

# 向　庄

## 五　古
## 松柏同株

松母抱柏子，根同冠不同。
周围松碧碧，中裹柏青青。
母供高营养，子依长寄生。
一茎双树壮，缘爱作滋荣。

向庄村，俗称“上庄”。位于老洪岭山系主脉北延、莲花山北侧麓下一条山壑岸上。

1984年一个夏日，笔者约时任县林业局长张平和下乡向庄，爬上西山凹，察看心仪中的那个松柏同株珍奇现象：主干为松树，高约丈余；树冠周围满布浓密碧绿的松针，中间竟长出一堆茂盛苍翠的柏叶。两人边察边议，终于弄清其成因：此处松树先生长；之后松树主干基部因故裂缝；继而缝中落入土壤、松针等杂质；次有鸟雀栖松树梢上，排泄下吞食柏籽不化的鸟粪；鸟粪里夹带的柏籽落入松树缝中杂土里；柏籽遂借松树缝中杂土所吸收的土壤、水分、肥力等养分滋养生根、发芽成功；随后逐年寄生成长，终呈这般松柏同株、根本连理、双冠并茂、苍翠有别之奇观。此例再次佐证了《植物学》上讲的鸟类排泄粪便有传播植物种子的功能，这是众多植物繁衍后代、自然界生态自求平衡的重要方式之一。

2014年11月11日晨，笔者兴味十足给时任五龙山乡纪检书记盖瑜刚打电话问询“松柏同株”近况，他叹了口气后作复：“邻村有人认为松柏同株是怪树，‘吃’着他们村，不吉利。2006年某夜，遭偷砍而无。”笔者听后，转喜为嗔，连呼：“愚昧，罪孽，可悲！”

向庄迎曦

# 欢掌底

## 七　律
## 山村新颜

锦涛视察指前程，高检扶贫讲准精。
南北路通车畅快，东西山绿树繁丰。
灰砖红瓦家家院，青菜黄瓜座座棚。
莫道市民生活好，乡村紧赶距将零。

欢掌底村，位于老洪岭山系主脉北延边缘、山神庙碣西凹，季节性石子河中游南岸上。含车方、大耳两个自然村。大耳自然村坐落于欢掌底北侧的季节性石子河对面北岸上，为五龙山乡唯一一座跨过石子河谷的小村庄，系该乡乡域北至。

欢掌底是五龙山乡北界的一个普通山村。1995年4月13日，时任中共中央政治局常委、书记处书记胡锦涛同志一行莅临欢掌底村考察，对农村基层党建、山区建设、扶贫工作、精神文明建设等多项工作做了一系列指示，极大地鼓舞了欢掌底村全体干部群众。此后，在山西省高检院扶贫工作队连年驻村帮扶下，欢掌底村健全了党支部、村委会领导班子。新班子组织带领群众制订、实施全面规划，完善基础设施，调整产业结构，建设新村，改善民生，成为市、县、乡社会主义新农村建设的一个先进典型。

村里村外

# 大 端

## 四字谣

## 工头范儿侯林民

大端老侯，有名工头；
帮村解困，经办劳务。
关心民工，民工拥护；
年终兑现，工资照付。
老侯工队，信誉为贵；
管理严明，合同保兑。
乙方尽责，甲方欣慰；
活满年年，保收岁岁。
老侯经营，工队文明；
工头范儿，人送荣称。
尚有工头，重利轻名。
当学老侯，获赞三赢。

大端村，位于老洪岭山系主脉北延、莲花山南侧，五龙山乡域东至。全村约30户、90余口人，为五龙山乡所辖24个建制村中最小的建制村。

大端村民侯林民，曾多年担任本村村民委员会主任。从1985年至今31年余，侯林民组建上百人的建筑工程队，连年在长治市城区、郊区从事市政工程建设，缓解了推行“大包干”生产责任制后，本村及周边邻村青壮年农民“就业难”。侯林民诚信经营，文明管理，体恤员工，不拖欠农民工工资。说到侯林民工程队，人们称赞道：“农民工得实惠，施工单位很满意，老侯本人获名利，堪称‘三赢’”。

图为2016年1月16日，老侯工程队给工友兑现发放工资场景。

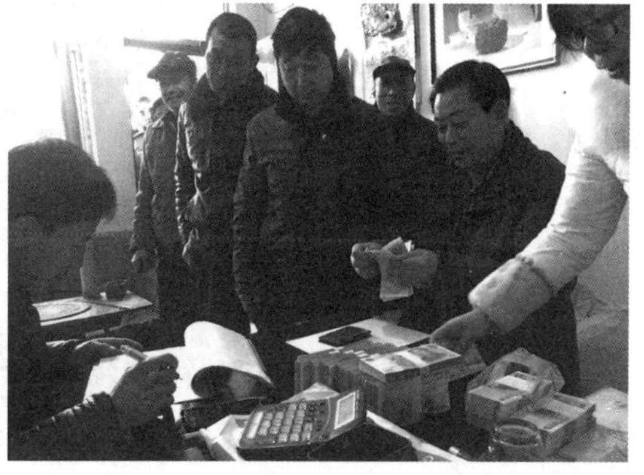

领薪过大年

# 迎 乐

## 七 律

### 理财巨擘阎元锁

山庄幸诞一良贤，耕读双勤在少年。
就学东西求马列，上岗昼夜理财钱。
时时忧国筹谋细，岁岁支乡办事圆。
划策出谋多有道，助襄故里拨新弦。

迎乐村，位于五龙山山系北延支脉，大禁坡东侧、小禁坡北侧山凹里。

迎乐村古来村风淳朴，耕读传家，孕育、教化出不少人才。阎元锁即是其中的突出代表。阎元锁少小在家种地、放牛、读书。10余岁即奔赴抗日根据地就读抗日高小（以下简称“抗小”）。抗小校址曾经“三迁”——1941年夏，在平顺县井泉村建校不久，即迁到大门道村，再从平顺县大门道村迁到壶关县牛居村。时处战争年代，饥荒岁月，生活异常艰苦，时有学生流失现象，而少年闫元锁求知欲、爱国心、抗日志并强，从平顺到壶关随校“三迁”，步步紧跟不掉队，堂堂听讲不辍学，硬是坚持到1945年毕业，后被推荐上解放区北方大学（新中国成立之后改为中国人民大学）。就业后做人民政府财税工作，从一而终，直至任职山西省财政厅长。盛年主政，毕尽才智，力开新局，时任山西省长王森浩曾称赞财政厅为“最满意厅局”。继而升任山西省人大常委会副主任，仍分工负责人大常委会财经方面的参政议政工作。是全省少数几位由省级机关厅局职晋升为副省职的领导干部之一。

阎元锁离休后，常回家乡迎乐村走走看看、听听谈谈。2009年，出资为家乡建起一座农民文化活动中心，并在门楣上亲题“百姓之家”匾额。

图为农闲时间迎乐村民在“百姓之家”打扑克娱乐。

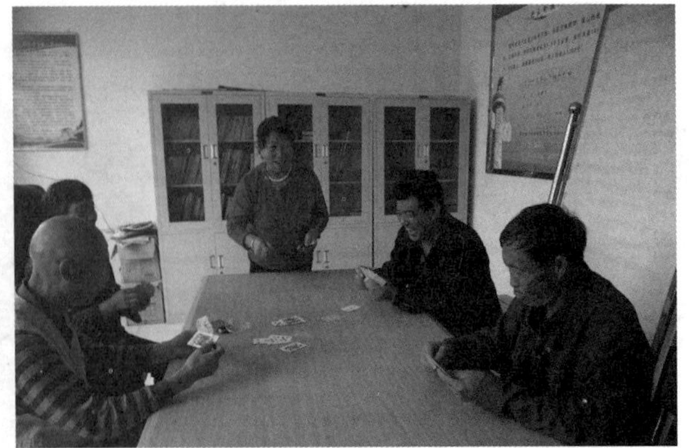

其乐无穷

# 刘 寨

## 四 字 谣

### “晋杂五号”戒

晋杂五号，实在糟糕，
生长期长，成熟不了。
晋杂五号，实在糟糕，
壳紧难脱，手搓起泡。
晋杂五号，实在糟糕，
纤维太粗，肠胃难消。
晋杂五号，实在糟糕，
交售国家，粮站拒要。
晋杂五号，实在糟糕，
秸秆苦涩，牛羊不叼。
晋杂五号，实在糟糕，
教训永记，复辙不蹈。
为民旨要，征程路标。
名利杂念，一并作抛。

刘寨村，位于五龙山山系北延支脉、黄池岭东南山凹，流泉河谷[①]西岸上，含东岸上自然村。据传，因古筑有寨，首家住户姓刘，故得刘寨村名。

1969—1970年，为图粮食“达纲要”[②]，晋东南地区层层下压指标，强制推广所谓的高产品种晋杂五号高粱，时嘲“太行山上一片红，漳河两岸红烂熳”。晋杂五号高粱渣多难咽不消化，国家公余粮不收购，只能留作农户口粮。高粱挤了玉米、谷子等作物的面积，致使主粮产量大减，交了征购公余粮任务后，口粮缺口很大，只好大量购进河南红薯片与下粉后的红薯渣代粮。河南人讥讽：“山西粮食达纲要，吃的河南猪饲料。”刘寨大队那两年，每年种植晋杂五号高粱多达760多亩，户均3亩余，老百姓吃了很大苦头。此以刘寨大队为例相记。

改革开放后，刘寨村经济发展，民生改善，发生很大变化。特别是党的十八大以来，刘寨村党支部、村委会组织带领村民深化农村改革，做出全面规划，力行贯彻落实，现已旧貌换新颜。邻村人们夸赞：“五龙山北麓崛起了一座新农村——刘寨。”（见图）。

今日刘寨俯视图

① 流泉河系一条季节性小河，发源于五龙头村五龙山北麓，流经刘寨、后西掌、前西掌，汇入季节性石子河干流。

② “达纲要”，见本书鹅屋乡东壶陵水村《牛返圪筒“过黄河”》。

# 西河南

## 五　绝

## 赶会饮食业

支棚庙会中，摞屉坐油铛。
价实乡亲惠，高扬十里名。

西河南村，位于大横山北麓，石子河谷南岸上。与晋庄镇东河南村相隔山上山为邻，且在山上山之西侧，则取名西河南。大横岭为五龙山山系北延余脉边缘一峰。

西河南村的亮点是村民中世代传承民间厨艺，善蒸煮烹炒者众。往时，凡逢附近十里八庄赶会瞧戏之日，村里的农民厨师们就会放下锄头、扁担，到庙会街头、戏场边旁搭棚、设摊卖饭。积以时日，名气小有，遂成村中多种经营一业。集体经营时期，是以生产队统一组织。改革开放初期，人们三三五五自愿组合搭班设摊卖饭。如今，凡三五里内乡村办红白喜事，吃大锅面，炒下酒菜，西河南村的农民厨师也会捋袖上阵，一展身手。用当今时尚话说，这种现象堪谓“草根厨师”办“山寨筵席”。

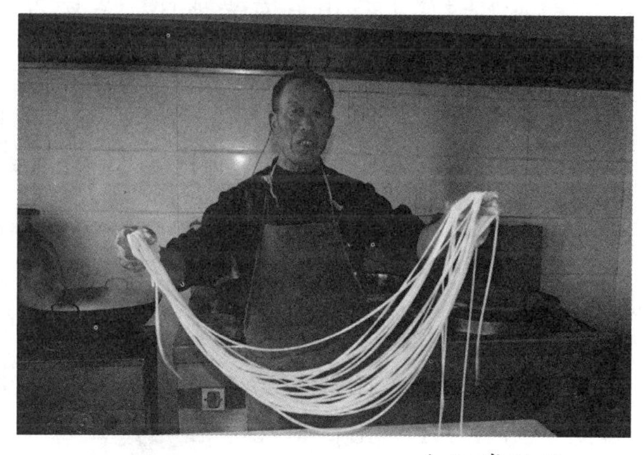

左师傅拉面

图为西河南村农民厨师左书科正在展示厨艺。

① 《新华字典》注释：屉读tì，指笼屉，即蒸笼。铛读chēng，指烙饼或炒菜用的平底浅锅。

# 西　沟

## 竹枝词二首
## 机械采石场

西沟连山好石材，筑墙安阶压窗台。
学名称作碳酸钙，作料化工倍发财。

感恩政策搭平台，机采电磨火起来。
谨记护林保生态，一枝一叶总关怀。

西沟村，位于金钟山之阴、黄池岭之阳，两山相夹的一条沟壑里。原为刘寨村一自然村，坐落于刘寨村西沟壑里，即原名“西岭沟”。1987年，经县政府批准、报上级民政部门备案，从刘寨村划出，自成一建制村，取名西沟。金钟山、黄池岭为五龙山山系西北延连脉中两座山岭。

壶关县域属太行山石灰岩地区，石灰石漫山遍岭，普布全境，储量极丰，有关人士称：粗估全县总储量约100亿立方米。照此粗估，笔者试算了一下，如若平铺开来，全县千把平方公里的地面上，将会被10米厚的石灰石全部覆盖。足见开采之前景无可限量。2011年年初，壶关县委、县政府从县情出发，做出大力发展采石产业的决定。选址西沟村的玉鑫、金鑫两家石料建材有限公司抢得先机，放炮开业，渐成规模，收入甚丰。

西沟村第一任党支部书记王志方任职期间，全村农林工副各业皆有发展。如今，王志方参与西沟玉鑫石料建材有限公司的开采管理工作，再创新业。2012年1月28日（农历正月初六），笔者在壶关家中欣见志方，听他讲到：“采石项目不错，只是山上的树要砍除不少，很心痛。”听要砍除不少树，忧患随生，忙嘱咐他：“村要美，山要绿；石要采，树要爱。尽量少损坏山坡树木，保护家乡生态环境为至要。”

大车小辆

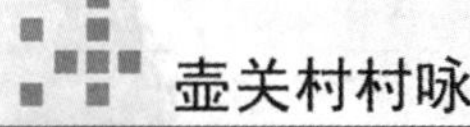

壶关村村咏

# 鹅屋乡

沙岗沟
阴山坝
师家背
鹅屋
西壶陵水
五里沟
石圪爽
东壶陵水
红脑上
牛洞上
柳泉
或岭西
恶石掌
南倒寺
西土池
东土池
黄崖头
黄崖底

## 七律二首

### 鹅屋山上双英模

太行鸿雁赵月芳

眼前万壑当康庄，邮担挑肩即上岗。
一日山行过百里，廿年鞋踏破千双。
封封书信农家乐，岁岁年评美誉扬。
最喜京华捧国奖，归来次日照奔忙。

金盾铸就申飞飞

金盾光华映岭崖，山乡又绽一奇葩。
爬山万趟深踪印，办事千桩百姓夸。
追捕真凶凭智勇，扎根鹅屋爱中华。
心装习总谆谆句，捧奖返岗赶早霞。

鹅屋村，位于壶关县东南域，隐银山山系主脉西延、鹅屋岭向阳山凹。含窑凹、东凹、官泉凹、外坟沟、里坟沟等8个自然村。为鹅屋乡政府驻地。距壶关城东南88公里，是全县距县城最远的乡镇。民间传说古时有一对金鹅筑窝落住此间，而得村名鹅屋；金鹅后被南人①盗走，人们传言："金鹅一走，灵气随去，鹅屋穷困面貌再也难得改变。"改革开放30多年来，鹅屋山乡巨变，百姓生活大好，人们高兴地说："盗走的金鹅又飞回来了"。

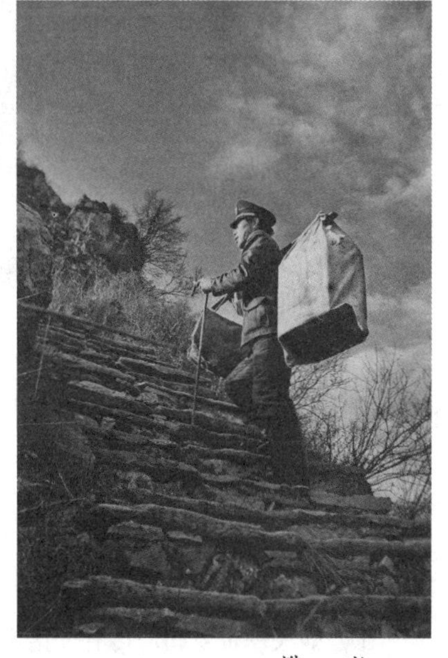

攀　崖

太行山大峡谷将壶关东部山区分割为南山、北山两个板块，南山板块为鹅屋乡所辖的18个建制村，北山板块为原石河沐乡所辖的16个建制村。鹅屋乡计有自然村176个，为全县自然村数最多之乡。乡域内峰岭起伏，沟壑纵横，百姓居住高度分散，多是依山建村的山庄窝铺、孤庄独户，言及鹅屋的山与北邻太行山大峡谷中桥上的水，文人有赞“鹅屋人家尽枕山”“桥上人家尽枕水”。

周恩来总理生前为中国邮政题词“传邮万里，国脉所系”。鹅屋村籍、鹅屋乡邮政所投递员赵月芳就是一位在大山深壑中劳苦奔波、走村串户、心系国脉的投递员。他既有山里人吃苦耐劳的优良品格，又有投递员“一封信，一颗心；一份报，一腔情”的高尚情怀。自1993年参加工作以来，赵月芳二十多年如一日，坚持跋崇山峻岭，涉幽谷险滩，逢寒暑无碍，遇风雨无阻，行程约45万公里不言苦，投递邮件约80万份无差错。荣获2010年全国“敬业奉献提名奖”，被评为“山西省道德楷模”“长治市十大道德楷模”，入选第三届全国道德模范候选人。2015年被评为全国劳模。

鹅屋乡还有一位国家级英模——公安派出所指导员申飞飞。申飞飞2008年警校毕业，自告奋勇到大山区鹅屋工作，一人承担治安、户籍、巡逻、内勤等多项业务。到2015年，七年间，累计办理身份证4200多个，出生上户1400余人，处理求助600多次，办理户口迁移1900多人，建档100多册，下乡发放二代身份证200余次，为孤寡老人打扫卫生、挑水100余趟。足迹踏遍全乡山山沟沟、村村庄庄。2012年12月某日，只身追捕、擒获嫌犯李某归案。申飞飞先后荣获山西省“阳光警察”“中国好人”“全国爱民模范”“全国特级优秀人民警察”等称号。2014年光荣出席全国公安机关爱民模范表彰会议，受到习近平总书记、李克强总理等中央领导同志的亲切接见。

申飞飞与赵月芳并称鹅屋山上“双英模”。

家　访

---

① 壶关一带乡间广传有“南蛮盗宝”的故事多则，鹅屋金鹅失盗为其中一则。“南蛮”系蔑称，此处改称“南人”。

# 恶石掌

## 七 律

### “愚公”凿山

当代愚公战太行，勤劳智慧凿山忙。
依凭土法循经纬，集合知青量短长。
四季加班寒接暑，三年通过畜拉筐。
远田终作近田种，农建先锋一帜扬。

恶石掌村，位于垴顶坡山西麓崖半，西与陵川县搭界。东距乡政府驻地鹅屋村10公里。顾名思义且名副其实，恶石掌是个坐落在岩石嶙峋、山崖陡峭之上、生存条件不良的山庄。由东、西恶石掌，北岸上等3个自然村组成。垴顶坡山属隐银山山系西延余脉中一座山岭。

恶石掌正北有座高山，山势陡峻，荆棘丛生。山外有百余亩耕地，由于山路迢迢，耕作不便，致使土地瘠薄，产量低微，沦为三类田。1980年秋后开始，恶石掌大队组织群众乘改革开放的东风，发扬愚公移山精神，集众人之智，倾举村之力，克服“三无”（无仪器、无风镐、无技术人员），土法上马，拼搏奋斗，连战三个冬春，开凿出一条过山隧道，全长260米，宽、高各2.5米。小型农用车、畜力车可顺畅通行，施肥、耕耘、收获始得方便。从此结束了爬山之苦、担挑之累、耕作之难。山外三类田得到改造，产量大幅提高，缓解了历来村民口粮不足的困扰，全体村民一致同意给隧道起名为“幸福洞”。

恶石掌干群因地制宜，凿山开洞，远地近种，是当年壶关县开展大规模冬春农田基本建设，改造三类田的一个好例。人们笑言称赞道：“古有愚公移山，今有‘愚公’凿山。太行山里古今都有‘愚公’。”

“愚公”之乡

# 柳　泉

## 鹧鸪天
## 草根专家路山松

筑路能人有水平，眼观尺量堪求精。八弯车达阴山豁，
九拐途通五里坪。

无学历，少职称，任凭自学长才能。攻书如若升交大，
高铁公司任总工。

柳泉村，位于隐银山山系西主峰老阴山西面的无风岭东侧。古时村前长株巨柳，流股清泉，柳与泉相辅相成，堪称天作之合，故获这般诗意村名柳泉。含老岗沟、王兴沟、大凹等6个自然村。村西无风岭两边皆临深谷，中成一条岭梁，为通往鹅屋的旧路必经。无风岭长约15米，宽约5米，四时无风，划着火柴，总不怕刮灭，为壶关境内一处奇特的地理现象。

柳泉村系穷乡僻壤，却出了位公路设计、施工土专家路山松。路山松立定改善家乡山区交通、让父老乡亲走出大山的心志，几十年如一日，昼忙路上，夜忙灯下，心力两劳，勤于探索，勇于实践，不断积累经验，先后勘测、设计了浙水坡，鹅屋至黄崖底、至沙岗沟、至五里沟等多条乡村简易公路，使汽车开到鹅屋山上主要建制村。20世纪初中叶，山区大办交通，鹅屋公社起了先进带头作用。1982—1983年，地（晋东南地区）、县先后在鹅屋公社召开过乡村公路建设现场会。其间，路山松功不可没。

2011年一冬日，鹅屋乡时任副乡长张剑青电话作复：路山松86岁高龄，身体尚健。2013年2月19日（癸巳正月初十），笔者赴黄山乡申家岭移民新村调研，逢一位原籍柳泉村移民老路，忙问他路山松家境，方悉路山松是老路的叔父，他含悲相告：半年前路山松因病过世。闻后怆然，返县城家中遂填《鹧鸪天》词上、下阕，纪念这位大名永镌鹅屋高山峻岭上的筑路工匠。

筑路工匠路山松遗照

## 石圪磢

### 清平乐
### 织苇席

河滩苇旺，织席名声响。老少皆为编织匠，旧日睡休光炕。
吹来改革春风，山村遍野花红。常忆往年席事，今眠席梦思中。

石圪磢村，原名“席谷淙”。位于隐银山山系西主峰老阴山北延、东老山西麓，太行山大峡谷景区红豆峡尾部崖头上。这座崖头上雨季挂条瀑布，俗称为淙。淙下临河滩，河滩呈湿地，湿地长芦苇，芦苇可织席。有席有淙有山谷，原村名即称“席谷淙”。这三字原名尽含“山与淙”两个地理实体与“织苇席”一项古老传统产业。较之今名石圪磢，标识清楚，笔画简洁，含盖更多村情。比较起来，实是今名不如昔名。依照地名管理法规，也只能守其次，用今名；不能随意复改原名，以免造成新的混乱。

石圪磢世居村民因地制宜，靠滩吃滩，在河滩里割苇织席挣钱花。旧时，不少席匠家户为卖席赚点油盐钱，自家炕上都不肯铺个囫囵席，只在炕中心铺片旧席片，几家特困户干脆睡卧无席光炕。所产苇席主要销往河南林县的合涧、北寨等地市场。那般苦寒光景恰如当年初中语文课本上一首古民谣所咏：“泥瓦匠，住草房；纺织娘，无衣裳；卖盐的，喝淡汤；编凉席的睡光床，淘金老汉一辈子穷得慌。”新中国成立后，农民生活得到改善，普及铺席。如今幸逢改革开放新时代，农民“吃穿住用行”五大生活行为全面升级上档，多数家户拆炕置床，床上改为铺褥、铺毯。随之城乡苇席市场萎缩，石圪磢织席业遂停。

图为今日鹅屋、石圪磢一带山区百姓家庭尚有在毯子、褥子下面铺苇席的，那是权作底层床垫之用。

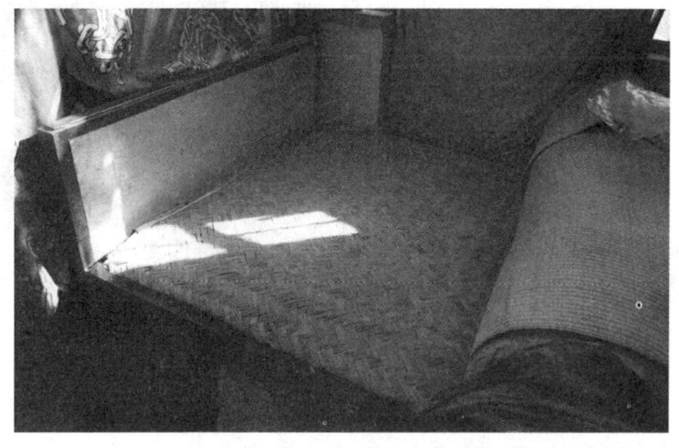

“席”梦思

## 七　律
### 蜡 烛 山

巨烛一支高百仞，众山相拱愿称臣。
顶巅鹰逸蹲云榻，崖壁兔攀翻斗跟，
才怵樵夫樵担重，继忧药叟药筐沉。
远来游客朝高望，连赞山民位位神。

阴山坝村，位于太行山大峡谷AAAA级景区中的红豆峡西南侧畔，因村址坐落于壶关东南域著名地标名山老阴山之阴而取此村名。含圈凹、狐洞沟、达连淙等7个自然村。鹅屋乡境内东隐银、西老阴两座高山，为隐银山山系的东、西双主峰。西主峰老阴山海拔1681米，高出东主峰隐银山245.7米，为鹅屋乡域内群山之尊。

上苍造物，形态万千。阴山坝村北悬崖之侧的蜡烛山，即是一处天造地设的奇绝名胜。蜡烛山矗天一柱，高约80米，远观形似一支燃残的竖状巨烛，故得其名。山顶时有鹰隼[①]一类猛禽或停息，或飞绕，或俯冲觅食。时有乡民攀缘山崖边上，或砍樵、或采药、或捕鼠兔……游人莅临，引颈仰望，叹为观止。

擎天一柱

如今，蜡烛山已被辟为红豆峡景区的一个景点。有文人临此仰瞻后，感句赞曰：“鹰隼驿站蜡烛山，再加半尺顶破天。”

① 《新华字典》注：〔隼〕sǔn，鸟类。形状似鹰，翅窄而尖，飞得很快，性凶猛。常捕食小鸟兽。

## 牛洞上

### 五绝二首
### 金牛洞

山半金牛洞，卧牛酣睡中。
千年呼不醒，祀事敬神龙。

拉车挂彩归，世代口铭碑。
健是农家宝，残如月暂亏。

牛洞上村，位于隐银山山系西主峰老阴山南延、场上岭向阳山麓，桑延河发源处。含东沟、道陀、油梁坝等8个自然村。桑延河自此流经黄崖头崖下、黄崖底沟中蜿蜒狭长的深谷，汇入晋豫交界处的辉县市柿园水库。

场上岭半山腰有座溶洞，中坐一石，酷似卧牛，体态雄健，头凸独角，四蹄扣地，前腿半弓，呈欲起而未起状。民间传说此牛夜半拉载超重，途中过劳蹶倒，跌折一角，入洞卧下再难立起。牛洞上籍、壶关县老干局原局长赵元有，林业局原副局长张来生二位先后相告：村里的老乡“敬称洞中石牛为金牛。牛洞上村也因此曾名金牛洞村”。

毛泽东在《湖南农民运动考察报告》一文中有句赞牛名言：“牛。这是农民的宝贝。”旧时，壶关山区农民养牛、放牛、使役牛、让牛积肥，不可一户、一日离牛，以至视石牛洞为庙，敬洞中石牛为神，定有祀日，拜以香火，祈牛康壮，求家好运。壶关县域除牛洞上村的石牛洞外，尚有林青庄、角脚底、料阳、南行头等村与王家庄庙上自然村等10余个村庄有石牛洞。这些洞里的石牛形象相似，传说相近，祭祀相通，共同讲述着一种悠久的“石牛文化”。

牛洞上村貌

## 七 字 谣
## “一亩两个羊屁股”

山区农业有策乎？主任问计入农屋。
壮年队长笑言答：山大草多宜放牧。
不怕薄地不增产，一亩两个羊屁股。
主任听毕点头赞：还是基层有略谋。
至嘱防止羊啃树，山区农业有前途。

红堖上村，位于蚂蚁山东侧。村址坐落山头表面土石泛红，则取此村名。含转碣、老南凹等3个自然村。蚂蚁山为隐银山山系主脉西南延一道山岭。

往时，壶关乡村的羊群很多，每村都有两三圪嘟（群），一圪嘟少则有几十百把只，多则有二三百只。鹅屋山区的山场大，野草丰，羊群更多，大村有七八十来圪嘟，小村也有三五圪嘟。那里的百姓生活跟羊结缘深深，日常不能割舍。羊多、粪多，施羊粪的庄稼长得旺，产出的粮菜质佳味好。羊毛、羊皮、囫囵羊都能卖钱，名吃壶关羊汤即是用鹅屋山上的黑山羊做食材，熬制出来才地道。鹅屋乡域山高冬冷，老人们出门多会披件羊皮袄防冷，炕上多会铺片羊皮褥御寒……

1970年秋后，笔者跟随时任县革委主任张树新到鹅屋公社红堖上大队下乡，调研山区粮食生产问题。是时，听取大队干部汇报说：全大队分为3个生产队、每个生产队都有一圪嘟羊群，共约400余只；全大队共有200余亩耕地，“一亩地平均有两个羊屁股（即两只羊的粪）；施上羊粪，山圪梁地都能打300来斤粮食”。张主任听了很高兴，随着嘱咐要林牧并重，防止羊啃毁树木，逐步恢复山区生态，促进山区全面发展。

入圈羊群

# 西壶陵水

## 古 风
## 姊 妹 庄

东西两村，半里为邻，
立村久远，故事广闻。
古属俩县，壶关陵川，
团结互助，开发家园。
伙掘一井，俩村合用，
壶陵水村，依井取名。
籍虽分划，亲如一家，
有喜同贺，有载共拉。
建国之后，陵川划走，
壶关统辖，佳话长留。

西壶陵水村，俗称“西庄”。中隔隐银山山系主脉西延东凹垴山与东壶陵水村毗邻。大峡谷旅游专线公路从村东池凹岭隧道通过，人称“鹅屋天路”。含西背、羊窑河、东岭后等4个自然村。

旧时，东、西壶陵水两村以路为界，西面路下为西壶陵水，由壶关县辖；东面路上为东壶陵水，由陵川县辖，曾为继桥将之外，陵川县在壶关县域内的又一块飞地[①]。1952年，两村划归壶关一县管辖。如今，两村村民中仍旧流传着他们先祖初迁至此时，合伙开垦一坡种地，搁犋一犁耕田，轮用一臼舂米，同掘一井饮水……而行政区划却分属壶关、陵川两县管辖。缘此，一代一代接传着两村村名中既有“壶”，又有“陵”，还有“水”的佳话；一年一年延续着一对姊妹村自古结下的世交深情。

两村干部合署议事

① 飞地，见本书百尺镇小南山村《陵川的飞地——桥将》。

## 七　律

## 牛返圪筒“过黄河”

齐讴大寨一支歌，偏远山庄起应和。
鹤发愚公挥铁镐，童颜哪吒送餐锅[①]。
顶风披雪妇装土，熬夜挑灯男驾车。
汗水换来年景好，牛返圪筒过黄河。

东壶陵水村，俗称“东庄”。位于隐银山山系主脉西南延、五头岭西侧，中隔东凹堖山与西壶陵水村对应为邻。太行山大峡谷旅游专线公路从村西北隧道通过，人称“鹅屋天路”。含门槽、牛返圪筒等5个自然村。

1956年中央发布《全国农业发展纲要（1956—1966）》，规定黄河以北地区亩产400斤、黄河与长江之间地区亩产500斤、长江以南地区亩产800斤为“达纲要”指标。之后，黄河以北地区加码，称亩产500斤为“过黄河”，800斤为“跨长江”，以此作为农业生产评比先进等级的刚性标准，堪称当年北方地区农业生产“三级跳”——“达纲要”“过黄河”“跨长江”。

东壶陵水大队五头岭下的牛返圪筒生产队，山高谷深，石多土少，地块星碎，耕作尤为艰辛。顾名思义，牛返圪筒村名即形象地言其坐落址处山路陡险，沟谷逼仄，牛尚折返，人奈若何？1970—1974年间，该队在劳模、生产队长任赵成的带领下，干群协力同心，刻苦农建，修边垒岸，羊群积肥加割蒿积肥，天道酬勤，肥多粮丰，连年夺得好收成，成为鹅屋山区先期达到粮食亩产500斤、第一家“过黄河”的先进生产队，受到社、县、地[②]的三级表彰奖励。

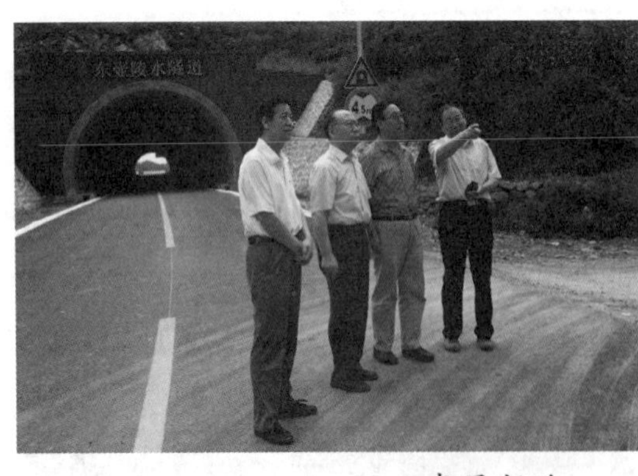

喜履新路

---

① 当年农建工地称赞上年纪的人为“老愚公”，少年儿童为“小哪吒”。

② 1984年地改市前，壶关县属晋东南地区辖属。

# 师家背

## 采桑子
## 万佛寺密码解

人工天作形相近，石佛光头。寺佛光头，名后名先辩不休。
悬空万佛摩崖美，小亦精优。大亦精优，何代何朝待考究。

师家背村，位于万佛山西麓的沟壑里，太行山大峡谷区割的南山板块断层崖顶，由师家背、于家坝、白土凹、麦穗碣、岭后等9个自然村组成。万佛山属隐银山山系主脉东延群峰中一峰。

慕名读到东井岭乡原党委书记王青林写的一篇题为《小寺院，大气象》的美文，文中写道：万佛山顶端滚放着大大小小无数块岩石，酷似斧凿、打磨、抛光过的光头石佛，形似神似，越看越像，此或山名的由来。万佛山东南山巅筑有万佛寺，寺庙虽小，佛像却大大小小、林林总总、难计其数，喻称万佛，皆镌刻在寺里石壁上，此或寺名的由来。有次，逢青林相告：万佛山、万佛寺存疑有二：一是先有山上万佛之称，还是先有寺中万佛之称？二是万佛寺修于何代何年？二疑有待文物专家考证、释疑。之后，笔者咨询壶关文物管理部门权威人士得复：万佛寺的"佛，镌在明代；庙，建在清初。"

2014年初冬一日，逢师家背籍、长治市人防办主任郭文忠满怀乡情讲述："每年释迦牟尼生日——农历四月初八，万佛寺办有祀事庙会，由师家背与沙岗沟、五里沟仨邻村合伙承办。届时河南、山东多有善男信女成群结队，远道而来，上香祈福。足见万佛寺香火之旺盛，影响之广远。"2016年5月13日，笔者给文忠发短信相告："获信息称，2016年5月14日是佛陀诞辰2640年纪念日，恰是贵故乡丙申农历四月初八万佛寺庙会，这条信息可告知赶会主、客大众周知。"

春到万佛寺

## 黄崖底

### 七 律
### 七十二个庄出大山

七十二庄同一村，遵从宗旨聚民心。
计由百姓源来广，令出总支根自深。
十里红旗崖壁展，千名劳力铁锤抡。
两年征战投仨八，高路迢迢入彩云。

黄崖底村，位于鹅屋乡南界，所辖的72个自然村散居于隐银山山系南延悬崖边下、桑延河主干河道及其若干支沟侧畔的坡面上、丘壑里，与悬崖上黄崖头村对应为邻，两村同属桑延河小流域。南与河南省辉县市交界，距壶关城100公里。村域面积达18平方公里，合2.7万亩，计1714口人。为壶关自然村数最多、村域面积最大的建制村。因村西北所依隐银山边缘高崖表面近似黄色，而获此村名。

黄崖底村所辖72个自然村村名：靳家庄、东坪、西凹、蒿坡、东北、上小凹、碾盘街、南圪倒、西坡上、染房、桃后地、西坡地、东半坡、东碣上、场上、南岭后、后荒、四亩地、三尖上、西碣上、尾都沟、老地、红土圪倒、老东平、王家沟、榆树沟、秦家庄、北坡上、老荒、北脑、里面坡、西岸、前河、西脑、罗锅坡、水沟、老顶沟、小向阳、底东坡、后凹、赶羊爽、园滩地、老漫滩、东岸上、河东地、东坡、柿树坪、上东坡、底东坡、西掌、东掌、南平、西小凹、付子沟、焦树脑、大砣、子沙窑、马地坪、瓦窑上、石凹、平圪台上、背上、羊场坡、小东凹、东圪倒、槐树坪、南凹、后小凹、铁佛寺、孟家窑、二寨垴、黄崖底。

黄崖底村虽居住分散，但人心不散，其根本因由在于党组织健全，领导有方、有力。村（原大队）设党总支，下设9个党支部（建在原生产队）、18个党小组（建在现村民小组）。相关事务由总支决定，支部、小组贯彻，党员带头落实，举村群众跟进，凡难皆克，凡事皆成，与时俱进，从不落后。连年获得县、乡模范党总支、先进村集体的荣称。

1968—1970年，为改变交通闭塞的状况，黄崖底村党总支纳民意、作决定，修筑一条出境公路。竣工后结算，大数为投工8万余个，集资8万余元，用粮8万余斤，俗称“仨八公路”。“仨八公路”的开通，结束了黄崖底无机动车的历史，使七十二个庄的山里人进出大山享到便利，生产得到发展，生活得到改善。当年县委通讯组陈福庆去那里采访后，写过一篇通讯，题目为《七十二个庄，心往一处想》，是对黄崖底分散居住村情与团结奋进精神的精彩概括，堪称点睛之笔。

“三八台路”扩建后的雄姿见本书《图序·雄》中彩照第二幅《山路曲似九回肠》。

高崖屏湖——柿园水库黄崖底域内一景

# 东土池

## 竹枝词
## 日出最早土蜂沟

壶关日出最先村，雄鸡司晨两省闻。
晋豫山乡无懒汉，晨忙荷担吆牛群。

东土池村，位于隐银山山系东南余脉、送脚岭之阳，另含土蜂沟、南土蜂沟、石板河等3个自然村。相隔葫芦山与西土池村为邻，东跟河南省林州市、南跟河南省辉县市两市接壤。

土峰沟为壶关县域东至。位于东经113° 40′，为壶关版图最东边角上，距县城90.5公里，人称“尽东县隅一小庄”。较县域西至、东经113° 10′的南宋壁村相差30′，合0.5°。按地球自转一周24小时算，土峰沟见到太阳升起，要比南宋壁村早两分钟整，是壶关日出最早的地方。笔者试以算式演示为：

60分钟×24（小时）÷360（度）×0.5（度）

=1440分钟÷360（度）×0.5（度）

=4分钟×0.5（度）

=2分钟。

即县东至与县西至时差两分钟。

1984年夏日一晨，笔者跟时任鹅屋乡党委书记刘书茂等一行到土峰沟检查植树造林，走到村外山头上，俯视太行山脉峰起峰伏，眺望中原长空云卷云舒；远睹挑担人影，近闻吆牛喊声，不禁心神无羁，遐想遥远。是时，书茂欣告：“你现在不简单，两脚踩着俩省（山西、河南）仨县（壶关、林县、辉县[①]）！”在场的人们仰面大笑，遂尽兴而归。

车推童稚去收秋

---

① 县改市之前，林州市称林县，辉县市称辉县。

## 西土池

### 浣 溪 沙
### 长寿山庄刘家凹

绿岭清泉杂果蔬，新鲜空气聚山窝，出门下地直爬坡。
马乱兵荒从不犯，里仁户义总相和，桃源世外寿星多。

西土池村，位于鹅屋乡东南域崇山峻岭中，相隔葫芦山与东土池村对应为邻。刘家凹属西土池10个自然村之一，现有20余户人家，计78口人。葫芦山属隐银山山系东南余脉中一座山岭。

刘家凹环村皆山，草木蕃茂，空气清新，泉水洁净；杂粮、杂蔬、杂果等食物多样；村民自少至老，四时劳作，风吹日晒，筋骨强健，身板硬朗；加之户数不多，民风淳朴，邻里相安，从古战乱罕及。旧时几近那般“山中无甲子，日月不计年”之乡。于是，人生所需的健康要素尽具，致村中健康老人多，长寿者众。2013年3月10日，笔者嘱西土池籍、壶关林业局原副局长连胜利帮助落实“刘家凹著名长寿老人刘珍享寿到底几何”。不日，连胜利作复：“老人的后人、邻居都讲是120来岁。村里寿至八九十岁老人居多，刘珍老人的两个儿子享寿均近百岁。1986年荣获壶关县‘造林功臣’称号的村民刘法顺现年88岁高龄，身体尚健。”依照《参考消息》等媒体尊称寿星为“人瑞”，刘珍老人应称“壶关人瑞”。

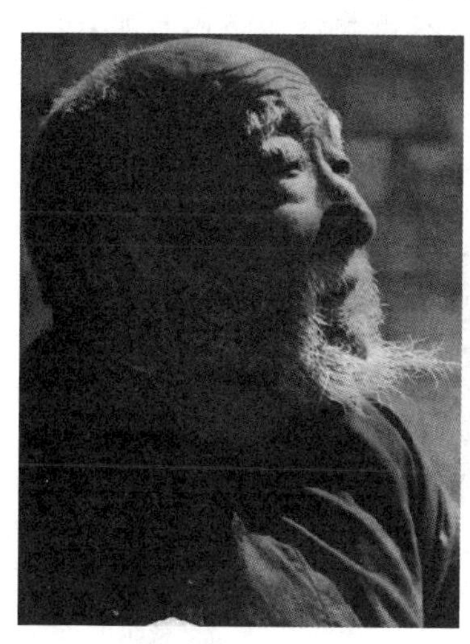
人瑞（寿星）遗照

刘家凹堪称长寿村。但壶关原传“刘珍老人寿至138岁”的说法似是有误。据《参考消息》载：英国医研会首席执行官、生物学家布拉科摩尔提出“人类寿命的极限值应当是120岁”。又期新载：世界上活得最长的人瑞依然是1997年在阿尔勒去世的法国女子让娜·卡尔芒，寿命长达122岁零164天。不过，见诸媒体的这类人寿信息，讯自多国，数出多门，人瑞多个，实实让人难以认定何为“之最”。

# 打油诗

## “倒蛋部队”下太行

长途贩运活流通，倒蛋农民下开封。
蔓菁换来大米面，种瓜得豆靠三中[①]。

南倒寺村，位于隐银山山系南延支脉、龙王山之阳，跟五里沟北倒寺自然村对应为邻。传说古时因村东古寺倒塌而获村名。含马连坪等3个自然村。

壶关东部山区气候冷凉，无霜期短，土质松软，钾素丰富，宜种山药蛋。集体经营时期，上级强调“以粮为纲”，限制种山药蛋；更不准农民贩运山药蛋等农产品，说长途贩运是“投机倒把”“走资本主义道路”。党的十一届三中全会后，一是推行家庭联产承包责任制，农民有了种植自主权，能够放胆大种山药蛋；二是中央出台新政，鼓励农民进入流通领域，可以长途贩运山药蛋。是时，居于壶辉公路一侧的南倒寺数村农民利用交通便捷，距离河南郑州、开封不足二百公里的区位优势，雇用汽车集运山药蛋下河南、山东，换来大米、白面，人们谐称其为“倒蛋部队”。农民自在乐曰：“种的山药蛋，吃的大米面。”文人从旁和曰：“三中全会政策好，能种瓜得豆。”

推行土地承包、允许长途贩运、发展乡镇企业，堪称改革开放初期搞活农村经济的“三步曲”。1983年中央一号文件讲：“农民长途贩运应当允许。”之后，《人民日报》曾发表长篇通讯《百万雄鸡过大江》，记述苏北农民贩运笼装整船活鸡跨过长江，再到上海、南京等城市销售的新鲜事迹，这与壶关山区的农民“倒蛋部队”下太行一样，是贯彻中央一号文件之后，我国南北农村同时出现的生动景象。

图为2015年秋季，地处大山区的南倒寺村一处打谷场上，有摊晒的谷穗铺，场边有石磙、脱粒机，还停辆小卧车。

传统与现代的谐处

① “蔓菁”见本书石坡乡城会村《紫皮山药蛋》注①。
“三中”，见本书黄山乡辛寨村《醋香千秋》注①。

# 七　古

## 九龙洞览胜

无限风光五里沟，万千气象一洞收。
九龙壁上欲飞起，堪胜紫团洞里游。

五里沟，位于隐银山山系主峰东侧，含桑周水、圈马窑、北倒寺等15个自然村。因主村五里沟到自然村圈马窑界处的一条深谷长约5华里，故取此村名。五里沟距大峡谷旅游专线公路1.5公里。

五里沟村北山崖下有座天然溶洞，属典型喀斯特地貌。洞长约300米，最高处约20米。由于洞里渗水对岩石的世代融蚀、积淀作用，石灰岩洞底、洞壁与洞顶形成繁多的石柱、石笋、钟乳石，状佛状兽，形似神似，成丛成簇，千奇百怪。其中主壁上有九条飞龙，似在腾云兴雨，此即九龙洞名称的由来。2008年，五里沟村农民企业家、壶关县政协委员靳拴富独家投资，成功开发了九龙洞旅游景点，其后游者渐众。

喀斯特地貌为地表水与地下水长期对可溶性岩石进行融蚀、积淀作用极其缓慢，有资料称，石笋、钟乳石等100年才可增加1厘米。形成溶洞等地理现象的总称，以原南斯拉夫喀斯特石灰岩高原命名。我国西南桂、黔、滇①三省是世界喀斯特地貌面积最大、种类最多的典型地区，北方地区少见。壶关紫团洞、九龙洞实属以稀为贵的北方溶洞奇观。紫团洞因开发较早，毁坏较甚；九龙洞则为初始开发，保留了溶洞的原生态，具有较高的科考、旅游价值。

洞天福地

2014年，我国桂、黔、滇三省喀斯特地貌申报世界自然遗产获得成功。

① 桂、黔、滇，分别为广西僮族自治区、贵州省、云南省的别称。

# 或岭西

## 古　风
## 村名待正

村名系祖产，产权属村人。
人人来监督，读写不差分。
儿童入校门，先识自家村。
寿至没齿岁，记村不忘根。
豁字千钧重，内蕴村魄魂。
今人随意写，活或轮流混。
轻浮违原意，讹传误子孙。
豁字有专指，当怀敬畏心。
依法报批准，名正贯秋春。

或岭西村，位于隐银山山系东南延余脉、马连坪山东侧，晋豫间交通要道树或公路出口处，东与河南省林州市或岭东村搭界。两村中间隔着一座东庙岭大山豁，既是村界，又是县界，还是省界。图为界处的山豁与路标。

不言而喻，或岭西村名应为“豁岭西”，不知何年、何地、何人随意写成“或岭西”，从此以讹传讹，年复一年，误导至今。鹅屋乡现任副书记张剑青告诉笔者：“还有写作‘活岭西’的。”村名储存着一个村的重要自然地理、历史文化信息，是全体村民共有的一笔文化祖产，应举村呵护，老少敬畏，世代相承之。村中男女童叟皆得正确读写，不得随意更改。不过，即使“或”字失去实指意义，系误导所致，但因已在县、乡地图、统计资料、公文信函中长期正式使用，则不能随意改“或”为“豁”。若改，须依国家颁布的地名管理条例，按法定程序，报请上级地名管理部门（设民政部门）审查批准方可。批准前还得将错就错，使用“或”字，以免造成新的混乱。

村名当随豁名

# 沙岗沟

## 七 律
## 晚秋行

高山深谷参差出，小步徐行石径斜。
峭壁叶娇颜易色，霜林风劲树吹箛。
谷黄菜绿三秋景，柿绛栌红二月花[①]。
山半行吟思杜牧，停车坐爱晚秋崖。

沙岗沟村，位于太行山大峡谷区割的南山板块上，隐银山山系主峰东麓多条沟壑里，由沙岗沟、南荒、牛家窑等12个自然村组成。大峡谷旅游专线公路从村西北山半缠绕通过。为鹅屋乡域北至。隐银山海拔1435.3米，与西距10公里、鹅屋乡域西部海拔1681米的老阴山，并称隐银山山系东、西双主峰，为壶关东南域两座地标名山。

沙岗沟底部南荒自然村沟底海拔约500余米，与村西高耸的隐银山相较，同一村域之内相对高度竟差近千米，这在壶关域内为最。有资料称：海拔每降100米，对气温的影响约相当于所处地理位置南移约100公里。缘此，沙岗沟一处村域内，自上而下，由高到低，气候由温带过渡到暖温带，山崖、沟坡、路畔、村周……则有两个亚温度带的多种植物植被垂直带谱系列分布，呈针阔相衔、乔灌两混、花果相继、草苔并滑、万物杂陈、色彩斑斓之景象，堪称壶关境内的一处“天然植物园”。

1987年深秋10月有日，笔者陪伴几位友人从鹅屋取道沙岗沟去桥上河郊沟下乡，途中亦乘、亦步、亦憩、亦聊，尽赏高山深谷中以红叶为主色调的五彩晚秋景致，感咏诗句随记之。今酌改合律入册。

路缠山行

① 《新华字典》注释：〔栌〕lú，黄栌，落叶灌木，叶子秋天变成红色。

# 黄崖头

## 五　律
## 晒秋图

坩棚作晒场，农户晒秋忙。
豆黑瓜丝白，椒红谷铺黄。
远观园一处，近赏画千张。
往昔饥寒地，今朝足食乡。

黄崖头村，位于花山之阳，与高崖下的黄崖底村隔崖为邻。高崖岩体表面近似黄色，故取此村名。花山属隐银山山系南延支脉中一峰。

鹅屋乡域山高谷深，石多土少，资源匮乏，生产、生活条件不良。旧时百姓住宅皆是就地取材，因陋就简，住用“山脚当根基，石头砌墙体，荆笆抵檩椽，坩土捶屋顶”的陋屋，俗称坩棚。左邻右舍，鳞次栉比，一处村庄即是一片几十百把座坩棚组成的建筑群，相邻屋顶间多可大步跨迈通达。坩土捶好的屋顶密实平光，逢雨不漏，遇风可挡，晴天还可当粮菜晒场。

1983年的一个秋日，笔者下乡到黄崖头，饶有兴味地看到实行“大包干”生产责任制之后的头一个丰收年，老乡们在自家屋顶上晾晒的粮菜摊铺，重现多种多样、五颜六色景象：黄的是玉米、谷子、核桃，白的是瓜丝、萝卜丝，黑的是大、小黑豆与菜豆，红的是山楂片、红豆、花椒，绿的是菜叶、老葱、绿大豆……老乡们堪称不经意的绘画“艺术家”，拼对的棚顶美景，酷似一幅幅大写意的晒秋图。

五彩晒铺

图为2015年初冬时节的一处坩棚屋顶晒铺。晒铺右侧有位主妇坐着，边做缝补营生，边看守晒铺，防止被鸡啄食糟蹋。因天气转冷，晒场旺季已过，晒铺规模已缩小了许多，晒物样数也减少了若干。

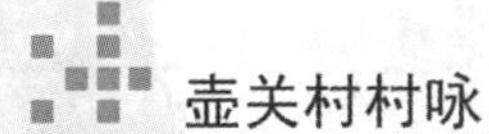

壶关村村咏

# 桥上乡

西坡沟
梯堖山
后堖
南岭
下石坡
前堖
东川底
桥后沟
马安驼
大河
杨家池
桥上
丁家岩
庄则上
盘底
东柏坡
王家庄
沙滩
西柏坡
紫团
洪底
东堖

# 桥　上

## 三字谣
## “小江南”

河郊沟，好地形，大峡谷，避北风。
河郊沟，好淅河，能发电，能浇禾。
河郊沟，好气候，棉结桃，稻丰收。
河郊沟，好区位，西潞泽，东林辉①。
河郊沟，好风光，农家乐，迎宾忙。
河郊沟，三要素，天地人，锦绣途。

桥上村，位于梯瑙山山系主脉南延边缘绝壁下、头草坡阳面之前，壶关域内的两条长流河淅河与八泉河交汇处东北畔。桥上村与其所属的另一自然村寨上之间隔着八泉河，河上有座古桥，名为竖梯桥，村名随桥而取之。另含坝立、沙窝两个自然村。桥上村距壶关城55公里。为桥上乡政府驻地。改革开放以来，随着太行山大峡谷旅游业的开发，地处太行山大峡谷景区中心部位、依山傍水、风光优美的桥上古村，已转型发展成为一座独具特色的新兴旅游小镇。言及桥上的水与紧邻太行山大峡谷南板块上鹅屋的山，文人有赞“桥上人家尽枕水，”“鹅屋人家尽枕山”。

桥上一带淅河河谷地域，旧时称为“四十五里河郊沟”。改革开放后，开发旅游业，始获“太行山大峡谷”这一新称谓。河郊沟南有隐银山山系边缘高崖，北有沙驼岭山系边缘高崖，西有紫团山山系、巍巍池岭山系、箭豁岭山系的东延余脉构成的山崖沟壑，东有淅河出口，整体形成一个三面竖高崖，一面留窄口，由西向东、由高向低倾斜的倒卧巨型口袋状。“口袋里的”河郊沟海拔480~700米，年降雨量700毫米左右，无霜期200天上下。淅河四季长流，从谷底贯通。低海拔、深峡谷、山屏障、雨云多，造成了这里四季分明、雨热双丰的典型暖温带小气候，是壶关域内唯一有长流河，能够兴办灌溉农业，规模种植水稻、棉花、花生、芝麻等暖温带农作物，及栽植柿子、花椒等暖温带经济树木的区域，人称太行山里“小江南”。1983~1984年，壶关县进行林业区划、规划，特将这里的整个河谷地带专门划为“东部河谷经济林亚区”②。近几年，随着旅游业的开发、发展，太行山大峡谷已被评为AAAA级景区，现正值向国家旅游局申报AAAAA级景区走程序的过程中。

此以地处河谷中心、最具太行山中“小江南”代表性的桥上村名义相记、相咏。

山水桥上

① 长治古为潞州，晋城古为泽州，“潞泽”为长治、晋城两市别称；“林辉”系河南省林州、辉县两市简称。

② 1984年壶关进行林业区划时，按“方位+地貌+林种”区划名称的模式，将全县划为四区一亚区；北部山间平地农田林网区，西南部丘陵山地水保林区，中部山地沟壑水保经济林区，东南部石质山水源涵养用材林区，东部河谷经济林亚区。

# 盘　底

## 现代诗
## 仙人桥

仙人桥啊长又长，主跨五丈铸辉煌。
仙人桥啊高又高，垂直六丈横空俏。
仙人桥啊薄又薄，中拱仅厚咫尺多。
仙人桥啊宽又宽，载重汽车往来欢。
仙人桥啊处要津，五省百县募捐成。
仙人桥啊传说美，合拱料石神仙对。
仙人桥啊勒碑铭：文明之母为交通。

盘底村，位于晋豫古道中的天堑、窟窿山东麓的老爷坡下，太行山大峡谷第二大断层[1]东侧。旧时，老爷坡上的古商道陡峻、艰险，为降坡度，路形绕来绕去，盘上盘下，盘底村因此而得其名。含石嘴上、瓦窑上、沙地等4个自然村。窟窿山属沙陀岭山系主脉南延终端一峰。

道光版《壶关县志》中有载：建安十一年（182）正月，一代枭雄曹操率军北上太行，攻打壶关，经过这里，山路陡险，行军受挫，写下了千古咏叹名篇《羊肠坂》。出盘底村西，上老爷坡，过大窟窿不远，即是曹操咏叹作“车轮为之摧”的太南险径羊肠坂。羊肠坂东端，筑有一座古建石拱桥——仙人桥，架于太行山大峡谷支峡五指峡的悬崖绝壁两端之间，呈南北走向，为晋东南、豫西北省际间重要交通枢纽。桥体为灰土浆砌单层石灰岩建筑，结构简约，坚固耐久。据碑文记载：仙人桥始建于明初，晋、豫、冀、鲁、陕五省18府96县百姓踊跃募捐，上工数千人，耗时年余方竣。民间神话传说称，大桥即将

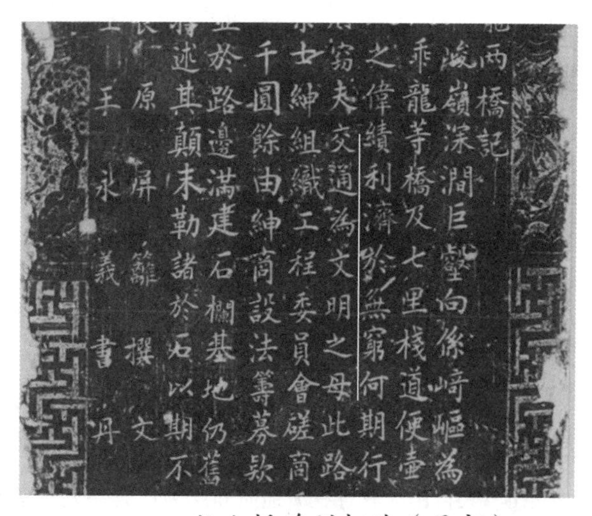

仙人桥碑刻拓片（局部）

合龙时，有位须发皆白、仙风道骨的老翁送来盘蛟、飞龙两块料石，用于合拱，嵌入石桥中拱缺处，竟严丝合缝，恰到好处。于是，该桥定名为仙人桥。

盘底仙人桥与桥上村竖梯桥、大河村雁齿桥等三座石拱桥，均为民国二十二年（1933）重修。三座桥重修竣工后，地处太行山大峡谷的晋豫要道交通状况获大幅改善。是年，在仙人桥面南端为三座桥重修立碑纪念，碑文由时任壶关民国政府县长原屏篱撰写，碑文中的名句“交通为文明之母”，源自孙中山先生“道路者，文明之母也”的治国箴言。1987年，仙人桥被定为壶关县级重点文物保护单位。1989年，壶关县人民政府立项全面维修，桥面上增加了预制构件，加宽2米，通行愈加顺畅。1992年，相向并行的运煤专线荫林公路建成通车，绕过仙人桥，仙人桥始方停用。

仙人桥四周悬崖环抱，东西峡谷逼仄，上有葱葱林木，下有潺潺水流，中有弯弯古道，附有篇篇民间故事传诵。山水环境优美，人文资源丰厚，集名峡、名桥、名碑、名句于一处，是太行山大峡谷风景区的景点之一。

仙人桥丰姿见本书《图序·古》彩照第三幅《承晋接豫仙人桥》。

---

① 太行山大峡谷三大地质断层为：第一大断层为东柏坡村东的柏坡圪筒，第二大断层为盘底村西的老爷坡，第三大断层为大河村北的大河关，三大断层累计海拔高差近千米。

## 浣溪沙
## “伐一栽三”规约好

论树河郊第一滩，白杨垂柳绿波翻。房前屋后树遮天。
伐一栽三规约立，益村利户劲头添。造林不必逐家唤。

王家庄，位于太行山大峡谷中部，沙陀岭山系东南支脉边缘、老半山东南崖下，淅河南、北两岸上。含庙上、元家庄、西滩、北坡、上六庙等6个自然村。

改革开放之后，农村日渐富裕起来，农民兜里有了钱，先忙乎着修房盖屋，改善住宅条件。当年，修建的农房皆是砖木结构，木材需要量很大，而市场上木材奇缺，于是偷砍树木的现象屡有发生，时言“一把镢头栽树，三把斧头砍树，栽树赶不上砍树”。这个“房要盖，树要栽，村要绿”的突出矛盾亟待解决。于是，王家庄大队党支部组织社员代表讨论、制订了关于社员经申请、批准砍伐集体树木栽植补偿树的村规民约，具体规定“社员确定需要建房，经个人申请，大队批准，每砍伐集体一棵椽材树，栽活三棵小树作补偿；每砍伐一棵檩材树，栽活五颗小树作补偿”。之后数年，干部组织，党员带头，举村力行贯彻，成效逐年显现，境内四旁[①]、河滩、山坡上的树木越伐越栽越多，终呈一种良性循环状态，成为实至名归的“四十五里河郊沟中四旁植树绿化第一庄”。

河郊绿化第一滩

20世纪80年代中期，壶关县曾经总结推广王家庄大队“村民伐一栽三、栽五作补偿树”的典型经验，推动了全县四旁植树绿化步伐。

① 四旁，一般指宅旁、村旁、路旁、河旁。

## 忆王孙
## “航空邮件”飞猫嵝

一条险径入云霞，五里荆棘罩碧纱，邮袋云中落朵花。
伫思遐，何日乘人跃陡崖？

沙滩村，位于轿顶山对面，淅河南畔的沙石滩涂之上，故名沙滩。轿顶山属沙陀岭山系东南支脉边缘一座山岭。

壶关方言称山崖上的险径为嵝，嵝为借音字。桥上、鹅屋两乡间的高崖中段、深壑内侧的沙滩天桥至鹅屋岭后，两个小自然村之间的悬崖上，有条“跌死圪狳担死蛇”的险径猫嵝相通，乡人有称“猫路”，谓其险峻也。外地来客初临猫嵝之下，多视为危途，有心悸腿颤、畏难而返者。壶关县邮电局有几年在猫嵝上下架设钢丝索道传递邮袋，人们谐称“航空邮件”，如此省了邮递员天天上下的背负之累、攀援之险。1983年初冬，壶关县政府拨款补助，鹅屋、桥上两乡组织民工建勤，将猫嵝作小幅整修：易滑处劈出石头梯阶，险绝处安插铁橛扶手，上下通行状况略有改善。

河郊沟（太行山大峡谷）南往鹅屋乡，北往原石河沐乡，南、北陡崖上两大板块的多个山庄相邻之间上下有若干条险经相通，计有十条名嵝，即：石节青嵝（前山庄南坝至桥上坝立）、黄背嵝（辘辘城至王家庄）、圪栏嵝（仙居至后沟）、桃花嵝（梯垴山至桥上）、嶂云梯（梯垴山至大河西圪瘩）、乱石嵝（桥上南岸至师家背白土凹）、原家庄嵝（王家庄至阴山坝达连淙）、锯齿嵝（盘底至阴山坝）、豹子嵝（丁家岩南掌至师家背于家坝）、猫嵝。其中猫嵝为桥上、鹅屋两乡间的要道，相较其他各嵝，行之者众，知之者广，当列十嵝之首。

“天　梯”

# 桥后沟

## 太 常 引
## 八泉汇湖呈大观

八泉奔涌出山阿[①]，汇聚碧流河。仰首问艄哥：此仙境、人间几多？

河腰坝斩，一湖托出，高峡起烟波。游艇快如梭，北国旅、江南若何？

桥后沟村，原名“后沟”。主村及其所属的六亩地、香磨上、东凹等12个自然村，分布在东侧梯堖山系的梯堖山与西侧沙陀岭山系的黑山背，两座高山之间相夹的一条深谷幽峡里，八道水（八泉峡}河滩中的石质渚洲上。因所有12个自然村村址全部坐落于桥上村著名古建竖梯桥背后，1983年地名普查时，即改村名为桥后沟。

若论水量，八泉峡中的八道水当列壶关15处名泉[②]之冠。八泉峡西崖壁下沿，呈多处泉眼涌流状。计有大泉8条，小泉若干，概称八道水。群泉汇成小河，奔流至竖梯桥之南，注入淅河干流。至此，两条长流河汇合，水量倍增，一路奔腾，东出太行，入林州境内，汇入淇河。近年来，水利部门立项，国家投资，太行山旅游开发公司组织施工，筑坝蓄水成湖，辟作八泉峡景区核心景点。竣工后的这个景点，绝壁竖屏，高峡出湖，碧波荡漾，鱼跃鹅凫，舟楫往复，既若江南水乡之秀，又比云贵山川之壮，堪称秀、壮二美兼俱之胜状。

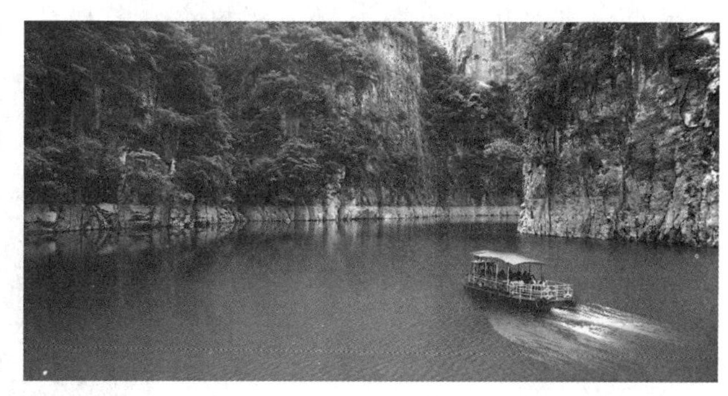
高峡平湖泛游艇

八泉峡首尾全长11公里，今与红豆峡、青龙峡并称太行山大峡谷AAAA级旅游景区中三处中心景区。

---

① 《新华词典》注释：〔阿〕读ē，凹曲处。“山阿”即为山间凹曲处。

② “15处名泉”，见本书店上镇北桉村《泉滋仁里》注①。

# 丁家岩



## 杂句谣
## 沿河十二盘水打磨

人不推，牛不拽，河水一冲转起来。
碾柿糠，供度荒，磨上白面过年飨[①]。
水发电，磨停转，电磨磨面转得欢。
迎游客，安水磨，旅游享享水乡乐。

丁家岩村，位于新兴旅游小镇桥上东侧，约0.5公里处，含河东、河西、潭上、南掌等6个自然村，分别坐落于淅河两岸丘壑之上。岸南山崖属隐银山山系北延、南掌山边缘；岸北山崖属梯垴山山系南延、老孤山边缘。

桥上乡境内的淅河、八泉河两条长流河落差大、水流急、水力资源较为丰富，往时沿河村庄共安装过72台水打磨。古来磨面、卖面为此间一项传统产业，除磨本地小麦外，还要从全国最大的麦区、毗邻的河南省买来小麦磨面出售。是时，虽无现代科技，但当地世居百姓发挥聪明才智，土法上马，安装的水打磨台与台之间间距合理，水能得以充分利用，几近饱和状态。丁家岩籍、桥上中学原校长马喜胜函告："丁家岩是淅河、八泉河两河汇合后流经的头一村，安装水打磨曾多达12台，曾是河郊沟水打磨最多的村庄。"

20世纪70年代初开始，桥上公社被列为小水电开发重点公社，规划建设省定小水电自供区，在淅河上实施小水电梯级开发工程，随后建成9座小型水电站，装机容量共计7270千瓦。为保水力发电，加之淅河流量有减，致全乡水打磨皆停。如今，作为AAAA旅游景区，似须设法安装几台水打磨，让外来游客见识见识当年太行水乡那道古老的风景。

图为停转40年，废弃的水打磨闲置景况。

尘封的水打磨

① 柿糠，为柿皮、落果柿子晒干与炒熟的谷糠搅和磨面而成，供农闲代粮、歉年度荒食用。

# 大　河

## 一剪梅
## 太南锁钥大河关

东出太行过隘关，崖壁巉巉，瀑布湍湍。独桥锁钥扼山川。一卒当关，万卒回返。

中外攀岩赛正酣，男将高攀，女将高攀。灵如壁虎巧如仙。昔日雄关，今日奇观。

大河村，位于太行山大峡谷中段、青龙峡（拐龙沟）颈部前延出口处，梯垴山山系东南边沿断层崖壁上下。淅河主流与拐龙沟支流两条长流河在此汇合后，水量陡增，故取村名大河。含西圪瘩、坡头上、坡底、上坪等12个自然村。旅游开发之初拐龙沟改称青龙峡，与红豆峡（原洪底沟）、八泉峡（原桥后沟，另称八道水）一起并称太行山大峡谷AAAA级景区中的三个中心景区。

从太行山分水岭下到大峡谷谷底，经东柏坡、盘底、大河三台地质大断层，海拔从1500米左右下降到不足500米，距离10余公里，落差竟达近千米，形成山高水急、崖陡谷深、草木悬岩、古道缠山、地势雄险之胜状。其中最东的大河断层山似壁立，峰如刀削，岩似丹霞，天若蓝带，坡生奇木，谷奔急流，崖挂高瀑，尤为壮观。旧时设大河关卡，为太行山南端晋豫间商贸物流交通要冲与军事要塞，易守难攻，人称“太南锁钥”，其雄险之势诚如唐代大诗人李白在其千古名篇《蜀道难》中所咏“一夫当关，万夫莫开”。堪与太行山北端平型关、中部娘子关并称太行山三大关隘。进入21世纪以来，此处已举办过太行山大峡谷第二、第三、第四届国际攀岩赛，皆获成功。

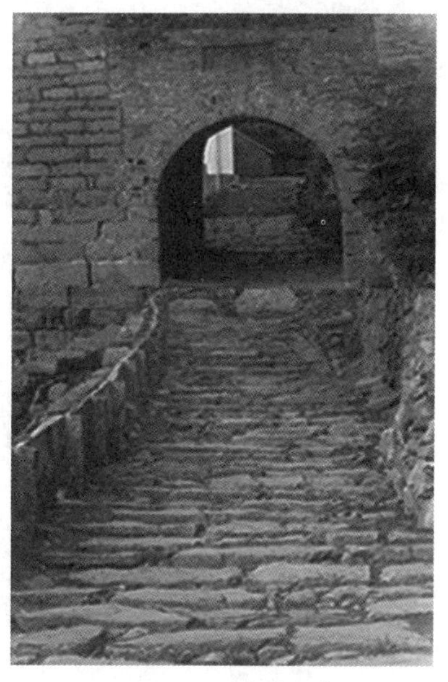

大河关门

## 浣溪沙
## “小江南”中“沙家浜”

百亩河滩水润滋，淅河最惠杨家池。半归人力半天时。
阶级斗争本无事，发言稿上必须词。穿靴戴帽为应时。

杨家池村，位于淅河北岸，著名大河关东侧。含东岸上、前磨上、槐树坡等5个自然村。图为矗立杨家池淅河南岸的东鸡冠、西驼峰两座山峰（见图），两峰同属隐银山山系主脉东北延边缘。

淅河河谷（太行山大峡谷）一带是壶关域内唯一能够栽种水稻的地区，而栽种水稻最好的地段就在杨家池。淅河流经杨家池村东南河滩拐了个大弯，弯里滩宽水缓，丰水年冲积成的淤土地块多，最多年份累计面积可达七八十亩，正宜垒堰淤土，整修水田，引河灌溉，栽植水稻。演唱“样板戏”正火的那些年，人们诙谐地送予美称河郊沟是“小江南”，杨家池是小江南中的“沙家浜”。只可惜1975年夏，淅河暴发了一场特大山洪，杨家池河湾中的淤土水地被全部冲走，至今绝大部分仍难恢复。

1969年年初，县里召开的一次年终三级干部会上，安排杨家池大队时任党支部书记陈志杰总结农业生产上年际起伏、丰歉不定的经验教训，作大会发言。审查发言稿时，上纲为“不抓阶级斗争，人称‘沙家浜’，总唱不成革命戏；抓了阶级斗争，人叫‘小江南’，方才打出江南粮”，有了这几句，才算突出了“政治”，适了时势，合了领导口味，过了审稿关，陈志杰方才得以上大会发言交流。

双峰并峙

# 东川底

## 采 桑 子
## 春华秋实山楂林

春风一夜花千树，银饰林中。香漫村中，马叫人欢闹备耕。
秋风一夜红千树，酸在其中。甜在其中，摘果收秋喜岁丰。

东川底村，位于名称三占台的山崖之南，太行山大峡谷东端，浙河流往河南省的出口处，故原名“川底”。1983年地名普查时，为避免与县内另两个川底重名，按方位改称东川底。距壶关城75公里。三占台为梯堖山山系主脉东延末端一道山岭。东川底河滩海拔486米，为壶关境内海拔最低点，与最高点大虎岭海拔高度相差1386米，一个最高点、一个最低点，构成壶关高、低“两极”。

东川底村里村外有多处成片山楂果园，大大小小折合百余亩，户均近亩。山楂林春放白花，洁如银装著树；秋结红果，艳如玛瑙挂枝，构成东川底春秋两道靓丽风景。村民们春忙秋忙，有种有收，亦忙亦乐，享受劳动的快怡，丰收的喜悦。

壶关乡间百姓称山楂为“酸楂”，顾名思义，言其味酸。果蔬中的VC与酸度呈正相关，山楂酸味极浓，则标志着VC含量丰富。VC有强抗氧化作用，可预防动脉硬化、坏血病等疾病，还有美容功能等，乃为人体必需；且是我国北方大多城乡居民碗里所缺，冬春两季尤缺；山楂又较之其他水果耐储存，几可周年食用。因之，食山楂、补VC经济实用，当着力推广。桥上乡的前堖、后堖、南岭、东川底，鹅屋乡的五里沟、师家背、黄崖底、东土池、西土池等山村是山楂的传统产地，往年一度出现“山楂热”，近年转冷。如何宣传山楂的营养保健作用，开发山楂产业，当是此间扶贫开发、山区建设的一个课题。

晋豫界碑

# 南　岭

## 七　律
## 李明江捐肾救弟

老岭深山报德音，平凡百姓典型新。
同胞捐肾救亲弟，生母连脐系脉筋。
时代熏陶仁义好，家风教化性情真。
一花引得百花艳，装点壶关满目春。

南岭村，位于淅水河北岸，抱孩儿山南半坡上，故名南岭。含黑窑、里窑、寺上等6个自然村。抱孩儿山属梯垴山山系主脉东延尾部一岭。

远在省城，笔者很想了解家乡壶关的信息。《壶关报》两周即会寄来一叠，每次收到即是先展先阅，阅时心随报动，堪谓“为家乡之喜而喜，为家乡之忧而忧”。2014年12月5日，笔者在省城家中捧读刚刚寄来的11月28日《壶关报》，被记者韩振宇采写的南岭村农民李明江《捐肾救弟演绎人间大爱》的长篇通讯吸引住了，心绪随文逐浪，感慨联翩。深感这是中华民族孝悌天伦传统美德的不灭薪火，这是全面深化改革开局之年盛开的文明之花，这是家乡培育一代社会主义新型农民的最佳教材。这个故事发生在家乡壶关太行山大峡谷深处的一个小山村，一户以世代耕耘土地为生的平常农民之家，一位勤劳俭朴、49岁的普通中年农民身上。读毕凝思良久，愈加感到典型至好，亲情至浓，受教至深，遂咏七律一首为赞，寄至家乡《壶关报》发表。时值甲子年底，谨望通过县报，寄上新年祝福：祝明江兄弟俩身体康健，祝明江全家老少幸福平安！

图为李明江（右）、李会江兄弟俩在祖居石屋前的石阶上小坐小聊。

同胞手足情

# 前　垴

## 七　古
## “小 红 旗 渠”

东邻开掘红旗渠，两垴村民劲憋齐。
长者力挥撬石镐，青年争作爆破迷。
开渠十里浇冬麦，润泽两村除岁饥。
汗水换来幸福水，送称美誉小红旗。

前垴村，位于大河关北畔，青龙峡颈部崖头两侧，与地处青龙峡尾部的后垴村对应毗邻。含岭东、小中垴两个自然村。青龙峡紧偎梯垴山东麓崖下，“两垴”坐落一前一后，即得村名。青龙峡原名“拐龙沟”，旅游开发时改为现名。图为前垴村中由青石砌壁、铺底的一条石头古巷。

新闻通讯经典篇章《县委书记的榜样——焦裕禄》中有句名言：“榜样的力量是无穷的。”林县人民自力更生、艰苦奋斗，修筑了“人间天河”红旗渠，即是一个伟大的榜样。“榜样之侧，岂能安睡！”正是在毗邻的林县红旗渠精神的鼓舞下，1973年，前、后垴两个生产大队干群齐奋勉，联手学林县，团结办水利，开渠引出拐龙沟源头的水，发展水浇地。在多处悬崖绝壁上，摹仿红旗渠英雄，用吊在崖半悬空作业的方式打眼放炮、开凿渠道。经过三年奋战，在沿拐龙沟西侧的半空崖壁上，开出一条8600米长的水渠，取名“团结渠”。团结渠竣工后，浇地500余亩，前、后垴两大队实现了“一人半亩水地小麦，两村百姓吃面基本自足”的奋斗目标。40年过去了，由于源头水量减少，渠体年久失修，浇地面积大减，但仍发挥着供给两村人畜吃水的效益。村民饮水思源，每每忆起劈山开渠壮举，都会动情地说：“那是大红旗渠带出了条‘小红旗渠’。”

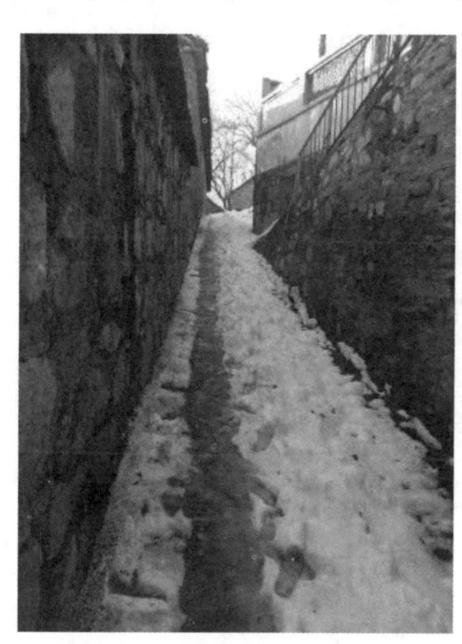
雪积巷更幽

# 后　垴

## 七　绝
## 飞瀑敲潭

高崖十丈悬银练，碎玉散珠敲碧潭。
映日水帘彩霓出，瑶池天上落人间。

后垴村，位于太行山大峡谷支峡——青龙峡尾部，梯垴山群岭东侧崖下，与地处青龙峡颈部的前垴村对应为邻，将坐址一前一后，分别冠以村名之前，即称前垴、后垴两村名。青龙峡原名“拐龙沟”，旅游开发时改称现名。含崇上、东庄凹、水泉上等13个自然村。

游者辞“太南锁钥”大河关，入青龙峡口北行，足沿蚰蜒小道，身贴丹霞崖壁，目赏奇花异木，耳悦鸟语蛙鼓，沿途佳景相随。行约2.5公里处，朝远处望去，一条高约30米的瀑布悬挂于一面弧形山崖之上。步至近瀑处，先闻瀑布敲潭，声如编钟，动听怡人；遂见珠帘高挂，碎银四溅，落入青龙潭内。青龙潭碧水一泓，清澈见底，游鱼可数。游者至此，迎瀑仰沐，举手够虹，临潭数鱼，恍如身入人间仙境、地上瑶池，妙不可言，美不胜收。

青龙潭由三面小潭组成。瀑下一潭潭面方圆约500平方米，最深至8米，是太行山大峡谷青龙峡景区的核心景点。有临者比喻：“青龙峡为一条珠宝串成的‘项链’，青龙潭为链上的一枚美玉‘坠子’。”

风光独特的青龙峡景区由后垴瀑、青龙潭、青龙峡、大河关、淅河干流五处景点首尾相衔组合而成。与八泉峡景区、红豆峡景区共称太行山大峡谷AAAA级景区中三个中心景区。

图为后垴瀑与青龙潭组合景点。

瀑敲潭声远

# 梯垴山

## 七　律
## 名正脱皮榆

庙前神树尽称奇，累月经年褪树皮。
半亩荫凉十丈冠，两围胸径百斑躯。
雪铺四九根尤壮，雨打三伏叶更萋。
厅长远劳查考日，始教名讳脱皮榆。

梯垴山村，位于太行山大峡谷支峡八泉峡东侧梯垴山上，北与平顺县搭界。梯垴山村跟西侧的西坡沟村同为梯垴山上的两个建制村。含岭南、柳树凹、西臭水、支弓场等24个自然村。梯垴山主峰老方山海拔1468米，与山下桥上村相对海拔相差约900米。

梯垴山主峰前有座古庙，称山神庙。庙前有株古树。古树迎风劲长，干祖枝孙，郁郁葱葱，傲然独立，卓尔不群，甚是威仪。树皮脱落斑驳，内中缘由不详。世居大山深壑、穷乡僻壤的老乡，即敬称此树为“神仙树”，奉作“村图腾”，枝上红布条条，根周香灰斑斑，足见敬奉之虔诚。

1986年8月9日，笔者随同山西省林业厅原厅长、全国著名古树专家刘清泉奔赴梯垴山山神庙前考察那株古树。清泉厅长下车后不顾山路巅簸、远途劳顿，紧步直趋古树跟前，举首抚干仰看，俯身检叶细察，随着明谓在场我等——时任县林业局长张平和、副局长连胜利、桥上乡党委书记李彦忠、干事秦尧、梯垴山村支部书记赵海忠、村委主任赵里增：“此非“神仙树”，本名‘脱皮榆’，属榆科。我国榆科共有8属、50余种，脱皮榆为其中一种。”

榆、峰、庙三元组合

# 西坡沟

## 五　律
## 二良师坚守大山

师徒守大山，普九苦攻坚。
家访攀崖险，灯燃备课寒。
良贤方卸任，俊彦紧跟班，
民赞师徒好，薪传五十年。

西坡沟村，坐落在梯堖山主峰西麓坡半的诸多山凹里，故名西坡沟，与东侧的梯堖山村同为梯堖山上的两个建制村。北与平顺县搭界。含关上、老张圪道等8个自然村。

梯堖山由主峰老方山为轴心，向四周山麓悬崖边上，由高到低、辐射、延伸出若干鸡爪形山凹，西坡沟、梯堖山两村居民分散居住在41个山凹的32个山庄窝铺、孤庄独户自然村里。由于周边皆临深壑，四面绝崖相拱，中央主峰高耸，整体酷如一座陆上“孤岛”，地势十分险要，上山下山极为艰险。当地老乡讲述：“在山下买上牛犊，从悬崖栈道抱上山去，饲养长大，耕作使役，积粪肥田，从此，牛再也无法下山，直到老死为止。”

新中国成立后，西坡沟、梯堖山两村在西坡沟村合办了一所初级小学校。半个世纪里，林县籍模范教师李天录生前在此执教25年；他的学生、梯堖山籍模范教师李贵增接班执教25年，师徒俩前后相衔，从无中辍，坚持完成了两个山村普及小学义务教育的任务。村民赞叹说：“我们把牛犊抱上山，发展生产；二位李老师把文化送进山，送来文明。”省报记者称他们师徒俩是梯堖山上的“普罗米修斯”。《辞海》注：普罗米修斯为希腊神话中盗取天火，传授多种技艺，造福人类的神，常用作比喻帮助蒙昧地区开启文明的贤者。

图为梯堖山上新安的太阳能路灯

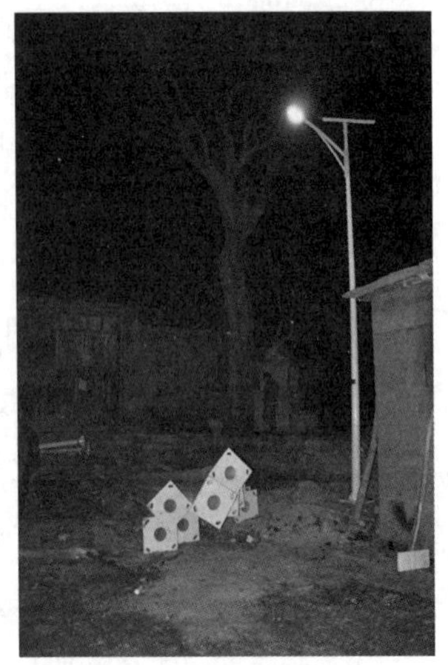

灯照夜径明

# 洪　底

## 满江红
## 红豆峡蝶变

谷裂山开，恰如是、刀剜斧削。世居者、谋求温饱，四时难歇。白瀑黑潭牛自饮，绿杉红豆樵常截。百千年，曾梦出黄金，池中月。

逢盛世，民不懈；深峡谷，开发热。携高山流水，迎宾如约。红豆峡中衣五彩，荫林路上车千列。兴旅游，富裕一方人，新功业。

洪底村，位于太行山大峡谷主要支峡之一的红豆峡中部北侧崖畔。红豆峡是条独山谷，长约4公里许，中由淅河干流贯通。峡谷南侧山崖属隐银山山系边缘，北侧山崖属紫团山山系边缘。沟谷中唯有洪底一座17户人家的小山村。红豆峡原名“洪底沟”，新世纪之初，开发大峡谷旅游业后方获新称谓。

红豆峡悬崖陡峭，杂木遍布，有珍稀树种红豆杉群落生长。峡中淅河四时长流，跌落瀑布数叠，望似银河落地，听如编钟乐奏。十里长峡昼有百鸟争鸣，夜来蛙鼓互答，好个胜景所在。祖居这里的洪底村百姓固守宝山、勤劳俭朴，却世代贫困，做梦温饱而未得，苦无脱贫之良策。改革开放以后，壶关县委、县政府筹谋决定开发旅游业，时任壶关县政协主席张平和率队开发红豆峡旅游景区。从此小山村洪底一下子红火、热闹起来，百姓忙乎着采卖山货、烹饪小吃、开办“农家乐”旅店，走上了办旅游、摘穷帽、奔小康之路。

图为红豆峡中千石湖风光

奇石恋碧水

# 紫团

## 七律
## 紫团山——壶关地标

回肠九曲路途遥，万木拥车上碧霄。
绿叶白松妆岭脊，翠梢红豆缀山腰。
紫团时绕紫云吉，福水长流福气高。
暂让风骚于武夷，北南何日并风骚？

紫团村，位于太行峡谷国家级森林公园中心部位，紫团山山系主峰东侧的大垴山南麓，故原名“南庄”。1983年地名普查时，为避免与五龙山乡南庄村重名，因村偎紫团山，则更名为紫团村。

唐代之前，紫团山称抱犊山，时与福建武夷山齐名、并提。道光版《壶关县志》如是记载：“晋人抱朴子称：天下名山者，南有武夷，北有抱犊。”紫团山上生长着三万余亩天然次生松林，葱茏茂盛，绿岭绵延，林涛长啸，气势浩然。紫团山西侧沟谷中有条四季长流小溪，称福水，为壶关15处名泉之一，水质优良，含锂丰富，曾被制作成瓶装矿泉水上市销售，并送1990年在北京举办的第11届亚运会上饮用。

紫团山自然景观壮美，人文资源丰厚，历史上白云寺、紫团洞等景点名闻遐迩，多有迁客骚人登临吟咏唱和，留有山水、人文诗词上百首。紫团山、紫团洞为太行山大峡谷整个景区中最初开发的旅游景点。

紫团山堪称壶关地标首选。改革开放后，邑人常用紫团山作商品品牌标志。一县一业的壶关旱地西红柿注册紫团山牌，县城之南八里川上建有国家级龙头企业紫团公司，壶关文联办有《紫团山》文艺年刊，由壶关籍、山西名中医平全意作词、音乐家刘德增谱曲、名歌手陕军演唱的《壶关小唱》中有赞美紫团山的唱词……于是，紫团村也随山而声名远扬。

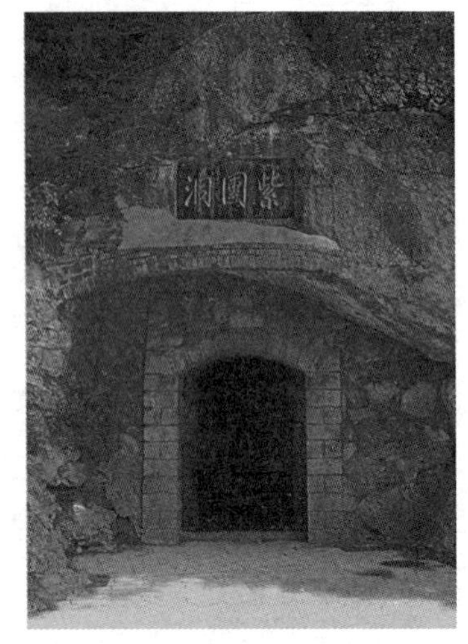

别有洞天

## 东 垴

### 西江月
### 紫团参

林庇云遮岭地，技精土沃参宜。荆公高节走东西，参誉借光人誉。

最惜气温变异，人参北植新畦。党参栽种亦相宜，服后补中益气。

东垴村，位于太行峡谷国家级森林公园东南部，太行山大峡谷主要支峡之一的红豆峡西北崖上。缘其址坐落紫团山主峰东侧的大垴山偏东岭上，则取村名东垴。

壶关东部紫团山周围地带，古时光照、气温、雨量、湿度、土壤等环境、气候因子俱宜人参生长，时为人参著名产地，称“紫团参”。产地核心区在东垴村西北、照壁山之阳深壑里的坡地上，约30余亩，古称“南极参园”。

北宋改革家、名相王安石曾被封为荆国公，遂得别称王荆公。王荆公与紫团参曾有过一个掌故，宋代科学家沈括所著的《梦溪笔谈》中有载：“王荆公病喘，药用紫团人参不可得。时薛师政自河东还，适有之，赠公，不受……荆公曰：‘平生无紫团参也活。’竟不受。”从此，不受胜于受，参依人而名。令人惋惜的是，后因气候变化，这一带参农种不成人参，只好改种党参，仍称“紫团参”。紫团参溯源正宗，品质上佳，受到南北医患者的欢迎。

关于紫团参的传说另有一版本称：古时医药界将党参与人参合称人参，从来紫团山长的就是党参。此以前一版本为据，填《西江月》上、下阕为记。

南级参园峰遮荫

# 庄则上



## 七　律

## 源泉村

百里城乡润渴肠，引思渠首好村庄。
水磨止转更牛套，矿点停开守约章。
丰水甘尝少水困，一村义解百村荒。
源头民众忧人渴，羞煞毁渠偷水郎。

庄则上村，位于太行山大峡谷西端，北依沙陀岭山系主脉南延山岭边际，一处称作“阎王鼻”的险径之下。一般认为此地即是俗称的“四十五里河郊沟”起始处。含土圪堆、下寺等两个自然村。

庄则上村东北崖下涌流七里栈泉。庄则上籍、晋城市地方志办公室原主任、史志专家秦海轩撰文称：“七里栈泉源古称沾水，在庄则上村东3里许之处。北魏郦道元[①]《水经注》‘有淇水，沾水注之，水出壶关东沾台下。’”1974年4月，壶关立项实施七里栈提水工程，先后由郭士敏、王天福、丁松珍、韩恩浚、李小保任总指挥，调集民工数百，开渠百里，提水4级，1986年11月告竣，引水至县城，解除了县城及沿线100多个村庄人畜饮水之困。时任壶关县委书记张维庆为工程通水特题“泉源”二字（见图）。

七里栈提水工程为壶关城乡居民命脉所系，保护泉源、永续利用则成壶关县策。为此，县政府对源头庄则上及其近邻板安窑等村庄做出规定：在保证本村人畜吃水的前提下，停用水打磨，源头不准掘泉取水，附近数公里内禁止放炮取石、采矿。村民识大体，顾大局，皆遵从，保证提水工程持续不断地东水西流。相反，提水工程沿线一些村庄却时有毁坏管线偷水者，此咏叹诗记。

百里流长为有源

① 《辞海》注:〔郦道元〕北魏地理学家、散文家。撰《水经注》，为地理巨著。

# 东柏坡

## 七　绝
## 不为地小而不耘

小微地块挂高崖，草帽一遮难觅它[①]。
两埯三株不舍弃，千条万块饱家家。

东柏坡村，俗称“东hù坡”。位于太行山大峡谷第一台大断层上端，村南紧临太行山大峡谷的上延五指河峡谷，俗称“柏坡圪筒”，中间隔座蛇圈山与西柏坡村对应为邻。相传村址坐落之侧古有大片柏树林，方得此村名。蛇圈山属箭豁岭山系主脉东南尾部、五指河谷北侧的一座小孤山。

柏坡圪筒崖壁陡峭，嶙峋参差，峡谷深邃。峭壁褶里、巨石后根、山岩缝隙等处，分布有星星点点毫厘难计的些小地块，或只能栽两三株玉米、或只能栽一两埯萝卜，或只能栽三五穴山药蛋，或只能种度把长一小行谷子、糜黍。路险、地小，牲畜下不去，下去又调不转身，只能人工耕种。壶关民间广传着一则笑话说：那一带的山里有位农民种完地数地块，数来数去少了一块，临回家时，取起草帽一看，原来草帽下还掩着一块未种。即忙补种上，方才回家。如此辛勤劳作，惜地如金，视禾如命，又何止东柏坡人！一方水土养一方人，正是这些乍看起来并不起眼的星碎些小地块，春种秋收，颗粒归仓，瓜菜并获，养育了一代又一代的壶关县东山里村村庄庄、家家户户、男男女女、老老少少的世居百姓。

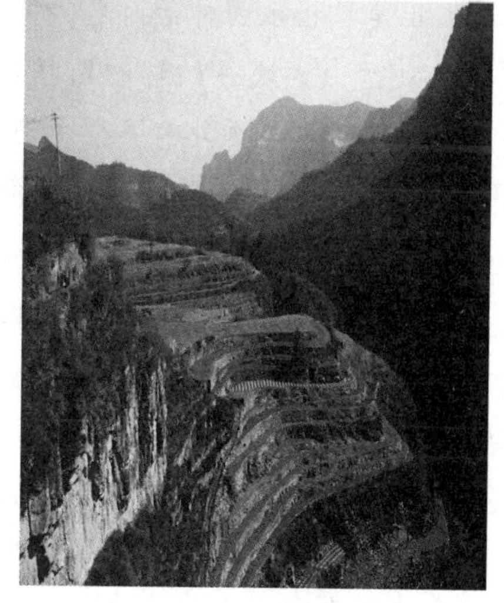

条田挂崖





① “崖”，为多音字，读yá，旧读ái，壶关方言读yē，此处读yá。

## 小重山
## 二仙下凡的传说

奉诏神狮急下凡。持钳平鬼蜮，得平安。狮钳恋世变成山。分两处，对峙北和南。

神话代常传。两山藏秀水，黑龙潭。醉山乐水作神仙。风光美，赏后尽开颜。

西柏坡村，俗称“西hù坡”。位于太行山大峡谷始端，五指河峡谷上段柏坡圪筒北崖头上，中间隔座蛇圈山与东柏坡村对应为邻。相传村址坐落之侧古有大片柏树林，方得此村名。含荞麦山自然村。为桥上乡域西至。蛇圈山属箭豁岭山系主脉东南尾部的一座小孤山（见图）。

神话传说多发端于名山胜水间。太行山大峡谷中名山、胜水繁多，几乎每处名山胜水都缠附着一则美丽的神话传说，是壶关神话传说最为集中的地域，正是“山水因神话而名，神话因山水而永”，是谓“文化山水”。

太行山大峡谷始端的西柏坡村，北有雄狮峰，南有神钳山，两山相夹柏坡圪筒东端不远处有一黑龙潭，即附有这么一则神话传说：古时候，东、西柏坡一带有魔兴妖作怪，害得百姓乡无宁户，岁无宁日。玉皇大帝闻报后，派遣两位神仙——自己的爱将神钳与自己的坐骑神狮下凡，奔赴西柏坡一带镇妖。平妖之后，钳、狮二位神仙识得人间烟火，一心留恋凡间，抗旨拒返天庭。玉皇大帝震怒，连发咒语，用法术将两位神仙物化为村北雄狮峰、村南神钳山两座大山，永落人间。相传旧时两座大山云雾缭绕，古刹钟声，香火终岁不绝；如今奇峰陡峭，林木葱茏，景致仍胜。两山一谷（柏坡圪筒）一潭（黑龙潭）组合成了太行山大峡谷上段景区。

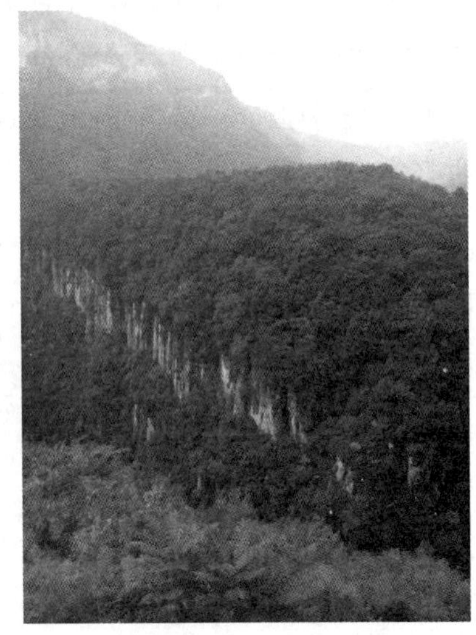

崖上孤山

# 下石坡

## 七　律
## 阁老岭的山名

阁老岭中山有名，山名尽涉仕途情。
殿前掌印遵皇上，笔架提毫写奏封。
新轿还乡衣尚丽，华冠登殿翅应平。
取才论貌朝纲弊，翅比状元短寸零。

下石坡村，位于太行山大峡谷的支峡、王莽峡始端，荫林公路北侧岸上。因村址坐落于高山寨山系主脉南延侧峰、狮头山阳面的石山脚上，且处于东北面3公里外的中心村石坡下方，故得此村名。含大魁、孔山、鹰棚上、老凹圪道等5个自然村。

阁老岭位于老凹圪道自然村东南1公里处，为太行山大峡谷景区景点之一。阁老岭上景点的特色在山名，计有印把山、笔架山、轿顶山、官帽山……山名各异，风光不同，以山状物，极为形似。这些山名有一共同点，即全与仕途、官场、朝廷相涉，民间传说皆为明太祖朱元璋即兴御赐而获之。观后引人遐思，诱人久记难忘。

壶关王莽峡一带山区民间，流传着一则明太祖朱元璋以貌取人的掌故：话说明初某年某月某日，壶关小南清村郭某赴京朝试，得中状元。面试时，终由朱元璋以其“面貌丑陋，有碍观瞻”为由，降低一级，点为榜眼[①]，封作吏部考功司主事。从此，人称郭阁老。另传郭阁老后因直谏犯朝，被贬回乡后，未归原籍小南清村，而是落户客籍马安驼村。病逝后葬于马安驼村对岸阁老岭上。此则掌故马安驼村有碑为记，亦即阁老岭名称的由来。

入门览胜

① 我国古代科举考试中的殿试，中头名称状元，二名称榜眼，三名称探花。

## 虞美人
## 五株迎客松

五松宛若擎天柱，荫展将村护。欢欣正午送清风，百姓松荫饭场侃西东。

代传阁老还乡事，古树长相志。游人照相闪光频，桥畔松涛呼唤九州宾。

马安驼村，位于太行山大峡谷西北支峡、王莽峡（王八河）东崖头上，北垴山、南岭上两座高山相夹凹里。整体村势为南北两头高、中间低，呈马鞍型，故得此村名。北垴山、南岭上为高山寨山系主脉南延两座山岭。

马安驼村古来土薄石厚，属僻壤穷乡。村中虽有古桥、古松、古道，如画风景、美丽传说、好客民风，却鲜有来客问津。主因缘在出村必经之路王莽峡古来“行路难”。王莽峡旧称王八河，是条季节性河流，发源于安口岭东麓山銎，下行六公里，至下石坡，为其上游；从下石坡起至土圪堆，长8公里，为其下游，即王莽峡主体段落。整个主体段落崖陡、狭窄、幽暗，曲折跌宕，险处连绵，总体截面呈“V”字形，乡谚有称“进的王八河，两眼泪簌簌，冬天怕大雪，夏天怕涨河”，是言冬季雪封河谷后，行人有眼找不到路；夏季涨河时，行人有腿无躲处。雨雪两危，冬夏皆险，均需得谨慎择日，小心行走。

抻“臂”迎宾

1990年，荫林公路筑成，通过王莽峡。公路通，旅游兴。随之慕名临马安驼赏景的游人、五株松下留影的宾客、十八盘古道上徒步攀登的“驴友”，与日俱增。王莽峡现为太行山大峡谷景区旅游景点之一。

图为马安驼村西口五株迎客松风景（局部）照。

壶关村村咏

# 常平开发区

李掌
黄角头
河口
王章
王家河
常平
阎家河
杜家河
坛上
小逢善

# 常　平

## 沁园春
## 诗记钢城正盛时

元宝山前，矗立炉群，与岭比高。望钢城内外，车来车往，人行人伫，赶海弄潮。焦自N州①，矿来数国，产品穿洋四海销。开炉日，喜钢花飞溅，铁水生涛。

往时稼穑辛劳，叹单一经营活力消。仗三中全会，小平新政，兴工致富，孕育英豪。技自专家，力来工友，迎战危机总有招。看今日，指多元发展，盼创新高。

常平村，位于洪掌岭山系主脉由西向北转向折弯东南、支脉元宝山南侧，石子河北畔小平川上，壶关城东北4公里处。常平开发区办事处驻地。

常平原本是太行山中一个普通农村。党的十一届三中全会后，常平干群解放思想，放开胆子，在全县最先实行农田包产到户，接着率先办起机砖厂、水泥厂等村办企业。2012年3月5日，常平开发区原副主任王向国寄来资料称：常平村农民企业家陈忠孝以小起步，炼铁起家，随后办成以钢铁为龙头，煤矿、铁矿、焦化、煤气发电为配套，房地产、旅游为补充的综合性大型民营企业常平集团。2010年，生产坯钢89万吨、线材48万吨、焦炭58万吨，年产值52亿元，上缴税收2.47亿元。连续10年入围全国民营企业500强。董事长兼总经理陈忠孝荣获“全国劳动模范”荣誉称号。

近年，由于受世界钢铁市场走低与国家去钢铁过剩产能政策的影响，常平钢铁厂生产遭受重挫，现已停产。兹将2008年仲夏一日，笔者随省政协组团参观常平后所填《沁园春》词上、下阕略改，添背景数言，作记前几年那种并不平常的“常平现象”。

钢花四溅日

① “N州”，泛指山西几处焦炭产地。下句中“数国”系指澳大利亚、巴西等。

## 三 字 谣
## 数字电视第一村

王家河，享新惠；看电视，免收费。
零九年，数字化；市与县，第一家。
频道数，一百多；画面清，音柔和。
盼多用，能点播；能上网，能购货。
城与村，成一体；数字壑，快填齐。

王家河村，位于壶关盆地城北小平川南沿，常平开发区西界。

“数字鸿沟”是城乡二元结构的重要体现之一。要千方百计解决城乡二元结构问题，推进城乡一体化进程，其中很重要的一方一计即是加速填平“数字鸿沟”，正如《数字化生存》一书中断言，“数字化不再只和计算机有关，更决定我们的生存”。我们应当以这种攸关“三农”前途命运的新理念来统一思想与行动，力促广大农民成为“网民”，力推广阔农村进入网络世界，力争与城市同步发展，实现数字化、信息化、现代化。

2011年7月9日，壶关县广电局时任局长王文斌讲述：“王家河村党支部、村委会从数字电视入手，缩小‘数字鸿沟’。1997年，经个人投资、集体补贴、县广电中心帮助，全村120户安装了有线电视，由村集体负担收视费。2009年，全村有线电视率先升级为数字电视，成为壶关县数字电视第一村。现正在筹备开通电视上网，在网上了解市场信息，销售农产品，以及听课受教、网购货物等多种功能，最大限度地发挥数字电视便民、教民、惠民的作用。同时，以王家河村为示范，引领全县农村的数字化、信息化、现代化进程。”

图为村民张孝忠家客厅所置数字电视正在播放节目。

多功能电视

## 七　绝
## 门　槐

沧桑历尽古门槐，车马洞中能往来。
老树逢春时运好，新枝渐是栋梁材。

阎家河村，位于壶关盆地城北小平川南沿，距壶关城3公里处。

阎家河村南长有一株古槐，树龄无考。历经风雨沧桑，古槐干部中枯成洞，车马能过，人称“门槐”，古来为阎家河村标。1988年列入壶关县政府明令特护的40株古树名录中。

槐，高大落叶乔木，又称国槐，以与国外引进的洋槐（又称刺槐、德国槐）相区别，树龄长的亦称古槐。往时，世居壶关人“百木皆爱，唯槐是尊”，以致槐树在壶关域内分布很广，几乎村村庄庄长有几株根深叶茂、本固枝荣、荫浓冠展的古槐，堪作地标、村志、风景点。由于几经乱砍滥伐，迄今所存无多。壶关县教育局原局长赵银书在《心声》一书“古槐追忆”一节中这样记述他儿时的家乡石南底村：“从东到西，古槐参天，遮天蔽日，煞是壮观。计19株，今无存。”

近年，就笔者回县下乡搜集“村村咏”资料所见，除阎家河门槐外，尚有黄山村南、韩村西北、东脚村西、刘寨村中、长林村东、王家河村西、南平头坞村中、董家坡村东、盘驼底村东、西韩村中、东郊村南、西关壁村中、王家庄村北坡自然村村前等处生长的古槐20余株。这些村的世居百姓敬待古槐近乎宗教——树前多设有香案，枝上挂有红布条，人们视槐为神，迷信敬槐会得福运来，损槐会招恶运至，这也是少量古槐得以长久留存的一个真实的客观原因。

门槐干部

# 王章

## 七绝二首
## 《新壶月刊》的进步意义

留学东瀛识共和①，归来省会唱新歌。
期期月刊说辛亥，寄往壶关逐旧波。

常行政府隶南京，国共几番摩擦生。
数度执行安攘策，是非功过待新评②。

王章村，位于老狗掌山东麓山坳。含河北凹自然村。老狗掌山属洪掌岭山系主脉西南延一道山岭。

民国中期，王章籍青年学子马成骥赴日留学，接受日本明治维新的改革理念与孙中山先生的资产阶级民主共和思想。回国后长住太原，联络壶关籍在并学子组建新壶月刊社，亲任社长，创办《新壶月刊》，其宗旨是向壶关介绍资产阶级民主革命思想及先进的实用生产、生活科学技术，改进县域教育工作，启蒙家乡朝野，推动社会改造、进步。抗日战争时期，马成骥任职壶关县民国政府县长，驻常行。其间，既执行蒋介石“攘外必先安内”的反动政策，时而反共；又受共产党统一战线政策的影响，时而抗日。纵观历史，客观评价，马成骥该是一位有功有罪的多面复杂人物。

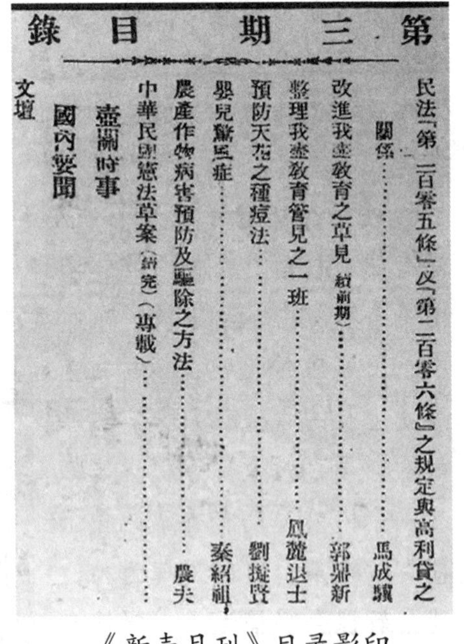
第三期目錄

民法「第二百零五條」及「第二百零六條」之規定與高利貸之關係……馬成驤
改進我壺教育之草見（續前期）……郭鼎新
整理我壺教育管見之一班……鳳麓退士
預防天花之種痘法……劉擬賢
嬰兒驚風症……秦紹祖
農產作物病害預防及驅除之方法……農夫
中華民國憲法草案（續完）（專載）……
壺關時事
國內要聞
文壇

《新壶月刊》目录影印

① 《辞海》注：〔东瀛〕日本。瀛：海。

② “攘外必先安内”，见本书东井岭乡大井村《朱总划界处》注①。

## 黄角头

### 五　律
### 县北绿化一帜

县北兴林事，举旗黄角头。
干群同紧套，老路作头牛。
绿染屏村岭，鸟歌乔木沟。
斯人乘鹤去，山俯树低讴。

黄角头村，位于洪掌岭山系主脉西延、凤凰山顶端阳面凹里，故原名“凤凰头”，后演为现名。含大西垴、尖垴两个自然村。

黄角头村民路其昌是农村改革之初，壶关县涌现出的植树造林专业户中的首户，是县委、县政府命名的全县13位林业功臣中首批6位中的一位①，还是时任县委书记张维庆联系“两户（多种经营专业户、重点户）”中的重点联系户。1979年以来，路其昌带领全家老少披星戴月，爬山登岭，起石还土，育苗栽树，绿化荒山，成绩卓著。在他的带动下，黄角头村随后形成以专业户、专业队与群众运动“三结合”的方式兴办林业；应用全国林业劳模王五全创造的就地育苗移栽技术即“五全法”，大育其苗，大植其树，大绿其山，共计荒山造林1750亩，在县东北石子河流域乡村中起了示范带头作用。

举家植树图

图为路其昌带领全家老少上山植树间隙，学习“五全法”植树技术资料。

路其昌于2007年不幸病逝。他生前带头植造的满山松柏，四季常青，无字丰碑，永铭其不没之功。



① 壶关县委、县政府首批命名的6名林业功臣与总共命名的“13名林业功臣”见本书石坡乡辘轳城村《李其兴双匾耀门庭》注①。

## 民　谣

### 喜开“驴吉普”

家家有辆驴吉普，天天能赚四块五。
三中全会暖人心，长鞭一甩进了府[①]。

杜家河村，位于县城东北2.5公里处，季节性石子河下游北岸上。

进入20世纪80年代，农村改革初期，推行家庭联产承包责任制，实行主要农业生产资料大包干“三到户”，即：土地联产承包到户，牲畜包养到户，大型农机具包用到户。广大农民衷心欢迎“三到户”，时有民谣广传：“土地到户多打粮，牲口到户出勤忙，农具到户寿命长。”是时，承包大牲畜的户主们用心饲养，牲畜日渐复壮；有条件的村民随之纷纷置车备套，搞起短途运输，奔上赶车赚钱脱贫致富路，过上了温饱日月。

杜家河大队村民凭借离长治市10公里的近距，长平、壶花两条公路在村东北一侧交汇，交通尤为便捷的区位优势；加之，当地乡村建材业兴起的优越条件，一天出动三四十辆畜力小平车，沿着公路右侧路肩上，鱼贯而行，往长治市拉运砖、瓦、石灰、水泥，赶车农民自诩为“咱们的驴吉普车队”。1982年，笔者在杜家河大队所在的城关公社任职党委书记，是年腊月底，安排大年除夕之前的一件公事是给劳模撰联、赠联。其中，给杜家河大队带头赶毛驴车劳动致富的首户、劳模李福锁大门上撰写了一副春联，由时任公社机关文墨上佳的年轻干事魏永平，在街头买来上好的红纸、墨汁，以工整楷体书写，并骑自行车上门送达。联曰“大包干解放生产力，驴吉普致富贫困村”，横楣“致富光荣”。于是，“驴吉普”的叫法传播了一段时间。

“驴吉普”备套待发

① “三中全会”，指中国共产党十一届三中全会，为我国改革开放的起始标志。

# 小逢善

## 竹 枝 词
## 借力建新村

从无经传小村村，绿草红花气象新。
疑似城中街一角，却逢别墅住农民。

小逢善村，位于石子河下游北岸近侧，旧名“小坟上”，属原东崇贤乡庄头村的一个自然村。相传旧时，此处为一户有钱人家坟地。有钱人家时称“东家”。东家雇用两户村民长期住此守护坟地，逐代繁衍成一个小村庄，故得旧村名。2001年，经上级政府批准，单独改设建制村，划归常平开发区管辖，遂更名为小逢善。

小逢善距离常平钢铁厂不足里，村民曾有就近上工之便。新世纪之初，小逢善纳入常平开发区整体规划、统筹发展，村民收入大幅增加，居住条件大幅改善，全村房舍半是二层楼、半是新平房，宛然一片农家别墅群。划入常平开发区之初的几年间，曾引来诸多外地组团临村参观，赢得赞声不绝。近年，小逢善因故前进势头趋弱，经济数年不振。尚待重新筹谋，再创新业，走出谷底，复迈新步。

2008年仲夏一日，笔者随省政协组团参观常平钢铁厂之盛与小逢善村建之新，随感咏填《沁园春》相赞常平钢铁厂，咏吟《竹枝词》相赞小逢善村建。这里将咏吟小逢善的《竹枝词》入册作记，并配文为勉。

图为小逢善村前石子河滩之侧新建养兔场。

俯视规模养兔场

# 李 掌

## 南乡子
## 枣乡嬗变

昔日枣林村，屋后房前树庇荫。八月枝低玛瑙坠，频频，红枣掬掬送客宾。

改革岁迎春，崛起山前产业群。转型发展重振奋，殷殷，乘时筹谋再创新。

李掌村，位于壶关盆地城北小平原东南沿，元宝山西侧。元宝山为壶关县城东北地标名山，海拔1108.2米。元宝山属洪掌山系主脉由西向北转向折弯东南支脉的一座山岭。

往昔，李掌村为壶关县有名的枣乡。春夏时节，农户院落多是“房前屋后枣树荫”；秋前枣熟，树下路人“举手可得枣俩仨”；平日小吃待客“周年有枣盛筐箩”；新正腊月“家家枣糕满盆钵”，引得他乡百姓艳羡不已。只惜今时所剩枣树寥寥，枣乡也渐成昔日旧称，留入记忆了。

改革开放以来，李掌村干群放胆调整产业结构，走亦农亦工、农工并举之路，先后办起酒缸厂、砖瓦厂、水泥厂、溶剂厂、石料厂等村办企业。农兴民饱，工兴民富，李掌村百姓生活得宽裕。近一两年，乡村企业进入新的调整阶段，李掌村数座村办、民办工厂先后停产。目前，李掌村企业进入艰难转型的“阵痛”期，正待谋求新一轮的发展。

元宝山前新画图

# 河　口

## 七 绝 二 首

### 王大旦进京献戏

进京大旦抖威风，放炮三声始入城。
罚款出双拍胸喊：出京罚款并交清。

经营梆子出资丰，慈禧钦封乐意名。
无度奢华万金散，是非成败转头空。

河口村，位于季节性石子河下游南沿，壶关城北郊古驿道路口上，缘此取称河口。于是，一个河口村名即包含了河道与路口两个地理实体。

河口村籍、壶关县史志办公室原副主任原天兴所撰的《潞商首富王家传奇》中记载：清同治年间，河口村大财主王大旦出资十万贯，兴办戏班子，名曰“十万班”，招演员百名，穿金缕行头，演帝王将相，呈风光显赫，名走上党8县。光绪二十一年（1896），慈禧六十寿庆，王大旦带班进京献戏助庆，慈禧甚乐，为他亲题“乐意班”班名，钦旨“不支官，不纳税，不准别人冠用此名”。王大旦挥金如土，胆大妄为，进京时竟自违禁放炮，被罚银3万两，他竟加倍出银6万两，狂称“连出京放炮的罚款一并交清”。由于经营不善，挥霍无度，乐意班终归解散。

乐意班所演剧种为上党梆子，为山西四大地方剧种[①]之一，历史上几经兴衰。原天兴撰文认为：王大旦倾囊置办戏班子，为史上振兴上党梆子剧种起了一定的推动作用。

谋事之所

① 山西四大地方剧种：中路梆子也称山西梆子（晋剧）、北路梆子（上路戏）、蒲州梆子（蒲剧）、上党梆子（大戏）。

## 五　律

## 壶邑北郭觅坛上

河沟落小庄，掘土作窑廊。
年久愁塌顶，霪连怕泡汤。
昔居窑洞土，今住小楼洋。
一体城乡好，同程享小康。

坛上村，位于壶关城北郊，原址坐落在一个丁字河沟壑中。因旧时原址西南有座供作祭祀的坛庙，故取此村名。

城市对近郊农村的经济发展、社会进步、民生改善，辐射与带动作用巨大，堪称一种“近城效应”。这种辐射、带动作用又呈现一种由近及远、梯度减弱的态势。坐落于壶关县城周围近郊的10余个“卫星村”，便享有这种“近城效应”——借县城工商企业积聚之状、县城规模建设扩张之势，较之近郊以远的村庄，打工机会多，就业较充分，收入相对高，使之村庄面貌、居住条件、日常生活诸多方面变化一快二大。坛上村即为一例。

往昔，世居坛上的百姓十有八九住土窑洞，分列在丁字河沟两旁土崖下。因数代相承，年久失修，夏秋雨季常遭雨水浸泡，常会出现洞壁危裂、遇洪受淹、墙倒窑塌等险情、灾情，村民难以安居乐业。如今，按照县城总体建设规划，壶关城与常平开发区连作一体，居中的坛上村坐落的丁字河沟业已填平，建成壶关城北新区，全村百姓尽皆乔迁崭新的住宅区排房及新式楼宇之内。老坛上酷如语言大师、著名作家老舍名著《龙须沟》中描述的那般风天“香炉子”，雨天“墨盒子”的景况，只留在村中长者的记忆之中了。

图为新坛上一角

村寓楼中

# 功夫活——功夫文——功夫书

## 《壶关村村咏》读后感（代跋）

翟翠明　米厚民

二十年前，早在省报农村部工作时，我俩就认识了刘德宝同志（下称“老刘”）。那时他在农业厅任副厅长，分管种植业，常写涉农文章，自然与我俩有了交道、交情。退休后，他仍然农缘不解，笔耕不辍。对工作与写作，他秉持的理念是工作要干成“功夫活”，文章要写成“功夫文”，著书要出成“功夫书”。他认为有“功夫活”，则有了“功夫文”“功夫书”的基础；有“功夫文”“功夫书”，则有了“功夫活”的归纳。这“三个功夫”即是老刘的为政观与为文观。以前结集出版的诗词集《绿屋铭》、工作文集《双耕集》、书信集《寄至家乡的书简》等书作中都融入了他的这个理念。如今，用时五年的新著《壶关村村咏》（以下简称《村村咏》）中，同样能读出他昔日的“履及”与今日的“歌及”都是一种功夫。我俩幸有机缘先睹《村村咏》书稿，感触很多，认为他确实又认真负责，呕心沥血，下了一番功夫，成就了这本可以圈点出若干特色的“功夫书”。

**特色之一：爱国爱乡的主旋律**

老刘根在壶关。他生于斯，长于斯，工作于斯28个春秋。从基层到机关，从普通工作人员到县长。其间，下乡是他的工作常态，积以时日，走遍了全县山山沟沟、村村庄庄，与之结下了不解之缘。如今，他怀着“乡是国的加数，国是乡的和数，乡国一体，爱乡即爱国”的家国情怀与“昔曾履及、今当歌及”的心志，成就了这本50余万字的《村村咏》，表达了他的浓郁爱乡爱国情操。从书中看出，他的这种感情不空泛、很具体。爱家乡的山，即与乡亲们一起十年树木，“在万分之一国土上搞绿化”；爱家乡的树，即“见树则喜，见大树则大喜”，能如数家珍，说出40株特护大树的长相。他爱家乡的山川、风物，更爱家乡的英模、百姓。抗日英烈、劳动模范、科技专家、中小学教师、普通老乡都成了他吟咏的对象。他言称“人是壶关好，月数太行明”，此话乍听有点过，细酌感情真。为确定口头村的内容，他多方打听，方才搜集到该村籍、长治二中原校长贾治安一生从教的动人事迹，随即写成《上党名师贾治安》诗文；还建议县史志办将这位上党名师同徐顺海、张小保等著名战斗英雄、王五全等著名劳模一样记入县志人物卷，留名百世。

《村村咏》全书贯串着健康向上的主旋律。书中的村庄逐一读来，前后联系即能看到从互助组、合作化、人民公社，再到现在的发展专业合作社、农地“三权分置”、精准扶贫这条农村先期探索、曲折，之后改革开放，建设社会主义新农村的里程，书中对每个阶段都有篇什记述。从中清晰看出，他是以极高的热情讴歌改革开放给农村带来的巨变。在《寺沟•南八村巨变》中归纳为：山绿、路畅、水洁、电来、网通、房更、衣丰、食足、教普、医保、民乐。全书充盈着浓厚的时代气息，体现了很强的思想性。

**特色之二：乡土史地的资料库**

老刘长期在壶关多个岗位工作，经常下乡，对壶关的自然、人文方面的县情知晓多多。如今经过搜集、整理《村村咏》资料，对全县的山川名胜、历史掌故、名人轶事、风俗民情有了更多了解。就人物言，《村村咏》中记载了令孤茂、杜教、马天叙等历史名人；记载了张绍良、申斗金、牛保才等著名英烈。对县人鲜知的马家庄村同场牺牲的马进喜、申建巧夫妇抗日双英烈，黄家川村献出寿棺装殓八路军烈士遗体、拥军英模李奶奶等动人事迹，他深情投笔，敬记入册，以期广传永记。该书前后连接起来几近堪称一部“壶关英模谱”。

老刘在集纳壶关乡土史地资料的过程中，秉笔直书的同时，还深入思考，叠出新意，尽力予人以启迪。如写县东至东土池村土峰沟与县西至南宋壁村时，他自列一个算式，计算出两处经度相差半度，时差为两分钟整，让县人对家乡壶关在地球上的占位有了新的认识。他帮助地名管理部门，把县域内的山川概括为20座山系、3大流域与5个小流域，将每个村坐落的山系山名、流域名称作坐标式注明，让村民们进而知乡土，识村情，爱家乡。还建议将地方志书中的地名规范化，具体建议将“太行屋脊”改称“太行山分水岭”，将“八里川、辛村川”改称“壶关盆地”，将“淙圪筒”改称“林青峡”等。建议水利部门将石子河的发源地由十里岭改到流程更长的西岭沟。还据实建议县实验小学，将抗战时期的抗日高小、国民高小、纯山小学列入校史序列，从俭举行“百年实小”纪念。这些意见、建议多被采纳，这应是他文化襄乡的体现与贡献。

**特色之三：引人入胜的故事会**

如今，讲话、写文章最忌空话、大话、套话；而讲故事则是戒除这种语言时弊，使之生动活泼，引人神会，让人加深理解与记忆的有效方式。《村村咏》即是专讲村村故事的，粗略数来，全书大大小小有1100个故事。可以说是“无村不故事，无篇不故事”。如《骞堡•国之大器牛憨笨》，记载了中国工程院院士牛憨笨本人答记者问时，讲述的一个关于自己名讳来历的故事：憨笨是父亡母嫁后，养育自己的奶奶所起。这个名字激励他勤勉学习，不憨不笨，即终生坚守此名不改。这让我们了解了家训对牛院士成长的不小作用。

老刘搜集《村村咏》资料过程中，听闻了很多关于村名来历的故事，在书中，他记载了这方面的261个故事，对应261个村。如集店乡“三家村”，记述了这个村立村之始，先行入住的晋、李、郝三个姓氏三户人家的户主商定，村名不叫晋家庄、李家庄、郝家庄，称“三家村”，共约永作仁里的故事。如此丰富的村名文化引起了他的极大兴趣，在《或岭西・村名待正》中他谆谆告诫人们：村名是全体村民的一笔祖产，应当举村呵护、老少敬畏，每位村民都会正确读写才“祖产有份”“祖产保值”。

**特色之四：广泛涉猎的知识量**

老刘从小嗜读书报，照他的话说读书看报是他一日三餐后的“第四餐”。他从阅读中积累了各种科技、人文知识。《村村咏》涉及的题材广泛，他的广博知识正好有了用场。仅农业科技方面，书中就介绍了设施农业、杂交育种、野生大豆、阳坡植树、晋庄旱作、夏秋两熟制等20多项实用技术。写《东川・刺槐叶喂兔》，他讲粗蛋白质是饲草质量的第一指标，刺槐叶粗蛋白质含量很高，干叶达20%，与“饲料之王”苜蓿相当，适口性也很好，殷切告诉老乡们这是“长在树上的苜蓿”。写《东沐浴・野生大豆是个宝》，即忙宣传保护种质资源与生物多样性的常识，以及野生大豆能为振兴民族豆业作贡献等科普知识。

壶关是个古县，民间有很多传统工艺需当成非物质文化遗产保护起来，传承下去。这方面《村村咏》涉及的很多。如捏缸、纺绳、做模具、编车筐、投犁、熬羊汤等。下乡采访老炉工后他写的壶关西南冶铁之乡（《南村·小方炉炼铁》）中的六个程序尤为详尽，似可照着建一座小方炉，炼一炉生铁。与此同时，还记录了各种行业的代表性手工匠人，在吟咏筑路乡土工程师路山松的《鹧鸪天》词中写道“当年如若住交大，高铁公司任总工”。包括插图中出现的沈毓珂、郭恒裕、董河清、闫郁冰四位书法家的书作他都用心鉴赏，比较出“流畅沈体、敦厚郭体、隽朗董体、周正闫体”的各自个人风格，作为图下题句。老刘就是如此不惜笔墨，饱含深情，引颈讴歌家乡民间工匠、艺人们的传统工艺、历史贡献、文化内涵，为他们立传，让他们的技艺与芳名并传后世。

**特色之五：一方乡域的风俗画**

壶关汉初立县，距今2222年。在漫长的封建社会里，县民们的生产、生活活动，一般走不出县境，以至县域即是人们的生活圈、姻亲圈，连打官司也是找县署的“七品芝麻官”。于是，形成了区别于它县的种种特有的地域民俗文化。《村村咏》多角度地记忆了各种民俗现象，引导人们回归历史，如临其境，接受感染。如在“吃”的习俗上就记载有丰俭随年、粗粮细做的“小米红豆焖饭”（《龙尾头·红豆焖饭尖饥》），“粗糕细煎饼，馍馍囫囵蒸”的纱罗与面配对（《河南庄·安纱罗》），以及“可丰可俭、可荤可素、可酒可水”的打吃平伙（《下内村·打吃平伙》）等。“吃”俗之外，还有修庙、祈雨、赶庙会、演乡戏、闹元宵、吹八音会、看羊抵头等。以及解放初期披着老棉袄、端着广播筒，边走边喊话的老村长……吃穿住行、耕耘收藏、吹拉弹歌，各式各样，让人心生“山阴道上、迎接不暇”之感。

壶关民俗一古二多，文化内涵丰富。因此，老刘记述民俗，十分注意由表及里，向文化内涵深处探索、延伸。如，他在（《店上·七月会，盖壶关》）中说明，壶关众多乡镇古庙会的时间都安排在农闲、半农闲时间，店上七月会的时间点与全年天数比，“几近数学上的黄金分割”。喝壶关羊汤由“羊与祥”的习俗，拟成“羊祥共谐不二韵，药食同源此一汤”的抱柱联。“打吃平伙”他没有忘了记下参与者都舍不得吃饱，省下点取回家中孝敬老人、照顾童幼。这些细小情节蕴含文化，传承良风，授人美德，益莫大焉。

**特色之六：亦庄亦谐的活语言**

从诗词集《绿屋铭》，工作文集《双耕集》，到书信集《寄至家乡的书简》，再到诗文集《村村咏》，老刘的作品一直在语言上切磋琢磨，下苦功夫，日渐形成了他的一种亦庄亦谐、文白相间、雅俗共赏的特色文风。这在《村村咏》里体现的愈加明显。

在庄与谐的方面，《村村咏》中的例句很多。总体是诗多庄，文多谐；诗多雅，文多俗。诗词中的古诗词占主体，虽其中偶有一两句大白话插入，以求雅中之俗，但比较起来还是打油诗、谣、儿歌中的俗语出现频率较高。文章中基本是白话文，可也应用了不少国学名句。如《论语》中的“学而时习之，不亦乐乎”（《五集·孔子像前吟》），又如《红楼梦》中的“年老人喜热闹戏文，爱吃甜烂之食”（《龙泉河·小车糕》）。这些名句的穿插使用，提高了诗文旨要的想象力、感染力，使读者从中能受到传统文化的感化、熏陶。还引用了世界名人的不少名句，如《自序》中引用的“世界上没有两片完全相同的树叶”“人不可能两次踏进同一条河”，鼓励打造“壶关旱地西红柿”品牌，则引用经济学家名言“质量可以使物有所值，品牌可以使物超所值”，以期让读者从世界哲人的哲理论断中得到启迪与教化。

老刘曾长期在壶关家乡工作，他一直留心搜集、学习壶关地域的群众语言，包括谚语、联话、格节话、乡戏唱词等，并在诗文创作时尽力应用。如《村村咏》引用的谚语“惊蛰不耙地，好似蒸馍跑了气”（《东沟·农谚之乡》），“沙堰的车筐马安驼的耪”（《沙堰·车筐编造》），“绿叶黄谷穗，见叶不见穗”（《晋庄·千斤谷》）等。这些老乡们的谚语、土话生动感人，人们喜闻乐见，易记易传。运用得当，能够起到以一当十的作用。

**特色之七：诗文结合的好形式**

我国古典文学名著《三国演义》《水浒传》《西游记》《红楼梦》等四部章回小说的写作手法，有一个共同特色，即几乎每回中间或结尾都会附首“有诗为证”或“正是”的古体诗，《三国演义》开篇的《临江仙》，《红楼梦》中的《十二钗曲》更是全书的提纲挈领。如此诗文交融，相辅相成，增强了表达效果，成为一种民族文化传统。老刘很尊崇这种写法，他的多数文章是借鉴这种诗文结合的传统表现形式写就的，较以前的著作，《村村咏》更是突显了这个特色。全书共写古体诗词284首，现代诗6首，词105首，谣49首，打油诗5首，还有童谣、山歌、绕口令等体裁。诗文排对，相互作用，既记述了具体的故事情节，又表达了相应的思想情感。显得多姿多彩，有滋有味，耐咀耐嚼。

《村村咏》中吟咏的诗与文讲究匹配得当，各扬其长，表达效果相得益彰。如在《晋庄·千斤谷》诗里写道“谷打千斤今又是，青叶叶、穗黄黄”的丰收在望景象；接着文中又从老农经验与现代科技两方面，讲解了晋庄旱作谷子的增产机理与操作规程，使人们对晋庄旱作谷子有了较为完整的印象与认识。又如，写小南山的那篇《陵川的飞地——桥将》，诗中先发出了“桥将新世兴百业，叹出壶关县版图”的叹喟；文章部分又详述了古时壶关、陵川两位县宰对弈，壶关县宰输给陵川县宰一座村庄，村名改称桥将的故事。如此一诗一文有机结合，诗言志，文载道；诗抒发情感，文补充内容；将形象思维与逻辑思维融为一体，堪收1+1>2的效果。

**特色之八：以图辅文的直观感**

为适应近年出现的读图时代的新时尚，给读者以直观印象，达到以图辅文的效果，老刘与时俱进，重视书中插图。写作《村村咏》过程中，他与县里20多位摄影爱好者保持经常联系，索要相关照片。还多次回县跟爱好摄影的张钟晓、刘建川、赵俊杰、桑世晖等人相约下乡，前后到过180多个村庄现场补照过。四五年间，搜集照片2100多幅，从中挑选了433幅入册，有山川、有巨树、有古刹、有特产、有名人等，多是相应村庄的图腾、名片、标志物，终归达到了“一村一诗一文一图”初设构架的要求，使之图文并茂，引人入胜，效果倍增。如“树径几何”的郊界底村测树照，“鹅屋山上双荣模”的路遇照，“警示石”的宋堡村小广场照，都很形象直观，生动感人。

最有创意的是开篇《图序》。一般这类书作在正文之前，都会插入几幅彩页，作为开篇，起烘托作用。《村村咏》则别出心裁，将几组彩照列在正文与自序之前，称“图序”。头题《壶关五元素：雄古红绿新》，每一“元素”配印相关照片一组；每组照片之前对应吟咏七言绝句或古风一首；每组照片之后添加链接文字一段。五组彩照和对应诗句与链接，各自成一体系，将壶关从古代到现代，从自然到人文，从抗战到建设、再到改革，诸多方面悉数涉及，使读者未及开卷正文，先读卷前图序，即对壶关会有个轮廓了解；也补了只有正文中的“村村”，可能给人留下“有村没县不囫囵”“村具体，县模糊”的缺憾。

《辞海》注，功夫亦作“工夫”，一指作事所费的精力和时间；二指工力、素养。老刘工作上做的“功夫活”，写作上写的“功夫文”，结集出版的“功夫书’都体现了“功夫”一词的这两层涵义。《村村咏》编著过程中有一组数字，足可佐证：用时5年；回县21趟，重访189个村；手机上显示联系人919名，多数是为书而联，打电话数千，发短信累万；返工重写179个村，大改16稿，全稿打印27遍，废旧稿页叠摞起来近两米……五年间，他还著作了另一本《百篇读后感》，集纳了给壶关家乡的史志、著书写的序或读后感135篇，共50余万字，二书合共百万余字。照他的说法“轮流写不同内容的书，是转移兴奋点，是一种调节、休息方式”。如今，两本书同时脱稿、付梓，但他并无搁笔之意，而是说《村村咏》涉及事太多、面太广，肯定有“移山易河”“张冠李戴”的问题，要等待读者将差错、纰漏反馈回来，再出一本勘误小册子，发到读者圈……

功夫活——功夫文——功夫书，这该是老刘几番循环的人生三步曲。

试仿老刘诗文相间的文体，步他《自序》之末所附绝句之韵，学吟缀尾：

故事连篇昔到今，风情人物劲歌吟。
村庄数百一书纳，把卷初掀满目春。

（作者翟翠明系山西记协副秘书长、
山西日报记者部原主任，
米厚民系山西农民报总编）

# 后记

一、1983年10月，中共中央、国务院发出了《关于实行政社分开建立乡政府的通知》，从此，人民公社体制解体，农村基层恢复乡、村建制。壶关时将384个生产大队转制为384个建制村。后因行政区划变动，增至390个。笔者在壶关工作28年间，到过389个，唯有桥上乡洪底村是调离壶关后，赴太行山大峡谷旅游才去的。

二、本书编著之初，设定每个建制村为“一诗一文一图”“三合一”。成书后，有一村两三首诗作的，也有一村两照的，以致诗数、照数超出初期设定。现计有各类诗词454首。其中：咏律诗、绝句、古风、竹枝诗等旧体诗284首，用41个词牌填词105首，吟散曲3首，编歌谣49支、童谣1首、绕口令1首，写打油诗5首，作现代诗6首；拟短文390篇；权为自序与后记各一篇；配印照片433帧。为使家乡百姓阅读方便，另附注释205条，重复注释除外。

三、本书所涉村名、地名总体以2010年版《壶关地名志》为据。山脉、河流、海拔等地理信息资料总体以《壶关林业志》为据。排序以2011年壶关县统计资料所列乡村顺序编排；因内容所需，龙泉镇四街、百尺镇有几村的排序个别有所调整。

四、本书咏记的事例所涉地理实体及其上面的附着物，因选题之需，个别可能越出村界、乡界。为此，这里需作如下特别说明：本书所涉地理实体及其上面的附着物，不能作为辖区确界的根据与判定附着物归属的依据。

五、参与本书原始资料搜集、照片拍摄的同志有李爱平、冯亚冰、栗增录、冯韶霞、王根有、王湘澎、盖文章、王向国、程雨亭、王广业、王志力、侯建国、王水清、韩进孝、张志清、王巍、盖瑜刚、张剑青、王李军、冯永辉、刘雷方、张艳、马秀文等；提供照片的有张钟晓、王兰亭、刘建川、王新江、秦岩宏、牛晨耕、赵俊杰、李军、韩振宇、申学晖、牛小军等。桑世晖统筹了全部照片，提供了各乡镇所辖建制村示意图。

山西省农业厅原副厅长樊茂枝、壶关南洋育栋学校原校长高仰昆、长治市文联原副主席王广元、壶关县文联原主席李长胜、壶关县供销社原副主任景运则、宝鸡市文物局原局长张润棠、壶关县广电局原高级技工崔德山等勘校书稿；秦尧、左满明、冯亚冰等壶关“文化后生”参与助校，修正了若干差错。

丁贵生、郭太国、刘书茂、牛建忠、张平和、李彦忠、王兰亭、赵周清、赵银书、王青林、马书勤、魏永平、常玉祥、王志明、梁忠文、牛逢蔚、武发好、李成法诸位为本人籍贯乡镇、任职乡镇提供了部分资料。另有提供与核实个别篇章资料的同志多名，其尊讳散见于本书相关诗文中。

本书写作过程中，参考了以下著书与资料：李彦忠主编的《壶关县志》《壶关物人志》，张平和主编的《三晋石刻大全·长治市壶关县卷》，李建芳主编的《壶关地名志》，张同生、武发好主编的《中国共产党山西省壶关县组织史资料》，王贵祥主编的《壶关文史资料》一至四集，李国祥主编的《上党乐户壶关班社》等。

壶关县委书记李全心、县长崔江华十分关心、支持本书的编印工作，壶关县委原副书记马先明组织安排乡镇协助搜集资料事宜，原任副县长宋建邦数番电话联系协调出版事宜。

山西省文联前主席、著名书画家李才旺欣然题写书名；高级编辑、山西记协副秘书长、山西日报记者站原站长翟翠明，主任编辑、山西农民报总编米厚民二位拨冗合作写就《代跋》。

上述同志大力协助，不吝帮忙，使本书历经五载，克难排障，终得付梓。在这个过程中，笔者深深感受到家乡的和煦，朋友的无私，情谊的珍贵，帮助的重要。在此，对上述同志、师长、朋友表示真诚的感谢！

六、由于本书涉村数多，涉事项繁，涉时年长；而本人学识所限，才力难支，岁不饶人，以己之数短，应事之数长，必难善也。因之，书中定会有不少纰漏与缺憾，甚至还会有“移山易河”“张冠李戴”“寅卯颠倒”一类的缪误。在此，热忱欢迎读者诸君提出批评意见，特别是热望得到所及村庄父老乡亲们的直率指正，将不胜感激；并准备搜集、整理，在日后编印的《〈壶关村村咏〉勘误》小册子中予以补正。

丙申中秋·省城家中

**图书在版编目（CIP）数据**

壶关村村咏/刘德宝著. —北京: 中国书籍出版社,
2016.12
ISBN 978-7-5068-5962-2

Ⅰ. ①壶… Ⅱ. ①刘… Ⅲ. ①乡村—概况—壶关县
Ⅳ. ①K922.55

中国版本图书馆CIP数据核字（2016）第279290号

**壶关村村咏**

刘德宝　著

| | |
|---|---|
| **策划编辑** | 李立云 |
| **责任编辑** | 李立云　魏焕威 |
| **责任印制** | 孙马飞　马　芝 |
| **封面设计** | 楠竹文化 |
| **出版发行** | 中国书籍出版社 |
| **地　　址** | 北京市丰台区三路居路97号（邮编：100073） |
| **电　　话** | （010）52257143（总编室）　（010）52257140（发行部） |
| **电子邮箱** | yywhbjb@126.com |
| **经　　销** | 全国新华书店 |
| **印　　刷** | 河北省三河市顺兴印务有限公司 |
| **开　　本** | 787毫米×1092毫米　1/16 |
| **字　　数** | 528千字 |
| **印　　张** | 31.5 |
| **版　　次** | 2016年12月第1版　2016年12月第1次印刷 |
| **书　　号** | ISBN 978-7-5068-5962-2 |
| **定　　价** | 45.00元 |